Autodesk® Revit® 2019 Fundamentals for Architecture

建築の基本

Learning Guide
Metric Units - 1st Edition

ASCENT - Center for Technical Knowledge®
Autodesk® Revit® 2019
建築の基本
メートル法 – 第 1 版

準備・製作：

ASCENT Center for Technical Knowledge
630 Peter Jefferson Parkway, Suite 175
Charlottesville, VA 22911

866-527-2368
www.ASCENTed.com

筆頭寄稿者：Martha Hollowell

アセント - 技術知識センターはランドワールドワイド社の一部門であり、主要なエンジニアソフトアプリ用にカスタマイズされた高度な知的製品とサービスを提供しています。アセントは、教室型学習と技術研修の長所を取り入れた教育プログラム作成を専門に取り組んでいます。

本ガイド、または弊社製品に関してご意見がありましたらお寄せください。以下のアドレスにメールを送信してください。
問い合わせ先：feedback@ASCENTed.com

© ASCENT - Center for Technical Knowledge, 2018

無断複写・転載を禁じます。本ガイドは、ランドワールドワイド社の一部門であるアセントからの書面よる許可がない限り、写真、電子情報、機械、その他の手段による形態を問わず、その一部たりとも複製することは認められず、また、情報記憶・検索システムでの使用も認められません。

以下に掲げるものは、オートデスク社またはアメリカその他の国におけるその子会社もしくは関連会社の登録商標または 商 標 です：123D, 3ds Max, Alias, ATC, AutoCAD LT, AutoCAD, Autodesk, the Autodesk logo, Autodesk 123D, Autodesk Homestyler, Autodesk Inventor, Autodesk MapGuide, Autodesk Streamline, AutoLISP, AutoSketch, AutoSnap, AutoTrack, Backburner, Backdraft, Beast, BIM 360, Burn, Buzzsaw, CADmep, CAiCE, CAMduct, Civil 3D, Combustion, Communication Specification, Configurator 360, Constructware, Content Explorer, Creative Bridge, Dancing Baby (image), DesignCenter, DesignKids, DesignStudio, Discreet, DWF, DWG, DWG (design/logo), DWG Extreme, DWG TrueConvert, DWG TrueView, DWGX, DXF, Ecotect, Ember, ESTmep, FABmep, Face Robot, FBX, Fempro, Fire, Flame, Flare, Flint, ForceEffect, FormIt 360, Freewheel, Fusion 360, Glue, Green Building Studio, Heidi, Homestyler, HumanIK, i-drop, ImageModeler, Incinerator, Inferno, InfraWorks, Instructables, Instructables (stylized robot design/logo), Inventor, Inventor HSM, Inventor LT, Lustre, Maya, Maya LT, MIMI, Mockup 360, Moldflow Plastics Advisers, Moldflow Plastics Insight, Moldflow, Moondust, MotionBuilder, Movimento, MPA (design/logo), MPA, MPI (design/logo), MPX (design/logo), MPX, Mudbox, Navisworks, ObjectARX, ObjectDBX, Opticore, P9, Pier 9, Pixlr, Pixlr-o-matic, Productstream, Publisher 360, RasterDWG, RealDWG, ReCap, ReCap 360, Remote, Revit LT, Revit, RiverCAD, Robot, Scaleform, Showcase, Showcase 360, SketchBook, Smoke, Socialcam, Softimage, Spark & Design, Spark Logo, Sparks, SteeringWheels, Stitcher, Stone, StormNET, TinkerBox, Tinkercad, Tinkerplay, ToolClip, Topobase, Toxik, TrustedDWG, T-Splines, ViewCube, Visual LISP, Visual, VRED, Wire, Wiretap, WiretapCentral, XSI

NASTRAN はアメリカ航空宇宙局の登録商標です。

その他全てのブランド名、商品名、商標の権利は、各所有者に帰属します。

一般免責条項：

これと異なる言語に関わらず、本書に含まれる内容は、いかなる申し出、勧誘、約束または契約も構成せず、また、それらを構成することを意図していません。本書に記載されるデータは情報提供のみを目的としており、間違いがない旨の表明を行いません。アセント、その代理人および従業員は、たとえアセントまたはその代表者がその損害、損失またはその他の費用の可能性を忠告されていたとしても、その資料の使用または性能不良、間違い、欠落に関連して生じる損害、損失、その他の費用に対して、一切の責任を負わないことを明示的に宣言します。第三者がこれらの資料を使用したことまたはその使用による直接的・間接的な結果に対し、アセントまたはランドワールドワイド社に結果損失の賠償を求めることはできません。

本書に記載される情報はユーザにとって一般的なものを意図しており、「現状そのままの状態で」で提供され、特定の個人または法人の状況を取り扱うものではありません。本書に含まれる内容は専門職によるアドバイスには該当せず、議論される問題の包括的または完全な説明文には当たりません。アセントは、文書または情報が間違いのないものであること、または特定の性能や品質の基準を満たすことを保証しません。特に（ただしこれに限定されない）、その資料の主題（すなわち該当のソフト）に変更が生じることで、情報が不正確になる場合があります。ランドワールドワイド社は、特定目的への適合性の保証を含めて、明示または黙示のいかなる保証も負わないことを明確に宣言します。

AS-RAR1901-FND1MT-SG   //   IS-RAR1901-FND1MT-S

目 次

序文 xiii

本ガイドの説明 xv

実習ファイル xix

BIM と Autodesk Revit の紹介

Chapter 1：BIM と Autodesk Revit の紹介 .... 1(1–1)

1.1 BIM と AutodeskRevit .... 2(1–2)
ワークフローと BIM .... 3(1–3)
Revit の用語 .... 4(1–4)
Revit と設計図書 .... 5(1–5)

1.2 インターフェイスの概要 .... 6(1–6)

1.3 プロジェクトを開始する .... 19(1–19)
プロジェクトを開く .... 20(1–20)
新しいプロジェクトを開始する .... 22(1–22)
プロジェクトの保存 .... 23(1–23)

1.4 ビューイングコマンド .... 26(1–26)
拡大・縮小表示と画面移動 .... 26(1–26)
3D で見る .... 28(1–28)
ビジュアルスタイル .... 32(1–32)

実習 1a プロジェクトを開き、確認する .... 34(1–34)

Chapter の復習 .... 40(1–40)

コマンド概要 .... 42(1–42)

Chapter 2：スケッチと編集の基本ツール .... 45(2–1)

2.1 一般的なスケッチ作成ツールを使用する .... 46(2–2)
描画ツール .... 46(2–2)
作図支援ツール .... 49(2–5)

© 2018, ASCENT - Center for Technical Knowledge®

Autodesk Revit 2019：建築の基本

参照面 ⋯⋯⋯⋯⋯⋯⋯⋯⋯⋯⋯⋯⋯⋯⋯⋯⋯⋯⋯⋯⋯ 52（2−8）

2.2　エレメントを編集する ⋯⋯⋯⋯⋯⋯⋯⋯⋯⋯⋯⋯ **54（2−10）**

複数エレメントの選択 ⋯⋯⋯⋯⋯⋯⋯⋯⋯⋯⋯⋯⋯⋯⋯ 57（2−13）
選択セットのフィルター処理 ⋯⋯⋯⋯⋯⋯⋯⋯⋯⋯⋯ 58（2−14）

実習 2a エレメントをスケッチして編集する ⋯⋯ **61（2−17）**

2.3　基本的な修正ツールを操作する ⋯⋯⋯⋯⋯ **66（2−22）**

エレメントの移動とコピー ⋯⋯⋯⋯⋯⋯⋯⋯⋯⋯⋯ 66（2−22）
エレメントの回転 ⋯⋯⋯⋯⋯⋯⋯⋯⋯⋯⋯⋯⋯⋯⋯⋯ 68（2−24）
エレメントの鏡像化 ⋯⋯⋯⋯⋯⋯⋯⋯⋯⋯⋯⋯⋯⋯⋯ 70（2−26）
直線状・円形状の配列の作成 ⋯⋯⋯⋯⋯⋯⋯⋯⋯ 71（2−27）

実習 2b 基本的な修正ツールを操作する ⋯⋯⋯ **74（2−30）**

2.4　追加の修正ツールを操作する ⋯⋯⋯⋯⋯⋯ **81（2−37）**

エレメントの位置合わせ ⋯⋯⋯⋯⋯⋯⋯⋯⋯⋯⋯⋯ 81（2−37）
線状エレメントの分割 ⋯⋯⋯⋯⋯⋯⋯⋯⋯⋯⋯⋯⋯ 82（2−38）
トリムと延長 ⋯⋯⋯⋯⋯⋯⋯⋯⋯⋯⋯⋯⋯⋯⋯⋯⋯⋯ 83（2−39）
エレメントのオフセット ⋯⋯⋯⋯⋯⋯⋯⋯⋯⋯⋯⋯ 85（2−41）

実習 2c 追加的な修正ツールを操作する ⋯⋯⋯ **87（2−43）**

Chapter の復習 ⋯⋯⋯⋯⋯⋯⋯⋯⋯⋯⋯⋯⋯⋯⋯⋯⋯ **91（2−47）**

コマンド概要 ⋯⋯⋯⋯⋯⋯⋯⋯⋯⋯⋯⋯⋯⋯⋯⋯⋯ **95（2−51）**

Chapter 3：建築プロジェクトの開始 ⋯⋯⋯⋯ **99（3−1）**

3.1　CAD ファイルのリンクとインポート ⋯⋯ **100（3−2）**

3.2　Revit モデルでリンクする ⋯⋯⋯⋯⋯⋯⋯⋯ **104（3−6）**

実習 3a CAD と Revit ファイルをリンクする ⋯ **106（3−8）**

3.3　レベル面を設定する ⋯⋯⋯⋯⋯⋯⋯⋯⋯⋯⋯ **109（3−11）**

レベル面の変更 ⋯⋯⋯⋯⋯⋯⋯⋯⋯⋯⋯⋯⋯⋯⋯ 111（3−13）
平面図ビューの作成 ⋯⋯⋯⋯⋯⋯⋯⋯⋯⋯⋯⋯⋯ 113（3−15）

実習 3b レベル面を設定する ⋯⋯⋯⋯⋯⋯⋯⋯ **116（3−18）**

3.4　構造芯を作成する ⋯⋯⋯⋯⋯⋯⋯⋯⋯⋯⋯⋯ **120（3−22）**

通芯の編集 ⋯⋯⋯⋯⋯⋯⋯⋯⋯⋯⋯⋯⋯⋯⋯⋯⋯ 121（3−23）

3.5　柱を追加する ⋯⋯⋯⋯⋯⋯⋯⋯⋯⋯⋯⋯⋯⋯ **123（3−25）**

柱の編集 ⋯⋯⋯⋯⋯⋯⋯⋯⋯⋯⋯⋯⋯⋯⋯⋯⋯⋯ 126（3−28）

実習 3c 構造芯と柱を追加する ⋯⋯⋯⋯⋯⋯⋯ **127（3−29）**

Chapter の復習 ⋯⋯⋯⋯⋯⋯⋯⋯⋯⋯⋯⋯⋯⋯⋯ **131（3−33）**

コマンド概要 .... 133（3–35）

デザイン発展フェーズ

Chapter 4：壁のモデリング .... 137（4–1）

4.1 壁をモデリングする .... 138（4–2）

4.2 壁を編集する .... 141（4–5）
　壁の結合 .... 142（4–6）
　壁の形状の編集 .... 143（4–7）
　壁の開口部 .... 145（4–9）

実習 4a 外皮をモデリングする .... 147（4–11）

実習 4b 内壁を追加する .... 151（4–15）

4.3 部屋エレメントを追加する .... 156（4–20）

実習 4c 部屋エレメントを追加する .... 159（4–23）

実習 4d （オプション）追加の壁をモデリングする .... 163（4–27）

Chapter の復習 .... 169（4–33）

コマンド概要 .... 172（4–36）

Chapter 5：扉と窓の取扱い .... 173（5–1）

5.1 扉と窓を挿入する .... 174（5–2）

実習 5a 扉と窓を挿入する .... 178（5–6）

5.2 ライブラリから扉と窓のタイプを読み込む .... 184（5–12）

5.3 扉と窓の追加のサイズを作成する .... 187（5–15）

実習 5b 扉タイプを読み込み、作成する .... 188（5–16）

Chapter の復習 .... 192（5–20）

コマンド概要 .... 194（5–22）

Chapter 6：カーテンウォールの取扱い .... 195（6–1）

6.1 カーテンウォールを作成する .... 196（6–2）
　ストアフロントの作成 .... 198（6–4）

6.2 カーテングリッドを追加する .... 200（6–6）
　カーテングリッドの編集 .... 201（6–7）

実習 6a カーテンウォールを操作する .... 203（6–9）

6.3 カーテンウォールパネルを操作する .... 207（6–13）
　カーテンウォールパネルの作成 .... 210（6–16）

© 2018, ASCENT - Center for Technical Knowledge®

Autodesk Revit 2019：建築の基本

6.4	マリオンをカーテングリッドに取り付ける	212（6–18）
	マリオンの編集	213（6–19）
実習 6b	カーテンウォールにマリオンとパネルを追加する	214（6–20）
Chapter の復習		220（6–26）
コマンド概要		222（6–28）

Chapter 7：ビューの取扱い 223（7–1）

7.1	ビューの表示を設定する	224（7–2）
	グラフィックスの非表示と上書き	224（7–2）
	ビューのプロパティ	230（7–8）
	ビューテンプレートの使用	235（7–13）
7.2	ビューを複製する	236（7–14）
	複製のタイプ	236（7–14）
実習 7a	ビューを複製し、ビューの表示を設定する	239（7–17）
7.3	吹き出しビューを追加する	243（7–21）
	吹き出しの編集	244（7–22）
実習 7b	吹き出しビューを追加する	246（7–24）
7.4	立面図と断面図を作成する	252（7–30）
	立面図	253（7–31）
	断面図	254（7–32）
	立面図と断面図の編集	256（7–34）
実習 7c	立面図と断面図を作成する	260（7–38）
Chapter の復習		267（7–45）
コマンド概要		271（7–49）

Chapter 8：コンポーネントの追加 273（8–1）

8.1	コンポーネントを追加する	274（8–2）
	コンポーネントの読み込み	275（8–3）
8.2	コンポーネントを編集する	277（8–5）
	ホストエレメントの操作	277（8–5）
	使用していないエレメントの消去	278（8–6）
実習 8a	コンポーネントを追加する	279（8–7）
Chapter の復習		285（8–13）
コマンド概要		287（8–15）

Chapter 9：床のモデリング 289（9–1）

viii

© 2018, ASCENT - Center for Technical Knowledge®

目　次

9.1	**床をモデリングする**	**290（9–2）**
	床を編集する	293（9–5）
	ジオメトリを結合する	295（9–7）

実習 9a 床をモデリングする	**296（9–8）**

9.2	**シャフト開口部を作成する**	**304（9–16）**

9.3	**勾配のある床を作成する**	**305（9–17）**
	排水用に複数の勾配を作成する	306（9–18）

実習 9b シャフト開口部と傾斜床を作成する　**308（9–20）**

Chapter の復習　**312（9–24）**

コマンド概要　**313（9–25）**

Chapter 10：天井のモデリング　**315（10–1）**

10.1 天井をモデリングする　**316（10–2）**
　　天井のスケッチ　318（10–4）
　　天井グリッドの変更　319（10–5）

10.2 天井器具を追加する　**320（10–6）**

実習 10a 天井を作成し、天井器具を追加する　**323（10–9）**

10.3 垂れ壁を作成する　**326（10–12）**

実習 10b 垂れ壁を作成する　**328（10–14）**

Chapter の復習　**334（10–20）**

コマンド概要　**336（10–22）**

Chapter 11：屋根のモデリング　**337（11–1）**

11.1 屋根をモデリングする　**338（11–2）**

11.2 フットプリントにより屋根を作成する　**339（11–3）**
　　壁を屋根に接着する　341（11–5）

実習 11a フットプリントによって屋根を作成する　**343（11–7）**

11.3 作業面を設定する　**349（11–13）**

11.4 押し出しにより屋根を作成する　**352（11–16）**
　　屋根の結合　354（11–18）

実習 11b 押し出しによって屋根を作成する　**356（11–20）**

Chapter の復習　**359（11–23）**

コマンド概要　**361（11–25）**

© 2018, ASCENT - Center for Technical Knowledge®

Autodesk Revit 2019：建築の基本

Chapter 12：階段、手すり、傾斜路のモデリング ⸺ **363（12‒1）**

12.1 コンポーネントによる階段を作成する ⸺ **364（12‒2）**
階段経路の作成 ⸺ 365（12‒3）
その他のタイプの階段の作成 ⸺ 368（12‒6）
踊り場の作成 ⸺ 371（12‒9）
桁の作成 ⸺ 371（12‒9）

12.2 コンポーネントによる階段を編集する ⸺ **373（12‒11）**
多数階の階段 ⸺ 376（12‒14）

実習 12a コンポーネントによる階段を作成する ⸺ **378（12‒16）**

12.3 手すりを操作する ⸺ **387（12‒25）**
手すりの編集 ⸺ 389（12‒27）

実習 12b 手すりの操作 ⸺ **391（12‒29）**

12.4 傾斜路を作成する ⸺ **397（12‒35）**

実習 12c 傾斜路の作成 ⸺ **399（12‒37）**

Chapter の復習 ⸺ **402（12‒40）**

コマンド概要 ⸺ **404（12‒42）**

設計図書フェーズ

Chapter 13：設計図書の作成 ⸺ **407（13‒1）**

13.1 シートの設定を行う ⸺ **408（13‒2）**
シート（タイトルブロック）のプロパティ ⸺ 410（13‒4）

13.2 シート上でビューの配置と編集を行う ⸺ **411（13‒5）**

実習 13a 設計図書を作成する ⸺ **418（13‒12）**

13.3 シートを出力する ⸺ **424（13‒18）**
出力オプション ⸺ 424（13‒18）

Chapter の復習 ⸺ **428（13‒22）**

コマンド概要 ⸺ **430（13‒24）**

Chapter 14：設計図書への注釈の記入 ⸺ **431（14‒1）**

14.1 寸法を操作する ⸺ **432（14‒2）**
寸法の編集 ⸺ 435（14‒5）
拘束の設定 ⸺ 438（14‒8）

実習 14a 寸法の操作 ⸺ **443（14‒13）**

14.2 テキストを操作する ⸺ **447（14‒17）**

テキストの編集 ……………………………………… 450（14–20）
スペルチェック ……………………………………… 454（14–24）
新しいテキストタイプの作成 …………………………… 454（14–24）

14.3 詳細線分と記号の追加 ……………………… **456（14–26）**
記号の使用 …………………………………………… 457（14–27）

実習 14b 設計図書に注釈を記入する …………… **458（14–28）**

14.4 凡例を作成する …………………………………… **466（14–36）**

実習 14c 凡例を作成する …………………………… **469（14–39）**

Chapter の復習 ………………………………………… **471（14–41）**

コマンド概要 …………………………………………… **473（14–43）**

Chapter 15：タグと集計表の追加 ………………… **475（15–1）**

15.1 タグを追加する …………………………………… **476（15–2）**
3D ビューでのタグの追加 ……………………………… 482（15–8）

実習 15a タグを追加する …………………………… **485（15–11）**

15.2 集計表を操作する ………………………………… **491（15–17）**
集計表の変更 ………………………………………… 492（15–18）
シート上で集計表を編集する ………………………… 494（15–20）

実習 15b 集計表を操作する ………………………… **495（15–21）**

Chapter の復習 ………………………………………… **500（15–26）**

コマンド概要 …………………………………………… **501（15–27）**

Chapter 16：詳細の作成 …………………………… **503（16–1）**

16.1 詳細ビューを設定する …………………………… **504（16–2）**
製図ビューの参照 …………………………………… 506（16–4）
製図ビューの保存 …………………………………… 507（16–5）

16.2 詳細コンポーネントを追加する ………………… **510（16–8）**
詳細コンポーネント ………………………………… 510（16–8）
繰り返し詳細 ………………………………………… 512（16–10）

16.3 詳細への注釈の記入 …………………………… **514（16–12）**
塗り潰し領域の作成 ………………………………… 514（16–12）
詳細タグの追加 ……………………………………… 517（16–15）

実習 16a 断面吹き出しをもとに詳細を作成する … **519（16–17）**

実習 16b 詳細ビューで詳細を作成する …………… **525（16–23）**

Chapter の復習 ………………………………………… **529（16–27）**

© 2018, ASCENT - Center for Technical Knowledge®

コマンド概要 ··· 531（16–29）

付録 A：ワークセットの紹介 ······································· 533（A–1）

  A.1　ワークセットの紹介 ···································· 534（A–2）
    ワークセット関連ファイルの保存 ·················· 536（A–4）

コマンド概要 ··· 538（A–6）

付録 B：追加のツール ·· 539（B–1）

  B.1　選択セットを再び利用する ···················· 540（B–2）

  B.2　壁結合部を編集する ······························· 543（B–5）

  B.3　壁のスイープとリビール ························· 545（B–7）

  B.4　自動グリッド付きのカーテンウォールタイプを作成する ······ 548（B–10）

  B.5　ビューの精度を上げる ···························· 551（B–13）
    面の分割 ·· 552（B–14）
    材料の適用 ·· 553（B–15）
    ラインワークの調整 ·· 555（B–17）
    平面と断面の外形を編集 ··· 556（B–18）

  B.6　ドーマを作成する ·································· 557（B–19）

  B.7　シートのガイドグリッドを操作する ······· 560（B–22）

  B.8　改訂の追跡 ·· 562（B–24）
    改訂の発行 ·· 566（B–28）

  B.9　従属ビューに注釈を付ける ···················· 567（B–29）
    ビューに注釈を付ける ··· 568（B–30）

  B.10 集計表のインポートとエクスポート ········· 570（B–32）

  B.11 建物コンポーネントを集計する ··············· 572（B–34）
    集計表プロパティ ·· 579（B–41）

  B.12 繰り返し詳細を作成する ························· 580（B–42）

  B.13 キーノートによる注記とキーノート凡例 ·· 582（B–44）
    キーノート凡例 ·· 585（B–47）

コマンド概要 ··· 587（B–49）

付録 C：Autodesk Revit Architecture Certification
Exam Objectives ·· 589（C–1）

序　文

Autodesk® Revit® ソフトは、建築家と同じ思考プロセスで機能するビルディング・インフォメーション・モデリング（BIM）のための強力なソフトウェアです。このソフトでは中央の 3D モデルを使用し、1 つのビューで行った変更がすべてのビューと印刷シートで更新されるため、デザインプロセスが効率化されます。

本学習ガイド *Autodesk® Revit® 2019: 建築の基本* の目標は、壁、扉、窓、コンポーネント、床、天井、屋根、階段など、大半の建築ユーザにとって必要な基本ツールを含んだ、完全な 3D 建築プロジェクトモデルを作成できるようにすることです。ユーザインターフェイス、基本的な作図、編集、ビューイングツールの操作方法などを学習します。本コースの最後には設計図書の作成に取り組みます。

記載内容

- BIM の目的と Autodesk Revit ソフトでの適用方法の理解

- Autodesk Revit のワークスペースとインターフェイスの操作

- 基本的な描画および修正ツールの取扱い

- プロジェクトの基礎となる CAD と Revit ファイルのリンク

- モデルの基準エレメントとなるレベル面と通芯の作成

- 壁、カーテンウォール、窓、扉を含む 3D ビルディングモデルの作成

- 家具や機器などのコンポーネント機能の追加

- 建物モデルへの床、天井、屋根の追加

- 階段、手すり、傾斜路のモデリング

- テキスト、寸法、詳細、タグ、集計表を記入するためのシートのセットアップ

- 詳細の作成

© 2018, ASCENT - Center for Technical Knowledge®

必要条件

- 建築用語の理解はとても重要です。
- 2019年版のソフトウェアにアクセスしてください。本ガイドに含まれる実習とファイルは、旧バージョンでは互換性がない可能性があります。

ソフトウェア・セットアップに関する注意

本ガイドはインストール時、デフォルトのプリファレンスを利用した標準インストールを想定しています。レクチャーや演習では、コンテンツライブラリの標準ソフトウェアテンプレートやデフォルトオプションを使用しています。

学生および教育者はオートデスクの無償ソフトとリソースにアクセスできます

Autodesk は、今日の多くの建築家、エンジニア、デザイナー、趣味人に使用されているプロフェッショナル向けソフトとクリエィティブなアプリケーションを手に取って使ってみることをお勧めするために、無償の教育ライセンスをご用意しました。まずはAutodesk のソフトを皆様のクラス、スタジオ、ワークショップに持ち込み、プロが実際に取り組んでいる設計課題を体感してみてください。

Autodesk Education Community（オートデスク教育コミュニティ）に今すぐ登録し、数ある Autodesk ソフトやアプリの中から 1 つをダウンロードしてください。

ダウンロードはこちらから：www.autodesk.com/education/home/

注意：無償製品は、ソフトウェアに付随するエンドユーザ・ライセンスおよびサービス契約の諸条件の対象となります。本ソフトウェアは教育目的の個人使用を目的とするものであり、教室や研究室での使用は意図されていません。

筆頭寄稿者：マーサ ホロウェル（Martha Hollowell）

マーサは、関わるプロジェクト全てに建築設計と教育への情熱を注いできました。そこには、建築設計、機械・電気・衛生設備、構造エンジニアリング、ランドスケープデザインのための Autodesk Revit 指導ガイドの作成も含まれます。マーサは 1990 年代からAutodesk 製品に関わっており、特に直近の 18 年間は Autodesk Revit に最も注力しています。

マーサは、バージニア大学で建築の理学士号を取得後に建築事務所に勤め、AutoCADの企業向けセットアップやカスタマイズのコンサルティングに携わってきました。

マーサには研修者および教育設計者として 20 年以上のキャリアがあります。マーサは個人や小規模グループの指導において、彼らの持つ可能性を理解させ、伸ばすことに優れています。マーサは Instructional Design（教育設計）のトレーニングを積んでおり、オートデスク認定インストラクタ（ACI）と、Revit Architecture のオートデスク認定プロフェッショナルの資格を有します。

2003 年 の 発 売 以 来、 マ ー サ ホ ロ ウ ェ ル は *Autodesk Revit Fundamentals for Architecture（建築の基本）*の筆頭寄稿者となっています。

本ガイドの説明

以下の画像を使って、本ガイドの特徴をいくつか説明します。

実習ファイル
実習ファイルのページには、本ガイド用の実習ファイルのダウンロードとインストールの方法が記載されています。

Chapter
各 Chapter の始めには、その Chapter の概要と学習目標のリストが記載されています。

Autodesk Revit 2019：建築の基本

余白の注記

余白の注記には、そのトピックに関するヒントや追加情報が記載されます。

指導内容

各 Chapter は、取り扱うトピックの教育コンテンツ毎にいくつかのセクションに分かれています。これらのレクチャーには、その Chapter の学習目標を達成するために必要な解説、詳細手順、図、ヒントや情報が含まれています。

実習の目標

実習

実習により、ユーザはそのトピックで学んだことを実践し、復習することができます。実習によっては、実習ファイルのページにあるリンクから、用意されたファイルをダウンロードして使用します。

Chapter の復習

各 Chapter の最後にある復習問題では、その Chapter の重要コンセプトと学習目標を復習することができます。

xvi © 2018, ASCENT - Center for Technical Knowledge®

本ガイドの説明

コマンド概要

各 Chapter の最後には、コマンド概要があります。ここには、その章で使用したコマンドのリストがあり、そのコマンドがソフト内のどこにあるかが記載されています。

付録：オートデスク認定試験

付録には、オートデスク認定試験に関するテーマと試験項目のリストが記載されており、関連する内容がどの Chapter のどのセクションにあるかを探すことができます。

■実習ファイル

実習ファイルの説明ページ（xix）記載の URL からダウンロードすることが可能です。
（※全 16Chapter の Practice に用いるフォルダがダウンロードされます）
うまくいかない場合は、添付の DVD-ROM からコピーして使用をしてください。

© 2018, ASCENT - Center for Technical Knowledge®

実習ファイル

本ガイドの実習ファイルは、以下の手順でダウンロードしてください。

1. お使いのブラウザのアドレスバーに、以下の URL を入力してください。URL は**正確に**入力してください。

2. <Enter> を押すと、実習ファイルを含む ZIP ファイルをダウンロードできます。

3. ダウンロードが完了したら、ZIP ファイルをローカルフォルダに展開してください。展開したファイルには EXE ファイルが含まれます。

4. EXE ファイルをダブルクリックし、実習ファイルがパソコンの C:\ ドライブに自動的にインストールされるよう指示に従ってください。

   実習ファイルがインストールされる場所を**変更しないでください**。実習を完了する際にエラーが起こる可能性があります。

http://www.ASCENTed.com/getfile?id=hydrochoerus

© 2018, ASCENT - Center for Technical Knowledge®

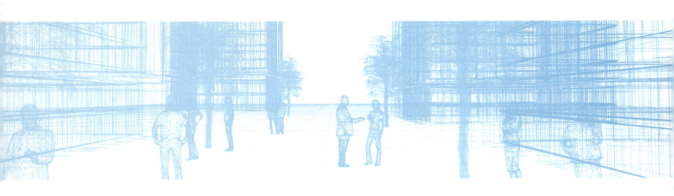

BIM と Autodesk Revit の紹介

本学習ガイドは、BIM と Autodesk Revit の紹介、デザインの発展、設計図書の 3 部構成になっています。

第 1 部では、Autodesk® Revit® ソフトによるビルディング・インフォメーション・モデリング（BIM）の使用、ソフトのインターフェイスの取扱い、基本的な描画と修正ツールの使用方法、そして基準エレメントの取込みについて概要を示しています。

このセクションは、以下の Chapter から構成されます。

- Chapter 1：BIM と Autodesk Revit の紹介
- Chapter 2：スケッチと編集の基本ツール
- Chapter 3：建築プロジェクトの開始

Chapter 1

BIM と Autodesk Revit の紹介

Autodesk® の Revit® ソフトは、ビルディング・インフォメーション・モデリング（BIM）を駆使して、建築プロセスの全ての段階で精度の高い有用な 3D モデルの作成を支援します。ソフトのインターフェイスと用語を理解することで、強力なモデルを作成し、モデルの様々なビューをより自由に使いこなすことができます。

この Chapter の学習目標

- 本ソフトに関連して、ビルディング・インフォメーション・モデリングのコンセプトとワークフローを説明します。
- Ribbon（ツールの大半が含まれる場所）、Properties palette（エレメント情報に変更を加える場所）、Project Browser（モデルの様々なビューを開くことができる場所）を含むグラフィックユーザーインターフェイスを操作します。
- 既存のプロジェクトを開きます。またテンプレートを用いて、新しいプロジェクトを開始します。
- ビューイングコマンドを用いて、モデルを 2D と 3D ビュー上で表示します。

1.1 BIM と Autodesk Revit

ビルディング・インフォメーション・モデリング（BIM）は、設計、施工、および施設管理を含む建物のライフサイクル全体へ通じる手法です。BIM プロセスは、各分野に渡るチームメンバーと設計データを連携、更新、共有する能力をサポートします。

Autodesk Revit は本当の意味で BIM 製品と呼べるソフトで、設計図書を通じて多くの情報を提供する完全な 3D ビルディングモデル（図 1–1 左側）の作成を可能にし、これらのモデルを他のソフトで共有することで、より規模の大きな分析を行うことができます。

The Autodesk® Revit® ソフトには、建築、機械、電気、衛生および構造設計のためのツールが含まれています。

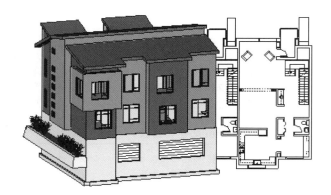

図 1–1

Autodesk Revit は、パラメトリック・ビルディング・モデラーとみなされるソフトです。

- パラメトリック：建物のエレメント間で関係性が確立されます。1 つのエレメントが変化すると、関係する別のエレメントも変化します。例えば、平面図ビューでエレメントを追加すると、その他全てのビューでもそれが表示されます。

- ビルディング：このソフトは、機器類や高速道路などではなく、建物やその周辺のランドスケープを扱うようデザインされています。

- モデラー：図 1–1 左側に示されるように、3D ビルディングモデルを基本として、1 つのプロジェクトが単一ファイル内に作成されます。平面図（図 1–1 右参照）、立面図、断面図といった全てのビュー、および詳細、設計図書、情報レポートがこのモデルをもとに作成されます。

- プロジェクトで協働している全ての人が同じバージョン / ビルドのソフトで作業することが重要です。

BIM と Autodesk Revit の紹介

ワークフローと BIM

BIM は、どのように建造物が計画され、予算化され、設計され、建設されるか、また（一部のケースでは）運用され、維持されるかといったプロセスを変えました。

従来の設計プロセスでは通常、平面図、断面図、立面図、詳細図、および注釈を含む設計図書が個別に作成されます。これらのドキュメントに加えて、場合により 3D モデルが別途作成されます。図 1–2 に示すように、1 枚の図書において、例えば平面図内に照明器具を追加するといった変更を行うと、図面セット内の残りの図書や表も変更しなければなりません。

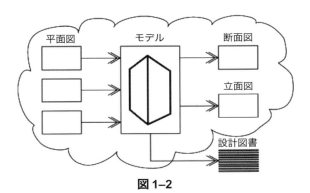

図 1–2

BIM では図 1–3 に示すように、設計プロセスがモデルを中心に展開します。平面図、立面図、断面図といったビューは単純に 3D モデルの 2D バージョンであり、集計表とはこのモデル内に格納された情報の記録です。1 つのビュー内において適用された変更は、全てのビューと関連する集計表において自動的に更新されます。設計図書についても、シート番号と同期された吹き出しタグと共に自動的に更新されます。これを双方向の連想性と呼びます。

完全なモデルとこれらのモデルの連動するビューを作成することにより、Autodesk Revit ソフトは建築設計における面倒な作業を排除してくれます。

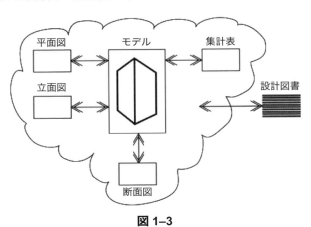

図 1–3

Autodesk Revit 2019：建築の基本

Revit の用語

Autodesk Revit で作業するにあたっては、項目の説明に使われる一般用語を知ることが重要です。ビューと情報レポートには、プロジェクトを構成する各要素に関する情報が表示されます。以下で説明し、図1–4 に示すように、エレメントにはモデルエレメント、基準エレメント、およびビュー固有のエレメントの 3 つのタイプがあります。

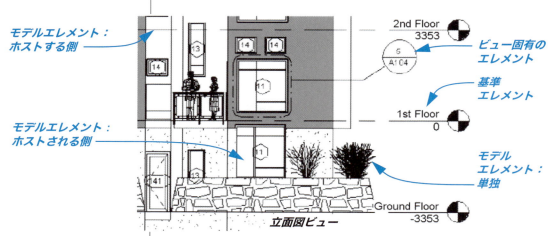

図 1–4

ビュー	モデルを表示し、操作することを可能にします。例えば、平面図、天井伏図、立面図、断面図、集計表や 3D ビュー内で表示したり、作業を行うことができます。どのビューからでも設計を変更することが可能です。全てのビューがプロジェクト内に保存されています。
情報レポート	集計表を含むこの情報レポートには、ビルディングモデルのエレメントから、設計図書に表記できる情報、または分析に使用できる情報が収集されます。
モデルエレメント	壁や床、屋根、天井、扉、窓、衛生器具、照明器具、機械設備、柱、梁、家具、植栽、その他建物のすべての部分を含みます。 • ホストする側のエレメントは、その他のカテゴリのエレメントをサポートします。 • ホストされる側のエレメントは、ホストする側のエレメントに接着していなければなりません。 • 単独エレメントはホストを必要としません。
基準エレメント	階のレベル面や、その他の垂直距離、柱芯、参照面といったプロジェクトの環境を定義します。
ビュー固有のエレメント	エレメントが配置されたビューのみで表示されます。ビューのスケールによって、ビュー固有のエレメントの大きさが制御されます。ビュー固有のエレメントには、寸法や文字、タグ、記号といった注釈エレメントと共に、詳細線分、塗り潰し領域、2D 詳細コンポーネントなどの詳細エレメントが含まれます。

- Autodesk Revit の各エレメント内では高度な情報処理が行われています。Autodesk Revit では各エレメントが、壁、柱、植栽、ダクト、または照明器具として認識されます。プロパティとして格納されるこれらの情報は集計表上でも自動的に更新され、ビューや情報レポートが必ず単一のモデルから生成されて、プロジェクト全体で同期されるよう自動的に処理します。

Revit と 設計図書

従来のワークフローでは、設計図書の作成がプロジェクトで最も時間のかかる部分でした。BIM を用いると、図書の基本ビュー（すなわち Plan［平面図］、Elevation［立面図］、Section［断面図］および集計表）は自動的に生成され、またモデルが更新されるとビューも更新されるため、作業時間が大幅に削減されます。その後これらのビューは設計図書一式を構成するシート上に配置されます。

例えば、平面図が複製されたとします。その複製されたビューにおいて、必要となるエレメントのカテゴリ以外は非表示または中間色表示になり、注釈が加えられます。その後この平面図は、図 1–5 に示すようにシート上に配置されます。

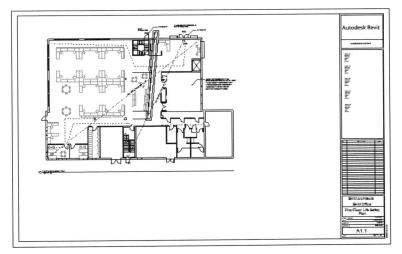

図 1–5

- 作業はビュー上で継続することが可能で、シート上でも自動的に更新されます。
- 基本計画段階では多くの場合、ビューへの注釈の追加は要求されません。プロジェクトが進行するまで注釈の利用を保留することができます。

1.2 インターフェイスの概要

Autodesk Revit のインターフェイスは、直感的、効率的に各種コマンドやビューにアクセスできるようデザインされています。インターフェイスには、他のほとんどの Autodesk® ソフトと共通である Ribbon、Quick Access Toolbar、Navigation Bar および Status Bar が含まれます。また Properties Palette や Project Browser、View Control Bar といった Autodesk Revit ソフトに特有のツールも含まれます。インターフェイス画面を図 1–6 に示します。

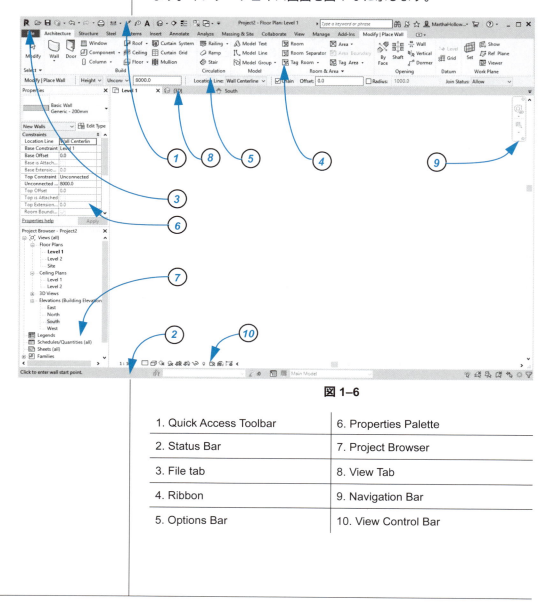

図 1–6

1. Quick Access Toolbar	6. Properties Palette
2. Status Bar	7. Project Browser
3. File tab	8. View Tab
4. Ribbon	9. Navigation Bar
5. Options Bar	10. View Control Bar

1. Quick Access Toolbar

Quick Access Toolbar（図 1–7 参照）には、**Open**、**Save**、**Undo**、**Redo** や **Print** といった一般的に使用されるコマンドが含まれます。ここには、各種測定ツールなど頻繁に使用される注釈ツールや、**Aligned Dimension**、**Tag by Category**、**Text** なども含まれます。いくつかの異なる 3D ビューや **Sections** といったビューイングツールにもここから容易にアクセスできます。

図 1–7

> **ヒント：Quick Access Toolbar のカスタマイズ**
>
> Quick Access Toolbar 上で右クリックし、Ribbon の上段か下段に Toolbar の格納場所を変更したり、Toolbar 上でツールを追加・削除したり、位置を変更することができます。また Ribbon 内のツールを右クリックし、図 1–8 のように **Add to Quick Access Toolbar** コマンドでツールを Quick Access Toolbar に追加できます。
>
>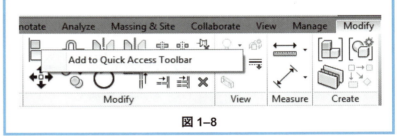
>
> 図 1–8

最上段の Toolbar には InfoCenter（図 1–9）もあり、ウェブ上でヘルプを探すための検索フィールドがあるほか、Communication Center、Autodesk A360 へのログイン画面、Autodesk App Store やその他のヘルプオプションにアクセスできます。

図 1–9

2. Status Bar

Status Bar は図 1–10 に示すように、コマンドの次の処理といった現行プロセスに関する情報を提供します。

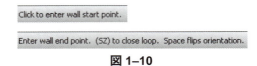

図 1–10

- Status Bar の他のオプションは、Workset や Design Options（高度ツール）、選択方法やフィルターに関係するものです。

ヒント：ショートカットメニュー

ショートカットメニューからは必要なコマンドに素早くアクセスすることが可能であるため、スムーズかつ効率的に作業しやすくなります。これらのメニューからは、図 1–11 にあるように、基本的なビューイングコマンド、最近使用したコマンド、そして現在利用可能な Browsers へアクセスすることができます。追加オプションは、使用中のエレメントやコマンドによって異なります。

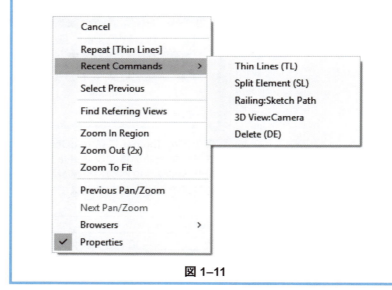

図 1–11

BIM と Autodesk Revit の紹介

3. File Tab

Ribbon の *File* tab からは、図 1–12 に示すように、File コマンド、設定、ドキュメントにアクセスすることができます。カーソルをコマンドのアイコン上に重ねると、追加ツールのリストが表示されます。

矢印ではなくアイコンをクリックすると、デフォルトのコマンド動作を開始します。

図 1–12

- 最近使用したドキュメントのリストを表示するには、🕒 (Recent Documents) をクリックします。図 1–13 に示す形でドキュメントの順番を変えることができます。

ドキュメント名の隣にある 📌 (Pin) をクリックすると、そのドキュメントを利用できる状態が持続します。

図 1–13

Autodesk Revit 2019：建築の基本

- 開いているドキュメントのリストを表示するには、 ![] (OpenDocuments) をクリックします。図 1–14 に示すように、開いているドキュメントとビューのリストが表示されます。

Open Documents リストを利用して、別のビューに切り替えることができます。

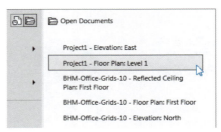

図 1–14

- ![] (Close) をクリックして、現在のプロジェクトを閉じます。
- メニューの一番下にある **Options** をクリックして Options ダイアログボックスを開くか、または **Exit Revit** をクリックしてソフトを終了します。

4. Ribbon

Ribbon は図 1–15 に示すように、一連のタブ内に各種ツールとパネルが格納されています。タブを選択すると、関連するパネルグループが表示されます。このパネルには様々なツールがタスク毎にグループ化されて格納されています。

図 1–15

新しいエレメントを作成するコマンドを実行するか、またはエレメントを選択すると、Ribbon に *Modify | contextual* tab が表示されます。図 1–16 に示すように、ここには一般的な修正コマンドやコマンドに特有のツールが含まれています。

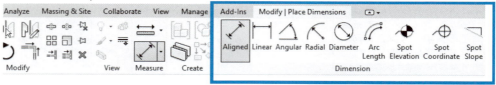

Contextual tab

図 1–16

- Ribbon にあるツール上にカーソルを重ねると、ツールヒントウィンドウにツールの名前と短い説明が表示されます。カーソルをツール上にそのまま重ねていると、図 1–17 に示すように図面（場合によっては動画）が表示されます。

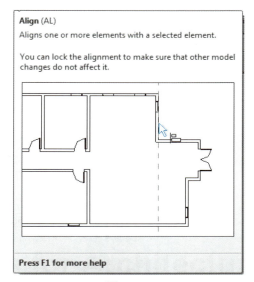

図 1–17

- 多くのコマンドにはショートカットキーが与えられています。例えば、**AL** と入力すると **Align**、**MV** と入力すると **Move** コマンドが実行されます。ショートカットはツールヒントにあるコマンド名の横にリスト表示されます。ショートカットを入力する際は、<Enter> キーを押さないでください。

- 表示される Ribbon のタブの順番を変えるには、タブを選択し、<Ctrl> キーを押したまま新しい位置にドラッグします。この位置はソフトを再起動した後も記憶されます。

- どのパネルも、タイトル部分をドラッグしてビューウィンドウ内に移動させると、フローティングパネルにすることができます。**Return Panels to Ribbon** のボタンをクリックすると（図 1–18 参照）パネルが Ribbon 内に再び格納されます。

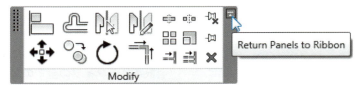

図 1–18

Autodesk Revit 2019：建築の基本

> **ヒント：Autodesk Revit ソフトの使用中は、常に何らかのコマンドを使用しています**
>
> １つのツールでの作業が終了すると、通常は初期設定である Modify コマンドに戻ります。コマンドを終了するには、以下のいずれかの方法を使用します。
>
> - Ribbon 上のいずれかのタブで ⏳（Modify）をクリックする。
> - Modify に戻るには <Esc> キーを１度か２度押す。
> - 右クリックで Cancel... を１度か２度選択する。
> - 別のコマンドを実行する。

5. Options Bar

Options Bar では、選択されたコマンドやエレメントに関連するオプションが表示されます。例えば Rotate（回転）コマンドを実行中の場合は、図 1–19 上部に示すように、選択されたエレメントを回転するためのオプションが表示されます。Place Dimensions コマンドを実行中の場合は、図 1–19 下部に示すように、Dimensions（寸法）に関連するオプションが表示されます。

| Modify | Multi-Select | ☐ Disjoin ☐ Copy Angle: 45 | Center of rotation: [Place] [Default] |

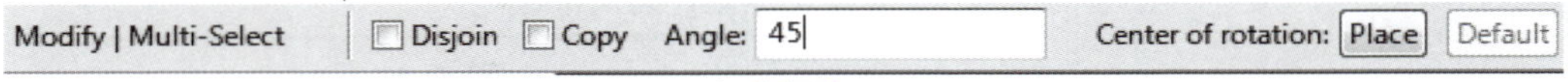

Rotate コマンド実行時の Options Bar

| Modify | Place Dimensions | Wall centerline ▼ Pick: Individual Reference ▼ [Options] |

Dimension コマンド実行時の Options Bar

図 1–19

6. Properties Palette

Properties palette は、図 1–20 に示すように、いくつかの部分に分かれています。一番上には、今追加したり、変更を加えているエレメントのサイズやスタイルを選択できる Type Selector があります。このパレット上のオプションを利用して、情報（パラメータ）に変更を加えることができます。Properties には以下の２種類があります。

- Instance Properties は、ユーザによって作成・変更される個別のエレメント（複数可）に対して設定されます。

- Type Properties は、同じタイプの全てのエレメントに関するオプションを管理します。これらのパラメータの値を変更すると、選択されたタイプの全てのエレメントが変化します。

---

12   1–12

© 2018, ASCENT - Center for Technical Knowledge®

BIM と Autodesk Revit の紹介

Properties palette はプロジェクトの作業中、通常は開いたままになっており、いつでも容易に変更が可能です。これが表示されていないときは、Modify tab > Properties panel で ▤（パラメータ）をクリックするか、または **PP** と入力します。

エレメントを編集している時だけ利用可能なパラメータもあります。利用できない場合にはグレー表示になります。

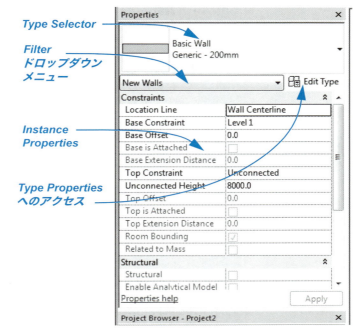

図 1–20

- **Modify** コマンドが有効でもエレメントを選択していない場合は、現在のビューのオプションが表示されます。
- コマンドまたはエレメントが選択されている場合は、関連するエレメントのオプションが表示されます。
- カーソルをパレット外に移動するか、<Enter> キーを押すか、または **Apply** をクリックすることで、変更を保存することができます。
- 図 1–21 に示すように、コマンドを実行するかまたはエレメントを選択すると、Type Selector でエレメントのタイプを設定できます。

検索ボックスに文字を入力して、ドロップダウンリストに表示される内容を制限することができます。

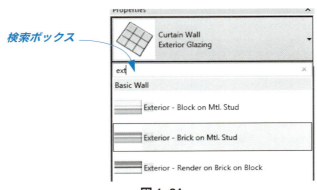

図 1–21

© 2018, ASCENT - Center for Technical Knowledge®   1–13   13

- 複数のエレメントが選択された場合は、図 1–22 に示すように、ドロップダウンリストに表示されるエレメントのタイプをフィルター処理できます。

- Properties palette は図 1–23 に示すように、セカンドモニター上に動かしたり、Project Browser または他の一体化可能なパレット上で分離表示やサイズ変更、一体化することが可能です。タブをクリックして関連するパネルを表示します。

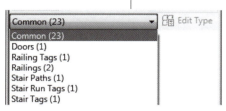

図 1–22

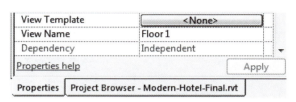

図 1–23

7. Project Browser

Project Browser は、作業可能なモデルの全てのビュー（図 1–24 参照）や、Floor Plans（平面図）、Ceiling Plans（天井伏図）、3D Views（3次元ビュー）、Elevations（立面図）、Sections（断面図）など、作成する追加のビューをリスト表示します。これには Schedules（集計表）、Legends（凡例）、Sheets（図面作成用シート）、カテゴリ別の Families リスト、Groups（グループ）、および Autodesk Revit Links も含まれます。

Project Browser は使用中のプロジェクトの名前を表示します。

図 1–24

- ビューを開くには、ビューの名前をダブルクリックするか、または右クリックして **Open** を選択します。

- ビューの名前を変更するには、名前をゆっくりとダブルクリックすると図 1–25 に示すように文字がハイライト表示され、変更可能になります。また、ビューの名前を右クリックして **Rename...** を選択し、<F2> キーを押すことでも変更が可能です。

- ビューのタイプに関するビューを表示するには、セクション名の横にある ➕ (Expand) をクリックします。非表示にする場合は ➖ (Collapse) をクリックします。また、図 1–26 に示すように、ショートカットメニューで開いたり閉じたりすることもできます。

図 1–25

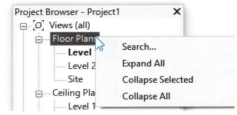
図 1–26

- 不要になったビューは削除することができます。Project Browser 内で不要なビューの名前を右クリックして **Delete** を選択します。

- Project Browser は Properties palette からの分離表示、サイズ変更、パレットへの一体化やカスタマイズが可能です。Properties palette と Project Browser が互いに一体化されている場合には、該当するタブをクリックして必要なパネルを表示します。

操作手順：Project Browser で検索する

1. Project Browser で、ビューの名前ではなくビューのタイプ上で右クリックして **Search...** を選択します。
2. Project Browser ダイアログボックス内の検索ボックスに知りたい単語を入力し（図 1–27 参照）、**Next** をクリックします。
3. 図 1–28 で示すように、検索による最初のインスタンスが Project Browser で表示されます。

図 1–27

図 1–28

4. **Next** と **Previous** を続けて使用しながらリスト内を移動します。
5. 終了する時は **Close** をクリックします。

8. View Tab

プロジェクトの各ビューはそれ自身のタブで開きます。図 1–29 に示すように、各ビューでは Navigation Bar（ビューイングツールへのクイックアクセス用）と View Control Bar が表示されます。タブはドラッグして別のモニターへ移動することが可能です。

3D ビューでは、View Cube を使用してビューを回転させることができます。

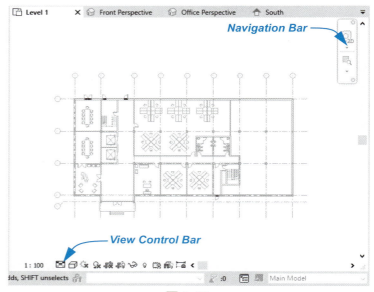

図 1–29

- ビューを切り替えるにはタブをクリックします。または、
    - <Ctrl> キーと <Tab> キーを押します。
    - Project Browser でビューを選択します。
    - Quick Access Toolbar または View tab > Windows panel で（Switch Windows）を展開し、リストからビューを選択します。
    - 図 1–30 に示すように、タブの一番端にあるドロップダウンリストを展開します。

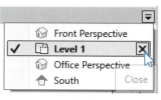

図 1–30

- タブを閉じるには、図 1–30 に示すように、タブやリスト中の名前にカーソルを重ねた時に表示される X をクリックします。
- 現在のビュー以外で開いている全てのビューを閉じる時は、Quick Access Toolbar または View tab > Windows の 🗙 (Close Inactive Views) をクリックします。複数のプロジェクトを開いている場合は、各プロジェクトの1つのビューが開いた状態になります。
- タブ化されてタイル表示されたビューの間で切り替えを行うには、図 1–31 で示すように、View tab > Windows panel で ▢ (Tab Views) または ▭ (Tile Views) をクリックします。

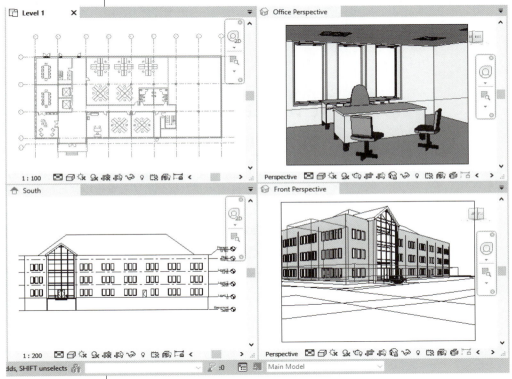

図 1–31

- タイル表示されたビューの端をドラッグしてサイズを変更します。その他のビューはそれに合わせてサイズが変更されます。

9. Navigation Bar

Navigation Bar は図 1–32 で示すように、様々なビューイングコマンドへのアクセスを可能にします

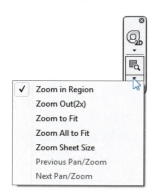

図 1–32

10. View Control Bar

View Control Bar（図 1–33 参照）は、各ビューウィンドウの一番下に表示されます。これは、スケールや詳細度合といったビューの側面を管理します。また、ここにはビューの各部分を表示したり、ビュー内のエレメントを非表示または分離するツールなどが含まれます。

図 1–33

- 3D ビュー内にいる時、View Control Bar のオプションの数は変化します。

1.3 プロジェクトを開始する

Autodesk Revit で既存のファイルを開く、テンプレートから新しいファイルを作成する、またはファイルを保存する作業は、図 1–34 に示すように File tab から行います。

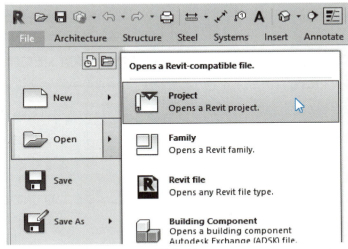

図 1–34

ファイルには主に 3 つのフォーマットがあります。

- **Project ファイル（.rvt）**：ビルディングモデル内でエレメントを追加する、ビューを作成する、ビューに注釈を加える、印刷可能なシートを設定するといった作業の大部分を行う場所です。Project ファイルは、初期設定ではテンプレートファイルをもとにして作成されます。

- **Family ファイル（.rfa）**：プロジェクト内に挿入できる別個のコンポーネントです。独立したエレメント（例：テーブルや機械設備の部品）またはその他のエレメントに従属している（ホストされている）アイテム（例：壁内の扉や天井の照明器具）が含まれます。Title block（タイトルブロック）と Annotation Symbol（注釈記号）ファイルは特別な種類の Family ファイルです。

- **Template ファイル（.rte と .rft）**：新しいプロジェクトやファミリのもととなるファイルです。プロジェクトのテンプレートには、新しいプロジェクトファイルを作成するための基本情報・設定が保持されています。このソフトには、様々な種類のプロジェクト用にいくつかのテンプレートが含まれますが、ユーザが独自にテンプレートを作成することも可能です。Family テンプレートには各種ファミリのための基本情報が含まれます。テンプレートファイルは通常、新しいファイルとして保存されます。

Autodesk Revit 2019：建築の基本

プロジェクトを開く

既存のプロジェクトを開くには、Quick Access Toolbar または *File tab* で 📂（Open）をクリックするか、<Ctrl>+<O> キーを押します。Open ダイアログボックスが開き（図 1–35 参照）、必要なフォルダにアクセスしてプロジェクトファイルを選択することができます。

図 1–35

- プロジェクトを選択する際、Preview の下にプロジェクトを作成した Revit ソフトのリリースバージョンが表示されます。これにより、前のバージョンのまま保持されるべき図面を開かないよう、ユーザに注意を促します。一度保存したプロジェクトは、以前のバージョンに戻すことはできません。

- Autodesk Revit を起動すると、図 1–36 に示すようにスタートアップ画面が最初に表示され、最近使用した Project と Family ファイルのリストを表示します。全てのプロジェクトを閉じた際にもこの画面が表示されます。

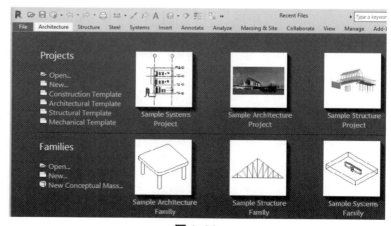

図 1–36

- 最近開いたプロジェクトのイメージを選択するか、左側にあるオプションの1つを用いて開く、またはデフォルトのテンプレートを用いて新しいプロジェクトを開始することができます。

> **ヒント：ワークセット関連ファイルを開く**
>
> Workset（ワークセット）は、プロジェクトが大きくなり、同時に複数の人が作業する必要が生じた場合に使用されます。プロジェクト責任者はこの時点で、チームメンバーが使用する複数のワークセット（例：内装、外壁、敷地など）から構成される中央ファイルを作成します。
>
> 図 1–37 に示すように、ワークセット関連ファイルを開く際にはコンピューター上に新しいローカルファイルが作成されますので、中央ファイル上では作業をしないでください。
>
>
>
> 図 1–37
>
> - ワークセットに関連するファイルを開いたり保存する際の詳細については、*付録 A.1 ワークセット（P.533（A–1））の紹介*を参照してください。
>
> - ワークセットの作成と利用についての情報は、*Autodesk Revit : Collaboration Tools* 学習ガイドを参照してください（本書とは別の書籍となります。この本の邦訳はございません）。

- プロジェクトで作業をする全員が同じソフトウェアバージョンを使用することが非常に重要です。使用しているバージョンより前のバージョンであれば開くことはできますが、より新しいバージョンを開くことはできません。

- 以前のバージョンで作成されたファイルを開く際、Model Upgrade ダイアログボックス（図 1–38 参照）には、ファイルを作成したバージョンと更新予定のバージョンが示されます。必要であれば、更新が完了する前にキャンセルすることができます。

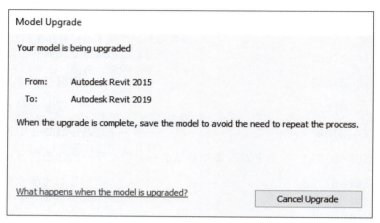

図 1–38

新しいプロジェクトを開始する

新しいプロジェクトは、テンプレートファイルをもとに作成されます。テンプレートファイルには、予め設定されたレベル面、各種ビュー、壁やテキストのスタイルといった数種類のファミリが含まれています。プロジェクトにおいてどのテンプレートを使用すべきかを BIM 責任者に確認してください。会社によっては、設計している建物の種類により使用するテンプレートが 2 つ以上になる場合があります。

操作手順：新しいプロジェクトを開始する

1. 図 1–39 で示すように、*File* tab で ▢（New）を展開し、▢（Project）をクリックするか、または <Ctrl>+<N> キーを押します。

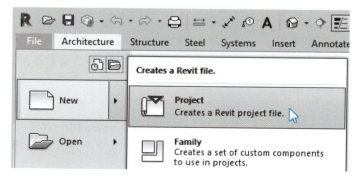

図 1–39

2. New Project ダイアログボックス（図1-40参照）で、使用するテンプレートを選択して **OK** をクリックします。

テンプレートファイルのリストは、*File Locations* ウィンドウにある *Options* ダイアログボックス内で設定されます。この設定は、インストールされている製品と社内標準によって異なる場合があります。

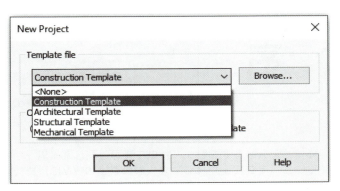

図 1-40

- 使用するテンプレートが BIM 責任者によりすでに決定されている場合は、テンプレートリストからそのテンプレートを選択することができます。

- （New）を Quick Access Toolbar に追加することができます。図 1-41 に示すように、Quick Access Toolbar の一番端にある (Customize Quick Access Toolbar) をクリックし、**New** を選択します。

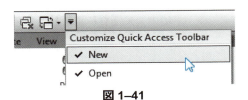

図 1-41

プロジェクトの保存

プロジェクトは頻繁に保存することが不可欠です。Quick Access Toolbar または *File* tab の (Save) をクリックするか、または <Ctrl>+<S> キーを押してプロジェクトを保存します。まだ一度もプロジェクトが保存されていない場合は、Save As ダイアログボックスが開き、ファイルの保存場所と名前を指定できます。

- 既存のプロジェクトを新しい名前で保存するには、*File* tab の (Save As) を展開し、 (Project) をクリックします。

- 設定された時間内に保存しなかった場合、このソフトは図 1–42 に示すように Project Not Saved Recently の警告ボックスを表示しますので、その際は **Save the project** を選択します。警告の表示間隔を設定したい場合、または現時点ではプロジェクトを保存しない場合には、その他のオプションを選択します。

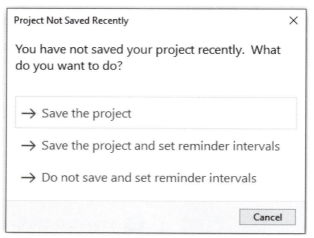

図 1–42

- *Save Reminder interval* では、警告表示を **15・30 分**、または **1・2・4 時間**ごとに設定するか、警告を表示しないよう設定することができます。*File* tab 内で **Options** をクリックすると Options ダイアログボックスが開きますので、図 1–43 に示すようにボックス左側にある **General** を選択し、警告表示間隔を設定します。

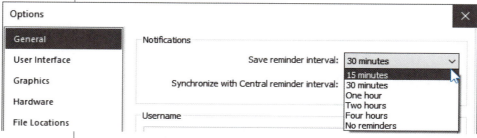

図 1–43

バックアップコピーを保存する

Autodesk Revit ソフトではデフォルトにより、プロジェクトを保存する際にバックアップコピーも同時に保存されます。バックアップコピーは徐々に番号が大きくなる形で（例：**My Project.0001.rvt**、**My Project.0002.rvt** など）オリジナルファイルと同じフォルダ内に保存されます。Save As ダイアログボックス内の **Options...** をクリックすると、保存するバックアップコピーの数を管理できます。デフォルトではバックアップは 3 つとなっており、この数を超えた場合には最も古いバックアップファイルが削除されます。

ヒント：ワークセットに関連するプロジェクトの保存

プロジェクトでワークセットを使用する場合、プロジェクトをローカルファイルと中央ファイルに保存する必要があります。ローカルファイルはその他のファイルと同様に頻繁に保存し、中央ファイルへは 1 時間程度毎に、または中央ファイルと同期する形で保存することが推奨されます。

変更点をメインのファイルと同期するには、Quick Access Toolbar 内で 📦（Synchronize and Modify Settings）を展開し、🖼（Synchronize Now）をクリックします。中央ファイルに保存した後、このファイルをローカルにも保存します。

その日の終わり、または現在の作業を終了する時に、Quick Access Toolbar 内の 📦（Synchronize and Modify Settings）を展開し、🖼（Synchronize and Modify Settings）をクリックして、これまで作業していたファイルを中央ファイルに移行（Relinquish）します。

- ワークセットに対応するファイルの最大バックアップ数は、デフォルトでは 20 に設定されています。

1.4 ビューイングコマンド

ビューイングコマンドは、ほとんどの図面やモデリングプログラムで効率的に作業する上で必要不可欠なものであり、Autodesk Revit ソフトでも例外ではありません。ビューに入ると、Zoom コントロールを使用してその中を移動することができます。拡大表示（ズームイン）・縮小表示（ズームアウト）、画面移動（パン）はどのビューにおいても可能です。また 3D での表示用に特有のツールもあります。

拡大・縮小表示と画面移動

拡大・縮小表示と画面移動にマウスを使用する

モデルの周囲を移動する主な手段として、マウスホイール（図 1–44 参照）を使用します。

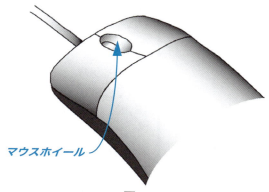

図 1–44

- マウスホイールを上にスクロールすると拡大表示、下にスクロールすると縮小表示します。
- ホイールを押したままマウスを動かすと画面移動します。
- ホイールをダブルクリックすると、ビューの範囲に合わせて拡大または縮小表示します。
- <Shift> キーとマウスホイールを押したまま 3D ビュー内でマウスを動かすと、モデルが回転します。

- モデルを保存してソフトを終了する際、各ビューの画面移動と拡大・縮小表示の位置が記憶されます。これは複雑なモデルの場合には特に重要になります。

BIM と Autodesk Revit の紹介

ズームコントロール

様々なズームの方法によって画面表示をコントロールすることが可能です。**Zoom** と **Pan** コマンドは他のコマンドを使用中でも常に実行することができます。

- **Zoom** コマンドへは、ビューの右上隅にある Navigation Bar（図 1–45 参照）からアクセス可能です。ほとんどのショートカットメニューから、またはショートカットコマンドを入力することでもアクセスできます。

（2D Wheel）からは、カーソル特有の動作を利用して **Zoom** と **Pan** にアクセスできます。

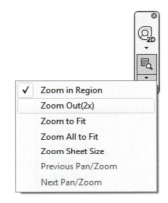

図 1–45

Zoom コマンド

	Zoom In Region (ZR)	指定した領域内へズームします。カーソルをドラッグするかまたは2点を選択することで、拡大表示したい長方形の領域を指定します。これがデフォルトのコマンドです。
	Zoom Out(2x) (ZO)	エレメント中心部の周辺を、現在の半分の拡大率に縮小表示します。
	Zoom To Fit (ZF or ZE)	画面上の現在のビュー内にプロジェクトの全体を表示するよう縮小表示します。
	Zoom All To Fit (ZA)	画面上で開いている全てのビュー内にプロジェクトの全体を表示するよう縮小表示します。
	Zoom Sheet Size (ZS)	シートサイズに合わせて拡大表示、または縮小表示します。
N/A	**Previous Pan/Zoom (ZP)**	**Zoom** コマンドを1ステップ分戻ります。
N/A	**Next Pan/Zoom**	**Previous Pan/Zoom** を実行した後に、**Zoom** コマンドを1ステップ分進めます。

3Dで見る

プロジェクトを完全な平面図ビューで開始した場合でも、図 1–46 に示すようにモデルの 3D ビューをすぐに作成できます。3D ビューには、**Default 3D View** コマンドによって作成されるアイソメトリックビューと、**Camera** コマンドによって作成されるパースペクティブビューの 2 種類があります。

図 1–46

3D ビューで作業することは、プロジェクトを視覚化し、エレメントを正確に配置する際の手助けとなります。エレメントの作成や変更は、平面図ビューで可能であるのと同様に、アイソメトリックビューとパースペクティブビューのいずれの 3D ビューでも可能です。

- 一度 3D ビューを作成して保存すれば、後で簡単にこのビューに戻ることができます。

操作手順：3D アイソメトリックビューの作成と保存

1. Quick Access Toolbar または View tab > Create panel で (Default 3D View) をクリックします。図 1–47 に示すように、デフォルトの 3D South-East アイソメトリックビューが開きます。

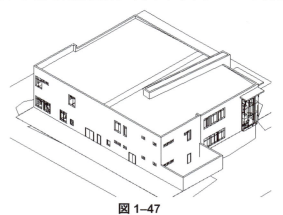

図 1–47

2. ビューを変更して別の方向から建物を表示します。

マウスホイールまたは 3 ボタンマウスのミドルボタンを使用して、ビューを別の角度に回転させることができます。
<Shift> キーを押したままホイールかミドルボタンを押し、そのままカーソルをドラッグします。

BIM と Autodesk Revit の紹介

3. Project Browser でゆっくりとダブルクリックするか、{3D} ビュー上で右クリックして **Rename...** を選択します。
4. 図 1–48 に示すように、この時テキストボックス内にはもとの名前がハイライト表示されています。図 1–49 に示すように、Rename View ダイアログボックス内に新しい名前を入力します。

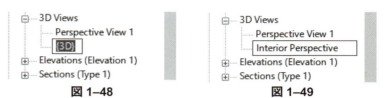

図 1–48　　　　　　　　　図 1–49

全てのタイプのビューの名前を変更できます。

- デフォルトの 3D ビューへの変更が保存された後に、別のデフォルトの 3D ビューを開始する時は、South-East アイソメトリックビューが再び表示されます。デフォルトの 3D ビューを変更したものの新しい名前で保存しなかった場合は、**Default 3D View** コマンドは最後に指定した方向でビューを開きます。

操作手順：パースペクティブビューを作成する

1. Floor Plan のビューに変更します
2. Quick Access Toolbar または View tab > Create panel で 🏠 (Default 3D View) を展開し、📷 (Camera) をクリックします。
3. ビューの中にカメラを配置します。
4. 図 1–50 に示すようにビュー上にターゲットが配置されるようにして、カメラを向けたい方向に配置します。

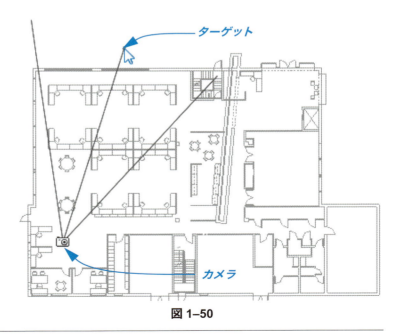

図 1–50

Autodesk Revit 2019：建築の基本

Round コントロールを用いてビューの表示サイズを修正し、<*Shift*> キーとマウスホイールを押してビューを変更します。

この時、図 1–51 のような新たなビューが表示されます。

図 **1–51**

5. Properties palette 内を下にスクロールし、必要に応じて *Eye Elevation* と *Target Elevation* を調整します。

- ビューが歪んでしまった場合には、ターゲットをリセットして、ビューの境界内（トリミング領域と呼びます）の中央に来るようにします。*Modify | Cameras* tab > Camera panel 内で (Reset Target）をクリックします。

- 図 1–52 で示すようにビューに影を加えることができます。View Control Bar にて (Shadows off）と (Shadows On）を切り替えます。影は 3D ビューに限らずどのビューでも表示されます。太陽の位置を設定するには、 (Sun Path Off）を展開して **Sun Settings...** を選択します。 (Sun Path On）を選択すれば、太陽の視覚的位置が分かります。

図 **1–52**

30   1–30   © 2018, ASCENT - Center for Technical Knowledge®

BIM と Autodesk Revit の紹介

ヒント：ビューキューブを利用する

ViewCube は、3D ビュー内のどこにいるかを把握する視覚的な手がかりとなります。これにより特定のビュー（Top、Front、Right など）だけでなく図 1–53 に示すような角や方向性のあるビューにも素早くアクセスできるため、モデル内を動き回りやすくなります。

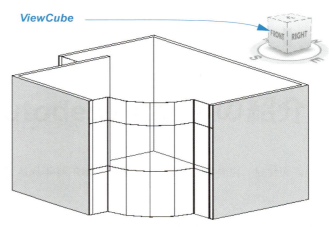

図 1–53

ViewCube の表面上で自由にカーソルを動かしてハイライト表示させます。面がハイライト表示されたらその面を選択して、モデルの方向を変えることができます。また、ViewCube でクリックとドラッグによりボックスを回転させると、モデル自体を回転させることができます。

- （Home）は、カーソルを ViewCube 上で動かすと表示されます。これをクリックすると、**Home** として定めたビューに戻ります。Home View を希望するビューに変更するには、ViewCube 上で右クリックし、**Set Current View as Home** を選択します。

- ViewCube は、アイソメトリックビューとパースペクティブビューで利用可能です。

- ViewCube 上で右クリックし、**Perspective** または **Orthographic** を選択することで、Isometric モードと Perspective モードを切り替えることができます。

ビジュアルスタイル

いずれのビューにもビジュアルスタイルを適用することができます。View Control Bar にある **Visual Style** のオプション（図 1–54 参照）で、ビルディングモデルの Shaded（シェイディング）オプションを指定します。これらのオプションは平面図、立面図、断面図および 3D のビューで適用されます。

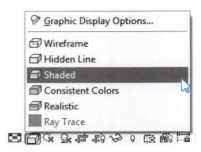

図 1–54

- （Wireframe）はエレメントを構成するラインやエッジを表示しますが、表面は表示しません。複雑な交点を扱う場合に効果的です。

- （Hidden Line）はエレメントのライン、エッジ、表面を表示しますが、色は表示しません。これは、設計作業で最も一般的に使用されるビジュアルスタイルです。

- （Shaded）と（Consistent Colors）では、透明なガラスなどの素材の雰囲気を見ることができます。Consistent Colors を使用した一例を図 1–55 に示します。

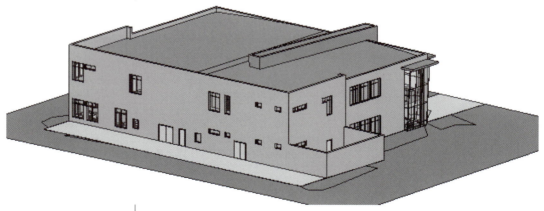

図 1–55

- ▢ (Realistic) は、ビューをレンダリングした際に視覚化される、RPC（Rich Photorealistic Content）の構成要素や人工光などの内容を表示します。このビジュアルスタイルを実行するには多くの計算能力を必要とするため、作業時間の大半は別のビジュアルスタイルを使用することを推奨します。

- ▢ (Ray Trace) は、レンダリングしたい 3D ビューを作成した時に効果的なビジュアルスタイルです。ビューの表示は、ドラフト解像度からフォトリアリスティックなレベルへと段階的に向上していきます。このプロセスはいつでも停止することができます。

> **ヒント：レンダリング**
>
> レンダリングとは、図 1–56 のように作業しているモデルを写真のようにリアルなビューにすることができる強力なツールです。これによりクライアントやデザイナーは、建物のデザイン詳細を理解しやすくなります。
>
>
>
> **図 1–56**
>
> - View Control Bar で ▢ (Show Rendering Dialog) をクリックすると、オプションを設定できます。**Show Rendering Dialog** は 3D ビューにおいてのみ利用可能です。

Autodesk Revit 2019：建築の基本

実習 1a プロジェクトを開き、確認する

この実習の目標

- グラフィックユーザーインターフェイスを操作します。
- ズームとパン（画面移動）のコマンドを使って 2D と 3D ビューを操作します。
- 3D アイソメトリックビューとパースペクティブビューを作成します。
- ビューのビジュアルスタイルを設定します。

この実習では、プロジェクトファイルを開き、インターフェイス上の様々な領域をそれぞれ表示します。エレメント、コマンド、オプションを探求します。Project Browser を通してビューを開き、図 1–57 で示すようにモデルを 3D で表示します。

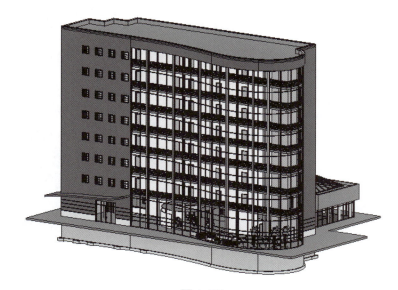

図 1–57

- これは、学習ガイド全体を通して行うメインプロジェクトの 1 つのバージョンです。

タスク 1 – インターフェイスを探求する

1. *File* tab で (Open)を展開し、 (Project)をクリックします。
2. Open ダイアログボックス内で実習ファイルのフォルダへ行き、**Modern-Hotel-Final-M.rvt** を選択します。
3. **Open** をクリックします。現代的なホテルの 3D ビューがビューウィンドウで開きます。

BIM と Autodesk Revit の紹介

Project Browser と Properties palette が互いに重なっている場合は、最下部にある Project Browser タブを利用してそれを表示します。

4. Project Browser で *Floor Plans* ノードを展開します。**Floor 1** をダブルクリックして開きます。このビューは **Floor Plans: Floor 1** と呼ばれます。

5. 十分に時間を取って復習し、平面図に詳しくなりましょう。

6. 画面上の様々な部分を復習します。

7. ビューにおいていずれか 1 つの扉の上にカーソルを重ねます。図 1–58 のようにエレメントを説明するツールヒントが表示されます。

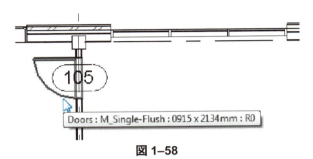

図 1–58

8. カーソルを別のエレメント上に重ねて説明を表示します。

9. 扉を選択します。Ribbon が *Modify | Doors* tab に変化します。

10. 画面上の空白をクリックすると選択が解除されます。

11. <Ctrl> を押しながら異なるタイプの複数のエレメントを選択します。Ribbon が *Modify | Multi-Select* tab に変化します。

12. <Esc> を押して、選択を解除します。

13. *Architecture* tab > Build panel において (Wall)をクリックします。Ribbon が *Modify | Place Wall* tab に変化し、リボンの最後に Draw パネルが表示されます。これには壁を作ることのできるツールが含まれます。Ribbon のその他の部分には、*Modify* tab にあるツールと同じものが表示されます。

14. Select panel において (Modify) をクリックし、メインの Ribbon に戻ります。

15. *Architecture* tab > Build panel において (Door) をクリックします。Ribbon が *Modify | Place Door* tab に変化し、扉を作るために必要なオプションとツールが表示されます。

16. Select panel において (Modify) をクリックし、メインの Ribbon に戻ります。

© 2018, ASCENT - Center for Technical Knowledge®

タスク2 – ビューを見る

ビューの名前全体を表示するには、Project Browser を広げる必要があるかもしれません。

1. Project Browser において、Floor Plans ノードが開いていることを確認します。Floor 1 - Furniture Plan のビューをダブルクリックします。

2. 基本の平面図は家具付きで表示されますが、Floor 1 のビューで表示されていた注釈は省略されます。

3. Floor 1 - Life Safety Plan のビューをダブルクリックして開きます。

4. 壁と家具は表示されますが、家具はグレー表示され、重要な避難経路情報が赤線で表示されます。

5. ビューの最上部で各タブをクリックすると、開いているビューの間で切り替えができます。

6. View tab > Windows panel において ▢（Tile Views）をクリックします。開いている全てのビューがタイル表示されます。ZA（Zoom All）と入力して、図 1–59 のように各ビューの範囲に合わせて縮小表示します。

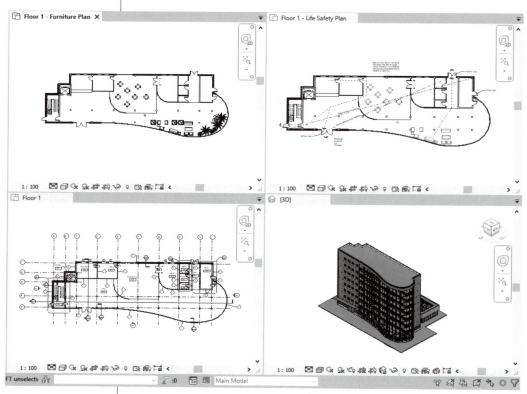

図 1–59

BIM と Autodesk Revit の紹介

7. 3D ビュー内をクリックして、これをアクティブ状態にします。

8. *View* tab > Windows panel において ▢（Tab Views）をクリックします。ビューはタブの中に戻り、3D ビューがグループの最初に表示されます。

このビューは、*Elevations (Building Elevation): East View* と呼ばれています。

9. Project Browser で下にスクロールし、*Elevations (Building Elevation)* を展開します。*East* elevation をダブルクリックしてビューを開きます。

10. *Sections (Building Section)* を展開し、*East-West Section* をダブルクリックして開きます。

11. ビューウィンドウの最下部の View Control Bar において ▱（Visual Style）をクリックし、*Shaded* を選択します。断面図のエレメントが読みやすくなります。

12. Project Browser において、*Sheets (all)* ノードまで下にスクロールしてこれを展開します。

13. 複数のシートを表示します。一部のシートにはビューがすでに適用されています（例：図 1–60 で示される *A2.3 - 2nd-8th Floor Plan (Typical)* など）。

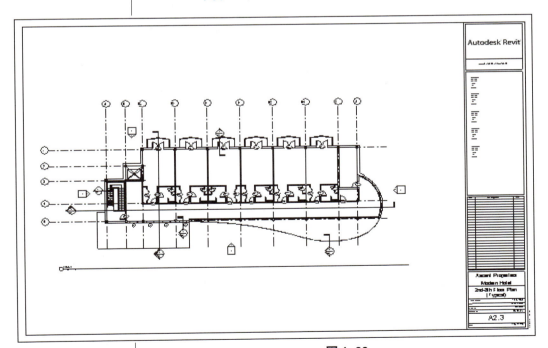

図 1–60

14. 上記 13 で *Shaded* にしたビューを表示するのはどのシートですか？

タスク 3 – ビューイングツールを使ってみる

1. **Floor 1** の View tab を選択します。

2. Navigation Bar において をクリックし、**Zoom In Region** を選択するか、または **ZR** と入力します。1 つの階段をズームで拡大表示します。

3. マウスのミドルボタンまたはホイールを押しながらドラッグして、建物の別の部分に画面移動します。別の方法として Navigation Bar の 2D Wheel を使うこともできます。

4. マウスホイールをダブルクリックして縮小表示し、ビュー全体を表示します。

5. Quick Access Toolbar において (Default 3D View) をクリックし、図 1–61 で示すようなデフォルトの 3D ビューを開きます。

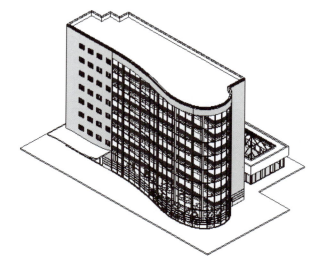

図 1–61

6. \<Shift\> を押しながらマウスのミドルボタンまたはホイールを使って、3D ビューの中でモデルを回転させます。

7. View Control Bar において、*Visual Style* を (Shaded) に変更します。その後 (Consistent Colors) を試します。建物の背面を見るにはどれが一番いいですか？

8. ViewCube を利用して、使用するビューを見つけます。

9. Project Browser で *3D View* を展開したら {3D} ビュー上で右クリックし、**Rename....** を選択してこれに新たな名前をつけます。

BIM と Autodesk Revit の紹介

10. すでに作成されている他の 3D ビューを見返します。

11. <Ctrl>+<Tab> を押して、開いているビューをひと通り表示します。

12. Quick Access Toolbar において ▭ (Switch Windows) を展開し、**Modern-Hotel-Final.rvt - Floor Plan: Floor 1** のビューを選択します。

13. Quick Access Toolbar において ▭ (Close Inactive Views) をクリックします。現在作業しているウィンドウ以外の全てのウィンドウが閉じます。

14. Quick Access Toolbar において、▭ (Default 3D View) を展開し、▭ (Camera) をクリックします。

15. 図 1–62 に示すように、ロビーの部屋名の付近で最初の点をクリックし、建物の外で 2 番目の点（ターゲット）をクリックします。

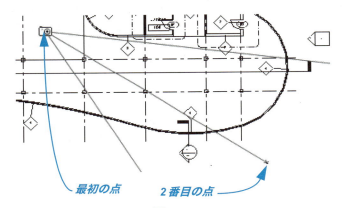

図 1–62

このファイルは、Raytrace で作業するようには設定されていません。

16. 平面図ビューでは表示されなかった家具や植栽が表示されます。

17. View Control Bar において Visual Style を ▭ (Realistic) に設定します。

18. Project Browser において新しいカメラビューで右クリックし、**Rename....** を選択して **Lobby Seating Area** と入力します。

19. Quick Access Toolbar において、▭ (Save) をクリックし、プロジェクトを保存します。

20. File tab において ▭ (Close) をクリックします。これによりプロジェクト全体が閉じます。

Chapter の復習

1. Autodesk Revit ソフトでプロジェクトを作成する際、3D（図1–63 左参照）で作業しますか？それとも 2D（図1–63 右参照）で作業しますか？

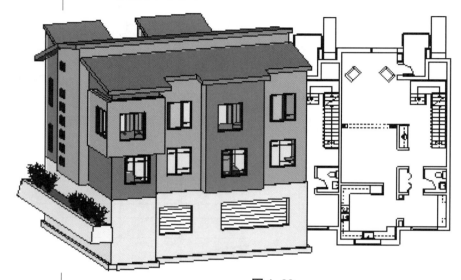

図 1–63

   a. 平面図ビューは 2D で、平面図ビュー以外は 3D で作業します。
   b. 平面的に見えるビューを使用している時でも、ほとんどの場合は 3D で作業します。
   c. 2D/3D コントロールの切り替え方によって、2D または 3D で作業します。
   d. 平面図と断面図のビューでは 2D で、アイソメトリックビューでは 3D で作業します。

2. Project Browser の目的は何ですか？

   a. ウォークスルーと同様に、ビルディングプロジェクトの全体を閲覧することができます。
   b. 建物の完全な建築モデルを作成するのに必要な全てのファイルを管理するインターフェイスです。
   c. Windows Explorer の使用の代替として、複数の Autodesk Revit プロジェクトを管理します。
   d. プロジェクトのビューへのアクセスと管理に使用されます。

3. あなたが使用しているコマンドに従って、インターフェイスのどの部分が変化しますか？（該当するもの全てを選んでください）

   a. Ribbon

   b. View Control Bar

   c. Options Bar

   d. Properties Palette

4. Type Properties と Properties（Ribbon の場所は図 1–64 参照）の違いは何ですか？

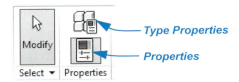

図 1–64

   a. Properties は、選択された個別のエレメント（複数の場合あり）に適用するパラメータを記憶します。Type Properties は、プロジェクト内の同じタイプのエレメント全てに影響を与えるパラメータを記憶します。

   b. Properties は、エレメントの位置パラメータを記憶します。Type Properties は、エレメントの大きさと識別パラメータを記憶します。

   c. Properties は、ビューのパラメータのみを記憶します。Type Properties は、モデルコンポーネントのパラメータを記憶します。

5. 新しいプロジェクトを開始する際、この新しいファイルの基本情報をどのように指定しますか？

   a. 既存のプロジェクトから基本情報を移行します。

   b. タスクに適切なテンプレートを選択します。

   c. Autodesk Revit ソフトは、インポートまたはリンクされたファイル（複数の場合あり）から基本情報を自動的に抽出します。

6. (Default 3D View) を用いて作成されたビューと、(Camera) を用いて作成されたビューの主な違いは何ですか？

   a. 外観のビューには **Default 3D View** を使用し、内装には **Camera** ビューを使用します。

   b. **Default 3D View** は静的なイメージを作成しますが、**Camera** は動的であり、常に更新されます。

   c. **Default 3D View** はアイソメトリックビューで、**Camera** ビューはパースペクティブビューです。

   d. **Default 3D View** は建物全体を見る時に、**Camera** ビューは狭い空間を見る時に使用されます。

Autodesk Revit 2019：建築の基本

コマンド概要

アイコン	コマンド	場所
一般的ツール		
	Modify	• **Ribbon**: 全ての tab > Select panel • **ショートカットキー**: MD
	New	• **Quick Access Toolbar**（オプション） • *File* **tab** • **ショートカットキー**: \<Ctrl> + \<N>
	Open	• **Quick Access Toolbar** • *File* **tab** • **ショートカットキー**: \<Ctrl> + \<O>
	Open Documents	• *File* **tab**
	Properties	• **Ribbon**: *Modify* tab > Properties panel • **ショートカットキー**: PP
	Recent Documents	• *File* **tab**
	Save	• **Quick Access Toolbar** • *File* **tab** • **ショートカットキー**: \<Ctrl>+\<S>
	Synchronize and Modify Settings	• **Quick Access Toolbar**
	Synchronize Now/	• **Quick Access Toolbar** > Synchronize と Modify の設定を展開
	Type Properties	• **Ribbon**: *Modify* tab > Properties panel • **Properties palette**
ビューイングツール		
	Camera	• **Quick Access Toolbar** > Default 3D View を展開 • **Ribbon**: *View* tab > Create panel > Default 3D View を展開
	Close Inactive Views	• **Quick Access Toolbar** • **Ribbon**: *View* tab > Windows panel
	Default 3D View	• **Quick Access Toolbar** • **Ribbon**: *View* tab > Create panel
	Home	• **ViewCube**
N/A	Next Pan/Zoom	• **Navigation Bar** • **ショートカットメニュー**
N/A	Previous Pan/ Zoom	• **Navigation Bar** • **ショートカットメニュー** • **ショートカットキー**: ZP

BIM と Autodesk Revit の紹介

	Shadows On/Off	• **View Control Bar**
	Show Rendering Dialog/ Render	• **View Control Bar** • **Ribbon**: *View* tab > Graphics panel • **ショートカットキー**: RR
	Switch Windows	• **Quick Access Toolbar** • **Ribbon**: *View* tab > Windows panel
	Tab Views	• **Ribbon**: *View* tab > Windows panel • **ショートカットキー**: **TW**
	Tile Views	• **Ribbon**: *View* tab > Windows panel • **ショートカットキー**: **WT**
	Zoom All to Fit	• **Navigation Bar** • **ショートカットキー**: ZA
	Zoom in Region	• **Navigation Bar** • **ショートカットメニュー** • **ショートカットキー**: ZR
	Zoom Out (2x)	• **Navigation Bar** • **ショートカットメニュー** • **ショートカットキー**: ZO
	Zoom Sheet Size	• **Navigation Bar** • **ショートカットキー**: ZS
	Zoom to Fit	• **Navigation Bar** • **ショートカットメニュー** • **ショートカットキー**: ZF, ZE

ビジュアルスタイル

	Consistent Colors	• **View Control Bar**:
	Hidden Line	• **View Control Bar** • **ショートカットキー**: HL
	Ray Trace	• **View Control Bar**:
	Realistic	• **View Control Bar**
	Shaded	• **View Control Bar** • **ショートカットキー**: SD
	Wireframe	• **View Control Bar** • **ショートカットキー**: WF

© *2018, ASCENT - Center for Technical Knowledge®*

Chapter 2

スケッチと編集の基本ツール

Autodesk® Revit® ソフトにおいてスケッチや選択、編集のための基本ツールは、全ての
タイプのエレメントを扱う上で基礎となるものです。これらのツールを作図時に使用す
ることでエレメントを配置、変更しやすくなり、正確なビルディングモデルを作成する
ことができます。

この Chapter の学習目標

- 壁、梁、配管などの線状エレメントをスケッチします。
- Alignment lines（位置合わせ線）、Temporary dimensions（仮寸法）、Snap（スナップ）と
  いった作図支援ツールを取り入れて、エレメントの配置を容易にします。
- Reference Planes（参照面）を一時的なガイドラインとして配置します。
- エレメントのグループを選択してフィルター処理するテクニックを使用します。
- Contextual tab、Properties、Temporary dimensions、Controls を使ってエレメントを編集
  します。
- エレメントを移動、コピー、回転、鏡像化し、直線状や円形状にコピーを作成します。
- エレメントを他のエレメントの縁に位置合わせし、トリム、延長します。
- 線状エレメントを分割します。
- エレメントをオフセットし、元の位置から特定の間隔をあけて複製を作成します。

© 2018, ASCENT - Center for Technical Knowledge®

2.1 一般的なスケッチ作成ツールを使用する

コマンドを開始する際、Ribbon の Contextual tab、Options Bar、Properties palette 上で、プロジェクト内に配置する新しいエレメント毎に機能を設定することができます。モデル作成を開始すると、図 2–1 に示すような*作図支援*ツールが表示されます。これらは設計を迅速に、かつ正確に行う手助けをします。

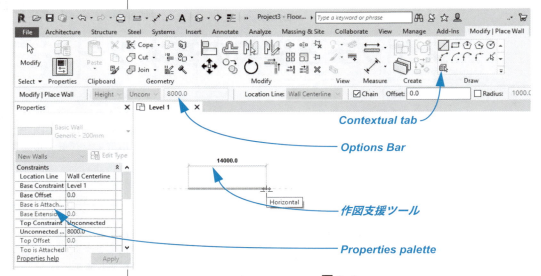

図 2–1

- Autodesk Revit では 2D スケッチよりむしろ 3D モデルのエレメントを作成する頻度が最も高いです。本ソフトでは、これらのツールを 3D と 2D の両方で使用します。

描画ツール

図 2–1 の壁のように、多くの線状エレメント（壁、梁、ダクト、配管、電線管など）は、*Draw*（描画）パネルの Contextual tab にあるツールを使ってモデリングされます。他のエレメント（床、天井、屋根、スラブなど）には境界があり、多くの同じツールを使ってスケッチされます。Draw ツールは、詳細図や基本設計図面を作成する際にも使われます。

描画には 2 つの方法があります。

モデリングするエレメントによって、使用するツールは異なります。

- 幾何学形態を用いてエレメントを*描画*する。
- 新しいエレメントのジオメトリと位置の基礎となる既存のエレメント（線、面、壁など）を*選択*する。

操作手順：線状エレメントを作成する

1. 使用するコマンド操作を開始します。
2. Contextual tab > Draw panel において、図 2-2 で示すように描画ツールを選択します。
3. エレメントを定義する点を選択します。

図 2-2

コマンド操作の途中でも Draw ツールを変更することができます。

4. 以下のいずれかの方法でコマンドを終了します。

- （Modify）をクリックする。
- <Esc> を 2 度押す。
- 別のコマンドを実行する。

描画オプション

描画モードの際、図 2-3 に示すように Options Bar に複数のオプションが表示されます。

図 2-3

選択されているエレメントまたは実行中のコマンドによって、異なるオプションが表示されます。

- **Chain**：1 つのプロセスで作成されるセグメントの数を管理します。このオプションが選択されていない場合は、**Line** と **Arc** ツールは 1 回に 1 つのセグメントしか作成しません。これが選択されている場合は、<Esc> を押すかまたは再度コマンドを選択するまで、セグメントが追加され続けます。

- **Offset**：数値を入力することで、選択した点やエレメントから特定の距離を置いて線状エレメントを作成することができます。

- **Radius**：スケッチ作成時に、半径指定ツールで数値を入力したり、線状エレメントのコーナー部分に半径を加えることができます。

Autodesk Revit 2019：建築の基本

描画ツール

╱	**Line**	始点と終点に定義された直線が描画されます。Chain が有効となっている場合、複数のセグメントに対して端点を選択し続けることができます。
▱	**Rectangle**	対角にある 2 つの端点に定義された矩形が描画されます。両端点を選択後、寸法を編集することができます。
⬠	**Inscribed Polygon**	Options Bar で指定した数の辺を持つポリゴンが、仮定の円に内接して描画されます。
⬡	**Circumscribed Polygon**	Options Bar で指定した数の辺を持つポリゴンが、仮定の円に外接して描画されます。
⊘	**Circle**	中心と半径によって定義された円が描画されます。
╭	**Start-End-Radius Arc**	始点、終点、円弧の半径によって定義された曲線が描画されます。外側に表示される寸法は円弧の角度です。内側の寸法は半径です。
╭	**Center-ends Arc**	中心、半径、角度によって定義された曲線が描画されます。半径の選択点は円弧の始点も定義します。
╭	**Tangent End Arc**	他のエレメントに接する曲線が描画されます。始点に対して終点を選択しますが、2 つ以上のエレメントの交点は選択してはいけません。その後、円弧の角度に基づいて 2 点目を選択して下さい。
╭	**Fillet Arc**	2 つの他のエレメントと半径によって定義された曲線が描画されます。クリックによって正確な半径を選択するのは難しいため、このコマンドは自動的に編集モードに移ります。寸法を選択し、フィレットの半径を編集します。
∿	**Spline**	選択された点に基づいてスプライン曲線が描画されます。曲線は実際には点に交わりません（Model と Detail Lines のみ）。
⬭	**Ellipse**	一次軸と二次軸から楕円が描画されます（Model と Detail Lines のみ）。
⊃	**Partial Ellipse**	円弧のような楕円の一部のみが描画されます。部分的楕円にも一次軸と二次軸があります（Model と Detail Lines のみ）。

48   2–4   © 2018, ASCENT - Center for Technical Knowledge®

スケッチと編集の基本ツール

選択ツール

	Pick Lines	プロジェクトに存在する線状エレメントを選択する際にこのオプションを使用して下さい。インポートした 2D 図面からプロジェクトを始める際に有用です。
	Pick Face	3D マスエレメントの面を選択する際にこのオプションを使用して下さい（壁と 3D ビューのみ）。
	Pick Walls	新たなスケッチ線の基準となるプロジェクト内の既存壁（床、天井など）を選択する際にこのオプションを使用して下さい。

作図支援ツール

スケッチの作成やエレメントの配置を始めるとすぐに、図 2–4 に示す 3 つの作図支援ツールが表示されます。

- Alignment lines（位置合わせ線）
- Temporary dimensions（仮寸法）
- Snaps（スナップ）

これらの作図支援ツールは、ほとんどの図面や多くの修正コマンドで利用可能です。

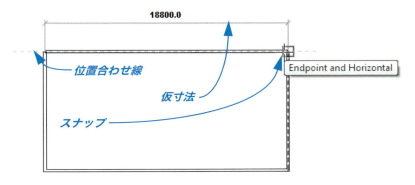

図 2–4

位置合わせ線は、付近のエレメント上でカーソルが動くとすぐに表示されます。線が水平、垂直、または指定した角度を維持するよう支援します。またこの機能は、壁とその他のエレメントが交差する箇所を示します。

- 強制的に直交（90 度の角度のみ）に位置合わせするには、<Shift> キーを押したままにします。

仮寸法は、エレメントを正確な長さや角度、位置に配置するよう支援します。

- 数値を入力するか、または希望する寸法になるまでカーソルを移動します。別の方法として、エレメントを配置してから必要に応じて数値を修正することもできます。

- ビューのズーム状態によって、長さと角度の増減量は変化します。

> **ヒント：仮寸法と確定寸法**
>
> 仮寸法は、エレメントの追加が完了するとすぐに表示が消えます。これを確定寸法として残すには、図 2–5 に示すコントロールを選択します。
>
>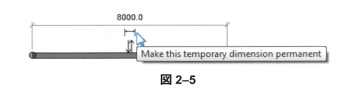
>
> 図 2–5

スナップは図 2–6 に示すように、図面を作成する際に、既存エレメントの基準となる正確な地点を把握する手掛かりとなります。

図 2–6

- エレメント上でカーソルを動かすと、このスナップ記号が表示されます。スナップ箇所のタイプ毎に異なる記号が表示されます。

スケッチと編集の基本ツール

ヒント：スナップの設定と解除

Manage tab > Settings panel で (Snaps) をクリックして、図 2–7 に示す Snaps ダイアログボックスを開きます。Snaps ダイアログボックスでは、アクティブにするスナップポイントを設定したり、仮寸法（直線と角度の両方）の表示変化単位を設定することができます。

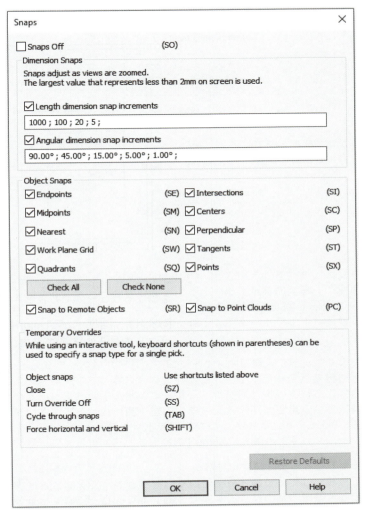

図 2–7

- 各スナップへのショートカットキーを使用すると、自動スナップ処理を解除することができます。Temporary overrides（一時的解除）は単一選択のみに影響しますが、自分が使用する以外のスナップポイントが近くにある場合に非常に役に立ちます。

参照面

Autodesk Revit ソフトで設計を進める中で、特定の位置を定める手助けとなる線が必要になるときがあります。その場合は、エレメントを並べる際に常にスナップできる Reference plane（緑の点線で表示された参照面のこと）を作成します。例えば、図 2–8 の例で示すように、天上伏図内の照明器具を参照面を用いて配置します。

- 参照面を挿入するには、*Architecture*、*Structure* または *Systems* tab > Work Plane panel で 🗐（Ref Plane）をクリックするか、または **RP** と入力します。

参照面は 3D ビューでは表示されません。

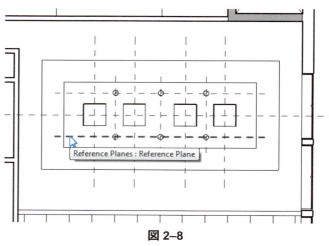

図 2–8

- Reference plane は無限の平面であり、単なる直線ではないため、連動するビュー内でも表示されます。

- 図 2–9 に示すように **<Click to name>** をクリックし、テキストボックス内に入力することで、Reference plane に名前を付けることができます。

図 2–9

- Sketch Mode で（床や同様のエレメントを作成する際に）参照面を作図すると、スケッチ終了時に参照面は非表示になります。

- プロジェクトですでに設定されている場合は、参照面に様々な線種を割り当てることが可能です。Properties の Subcategory リストからスタイルを選択します。

> **ヒント：モデル線分 vs. 詳細線分**
>
> 大抵のエレメントは実際のビルディングモデルの一部ですが、デザイン意図を明確にするために線を加えなければならない場合があります。これらは詳細線分（図 2–10 参照）またはモデル線分のいずれかになります。詳細線分はそれをスケッチしたビューのみに反映されるため、参照として役立ちます。
>
>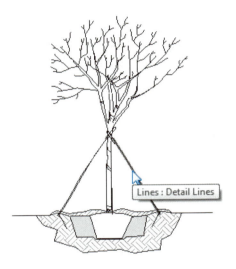
>
> 図 2–10
>
> - Model Lines（Architecture または Structure tab > Model panel （Model Line））は 3D エレメントとして機能し、全てのビューで表示されます。
>
> - Detail Lines（Annotate tab > Detail panel > （Detail Lines）は 2D に限定されたエレメントであり、それが描かれたビューのみで表示されます。
>
> - Modify contextual tab において Line Style を選択し、モデル線分または詳細線分の描画に使用する Draw ツールを選択してください。

2.2 エレメントを編集する

設計プロジェクトの構築過程において、通常、多くの変更がモデルに加えられます。Autodesk Revit ソフトは、このような変更を迅速かつ効率的に行えるようデザインされています。図 2–11 に示す方法や、以下に記す方法を用いてエレメントに変更を加えることができます。

- Type Selector により、異なるタイプを指定することが可能です。この方法は、エレメントのサイズやスタイルを変更するのに頻繁に使用されます。

- Properties により、選択されたエレメントに関連する情報（パラメータ）を修正することが可能です。

- Ribbon にある Contextual tab は、Modify コマンドと、そのエレメントに特有のツールが含まれます。

- Temporary dimensions（仮寸法）により、エレメントの寸法や位置を変更することが可能です。

- Controls により、エレメントをドラッグ、フリップ、ロック、回転することが可能です。

- Shape handles（下図には非表示）により、エレメントをドラッグして高さや長さを変更することが可能です。

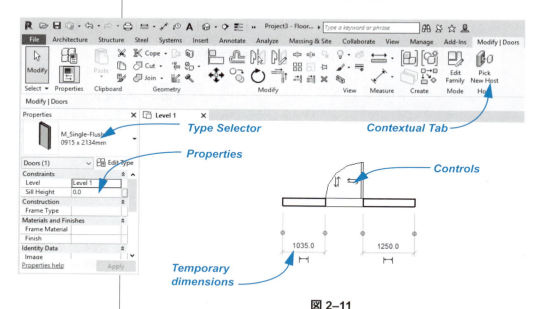

図 2–11

- エレメントを消去するには、そのエレメントを選択して <Delete> キーを押す、右クリックして **Delete** を選択する、あるいは Modify パネルで ✖ （Delete）をクリックします。

コントロールと形状ハンドルを操作する

エレメントを選択した際、そのエレメントやビューに応じて様々なControl（コントロール）とShape Handle（形状ハンドル）が表示されます。例えば、平面図ビューではコントロールを使って、壁の端をドラッグしその方向を変えることができます。3Dビューでも壁の端をドラッグすることができ、矢印型のハンドルを利用して図2–12で示すように壁の高さを変えることができます。

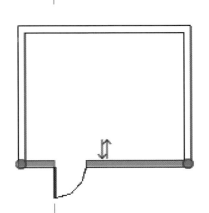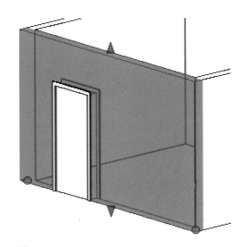

図 2–12

- コントロールまたは形状ハンドルの上にカーソルを合わせると、ツールヒントが表示され、その機能が示されます。

ヒント：仮寸法を編集する

仮寸法は、一番近い壁を自動的に参照します。この参照先を変更するには、Witness Line（補助線）コントロール（図 2–13 参照）をドラッグし、新しい基準点へと接続します。またコントロールをクリックし、壁の位置調整点を切り替えることもできます。

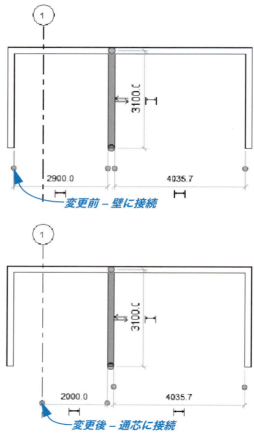

図 2–13

- エレメントの仮寸法の新しい位置は、このソフトのセッションが終了するまで記憶されます。

複数エレメントの選択

- 少なくとも1つのエレメントを選択したら、<Ctrl>キーを押したまま別のアイテムを選択し、選択項目のセットに追加します。
- エレメントを選択セットから除外する場合は、<Shift>キーを押した状態でそのエレメントを選択します。
- クリックしてカーソルをドラッグし、エレメント周辺にウィンドウを描くと、図2–14に示すように2つの選択オプションが利用できます。カーソルを左から右にドラッグすると、ウィンドウの内側に完全に含まれるエレメントのみが選択されます。右から左にドラッグすると、このウィンドウの内側にあるエレメントおよびウィンドウと交差したエレメントが選択されます。

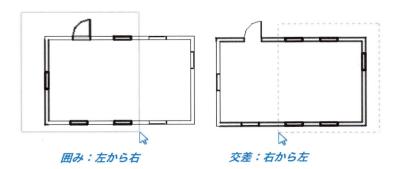

囲み:左から右　　交差:右から左

図 2–14

- 複数のエレメントが互いに重なっているかまたは近くにある場合は、クリックする前に<Tab>キーを押して、これらを切り替えることができます。結合された壁のように互いにリンクされている可能性のあるエレメントの場合、<Tab>キーを押すと一連のエレメントが選択されます。
- <Ctrl> + <Left Arrow>キーを押すと、1つ前の選択セットを再び選択することができます。何も選択されていない図面ウィンドウを右クリックして、Select Previous（1つ前を選択）を選択することもできます。
- 特定のタイプのエレメントを全て選択する場合は、エレメント上で右クリックし、図2–15に示すように Select All Instances > Visible in View または In Entire Project を選択します。例えば、特定のサイズの柱を選択してこのコマンドを使用すると、別のサイズの全ての柱を除外して、同じサイズの柱が全て選択されます。

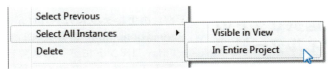

図 2–15

- 選択を保存し、再び使用することができます。詳しくは付録B.1 選択セットを再び利用する（P.540（B–2））を参照してください。

> **ヒント：測定ツール**
>
> モデルを編集している時、エレメント間の距離を知ることができれば便利です。これは仮寸法または、より一般的には Quick Access Toolbar もしくは図 2-16 に示すように Modify tab > Measure panel にある測定ツールを使用することで、可能になります。
>
>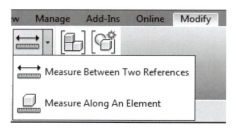
>
> 図 2-16
>
> - ↔ (Measure Between Two References / 2 つの基準間を測定)：2 つのエレメントを選択すると、測定値が表示されます。
>
> - ▫ (Measure Along An Element / エレメントに沿って測定)：直線状エレメントの端部を選択すると、長さの合計値が表示されます。<Tab> を使用して他のエレメントを選択しクリックすると、図 2-17 のように選択したエレメントに沿って測定されます。
>
>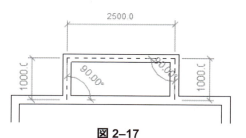
>
> 図 2-17
>
> - 参照には、全てのスナップポイント、壁線、エレメントのその他の部分（扉の中心線など）が含まれます。

選択セットのフィルター処理

複数のエレメントカテゴリが選択された際、Ribbon 内に *Multi-Select* contextual tab が開きます。これにより、全ての Modify ツールと **Filter** コマンドにアクセスできます。この **Filter** コマンドでは、選択するエレメントのタイプを指定することができます。例えば、図 2-18 に示すように柱のみを選択する場合などです。

スケッチと編集の基本ツール

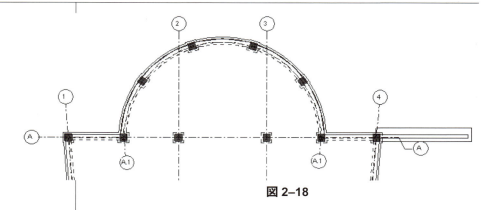

図 2–18

操作手順：選択されたセットをフィルター処理する

1. 必要なエリア内の全てを選択します。
2. *Modify | Multi-Select* tab > Selection panel または Status Bar 内で ▼ (Filter) をクリックします。図 2–19 に示すような Filter ダイアログボックスが開きます。

この Filter ダイアログボックスでは、当初の選択セットに含まれる全てのタイプのエレメントが表示されます。

図 2–19

3. **Check None** をクリックして全てのオプションを解除するか、または **Check All** をクリックして全てのオプションを選択します。必要に応じて個別のカテゴリも選択・解除することができます。
4. **OK** をクリックします。この時点で、選択セットは指定したエレメントに限定されています。

- Status bar の右端と Properties palette に、選択したエレメントの数が表示されます。

© 2018, ASCENT - Center for Technical Knowledge®   2–15   59

Autodesk Revit 2019：建築の基本

ヒント：選択のオプション

ソフトがプロジェクトにおいて特定のエレメントをどのように選択するかは、図 2–20 に示す Status Bar 上の選択オプションを切り替えることで管理できます。別の方法として、Ribbon 上のいずれかのタブで Select パネルのタイトルを展開し、オプションを選択することもできます。

図 2–20

- **Select links**：これをオンにすると、リンクされた CAD 図面または Autodesk Revit モデルを選択できます。オフにすると、**Modify** または **Move** を使用している時はこれらを選択できなくなります。

- **Select underlay elements**：これをオンにすると、下敷参照したエレメントを選択できます。オフにすると、**Modify** または **Move** を使用している時はこれらを選択できなくなります。

- **Select pinned elements**：これをオンにすると、ピンで固定したエレメントを選択できます。オフにすると、**Modify** または **Move** を使用している時はこれらを選択できなくなります。

- **Select elements by face**：これをオンにすると、インテリアの面やエッジを選択することでエレメント（展開図にある床あるいは壁など）を選択できるようになります。オフにすると、エッジを選択することによってのみエレメントを選択できるようになります。

- **Drag elements on selection**：これをオンにすると、カーソルの置かれたエレメントを選択し、新しい位置にこれをドラッグして移動できます。オフにすると、エレメント上にいる場合でもこれを押してドラッグすると、Crossing（交差）モードまたは Box select（ボックス選択）モードが起動します。エレメントが選択されると、これらを新しい位置にドラッグできます。

---

60   2–16

© 2018, ASCENT - Center for Technical Knowledge®

実習 2a

エレメントをスケッチして編集する

この実習の目標

- スケッチツールと作図支援ツールを使用します。

この実習では、**Wall** コマンドとともにスケッチツールや仮寸法、スナップなどの作図支援ツールを使います。**Modify** コマンドを使い、コントロール、仮寸法、Type Selector、Properties によって壁を編集します。また壁を追加し、仮寸法やコントロールを使ってその壁を編集します。完成したモデルが図 2-21 に表示されています。

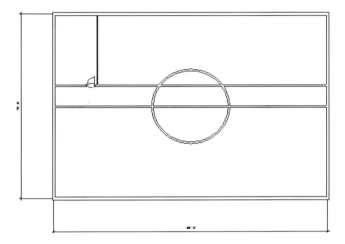

図 2-21

タスク 1 – スケッチツールと仮寸法を使って壁をモデリングし、編集する

1. *File Tab* で (New) > (Project) をクリックします。

2. New Project ダイアログボックスで、Template ファイルのドロップダウンリストの中から **Architectural Template** を選択し、**OK** をクリックします。

- 本学習ガイドでは、米国メートル法を利用しています。この設定を利用していない場合は、**DefaultMetric.rte** ファイルを使用してください。New Project ダイアログボックスで **Browse...** をクリックし、実習ファイルのフォルダに行き、**DefaultMetric.rte** を選択して **Open** をクリックします。**OK** をクリックして New Project ダイアログボックスを閉じます。

3. Quick Access Toolbar で、 (Save) をクリックします。プロンプトが表示されたら、プロジェクトに **Simple Building.rvt** と名前を付けます。

4. *Architecture* tab > Build panel で、（Wall）をクリックします。

5. *Modify | Place Wall* tab > Draw panel で、(Rectangle) をクリックし、約 **30500mm x 21500mm** の矩形をスケッチします。寸法は後で変更できるため、ここでは正確である必要はありません。

6. 寸法は一時的なものであることに留意してください。垂直寸法のテキストを選択し、図 2–22 に示すように **21500** と入力して <Enter> を押します。

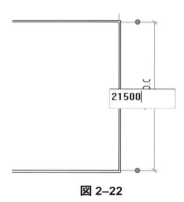

図 2–22

7. 寸法はこの時も一時的なものとして表示されています。両方の寸法を確定的なものにするために、図 2–23 で示すように寸法コントロールをクリックします。

図 2–23

- 水平壁の寸法は確定寸法を利用して変更します。

8. Select panel で (Modify) をクリックします。以下のいずれかの方法でも **Modify** へ切り替えられます。

    - ショートカットの **MD** を入力する。
    - <Esc> を 1 度または 2 度押す。

9. いずれかの垂直壁を選択します。水平寸法が有効（青色に変化）になります。寸法テキストをクリックし、図 2–24 で示すように **30500** と入力します。

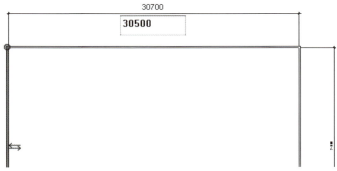

図 2–24

10. 画面の空白をクリックすると選択が解除されます。まだ **Modify** コマンドを実行中です。

11. *Architecture* tab > Build panel で、 (Wall) をクリックします。Draw パネルで、 (Line) が選択されていることを確認します。垂直壁の中点から中点まで水平壁をスケッチします。

12. 真ん中の水平壁の **2500mm** 上にもう 1 つの水平壁を描きます。この操作には仮寸法または *Offset* フィールドを使います。

13. 図 2–25 で示すように、左の壁から正確に **5000mm** の位置に垂直壁を描きます。

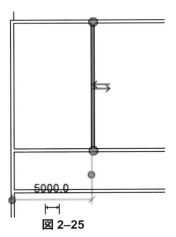

図 2–25

14. Draw panel で (Circle) をクリックし、図 2–26 で示すように、低い側の内壁の中点に半径 **4200mm** の円形の壁をスケッチします。

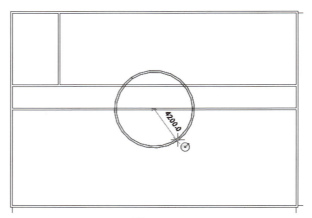

図 **2–26**

15. (Modify) をクリックし、コマンドを終了します。

16. 外壁の 1 つの上にカーソルを合わせ、<Tab> を押して外壁のチェーンをハイライト表示し、クリックしてその壁を選択します。

17. 図 2–27 で示すように、Type Selector で **Basic Wall: Exterior - Block on Mtl. Stud** を選択します。外壁の厚みが変化します。

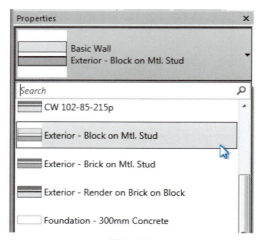

図 **2–27**

18. 画面の空白をクリックすると、選択が解除されます。

19. 垂直の内壁を選択します。Type Selector で、壁を小さなインテリア間仕切スタイルの 1 つに変えます。

20. 画面の空白をクリックすると、選択が解除されます。

タスク 2 – 扉を追加して編集する

1. 左上角にある部屋を拡大表示します。

2. *Architecture* tab > Build パネルで (Door) をクリックします。

3. *Modify | Place Door* tab > Tag panel で、まだ選択されていない場合は (Tag on Placement) をクリックします。

4. 廊下の壁沿いのいずれかの場所に扉を配置します。

5. (Modify) をクリックし、コマンドを終了します。

6. 扉を選択します。仮寸法を利用し、右側の垂直の内壁から正確に **300mm** になるように移動します。必要な場合は図 2–28 で示したように、扉が室内側に開くようにコントロールを使って反転させます。

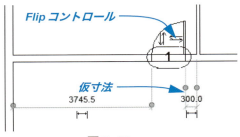

図 2–28

7. **ZE** と入力し、ビュー全体が見えるように縮小表示します。

8. プロジェクトを保存します。

2.3 基本的な修正ツールを操作する

Move、Copy、Rotate、Mirror および Array の基本修正ツールは、個別のエレメントまたは選択されたいずれのエレメントに対しても使用できます。これらのツールは、Modify タブ内にある Modify パネル（図 2–29 参照）と Contextual tabs にあります。

図 2–29

- これらの修正コマンドについては、エレメントを選択してコマンドを実行するかまたはコマンドを実行してからエレメントを選択し、<Enter> キーを押して選択を終了してから、コマンドの次の段階へ進みます。

エレメントの移動とコピー

Move と Copy コマンドにより、エレメント（複数可）を選択してある場所から別の場所に移動させるか、またはコピーすることができます。エレメントを配置する際は、図 2–30 に示すように、位置合わせ線や仮寸法、スナップを配置の手助けとして利用することができます。

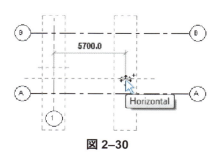

図 2–30

操作手順：エレメントを移動またはコピーする

1. 移動またはコピーするエレメントを選択します。
2. Modify パネルで、 (Move) または (Copy) をクリックします。選択されたエレメントの周囲に点線の境界ボックスが表示されます。
3. エレメント上またはその付近で、移動の開始点を選択します。
4. 2 点目を選択します。この時、エレメントの配置は位置合わせ線と仮寸法が支援します。

Move するには MV、Copy するには CO のショートカットキーが使えます。

スケッチと編集の基本ツール

5. この作業を完了した後、選択したままのエレメントに別の修正コマンドを適用するか、または Modify に戻ってコマンドを終了します。

• Move コマンドを実行せずに、エレメントを新しい位置にドラッグすることが可能です。<Ctrl> キーを押したままドラッグすると、エレメントがコピーされます。この方法だと素早くコピーできますが、あまり正確ではありません。

Move/Copy エレメントのオプション

Move と Copy コマンドには、図 2-31 に示す Options Bar に表示される通り、いくつかのオプションがあります。

☐ Constrain ☐ Disjoin ☐ Multiple

図 2-31

Constrain	カーソルの動きを、水平、垂直または角度のあるアイテムの軸線に沿うよう制限します。これにより、斜めの点を間違って選択することを防ぎます。Constrain はデフォルトではオフになっています。
Disjoin （Move のみ）	移動するエレメントとその他のエレメントの間にある接続を切断します。Disjoin がオンの場合、エレメントは別々に移動します。オフの場合は、接続されたエレメントも一緒に移動または拡張します。Disjoin はデフォルトではオフになっています。
Multiple （Copy のみ）	選択された 1 つのエレメントを複数コピーすることができます。Multiple はデフォルトではオフになっています。

• これらのコマンドは、現在のビューの中でのみ機能し、異なるビューやプロジェクトの間では機能しません。異なるビューまたはプロジェクトの間でコピーするには、Modify tab > Clipboard panel で 📋 (Copy to Clipboard)、✂ (Cut to the Clipboard) および 📋 (Paste from Clipboard) を使用します。

© 2018, ASCENT - Center for Technical Knowledge® 2-23 67

> **ヒント：エレメントをピンする**
>
> エレメントを移動させたくない場合は、図 2–32 で示すようにその場所にピンで固定できます。エレメントを選択し、*Modify* タブの Modify パネルで (Pin)をクリックします。ピンで固定されたエレメントはコピーが可能ですが、移動することはできません。ピンされたエレメントを消去しようとすると警告ダイアログボックスが表示され、そのコマンドが開始される前にエレメントのピンを解除しなければならないことを注意されます。
>
>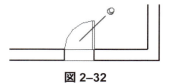
>
> 図 2–32
>
> エレメントを選択し、 (Unpin)をクリックするか、またはショートカットの **UP** を入力してピンを解除します。

エレメントの回転

Rotate コマンドにより、選択したエレメントを図 2–33 に示すように、回転の中心または原点を中心として回転させることができます。この時、位置合わせ線、仮寸法、スナップは、回転の中心や角度の指定を支援します。また回転時にエレメントのコピーを作成することも可能です。

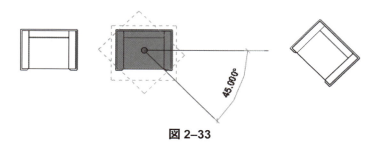

図 2–33

操作手順：エレメントを回転させる

1. 回転させるエレメント（複数可）を選択します。

2. Modify panel で (Rotate)をクリックするか、またはショートカットの **RO** を入力します。

スケッチと編集の基本ツール

3. 回転の中心は、図 2–34 左側に示すように、自動的にエレメントの中心部またはエレメントのグループの中心部に設定されます。図 2–34 右側で示すように回転の中心を変更するには、以下の方法を使用します。

- ⟳（Center of Rotation）コントロールを新しい点までドラッグします。
- **Center of rotation** の隣にある Options Bar 内の **Place** をクリックし、スナップを用いて新しい位置に移動します。
- <Spacebar> キーを押して回転の中心を選択し、クリックして新しい場所に移動します。

回転の中心を選択するよう促す Rotate コマンドを実行するには、最初にエレメントを選択し、次に R3 と入力します。

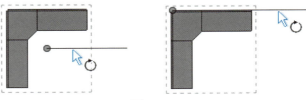

図 2–34

4. Options Bar でコピー（**Copy** を選択）を作る場合はそれを指定し、Angle フィールド（図 2–35 参照）に角度を入力して <Enter> キーを押します。仮寸法を利用して画面上で角度を指定することもできます。

図 2–35

5. 回転エレメント（複数の場合あり）はハイライト表示されたままになり、選択を保持した状態で別のコマンドを実行できます。または ▷（Modify）をクリックして終了します。

- **Disjoin** オプションは、回転させるエレメントと他のエレメントの間にある接続を全て切断します。**Disjoin** がオンの場合（オプション選択時）、エレメントは個別に回転します。オフの場合（オプション非選択時）は、接続されたエレメントも図 2–36 に示すように移動または拡張します。**Disjoin** はデフォルトではオフになっています。

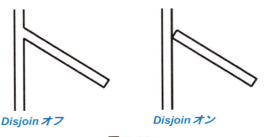

Disjoin オフ　　　　*Disjoin オン*

図 2–36

エレメントの鏡像化

Mirror（鏡像化）コマンドを使って、図 2–37 に示すように選択したエレメントまたは選択した点で規定される軸をもとにして、エレメントを鏡像化することができます。

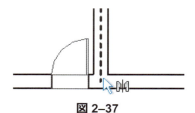

図 2–37

操作手順：エレメントを鏡像化する

1. 鏡像化するエレメント（複数可）を選択します。
2. Modify パネルで、使用する方法を選択します。

    - （Mirror - Pick Axis）をクリックするか、またはショートカットとして **MM** と入力します。すると、**Axis of Reflection**（反射の中心線）としてエレメントを選択するよう促されます。

    - （Mirror - Draw Axis）をクリックするか、またはショートカットとして **DM** と入力します。すると、エレメントを鏡像化するための中心線を規定する 2 点を選択するよう促されます。

3. 鏡像化された新しいエレメント（複数の場合あり）はハイライト表示されたままなので、別のコマンドを実行するか、または **Modify** に戻って終了します。

    - デフォルトでは、鏡像化された元のエレメントは消えずに残ります。元のエレメントを消去するには、Options Bar にある **Copy** オプションの選択を外します。

> **ヒント：スケール**
>
> Autodesk Revit ソフトは、実寸のエレメントを扱うようデザインされています。このため、大幅なスケーリング（拡大や縮小）ができません。ただし （Scale）を、参照面、画像、および他のソフトからインポートされたファイルで使用することができます。

直線状・円形状の配列の作成

Array（配列）コマンドでは、図 2–38 に示すように、選択されたエレメントの複数のコピーを直線状または円形状に作成します。例えば、通芯上に等間隔に並んだ 1 列の柱や、1 列の駐車スペースを配置することが可能になります。配置されたエレメントはグループ化したり、個別のエレメントとして配置することができます。

直線状の配列はエレメントによる直線的パターンを作成し、円形状の配列は 1 つの中心点の周囲に円形のパターンを作成します。

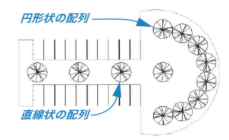

図 2–38

操作手順：直線状の配列を作成する

1. Array コマンドを適用するエレメント（複数可）を選択します。
2. Modify パネルで、 (Array) をクリックするか、またはショートカットとして **AR** と入力します。
3. Options Bar で、 (Linear) をクリックします。
4. 必要に応じて、その他のオプションを指定します。
5. 始点と終点を選択して配列の間隔と方向を設定すると、配列が表示されます。
6. **Group and Associate** オプションが選択されている場合、図 2–39 に示すようにアイテムの数が再び表示されます。新しい個数を入力するか、または画面をクリックしてコマンドを終了します。

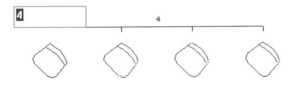

図 2–39

- 直線状の配列を 2 方向に作成するには、1 方向の配列をまず行い、配列されたエレメントを選択してから別の方向に再び配列コマンドを実行します。

Autodesk Revit 2019：建築の基本

Array オプション

Options Bar で、**Linear Array**（図 2–40 上部）または **Radial Array**（図 2–40 下部）の **Array** オプションを設定します

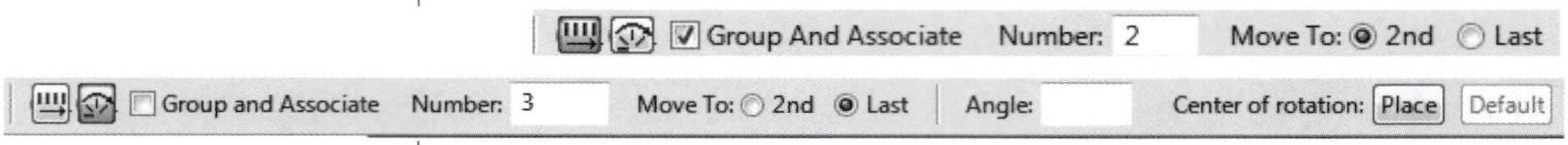

		☑ Group And Associate	Number: 2		Move To: ◉ 2nd ○ Last	

		☐ Group and Associate	Number: 3	Move To: ○ 2nd ◉ Last	Angle:	Center of rotation: Place	Default

図 2–40

Group and Associate	配列されたすべてのエレメントから配列グループを作成します。グループ内のいずれかのエレメントを選択することで、グループを選択することができます。
Number	配列内に必要なインスタンス数を指定します。
Move To:	**2nd** は、2 つのエレメントの中心点の間の距離または角度を指定します。 **Last** は、配列全体の端から端までの距離または角度を指定します。
Constrain	配列の方向を垂直または水平に制限します（直線状配列の場合のみ）。
Angle	角度を指定します（円形状の配列の場合のみ）。
Center of rotation	エレメントが回転する原点の位置を指定します（円形状の配列の場合のみ）。

操作手順：円形状の配列を作成する

1. Array コマンドを適用するエレメント（複数可）を選択します。

2. Modify パネルで 🔡（Array）をクリックします。

3. Options Bar で ⟳（Radial）をクリックします。

4. ⟳（Center of Rotation）をドラッグするか、または Options Bar で **Place** をクリックして、図 2–41 に示すように回転の中心を適切な場所に移動します。

まず Center of Rotation (回転の中心) コントロールを設定してください。これは、角度を指定する前に回転の中心の移動を忘れやすいためです。

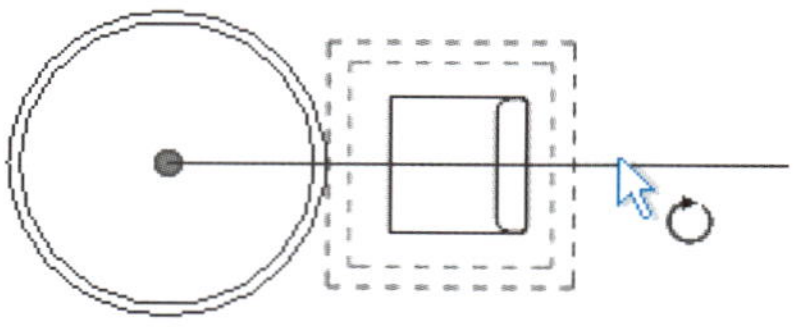

図 2–41

5. 必要に応じて、その他のオプションを指定します。

6. Options Bar で角度を入力して <Enter> キーを押すか、または画面上の複数の点を選択して回転角を指定します。

© 2018, ASCENT - Center for Technical Knowledge®

配列グループを変更する

グループ化された配列内のエレメントを1つ選択する際、図 2–42 に示すように、配列内のインスタンス数を変更することが可能です。円形状の配列の場合、中心までの距離を変更することもできます。

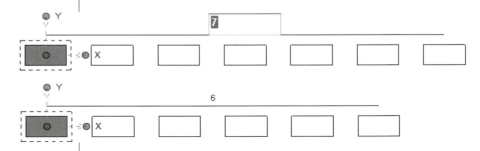

図 2–42

- グループ内のエレメント（複数可）を点線が取り囲み、XY コントロールでグループの原点を移動することが可能になります。

配列グループ内のエレメントの1つを移動する場合、その他のエレメントは図 2–43 に示すように、距離や角度に応じて移動します。

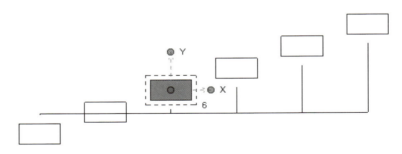

図 2–43

- グループに対する配列の制限を解除するには、その配列グループ内にある全てのエレメントを選択し、*Modify* contextual Tab > Group panel で (Ungroup) をクリックします。

- 配列内の独立したエレメントを1つ選択して (Ungroup) をクリックすると、選択したエレメントは配列から除外されますが、その他のエレメントは配列グループに残ったままになります。

- **Model Group** だけを確実に選択するよう、 (Filter) を使用します。

Autodesk Revit 2019：建築の基本

実習 2b

基本的な修正ツールを操作する

この実習の目標

- Move、Copy、Rotate、Mirror、Array などの基本的な修正ツールを使用します。

この実習では、Copy と Mirror コマンドを使って一列のオフィスを作成します。その後、図 2-44 で示すように、円形壁の周りに机を配列し、シンプルな建物の前面に 1 組の柱を回転させて配列します。

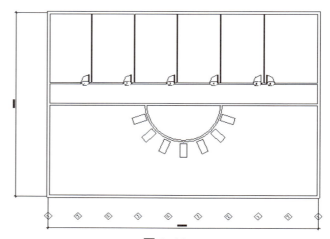

図 2-44

タスク 1 – 壁と扉を編集する

1. 実習ファイルのフォルダからプロジェクト **Simple-Building-1-M.rvt** を開いてください。

2. 円形壁の頂点を選択します。

3. Modify パネルで、✖ (Delete) をクリックします。円形壁に交差した壁は自動的にクリーンアップされます。

    *<Delete> を押すか、または右クリックをして、**Delete** を選択することもできます。*

4. 垂直の内壁、扉、扉タグを選択します。2 つ以上のエレメントを選択するには <Ctrl> を押し続けるか、または選択ウィンドウを利用します。

5. Modify panel で、(Copy) をクリックします。

6. Options Bar で **Constrain** と **Multiple** を選択します。**Constrain** オプションはカーソルを垂直または水平のみに動くようにします。

スケッチと編集の基本ツール

7. 図 2–45 で示すように始点と終点を選択します。
   壁、扉、扉タグは右側にコピーされ、扉タグは **2** と表示されます。

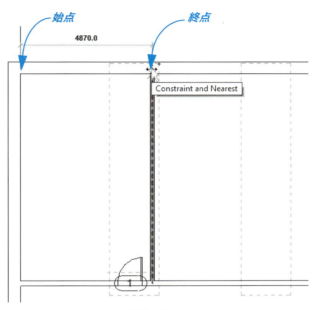

図 2–45

8. 新たに作成されたエレメントは選択されたままであり、コピーを続けることができます。追加のコピーにも同様の始点と終点を使うか、または **4800** とタイプして <Enter> を押し、各コピーの間隔をセットします。最終的なレイアウトは図 2–46 に示されています。

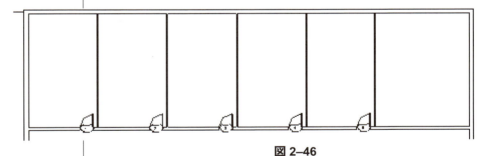

図 2–46

9. ▷ （Modify）をクリックし、コマンドを終了します。

10. 一番右端の部屋をズームで拡大表示します。

11. 扉 #5 と関連する扉タグを選択します。

Autodesk Revit 2019：建築の基本

12. Modify パネルで、 (Mirror - Pick Axis) をクリックします。Options Bar で **Copy** が選択されていることを確認します。

13. 部屋の間の垂直壁を Mirror Axis（反転軸）として選択します。位置合わせ線が壁の中心線沿いに表示されます。図 2–47 で示すように、新しい扉を配置します。

図 2–47

14. 画面の空白をクリックすると選択が解除されます。

タスク 2 – 参照面を追加し、コンポーネントの配置に利用する

1. *Architecture* tab > Work plane panel で (Ref Plane) をクリックします。

2. 図 2–48 で示すように 2 つの参照面を描きます。垂直のものは壁の中心点から始まります。水平の面はどこに配置してもよく、後で仮寸法を利用して正確に配置し直します。

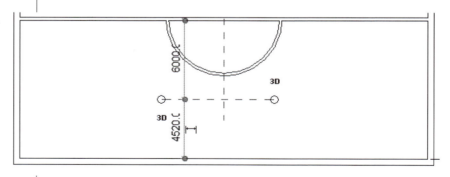

図 2–48

3. *Architecture* tab > Build panel で ▣ (Component) をクリックします。

4. 図 2–49 で示すように、Properties Palette の Type Selector で **M_Desk: 1525 x 762mm** が選択されていることを確認します。

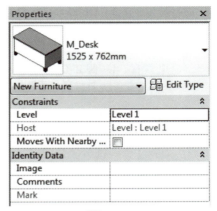

図 2–49

5. カーソルを動かすと、机が水平であることが分かります。<Spacebar> を押して机を 90 度回転させます。

6. 図 2–50 で示すように、机を 2 つの参照面の交点に配置します。他の位置合わせ線ではなく参照面に接続されていることを確認するため、必要な限り拡大表示します。

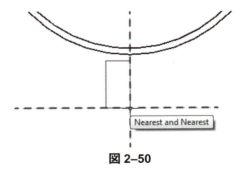

図 2–50

7. ▷ (Modify) をクリックし、配置した机を選択します。

8. Modify panel で ✥ (Move) をクリックします。移動の始点を机の垂直の位置合わせ線として、終点を垂直の参照面として選択します。

9. プロジェクトを保存します。

Autodesk Revit 2019：建築の基本

タスク 3 – 円形状の配列を作成する

1. 机を選択します。

2. Modify パネルで ⊞（Array）をクリックします。

3. Options Bar で ⟳（Radial）をクリックします。**Group and associate** オプションを外し、Number を 15 に設定し、Move to: を **2nd** に設定します。

4. 図 2–51 で示すように、回転の中心を机の中心から壁の中心にドラッグします。

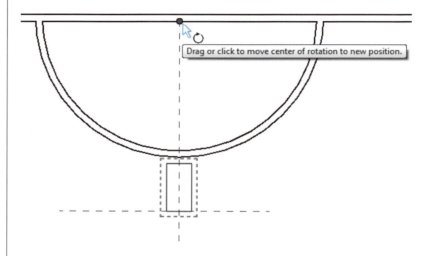

図 2–51

5. Options Bar に戻り、Angle を **360** に設定します。
<Enter> を押します。図 2–52 で示すように配列が表示されます。

この例で示すように、多めにエレメントを作成し、後で消去した方が簡単な場合があります。

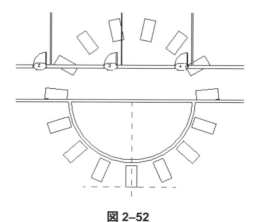

図 2–52

6. 元の机のある部屋の外側にある机を全て消去します。

7. ズームで縮小表示して、ビューが画面に収まるようにします。

タスク 4 – 柱を適切な位置に配置する

1. 2つの柱（1つは建築柱、もう1つは構造柱）がこのプロジェクトに追加されています。図 2–53 で示すように、正方形断面の建築柱を選択して、壁と揃うようにドラッグします。仮寸法を利用して壁からの距離を設定します。

2. **Midpoint and Extension** スナップを利用して、構造柱を建築柱の中心に来るように（図 2–54 参照）配置します。

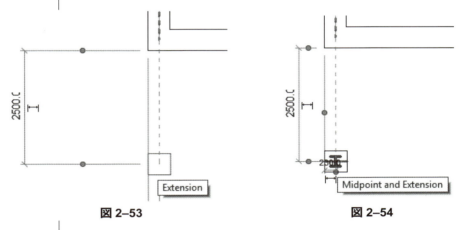

図 2–53　　　　　　　　　　　図 2–54

3. プロジェクトを保存します。

タスク 5 – 柱を回転させて配列する

1. （Modify）をクリックし、2つの柱を選択します。

2. *Modify | Multi-Select* tab > Modify panel で、（Rotate）をクリックします。

3. 図 2-55 で示すように、補助線を水平にクリックします。

4. 図 2-56 で示すように、仮回転寸法が **45.000** を示すまで補助線を動かします。

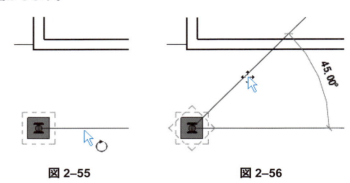

図 2-55　　　　　　　図 2-56

5. 2 つの柱が選択された状態で、*Modify | Multi-Select* tab > Modify panel で、 (Array) をクリックします。

6. Options Bar で、 (Linear) をクリックし、**Group and Associate** を消去して *Number* を **10** に設定し、*Move To:* を **Last** に設定します。

7. 始点として、柱の中点をクリックします。配列の終点として、図 2-57 で示すように、右端の壁の中心点の **Horizontal and Extension** を選択します。

図 2-57

8. 建物全体が表示されるようにズームで縮小表示します。

9. 図 2-58 で示すように、柱は建物の前面に渡って均等に配列されています。

図 2-58

10. プロジェクトを保存します。

2.4 追加の修正ツールを操作する

プロジェクトで作業を行う際、*Modify* tab > Modify panel の追加ツール（図 2–59 参照）は、エレメントの配置や編集、拘束の手助けとなります。**Align** コマンドは様々なエレメントに使用することができ、**Split Element**、**Trim/Extend**、**Offset** コマンドは直線上のエレメントにのみ使用することが可能です。

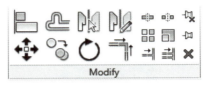

図 2–59

エレメントの位置合わせ

Align コマンドにより、図 2–60 で示すように、1 つのエレメントを別のエレメントと位置合わせすることができます。Autodesk Revit の大半のエレメントは位置合わせが可能です。例えば、窓の最上部と扉の最上部を揃えたり、家具を壁と揃えたりすることができます。

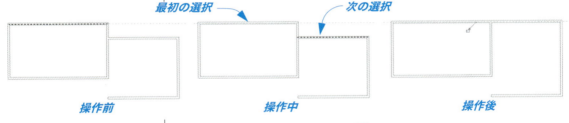

図 2–60

操作手順：エレメントを位置合わせする

1. Modify tab > Modify panel で（Align）をクリックします。
2. エレメント上で移動させない線または点を選択します。壁の場合は、<Tab> キーを押して適切な壁の面を選択します。
3. エレメント上の Align コマンドを適用する線または点を選択します。2 つ目のエレメントが最初のエレメントの位置と揃うように移動します

- **Align**（位置合わせ）コマンドは、平行ビューやパースペクティブ 3D ビューを含む全てのモデルビューで機能します。

Autodesk Revit 2019：建築の基本

- エレメントの1つを移動した際に他のエレメントが一緒に移動するように、位置合わせをロックすることができます。位置合わせを一度作成すると、南京錠が表示されます。図 2–61 で示す南京錠をクリックして位置合わせをロックします。

> エレメントをロックするとプロジェクトのファイルサイズが大きくなりますので、このオプションの使用には注意してください。

図 2–61

- 複数のエレメントを最初のエレメントと位置合わせするには **Multiple Alignment** を選択します。<Ctrl> を押しながら選択しても複数の位置合わせができます。

- 図 2–62 に示すように、**Wall centerlines**、**Wall faces**、**Center of core** または **Faces of core** のコマンドを好む場合はそれを指定することが可能です。ここで言う Core（コア）とは、石膏ボードのような表面素材に対して、壁の構造部材を意味します。

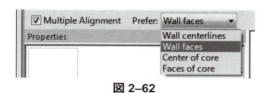

図 2–62

線状エレメントの分割

Split Element コマンドにより、線状のエレメントを指定した点で Split（分割）することができます。位置合わせ線、スナップ、仮寸法を使用すると、分割点を配置しやすくなります。図 2–63 に示すように、線状エレメントを分割した後で、2つになったパーツに別の修正コマンドを適用して修正したり、一方のタイプを変更することが可能です。

> 平面図、立面図または 3D のどのビューでも壁を分割することができます。

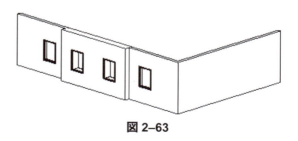

図 2–63

スケッチと編集の基本ツール

操作手順：線状エレメントを分割する

1. *Modify* tab > Modify panel で （Split Element）をクリックするか、またはショートカットの **SL** を入力します。
2. Options Bar で **Delete Inner Segment** オプションを選択または解除します。
3. Split コマンドを適用する点にカーソルを移動し、その点を選択します。
4. 分割するその他の点でもこの操作を繰り返します。
5. 必要であれば、分割されたエレメントを編集します。

- **Delete Inner Segment** オプションは、1 つの線状エレメント上で 2 つの分割点を選択する場合に使用されます。このオプションが選択された時、これら 2 つの分割点の間にあるパーツは自動的に消去されます。

- 追加オプションの （Split with Gap）は、選択した点で線状エレメントを分割する（図 2–64 参照）ほか、Options Bar で指定した *Joint Gap*（結合部の隙間）を作ります。

このコマンドは通常、構造のプレキャストスラブに使われます。

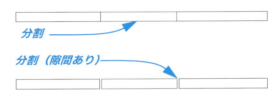

図 2–64

トリムと延長

線状エレメントに使用できるトリム・延長の方法は 3 つあります。その方法とは **Trim / Extend to Corner**、**Trim / Extend Single Element**、そして **Trim / Extend Multiple Elements** です。

- トリムするエレメントを選択する際、このエレメント内の残したい部分をクリックします。この線の反対部分がトリムされます。

操作手順：トリム・延長してコーナーを作る

1. *Modify* tab > Modify panel で （Trim / Extend to Corner）をクリックするか、またはショートカットの **TR** を入力します。
2. 最初の線状エレメントの残したい側を選択します。

3. 図 2–65 に示すように、2 番目の線状エレメントの残したい側を選択します。

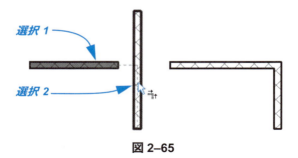

図 2–65

操作手順：単一エレメントをトリム・延長する

1. *Modify* tab > Modify panel で ⇥ (Trim / Extend Single Element) をクリックします。
2. 切断部または境界部の線を選択します。
3. 図 2–66 に示すように、トリムまたは延長される線状エレメントを選択します。

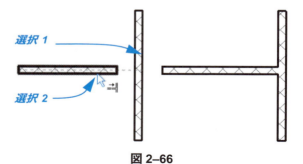

図 2–66

操作手順：複数エレメントをトリム・延長する

1. *Modify* tab > Modify panel で ⇥ (Trim/Extend Multiple Elements) をクリックします。
2. 切断部または境界部の線を選択します。

3. トリムまたは延長コマンドを適用する線状エレメントを、図 2–67 に示すように 1 つずつ、または交差窓を使って選択します。トリムするには、残したい側を選択します。

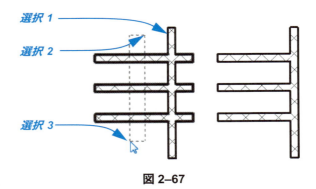

図 2–67

- 画面の空白でクリックして選択を解除し、別の切断・境界部の線を選択します。

エレメントのオフセット

Offset コマンドは図 2–68 に示すように、指定した間隔で線状エレメントの平行なコピーを作成する簡単な方法です。壁、梁、ブレースや線分といった要素は、オフセットコマンドの適用が可能なエレメントです。

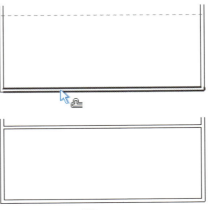

図 2–68

- 扉や窓が埋め込まれた壁をオフセットした場合、オフセットされた壁とともにそれらのエレメントがコピーされます。

オフセットの間隔は、図 2–69 に示すように、距離を入力する方法（**Numerical**：数値入力）または画面上で複数点を選択する方法（**Graphical**：画面操作）で設定することができます。

図 2–69

操作手順：数値入力でオフセットを適用する

1. *Modify* tab > Modify panel で （Offset）をクリックするか、またはショートカットの **OF** を入力します。
2. Options Bar で **Numerical** オプションを選択します。
3. Options Bar で *Offset* フィールドに希望する距離を入力します。
4. オフセットするエレメント上にカーソルを移動します。点線が表示され、オフセット先の位置がプレビューされます。必要に応じて、カーソルを移動して両側をひっくり返します。
5. クリックしてオフセットを作成します。
6. ステップ 4 と 5 を繰り返して他のエレメントを同じ間隔でオフセットするか、または別のオフセットを作成するために距離を変更します。

- **Numerical** オプションを利用すると、接続された複数の線状エレメントを選択してオフセットすることができます。カーソルを 1 つのエレメント上に移動し、関連するその他のエレメントがハイライト表示されるまで <Tab> キーを押します。それらのエレメントを選択し、全てのエレメントを同時にオフセットします。

操作手順：画面操作でオフセットを適用する

1. **Offset** コマンドを開始します。
2. Options Bar で **Graphical** オプションを選択します。
3. Offset する線状エレメントを選択します。
4. Offset を適用する側で、オフセットの距離を決める 2 点を選択します。2 点目の選択時には、仮寸法を上書きして書き換えることができます。

- 図 2–70 に示すように、屈曲部で接続される線状エレメントの大半は、オフセットされた場所でも接続するよう自動的にトリムまたは延長処理されます。

図 2–70

Copy オプション（デフォルトではオン）は、オフセットされるエレメントのコピーを作成します。このオプションが選択されていない場合は、*Offset* コマンドは指定した距離にエレメントを移動します。

実習 2c 追加的な修正ツールを操作する

この実習の目標

- Align、Split、Offset および Trim/Extend コマンドを使用します。

この実習では壁を三分割し、真ん中の部分を削除します。新しい部屋を作るために壁をオフセットし、トリムまたは延長します。図 2–71 に示すように、新しい壁を既存の壁と揃うように位置合わせします。

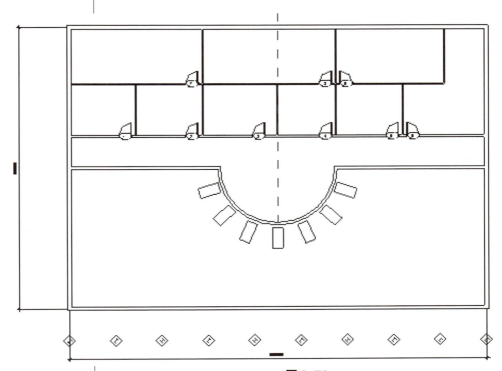

図 2–71

タスク 1 – 壁を分割して除去する

1. 実習ファイルのフォルダにあるプロジェクト **Simple-Building-2-M.rvt** を開いてください。

2. *Modify* tab > Modify panel で （Split Element）をクリックします。

3. Options Bar で、**Delete Inner Segment** を選択します。

4. 曲線状の壁の両端と交わる水平の壁をクリックします。図 2–72 に示すように、これらの点の間の壁部は除去されます。

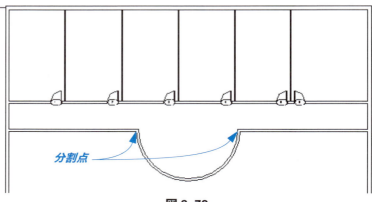

図 2–72

5. ▷（Modify）をクリックし、終了します。

タスク 2 – 壁をオフセットしてトリムする

1. *Modify* tab > Modify panel で ⤴ (Offset) をクリックします。

2. Options Bar で *Offset* を **4250mm** に設定し、**Copy** が選択されていることを確認します。

3. 図 2–73 に示すように、点線の位置合わせ線が建物の中に表示されていることを確認しながら、最上部の水平の壁を選択します。

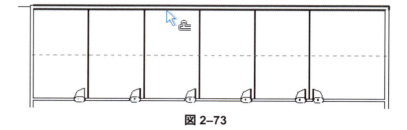

図 2–73

4. **Offset** が実行中のまま、*Offset* を **3000mm** に変更し、図 2–74 に示すように一番端の垂直の内壁をオフセットします。

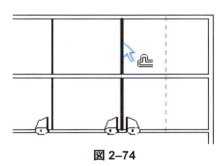

図 **2–74**

5. (Modify) をクリックし、外壁から作られた新しい水平の壁を選択します。壁を **Basic Wall: Interior - 138mm Partition (1-hr)** に変更します。新しい壁は、図 2–75 に示すようなレイアウトになります。

垂直の壁は内壁からオフセットしたため、変更する必要はありません。

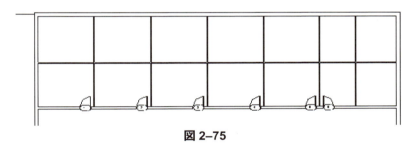

図 **2–75**

6. *Modify* tab > Modify パネルで (Trim / Extend Multiple Elements) をクリックします。

7. トリムの対象として新しく作成した水平の壁を選択します。

8. 新しい壁の下の壁を 1 つおきに選択します（残したいエレメントを選択します）。壁は図 2–76 に示すように表示されます。

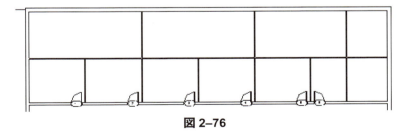

図 **2–76**

9. *Modify* tab > Modify panel で ▥ (Trim/Extend to Corner) をクリックし、図 2–77 で示すようにトリムする 2 つの壁を選択します。

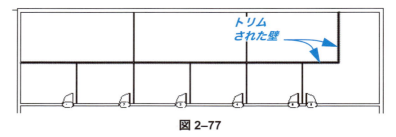

図 2–77

10. 新しい部屋に扉を追加します。

11. プロジェクトを保存します。

タスク 3 – 壁の位置合わせをする

1. 垂直の参照面を選択し、図 2–78 に示すように上端が外壁の外側まで伸びるようにコントロールを使って上端をドラッグします。

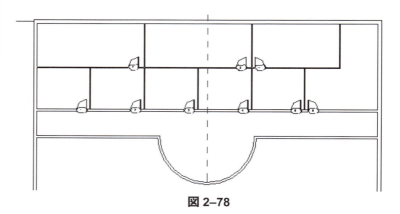

図 2–78

2. *Modify* tab > Modify panel で ▥ (Align) をクリックします。

3. 参照面を選択し、その左にある壁を選択すると、壁は参照面の位置に移動するはずです。

4. プロジェクトを保存し、閉じます。

Chapter の復習

1. 位置合わせ線の目的は何ですか？

    a. 配置中または作図中の新しいエレメントが、通芯と揃っている際に表示される。

    b. 配置中または作成中の新しいエレメントが、既存のエレメントと揃っていることを示す。

    c. 配置中または作成中の新しいエレメントが、選択した追跡点と揃っている際に表示される。

    d. 新しいエレメントが、プロジェクト上の北側ではなく真の北側に揃っていることを示す。

2. 線状エレメントをモデリングしている（編集ではない）際、図 2–79 に示すような仮寸法を編集するにはどうしますか？

    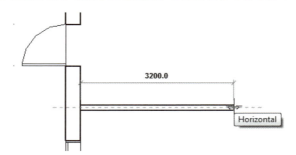

    図 2–79

    a. 仮寸法を選択し、新たな値を入力する。

    b. 新たな値を入力し、<Enter> を押す。

    c. Options Bar の Distance/Length ボックスに新たな値を入力し、<Enter> を押す。

3. ビューにある様々なサイズの扉を全て選択しつつ、その他のエレメントは選択しない方法は以下のうちどれですか？

    a. Project Browser で *Door* カテゴリを選択する。

    b. 扉を 1 つ選択し、右クリックして **Select All Instances > Visible in View** を選択する。

    c. ビューにある全てのエレメントを選択し、(Filter) を用いてその他のカテゴリを除外する。

    d. 扉を 1 つ選択し、Ribbon にある (Select Multiple) をクリックする。

4. **Move** や **Copy**、**Rotate**、**Mirror**、**Array** などのコマンドを開始する 2 つの方法は以下のうちどれですか？ *Modify* tab からコマンドを開始し、エレメントを選択するか、または…

 a. エレメントを選択し、次にコマンドを開始する。

 b. エレメントを選択し、次に Status Bar からコマンドを選択する。

 c. エレメントを選択し、右クリックしてリストからコマンドを選択する。

5. 図 2–80 に示すように、選択された壁の壁タイプを変更する方法は次のうちどれですか？

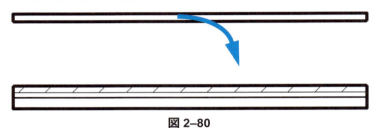

図 2–80

 a. *Modify | Walls* tab > Properties panel で、 (Type Properties）をクリックし、ダイアログボックスで新しい壁のタイプを選択する。

 b. Options Bar で **Change Element Type** をクリックする。

 c. 選択された壁の隣にある動的コントロールを選択し、ドロップダウンリストから新しいタイプを選択する。

 d. Properties の Type Selector ドロップダウンリストから、新しいタイプを選択する。

6. ○ (Rotate) と ▦ (Array) で、◉ (Radial) が付くものには、エレメントまたはグループ化されたエレメントの中心を規定する回転の中心があります。図 2–81 に示すように、この回転の中心を別の点に移動するにはどのような方法がありますか？（該当するものを全て選択してください）

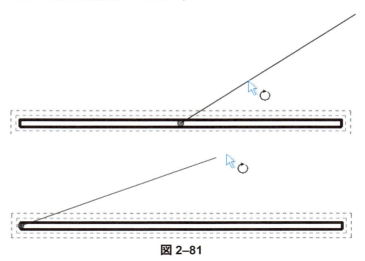

図 2–81

   a. 回転の中心を選択し、これを新しい位置にドラッグする。

   b. Options Bar で **Place** をクリックし、新しい点を選択する。

   c. *Modify* tab > Placement panel で ◉ (Center) をクリックし、新しい点を選択する。

   d. 右クリックして **Snap Overrides > Centers** を選択し、新しい点を選択する。

7. 壁の一部を除去する場合は、どのコマンドを使用しますか？

   a. ⊣⊢ (Split Element)

   b. ⌐ (Wall Joins)

   c. ⊿ (Cut Geometry)

   d. 🔨 (Demolish)

8. 図 2–82 に示すように、追加で平行な壁を作成する際、次のどのコマンドを使用しますか？（該当するものを全て選択してください）

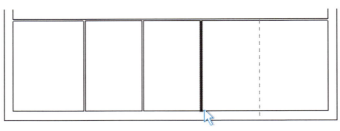

図 2–82

a. **Trim/Extend Multiple Elements** ツールを使用する。
b. *Modify* タブの **Offset** ツールを使用する。
c. 既存の壁を選択し、<Ctrl> を押しながら新しい位置にドラッグする。
d. **Align** コマンドをオフセットと共に使用する。

9. 図 2–83 に示すように、接していない 2 つの壁を 1 つにする場合はどのコマンドを使用しますか？

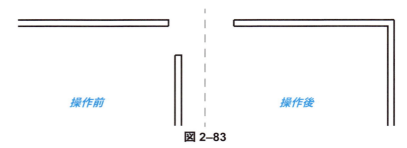

図 2–83

a. （Edit Wall Joins）
b. （Trim/Extend to Corner）
c. （Join Geometry）
d. （Edit Profile）

スケッチと編集の基本ツール

コマンド概要

アイコン	コマンド	場所
描画ツール		
	Center-ends Arc	• **Ribbon**: *Modify | (様々な線状エレメント）* tab > Draw panel
	Circle	• **Ribbon**: *Modify | (様々な線状エレメント）* tab > Draw panel
	Circumscribed Polygon	• **Ribbon**: *Modify |(様々な線状エレメント）* tab > Draw panel
	Ellipse	• **Ribbon**: *Modify | Place Lines, Place Detail Lines および様々な境界スケッチ* > Draw panel
	Ellipse Arc	• **Ribbon**: *Modify | Place Lines, Place Detail Lines および様々な境界スケッチ* > Draw panel
	Fillet Arc	• **Ribbon**: *Modify | (様々な線状エレメント）* tab > Draw panel
	Inscribed Polygon	• **Ribbon**: *Modify |(様々な線状エレメント）* tab > Draw panel
	Line	• **Ribbon**: *Modify | (様々な線状エレメント）* tab>Draw panel
	Pick Faces	• **Ribbon**: *Modify | Place Wall* > Draw panel
	Pick Lines	• **Ribbon**: *Modify | (様々な線状エレメント）* tab > Draw panel
	Pick Walls	• **Ribbon**: *Modify | (様々な線状エレメントの)* > Draw panel
	Rectangle	• **Ribbon**: *Modify | (様々な線状エレメント）* tab > Draw panel
	Spline	• **Ribbon**: *Modify | Place Lines, Place Detail Lines および様々な境界スケッチ* > Draw panel
	Start-End-Radius Arc	• **Ribbon**: *Modify | (様々な線状エレメント）* tab > Draw panel
	Tangent End Arc	• **Ribbon**: *Modify | (様々な線状エレメント）* tab > Draw panel
修正ツール		
	Align	• **Ribbon**: *Modify* tab > Modify panel • **ショートカットキー**: AL
	Array	• **Ribbon**: *Modify* tab > Modify panel • **ショートカットキー**: AR
	Copy	• **Ribbon**: *Modify* tab > Modify panel • **ショートカットキー**: CO

© 2018, ASCENT - Center for Technical Knowledge®

Autodesk Revit 2019：建築の基本

	Copy to Clipboard	• **Ribbon**: *Modify* tab > Clipboard panel • **ショートカットキー**：<Ctrl>+<C>
	Delete	• **Ribbon**: *Modify* tab > Modify panel • **ショートカットキー**：DE
	Mirror - Draw Axis	• **Ribbon**: *Modify* tab > Modify panel • **ショートカットキー**：DM
	Mirror - Pick Axis	• **Ribbon**: *Modify* tab > Modify panel • **ショートカットキー**：MM
	Move	• **Ribbon**: *Modify* tab > Modify panel • **ショートカットキー**：MV
	Offset	• **Ribbon**: *Modify* tab > Modify panel • **ショートカットキー**：OF
	Paste	• **Ribbon**: *Modify* tab > Clipboard panel • **ショートカットキー**：<Ctrl>+<V>
	Pin	• **Ribbon**: *Modify* tab > Modify panel • **ショートカットキー**：PN
	Rotate	• **Ribbon**: *Modify* tab > Modify panel • **ショートカットキー**：RO
	Scale	• **Ribbon**: *Modify* tab > Modify panel • **ショートカットキー**：RE
	Split Element	• **Ribbon**: *Modify* tab > Modify panel • **ショートカットキー**：SL
	Split with Gap	• **Ribbon**: *Modify* tab > Modify panel
	Trim/Extend Multiple Elements	• **Ribbon**: *Modify* tab > Modify panel
	Trim/Extend Single Element	• **Ribbon**: *Modify* tab > Modify panel
	Trim/Extend to Corner	• **Ribbon**: *Modify* tab > Modify panel • **ショートカットキー**：TR
	Unpin	• **Ribbon**: *Modify* tab > Modify panel • **ショートカットキー**：UP

選択ツール

	Drag elements on selection	• **Ribbon**: All tabs > Select panel を展開 • **Status Bar**
	Filter	• **Ribbon**: *Modify	Multi-Select* tab> Filter panel • **Status Bar**
	Select Elements By Face	• **Ribbon**: All tabs > Select panel を展開 • **Status Bar**

96   2–52

© 2018, ASCENT - Center for Technical Knowledge®

スケッチと編集の基本ツール

	Select Links	• **Ribbon**: All tabs > Expanded Select panel • **Status Bar**
	Select Pinned Elements	• **Ribbon**: All tabs > Expanded Select panel • **Status Bar**
	Select Underlay Elements	• **Ribbon**: All tabs > Expanded Select panel • **Status Bar**

追加のツール

	Aligned Dimension	• **Ribbon**: *Modify* tab > Measure panel • Quick Access Toolbar
	Detail Line	• **Ribbon**: *Annotate* tab > Detail panel • **ショートカットキー** : DL
	Model Line	• **Ribbon**: *Architectural* tab > Model panel • **ショートカットキー** : LI
	Reference Plane	• **Ribbon**: *Architecture/Structure/ Systems* tab > Work Plane panel

© 2018, ASCENT - Center for Technical Knowledge® 2–53 97

Chapter
3

建築プロジェクトの開始

Autodesk Revit のプロジェクトの開始は、テンプレートを使うことから始まります。その後、利用できれば CAD ファイルや既存の Revit モデルとリンクすることができます。そこから、垂直の高さを定義するレベル面や、建築柱・構造柱の構造のレイアウトを定義する通芯といった建物の枠組みを加えていきます。

この Chapter の学習目標

- デザインを発展させるための基本として CAD ファイルをリンクし、インポートします。
- 他の Discipline（設計分野）と連動し、発展させるために既存の Revit モデルとリンクします。
- 階高や他の垂直の参照元を定義するためにレベル面を追加し、編集します。
- 柱の位置を設定する構造芯を追加し、編集します。
- 建築柱（装飾）、構造柱（耐荷重）を追加します。

3.1 CAD ファイルのリンクとインポート

多くの設計事務所は、Vector に基づく CAD プログラムから受け継いだ図面を持っており、それらのプログラムを利用する設計者と協働している場合があります。例えば、DWG 形式の平面図を自分のプロジェクトにリンクし、その後 Autodesk Revit ツールを利用してその上をトレースしたい場合があります（図 3-1 参照）。一部が Autodesk Revit プロジェクトで、一部がインポート / リンクした図面からなるハイブリッドの図面を印刷することができます。

> インポートまたはリンクした CAD ファイルを選択した場合、Import Symbol と名前が付けられていることが分かります。

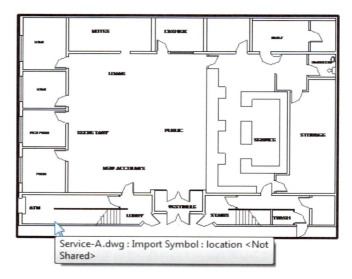

図 3-1

インポートまたはリンクできる CAD ファイルの形式には、AutoCAD®（DWG と DXF）、MicroStation（DGN）、3D ACIS modeling kernel（SAT）および SketchUp（SKP）が含まれます。

リンク vs. インポート

- **Link**：元のファイルとの関係が保たれ、元のファイルが更新された場合はリンクも更新されます。

- **Import**：元のファイルとの関係は維持されません。Autodesk Revit モデルにおいて独立したエレメントになります。

建築プロジェクトの開始

操作手順：CAD ファイルをリンクまたはインポートする

1. リンクまたはインポートするファイルに合わせてビューを開きます。
   - 2D ファイルの場合は 2D ビューとします。3D ファイルの場合は 3D ビューを開きます。
2. Insert tab > Link panel で (Link CAD) をクリックするか、または Insert tab > Import panel で (Import CAD) をクリックします。

Link CAD Formats と Import CAD Formats のダイアログボックスは同じです。

3. Link CAD Formats または Import CAD Formats ダイアログボックス（図 3–2 参照）で、インポートするファイルを選択します。
   - Files of Type ドロップダウンリストでファイル形式を選択し、表示されるファイルを限定します。

図 3–2

4. 図 3–3 で示すように他のオプションを設定します。

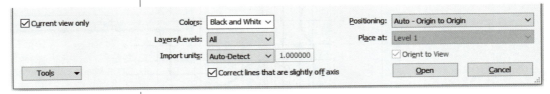

図 3–3

5. **Open** をクリックします。

リンクとインポートのオプション

Current view only	CAD ファイルが全てのビューに配置されるか、または現在のビューのみに配置されるかを決定します。このオプションは、特にビューが１つのみ必要となる 2D の平面図で便利です。
Colors	カラー設定を指定します。一般的な Autodesk Revit プロジェクトは白黒ですが、他のソフトではカラーを使用するケースが多くなります。元のカラーを Invert（反転）、Preserve（保持）または全てを Black and White（白黒）に変更することができます。
Layers/Levels	どの CAD レイヤをモデル内に取り込むかを指示します。All、Visible または Specify.... のうち、どのようにレイヤをインポートするかを選択します。
Import units	必要に応じて、元ファイルの単位を選択します。大抵の場合、Auto-Detect が機能します。
Correct Lines...	CAD ファイルの線に座標軸から 0.1 度以内のずれがある場合は、このオプションを選択するとこれらの線を修正します。デフォルトでは選択された状態です。
Positioning	Auto-Center to Center、Auto-Origin to Origin、Manual-Origin、Manual-Base Point、Manual-Center のうち、どのようにインポートファイルを現在のプロジェクト内に配置するかを指定します。デフォルトの配置オプションは Auto-Origin to Origin です。ファイルをリンクする場合は、Auto-By Shared Coordinates オプションも指定可能です。
Place at	インポートファイルを配置するレベル面を指定します。Current view only を選択した場合は、このオプションはグレー表示となり選択できなくなります。

- Auto-Origin to Origin で配置されたファイルはその場所にピンされ、移動することができなくなります。ファイルを移動するには、図 3–4 に示すようにピンをクリックして固定を解除します。

CAD ファイルのインポートとリンクの詳細については、Autodesk Revit Collaboration Tools ガイドを参照してください。

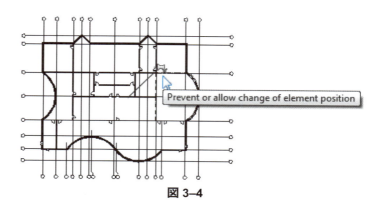

図 3–4

インポートまたはリンクしたファイルのハーフトーン設定

図 3–5 に示すように、新しいエレメントとリンクまたはインポートしたファイルの間に差異をつけるため、インポートまたはリンクしたファイルをハーフトーン表示に設定できます。

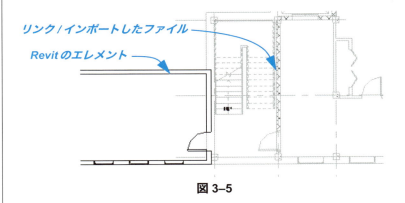

図 3–5

操作手順：エレメントをハーフトーンに設定する

1. インポートしたファイルを選択します。
2. 右クリックし、**Override Graphics in View > By Element...** を選択します。
3. View Specific Element Graphics ダイアログボックスで、図 3–6 に示すように **Halftone** を選択します。

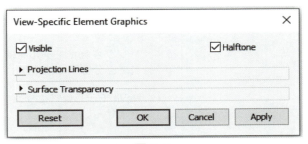

図 3–6

4. **OK** をクリックします。

- この方法を使えば、どのエレメントやカテゴリーもハーフトーンに設定できます。

> **ヒント：Draw Layer**（レイヤを描画）
>
> リンクされた CAD ファイルは、通常はビューの背景にあります。この設定を変更するには、CAD ファイルを選択し、Options Bar または Properties の *Other* エリアで *Draw Layer* を **Foreground**（最前面）に変更します。

Autodesk Revit 2019：建築の基本

3.2 Revit モデルでリンクする

Autodesk Revit モデルを直接プロジェクトにリンクすることができます。これらのモデルは、増床を行う既存の建物（図 3–7 参照）でも、建築モデルとの整合性を確認するための設備モデルでも構いません。同じ建物が反復されるキャンパスのようなプロジェクトにも、この方法が利用されます。これらは完全な 3D モデルです。

元のファイルが変更されると、リンクモデルは自動的に更新されます。

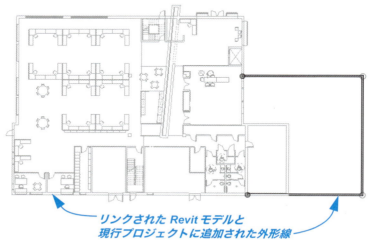

リンクされた Revit モデルと
現行プロジェクトに追加された外形線

図 3–7

- Autodesk Revit ソフトで作成された建築、構造および設備モデルは、同じバージョン・ビルドで作成されている限り互いにリンクすることが可能です。

- リンクされたモデルを使用する際、設計分野間の不整合が検出されて、分野間で情報がやり取りされます。

- Revit モデルは常にリンクされています。インポートすることはできません。

操作手順：ホストプロジェクトにリンクモデルを追加する

1. *Insert* tab > Link panel で 　（Link Revit）をクリックします。
2. Import/Link RVT ダイアログボックスで、リンクするファイルを選択します。ファイルを開く前に、図 3–8 に示す通り *Positioning* を設定します。

建築プロジェクトの開始

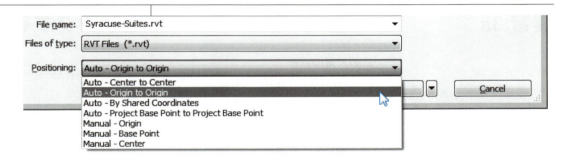

図 3–8

3. **Open** をクリックします。
4. ファイルをどのように配置するかによって、プロジェクト内に自動で配置させるか、またはカーソルを使って手動で配置することができます。

- リンクが読み込まれる間は、画面やボタンをクリックしないでください。プロジェクト内にリンクが増えるほど、読み込みに時間がかかります。

リンクモデルの複数コピー

リンクモデルのコピーによるインスタンスは、一般的には大学のキャンパスで同一の学生寮を 6 つ配置する場合など、同じ建物が複数の場所に配置されるマスタープロジェクトを作成する時などに使われます。

- リンクモデルは、移動やコピー、回転、配列、鏡像化することができます。リンクモデルが 1 つだけの場合、いずれのコピーもリンクに対する追加のインスタンスとなります。

- コピーは自動的に番号付けされます。コピーの名前は、インスタンスが選択された際に Properties で変更できます。

- プロジェクト内にリンクを配置している場合、図 3–9 に示すように、Project Browser > **Revit Links** node からリンクのコピーをドラッグ＆ドロップしてプロジェクトに追加することができます。

図 3–9

- Revit ファイルのリンクについての詳細は、*Autodesk Revit Collaboration Tools* ガイドを参照してください。

実習 3a　CAD と Revit ファイルをリンクする

この実習の目標

- CAD ファイルをリンクします。
- Revit ファイルをリンクします。

この実習では、AutoCAD ソフトから平面図をインポートし、それらを 1 階ロビーと基準客室階の基本レイアウトとして利用します。その後、図 3–10 で示すように、標準的なプールハウスと建物の地盤面を含む Revit モデルをリンクします。

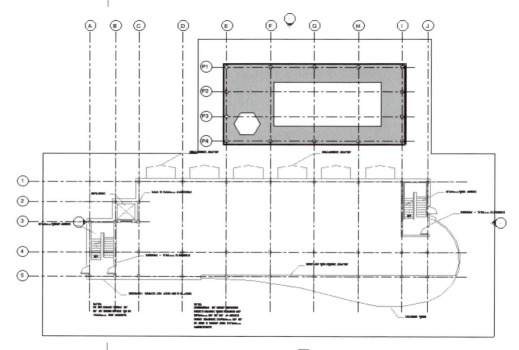

図 3–10

タスク 1 – CAD ファイルをリンクする

1. 実習ファイルのフォルダから、プロジェクト **Modern-Hotel-Start-M.rvt** を開いてください（このファイルにエレメントは含まれません）。

2. **Floor Plans: Level 1** のビューを開きます。

3. *Insert* tab > Link panel で (Link CAD) をクリックします。

建築プロジェクトの開始

4. Link CAD Formats ダイアログボックスで、**Hotel-Lobby-Floor-Plan--M.dwg** のファイルを選択し、以下のオプションを設定します。

    - **Current view only** を選択します。
    - *Colors:* **Black and White**
    - *Layers/Levels:* **All**
    - *Import Units:* **Auto-Detect**
    - *Positioning:* **Auto-Origin to Origin**

5. **Open** をクリックします。リンクされた CAD ファイルは、プロジェクトの **Floor Plans: Level 1** のビューに配置されました。

6. リンクされた CAD ファイルを選択します。このファイルは原点から原点へインポートされたため、全てが一体化したエレメントであり所定の位置にピンされています。

7. Options Bar で *Background*（背景）を **Foreground**（最前面）に変更します。

8. CAD ファイルが選択された状態で右クリックし、**Override Graphics in View>By Element....** を選択します。

9. View-Specific Element Graphics ダイアログボックスで、**Halftone** を選択し **OK** をクリックします。

10. 画面の空白をクリックして、選択を解除します。図 3–11 で示すように、リンクファイルはハーフトーンで表示されます。

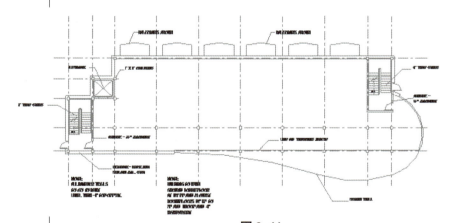

図 3–11

11. **Floor Plans: Level 2** のビューを開きます。*Level 1* にリンクされた CAD ファイルは *Level 1* のビューにのみリンクされているため、表示されません。

12. *Level 1* で使用したオプションを使って、CAD ファイルの **Hotel-Typical-Guest-Floor-Plan-M.dwg** をリンクします。

13. グラフィックスを上書きし、リンクファイルを **Halftone** に設定します。

14. プロジェクトを保存します。

タスク 2 – Revit ファイルをリンクする

1. **Default 3D** のビュー開きます。このビューでは、リンクされた CAD ファイルはいずれも表示されません。

2. *Insert* tab > Link panel で 　 (Link Revit) をクリックします。

3. 実習ファイルのフォルダに行き、**Modern-Hotel-Pool-M.rvt** を選択します。

4. *Positioning* が **Auto - Origin to Origin** に設定されていることを確認し、**Open** をクリックします。

5. 図 3–12 に示すように **ZF** と入力し、モデルがビューに収まるようにします。

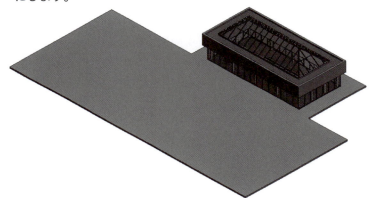

図 3–12

6. *Level 1* タブを選択し、ビューを開きます。このビューでリンクされた CAD と Revit の両ファイルが表示されます。

    - リンクした CAD ファイルの全体が表示されなかった場合、プラットフォーム（地盤面）下の CAD ファイルの一部であるテキストを選択し（図 3–13 参照）、Properties の *Other* エリアで、*Draw Layer* を **Foreground** に変更します。

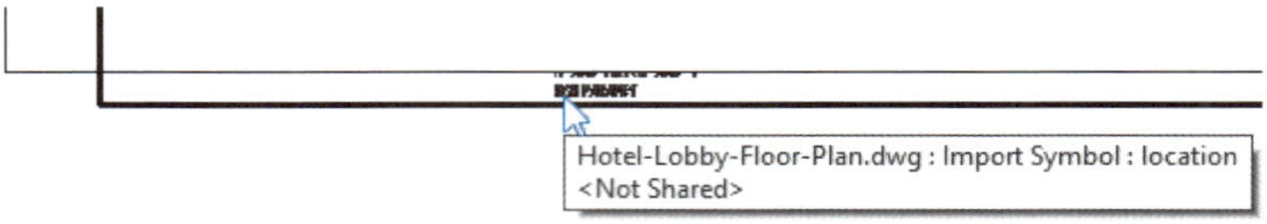

図 3–13

7. プロジェクトを保存します。

建築プロジェクトの開始

3.3 レベル面を設定する

レベル面は、図 3–14 に示すように、階層や他の垂直方向の高さ（パラペットやその他の参照元となる高さなど）を定義します。デフォルトのテンプレートには 2 つのレベル面が含まれますが、必要なだけレベル面を定義することもできます。レベル面は、上方向だけでなく、下方向（地下階層）にも設定できます。

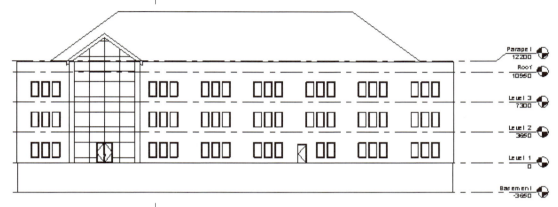

図 3–14

- レベル面を設定するのは、立面図または断面図のビュー内にいる時でなければなりません。

- 一度エレメントをあるレベル面に固定して拘束すると、エレメントはこのレベル面が変更された際に一緒に移動します。

操作手順：レベル面を設定する

1. 立面図または断面図ビューを開きます。
2. *Architecture* tab > Datum panel で (Level) をクリックするか、または **LL** と入力します。
3. 必要に応じて、Type Selector でレベル記号のタイプを設定します。
4. 必要に応じて Options Bar で **Make Plan View** を選択するか、または選択を解除します。**Plan View Types...** をクリックして、レベル面を設定する際のビューのタイプを選択することもできます。
5. *Modify | Place Level* tab > Draw panel で、 (Pick Lines) をクリックしてエレメントを選択するか、または (Line) をクリックしてレベル面をスケッチします。
6. 必要に応じて、レベル面を追加します。

- レベル面の名前は、これらを配置する順に自動的に割り振られます。この自動割り振りは（First Floor、Second Floor ではなく）Floor 1、Floor 2 などのような名前を使うと最も効果的です。これにより、Project Browser 内でビューを見つけやすくなります。

- 素早く複数のレベル面を設定する方法は、*Offset* を利用する（Pick Lines）オプションを使用する方法です。Options Bar で *Offset* を指定し、既存のレベル面を選択した後、図 3–15 に示すようにその上側または下側で新しいレベル面を選択します。

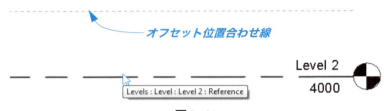

図 3–15

- （Line）オプションを使用する際は、図 3–16 に示すように、位置合わせと仮寸法の機能が線を正確に配置する手助けをします。

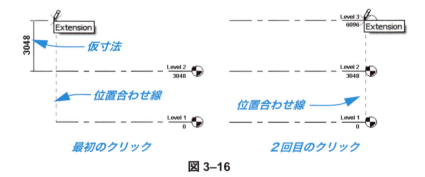

図 3–16

レベル面の記号を図面のどちら側に配置するかによって、レベル線を左から右に描くか、右から左に描くかを選択します。ただし、必ず同じ方向に描くようにします。

- レベル線を複製するには、（Copy）を使うこともできます。レベル面の名前がそれぞれに割り振られますが、平面図ビューは作成されません。

- レベル面はデフォルトの 3D ビューで表示されます。これらは変更したりコピーすることができますが、このビュー内で作成することはできません

- いずれのビューにおいても、レベル面を非表示にすることが可能です。

建築プロジェクトの開始

レベル面の変更

レベル面は図 3–17 に示すように、基本コントロールや仮寸法を使って変更することができます。また、Properties palette でも変更することが可能です。

図 3–17

- ☑ ☐ （Hide / Show Bubble）はレベル線の片方の端に表示されるもので、レベル記号とレベル情報の表示をオンとオフに切り替えます。

- 2D 3D （Switch to 3d / 2d extents）は、レベル線に加えられた移動や調整が別のビュー（3D）に反映されるかどうか、または現在のビュー（2D）のみに影響するかを管理します。

- （Modify the level by dragging its model end）はレベル線の両端にあり、レベル記号を新しい位置にドラッグすることができます。

- （Create or remove a length or alignment constraint）は、他のレベル面と一直線上にあるレベル面がロックされているかどうかを管理します。ロックされている場合は、レベル線が引き延ばされるとその他全てのレベル線も引き延ばされます。ロックされていない場合は、このレベル線はその他のレベル面からは独立して引き延ばされます。

- （Add Elbow）をクリックすると、図 3–18 に示すようにレベル線に屈折部を加えます。必要に応じて、形状ハンドルを新しい位置にドラッグします。これはビューに固有の変更です。

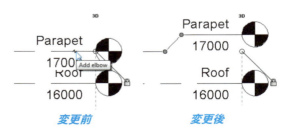

変更前　　　　変更後

図 3–18

- レベル面の名前または高さを変更するには、図 3–19 に示すように、レベル記号の隣にあるテキストをダブルクリックするか、または Properties でレベル面を選び、Name または Elevation を変更します。

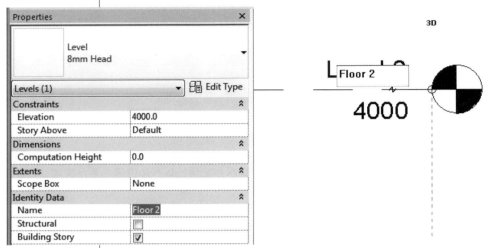

図 3–19

- Level の名前を変更する際、図 3–20 に示すような警告ボックスが開き、対応するビュー名を変更するかどうかを確認します。

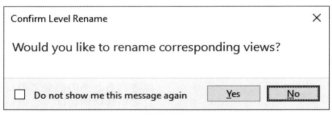

図 3–20

- ビュー名の変更は Project Browser でも更新されます。

建築プロジェクトの開始

> **ヒント：他のプロジェクトからレベル面と通芯をコピーする**
>
> インポートまたはリンクされた CAD ファイルの既存のレベル面や通芯の上に描くことで、レベル面や通芯を追加することができます。リンクされた Autodesk® Revit® ファイルからもレベル面や通芯をコピーおよびモニタリングすることができます。両方の手法が必要となるプロジェクトもあります。
>
> - Copy/Monitor ツールの利用についての詳細は、*Autodesk Revit Collaboration Tools* ガイドを参照してください。

- レベル面を消去すると、このレベル面に連動するビューも消去されます。図 3–21 に示すように、Warming（警告）が表示されます。

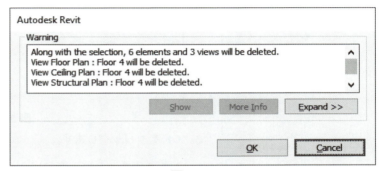

図 3–21

平面図ビューの作成

デフォルトでは、レベル面を配置するとそのレベル面の平面図ビューが自動的に作成されます。レベル面を追加する際に **Make Plan View** がオフになっていた場合、またはレベル面がコピーされた場合には、このレベル面に合った平面図ビューを作成することができます。

- 図 3–22 で示すように、ビューを伴うレベル記号は青色、ビューを持たないレベル記号は黒色で表示されます。

一般的にサッシの上端やパラペットの頂点などの情報を特定するレベル面については、平面ビューを作成する必要はありません。

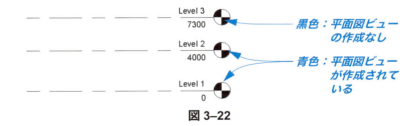

図 3–22

操作手順：平面図ビューを作成する

1. *View* tab > Create panel で 🗒 (Plan Views) を展開し、図 3–23 の左側に示すように、作成する平面図ビューのタイプを選択します。
2. New Plan ダイアログボックス（図 3–23 の右側参照）で、作成する平面図ビューのレベル面を選択します。

2 つ以上のレベル面を選択するには、<Ctrl> キーまたは <Shift> キーを押したまま選択します。

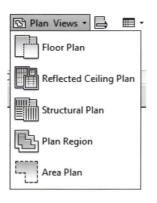 

図 3–23

3. **OK** をクリックします。

- レベル面をもとに平面図ビューが作成されると、レベル記号をダブルクリックして、関連する平面図ビューを開くことができます。

> ### ヒント：一時的に非表示／分離
>
> ビューから一時的にエレメントを取り除いてからプロジェクトを編集し、その後エレメントを戻したい場合があるかもしれません。エレメントを完全にオフに切り替える代わりに、一時的に非表示にすることができます。
>
> 非表示（不可視にする）または分離（他のエレメントを非表示にし、そのエレメントだけ表示）するエレメントを選択し、 （Temporary Hide/Isolate）をクリックします。図 3–24 に示すように、利用する方法を選択します。
>
>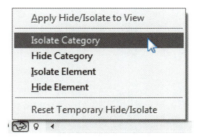
>
> 図 3–24
>
> エレメントまたはカテゴリーは非表示または分離されます。図 3–25 に示すように、左上の隅にテキストとともにシアン色の境界が表示されます。ビューに一時的に非表示または分離されたエレメントがあることを示します。 
>
> 図 3–25
>
> - （Temporary Hide/Isolate）を再度クリックし、**Reset Temporary Hide/Isolate** を選択して、ビューにエレメントを復元します。
>
> - ビューから永久に非表示にしたい場合は、**Apply Hide/Isolate to View** を選択します。
>
> - ビューにおいて一時的に非表示にしたエレメントは、印刷すると表示されます。

実習 3b

レベル面を設定する

この実習の目標

- レベル面を追加し、編集します。

この実習では、図 3–26 に示すように、Modern Hotel プロジェクトに必要な階層、フーチングの上端、パラペットを含むレベル面を設定します。

図 3–26

- このビューでは、リンクされた Revit ファイルは非表示です。

タスク 1 – レベル面を追加して編集する

1. 実習ファイルのフォルダから、プロジェクト *Modern-Hotel-Levels-M.rvt* を開いてください。

2. *Elevations (Building Elevation): North* のビューを開きます。

建築プロジェクトの開始

3. **Level 1** と **Level 2** という名前の 2 つの既存のレベル面がプロジェクトに存在します。これらはテンプレートで設定されたものです。リンクされた Revit ファイルに属するレベル面である **Floor 1** と **Floor 2** も確認することができます。

4. リンクされた Revit ファイルを選択します。

5. View Control Bar で (Temporary Hide/ Isolate) を展開し、**Hide Element** を選択します。これによりリンクされた Revit ファイル全体がオフに切り替えられます。

6. レベル面の名前をズームで拡大表示します。

7. 図 3–27 に示すように、*Level 1* という名前をダブルクリックして、**Floor 1** に名前を変更します。<Enter> を押します。

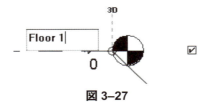

図 3–27

8. 対応するビューの名前の変更についてプロンプトが表示されたら、**Yes**（<Enter> を押すか **Y** を入力します）をクリックします。

9. 同じ手順を繰り返し、*Level 2* の名前を **Floor 2** に変えます。Floor 2（4000mm）の高さをダブルクリックし、5450mm に変更します。

10. *Architecture* tab > Datum panel で (Level) をクリックします。

11. Options Bar で **Make Plan View** が選択されていることを確認します。**Plan View Types...** をクリックし、図 3–28 に示すように、*Ceiling Plan* と *Floor Plan* のみを選択し、**OK** をクリックします。

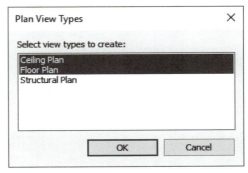

図 3–28

12. *Modify | Place Level* tab > Draw panel で (Pick Lines) をクリックします。Options Bar で *Offset* を 3650mm に設定します。

13. カーソルを **Floor 2** のレベル面の上に移動し、カーソルを少し上に動かして、**Floor 2** のレベル面の上にオフセットのレベル線が表示されるようにします。クリックして、新たにレベル面 **Floor 3** を作成します。

14. Floor 1 の上に合計 8 層のレベル面ができるまで追加のレベル面を作成します（Floor9 まで）。

15. **Modify** をクリックし、**Floor 9** のレベル面を選択します。

16. *Floor 9* の名前を **Roof** に変更します（対応するビューの名前も変更します）。

17. **Level** コマンドを再び実行します。

18. Options Bar で **Make Plan View** オプションを解除し、*Offset* を **1220mm** に設定します。最高レベル面の **Roof** の上に 1 つ追加のレベル面を作成します。このレベル面には平面図ビューは必要ありません。

19. 図 3–29 に示すように、最高レベル面の名前を **Parapet** に変更します。

図 3–29

20. **Floor 1** の下にレベル面を 2 つ追加します。**Basement** および **T.O. Footing** と名付け、図 3–30 に示すように高さを設定します。**Add Elbow** などのコントロールを使って、レベル面を見やすく編集することができます。

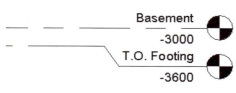

図 3–30

建築プロジェクトの開始

21. ズームで縮小表示して、プロジェクト全体を表示します。

22. View Control Bar で 🐾 (Temporary Hide/ Isolate) を 展 開 し、**Reset Temporary Hide/Isolate** を選択します。再びプールが表示されます。

23. コントロールを使って、どのレベル面も片側に寄せるようにします。

24. デフォルトの 3D ビューを開きます。このビューでもレベル面が表示されることを確認できます。

25. プロジェクトを保存します。

3.4 構造芯を作成する

構造芯は、図3–31に示すように、どのくらいの間隔で建物の柱を設け、柱をどこに配置するかを示します。構造芯の変更はすべて、それを参照するエレメントに影響を与えます。

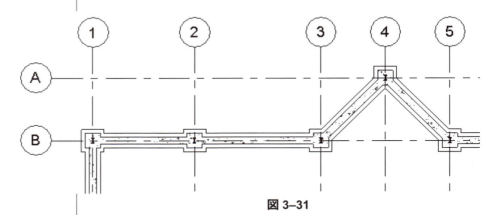

図 3–31

構造芯の各線や円弧は独立した存在であり、個々に配置、移動、編集することができます。

操作手順：構造芯を作成する

1. *Architecture* tab > Datum panel で (Grid) をクリックするか、または **GR** と入力します。
2. Type Selector で吹き出しのサイズと線種を管理する通芯（Grid）タイプを選択します。
3. *Modify | Place Grid* tab > Draw panel（図3–32参照）で、使用する方法を選択します。

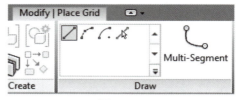

図 3–32

4. 必要に応じて、Options Bar で *Offset* を設定します。
5. 必要な数だけ通芯を追加します。

建築プロジェクトの開始

- 通芯はどの角度でも描くことができますが、全ての平行な通芯が同じ方向で描かれていなければなりません（すなわち、左から右、下から上など）。
- Multi-Segment ツール（図 3–33 参照）を使う際は、線を描き、✔（Finish Edit Mode）をクリックして、コマンドを完了します。

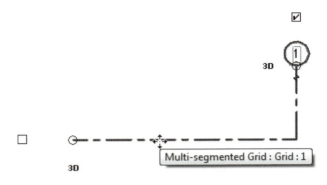

図 3–33

通芯の編集

通芯はレベル線によく似ています。コントロール、位置合わせ線、仮寸法を使って通芯を編集したり（図 3–34 参照）、また Properties palette や Type Selector でも編集することができます。

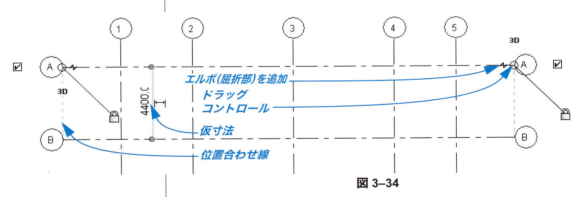

図 3–34

- 通芯番号を編集するには、吹き出しの中にある番号をダブルクリックし、新しい番号を入力します。通芯番号は数字でも文字でも、その組み合わせでも構いません。
- 通芯番号は自動的に値が増えていきます。

ヒント：基準面の範囲を拡大する

特に通芯を追加した後にレベル面が追加された時など、通芯は常にビューで表示されるとは限りません。通芯を平面図ビューで表示するには、表示されているビューにおいて通芯を選択します。

Modify | Grids tab > Datum panel で、 (Propagate Extents) をクリックします。Propagate datum extents ダイアログボックス（図3–35 参照）で、通芯を投影するビューを選択します。

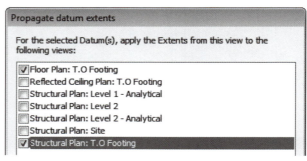

図 3–35

- この操作はレベル面にも有効です。
- (Propagate Extents) は、レベル面と通芯を全てのビューにおいて同様に表示させる場合に特に便利です。

建築プロジェクトの開始

3.5 柱を追加する

Autodesk Revit ソフトには2種類の柱が含まれます。それは、図3–36 に示すように建築的なものと構造的なものです。
建築柱は仮置きまたは装飾的エレメントであり、構造柱は強度や耐荷重パラメータなどに関連する、より正確な情報を含んだエレメントです。

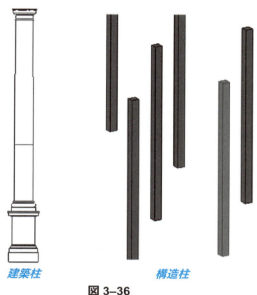

図 3–36

操作手順：柱を追加する

Structural Column（構造柱）がデフォルトです。

1. *Architecture* tab > Build panel で (Column) を展開し、(Column: Architectural) または (Structural Column) をクリックします。

2. 図 3–37 に示すように、Type Selector で使用する柱を選択します。

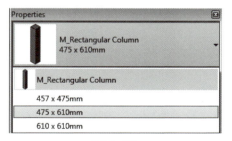

図 3–37

建築柱は一般的に、今いるレベル面からある特定の高さまで上に配置されるものです。

構造柱は一般的に、今いるレベル面からある特定の深さまで下に配置されるものです。

3. Options Bar で、柱の *Height*（または *Depth*）を設定します。レベル面または Unconnected を選択して、高さを指定することができます（図 3–38 参照）。

図 3–38

4. 必要に応じて柱を配置します。柱は通芯や壁にスナップします。
   - 柱は、どの通芯とも接続されていないフリーなインスタンスとして配置できます。
   - Rotate after placement を選択した場合は、柱の挿入点を選択した後、回転角度を決めるようプロンプトが表示されます。

5. 必要に応じて、引き続き柱を配置します。

- 建築柱を使って作業している場合、*Modify | Place Structural Column* tab > Multiple panel に柱を配置するための以下の 2 つの追加オプションがあります。

    - 柱を通芯の交点に配置するには、(At Grids) をクリックし、通芯を選択します。柱は選択された通芯の交点のみに配置されます。
    - 構造柱を建築柱がある場所に配置するには (At Columns) をクリックし、建築柱を選択します。図 3–39 に示すように、構造柱は建築柱の中心に配置されます。

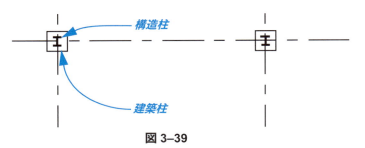

図 3–39

- 壁の中に配置された建築柱は、柱と壁の材料が一致している場合は自動的にクリーンアップされます。構造柱は、図 3–40 に示すように、囲まれる壁と同じ材料であっても独立したままです。

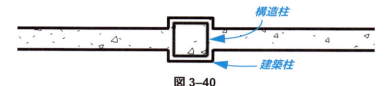

図 3–40

- 追加の建築柱のファミリにアクセスするには、*Modify | Place Column* tab > Mode panel で、（Load Family）をクリックします。図 3–41 の建築柱の例で示すように、Load Family ダイアログボックスで、ソフトのライブラリにある *Columns* フォルダに行きます。

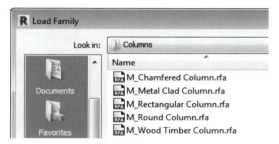

図 3–41

- 構造柱は、*Structural Columns* フォルダに材料のタイプごとに分けられています。*Concrete*、*Light Gauge Steel*、*Precast Concrete*、*Steel*、*Wood* が含まれます。

- 構造柱のファミリを開くと、図 3–42 に示すように、タイプのリストから選択するようにプロンプトが表示されます。2 つ以上を選択するには、<Ctrl> または <Shift> を押し続けます。

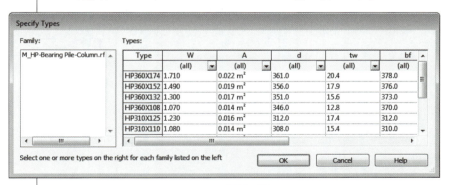

図 3–42

柱の編集

構造柱には追加のパラメータがあります。

- 図 3-43 に示すように、Properties で *Base Level* と *Top Level* を変更したり、それらのレベル面からのオフセット、またその他オプションの変更もできます。

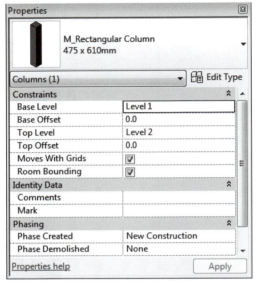

図 3-43

- 通芯や壁を消去しても、それらに配置された柱は消去されません。

- デフォルトでは、柱は近くにある通芯と一緒に移動しますが、別に動かすこともできます。柱（複数可）を選択し、Options Bar または Properties で **Move With Grids** を選択または解除し、その方法を変更します。

- *Modify | Column* tab > Modify Column panel（図 3-44 参照）で、柱の上端または下端を床、天井、屋根、参照面、構造フレームに接着したり、接着を解除することができます。

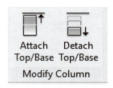

図 3-44

実習 3c 構造芯と柱を追加する

この実習の目標

- 構造芯を追加して編集します。
- 構造柱を追加します。

この実習では、インポートしたファイルの情報を利用して通芯を追加します。その後、図 3–45 に示すように、通芯に合わせて構造柱を追加し、柱の高さを編集します。

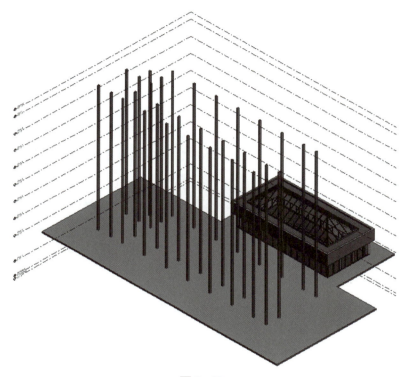

図 3–45

タスク 1– 構造芯を作成する

1. 実習ファイルのフォルダから、プロジェクト **Modern-Hotel-Grids-M.rvt** を開いてください。
2. **Floor Plans: Floor 1** のビューを開きます。

3. プール付きのリンクされた Revit ファイルを選択します。View Control で (Temporary Hide/Isolate) を展開し、**Hide Element** を選択します。

4. *Architecture* tab > Datum panel で (Grid) をクリックします。

5. *Modify | Place Grid* tab > Draw panel で、 (Pick Lines) をクリックします。

6. リンクファイルの左側にある 1 つ目の垂直の通芯を選択します。吹き出しの中をクリックし、**A** と入力して <Enter> を押します。

7. インポートファイルの垂直の通芯を、引き続き選択します。文字は自動的に順番に割り振られます。

8. 1 つ目の水平の通芯をクリックし、吹き出しの中の文字を **1** に変更します。

9. 水平の通芯を引き続き選択します。数字の値は自動的に増えていきます。

10. (Modify) をクリックします。

11. CAD ファイルを選択します。View Control Bar で (Temporary Hide / Isolate) を展開し、**Hide Element** を選択します。

12. 図 3–46 に示すように、通芯のみが表示されます。全ての通芯の長さを確認します。必要に応じて端部をドラッグし、長さを調整します。

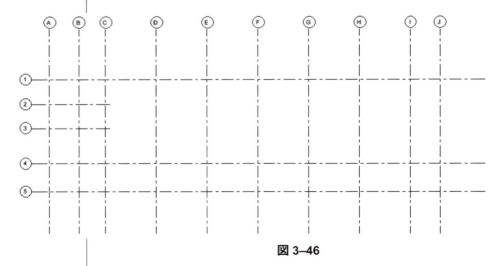

図 3–46

13. プロジェクトを保存します。

建築プロジェクトの開始

タスク 2 – 柱を追加する

1. *Architecture* tab > Build panel で (Structural Column) をクリックします。

2. Type Selector で、**M_Concrete-Square-Column: 300 x 300mm** を選択します。

3. Options Bar で *Depth* を **Height** に、*Height* を **Floor 2** に変更します。

   Options Bar で Height (Depth ではない) が選択されていることを確認します。

4. *Modify | Place Structural Column* tab > Multiple panel で (At Grids) をクリックします。

5. プロジェクト内の全ての水平、垂直の通芯を選択します。

   全ての通芯は、右から左にウィンドウで囲んで選択することができます。それ以外の全てのエレメントは自動的に除外されます。

6. *Modify | Place Structural Column > At Grid Intersection* Tab > Multiple panel で (Finish) をクリックします。

7. **Modify** コマンドに戻ります。

8. **A1**、**A2**、**A4**、**B1**、**B4** にある柱を消去します。図 3–47 に示すように、プロンプトが表示されます。

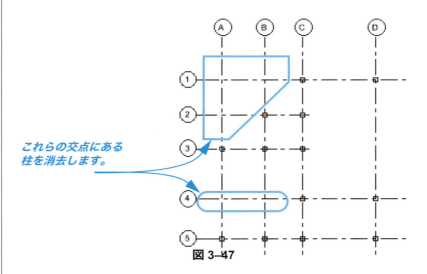

図 3–47

9. View Control Bar で、 (Temporary Hide / Isolate) を展開し、**Reset Temporary Hide/Isolate** を選択します。

10. プロジェクトを保存します。

Autodesk Revit 2019：建築の基本

タスク 3 – 柱を編集する

1. Quick Access Toolbar で、 (Default 3D View) をクリックします。図 3–48 に示すように、柱の高さは 2 階（Floor 2）までしか達していません。

リンクファイルは平面図ビューのみにリンクされているため、3D ビューでは表示されません。

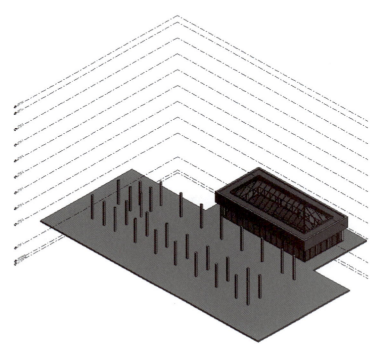

図 3–48

2. 全ての柱を選択します。1 つの柱を選択して右クリックをした後、**Select All Instances > Visible in View** を選択します。

3. Properties の Constraints エリアで、Base Level を **T.O. Footing** に、Top Level を **Roof** に変更します。**Apply** をクリックするか、またはビューウィンドウにカーソルを移動します。これで柱はフーチングの上端から屋根まで伸びました。

4. 画面の空白をクリックして、選択を解除します。

5. いくつかの平面図ビューを見て、通芯と柱が表示されていることを確認します。

必要に応じて ZA と入力し、ビューをズームで縮小表示します。

6. **3D** ビューに戻ります。

7. プロジェクトを保存します。

Chapter の復習

1. レベル面をプロジェクトに追加する際、どのタイプのビュー内にいる必要がありますか？
   a. 平面図ビュー以外のいずれか
   b. レベル面の追加はダイアログボックスで行うため、どのビューでもよい
   c. 3D ビュー以外のいずれか
   d. 断面図または立面図ビュー

2. 図 3–49 に示すように、異なる長さの通芯を揃えるにはどうしたらよいですか？

   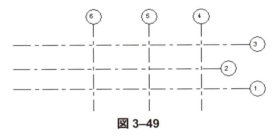

   図 3–49

   a. 共通する参照線に揃うように ≡ (Trim/Extend Multiple Elements) を使う。
   b. 通芯を選択し、ドラッグコントロールを使って他の通芯と揃うようにする。
   c. 通芯を選択し、右クリックして Auto-Align を選択する。
   d. Properties で Length を変更し、✥ (Move) を利用して適所に置く。

3. 柱（そのコマンドへのアクセスが図 3–50 に示されています）はどこに配置することができますか？

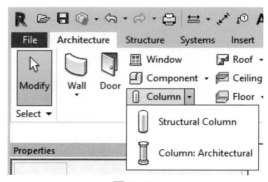

図 3–50

a. 柱は通芯上にのみ配置できる。

b. 建築柱はどこにでも配置できるが、構造柱は通芯上にのみ配置できる。

c. 柱の両タイプともどこにでも配置できる。

d. 通芯をもとにした柱タイプは通芯にのみ配置し、独立型の柱はどこにでも配置できる。

4. 以下の CAD フォーマットのうち、Autodesk Revit ソフトにインポート可能なものはどれですか？（該当するものを全て選択してください）

a. .DWG

b. .XLS

c. .SAT

d. .DGN

建築プロジェクトの開始

コマンド概要

アイコン	コマンド	場所
	At Columns	• **Ribbon**: *Modify	Place Structural Column* tab > Multiple panel
	At Grids	• **Ribbon**: *Modify	Place Structural Column* tab > Multiple panel
	Column	• **Ribbon**: *Architecture* tab > Build panel
	Column> Column: Architectural	• **Ribbon**: *Architecture* tab > Build panel で Column を展開
	Column> Structural Column	• **Ribbon**: *Architecture* tab > Build panel で、Column を展開
	Grid	• **Ribbon**: *Architecture* tab > Datum panel • **ショートカットキー**: GR
	Import CAD	• **Ribbon**: *Insert* tab > Import panel
	Level	• **Ribbon**: *Architecture* tab > Datum panel • **ショートカットキー**: LL
	Link CAD	• **Ribbon**: *Insert* tab > Link panel
	Link Revit	• **Ribbon**: *Insert* tab > Link panel
	Multi-Segment (Grid)	• **Ribbon**: *Modify	Place Grid* tab > Draw panel
	Propagate Extents	• **Ribbon**: *Modify	Grids* または *Modify	Levels* > Datum panel
	Temporary Hide/Isolate	• **View Control Bar**

© 2018, ASCENT - Center for Technical Knowledge®　　　　3–35　　133

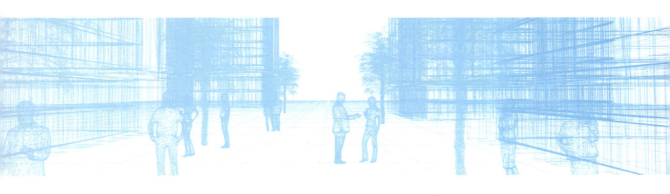

デザイン発展フェーズ

本学習ガイドの第 2 部は、Autodesk® Revit® ソフトにおいて利用可能なツールを使ったビルディングモデルの作り方の指導に重点を置きます。また、モデルを生成するのに必要なビューイングツールについても説明します。

このセクションは、以下の Chapter から構成されます。

- Chapter 4：壁のモデリング
- Chapter 5：扉と窓の取扱い
- Chapter 6：カーテンウォールの取扱い
- Chapter 7：ビューの取扱い
- Chapter 8：コンポーネントの追加
- Chapter 9：床のモデリング
- Chapter 10：天井のモデリング
- Chapter 11：屋根のモデリング
- Chapter 12：階段、手すり、傾斜路のモデリング

Chapter
4

壁のモデリング

壁は、建物の部屋を定義する主要なエレメントです。Autodesk® Revit® ソフトには、壁厚や材料が異なる多様なタイプの壁が含まれています。必要に応じて高さ、長さ、タイプを変更することができます。
壁を追加した後、壁によって定義されたエリアに部屋エレメントを追加することができます。

この Chapter の学習目標

- 特定の壁タイプを使って壁をモデリングします。
- 壁のタイプ、高さ、長さを変更して壁を編集します。
- 交点においてどのように壁が交わるかを定義します。
- 扉や窓が施工または設置されていない開口部を壁に追加します。
- 部屋の名前と番号を表示する部屋エレメントとタグを追加します。

© 2018, ASCENT - Center for Technical Knowledge®

4.1 壁をモデリングする

Autodesk® Revit® ソフトの壁は、平面上の単なる 2 本の線ではなく、高さ、厚み、材料を含む詳細な情報を蓄えた完全な 3D エレメントです。図 4–1 で示すように、このような壁は、2D ビューと 3D ビューの両方で活用され、積算の表とも連動しています。

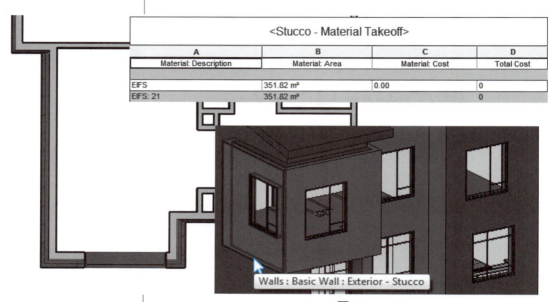

図 **4–1**

壁には大きく 3 つの分類があります。

- *Basic walls*：1 つ以上のレイヤー（ブロック、空隙、レンガなど）を含む複合壁です。

- *Curtain Walls*（カーテンウォール）：マリオンで仕切られたガラス張りの非耐力壁です。

- *Stacked walls*（重ね壁）：コンクリート壁の上のレンガ壁など、ある壁タイプの上に異なるタイプの壁が重ねられた壁です。

壁のモデリング

- 平面図で壁の中のハッチングを表示するには、図 4–2 に示すように、View Control Bar の *Detail Level* を **Medium** または **Fine** に設定します。

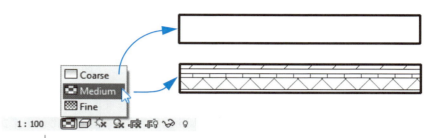

図 4–2

操作手順：壁をモデリングする

1. *Architecture* tab > Build panel で 📄（Wall）をクリックするか、または **WA** とショートカットキーを入力します。
2. 図 4–3 に示すように、Type Selector で壁タイプを選択します。

検索ボックスを利用すると特定のタイプの壁を素早く見つけることができます。

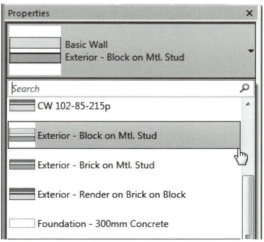

図 4–3

3. モデリングを始める前に、Options Bar（図 4–4 参照）で壁に関する以下の情報を指定します。

図 4–4

- *Height*：壁の高さを **Unconnected**（高さ指定を伴う）またはレベル面に設定します。
- *Location Line*：上記の図 4–4 に示すオプションを利用して壁の位置合わせをします。
- *Chain*：複数の連結された壁をモデリングすることができます。
- *Offset*：既存のエレメントからの距離を入力して、新しい壁を作ることができます。
- *Radius*：モデリングしながら、接続された壁に指定された半径のカーブを追加します。
- *Join Status*：自動の壁結合を可能または不可能にします。

4. *Modify | Place Wall* tab > Draw panel（図 4–5 参照）で、壁を作成するオプションを 1 つ選択します。

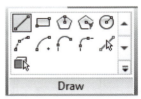

図 4–5

- 位置合わせ線、仮寸法、スナップを利用して壁を配置します。
- スケッチを作成している際に <Spacebar> を押すと、複合壁の方向を反転することができます。
- *Chain* オプションを実行しているときに <Esc> を押すと、Wall コマンドのまま、壁の連結を終わらせることができます。

壁のモデリング

4.2 壁を編集する

壁を編集するには複数の方法があります。図 4-6 に示すように、Type Selector で壁のタイプを変更し、Properties を編集したり、コントロールと形状ハンドルを使って壁の長さと方向を編集したり、仮寸法と確定寸法で 2D または 3D の壁の位置と長さを変更することができます。追加のツールを使って、壁結合を編集したり、壁の形状を編集したり、壁に開口部を追加することができます。

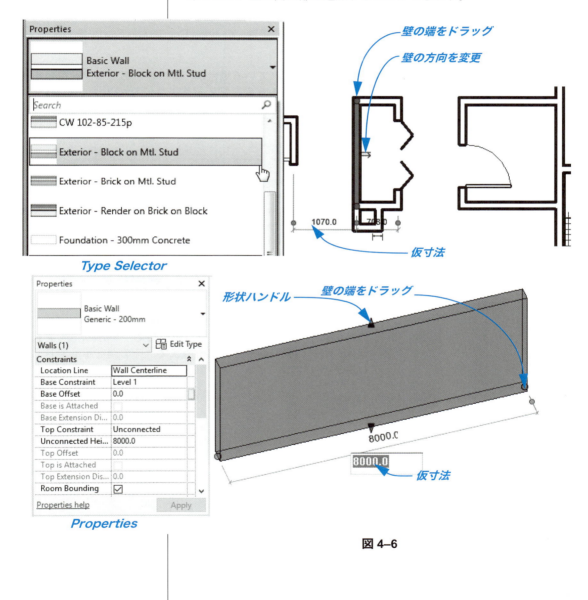

図 4-6

壁の結合

図4–7の左側に示すように、このソフトでは共通の材料が交わると自動的に結合します。しかし、1つの耐火壁が別の耐火壁に突き当たったり、図4–7の右側に示すように、壁が柱カバーに接触する場合など、壁をクリーンアップする必要がない場合もあります。

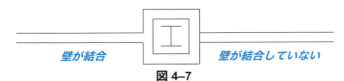

図 4–7

- 壁を作成している際は、Options Bar で *Join Status* を **Disallow** に変更します。

- 壁が既に配置されている場合は、壁の端にあるコントロールを右クリックし、図4–8の左側に示すように **Disallow Join** を選択します。壁の端の結合が解除されたら、図4–8の右側に示すように適切な位置までドラッグすることができます。

図 4–8

- 壁を再結合するには (Allow Join) をクリックするか、または壁の端にあるコントロールを右クリックして、**Allow Join** を選択します。目的の壁に接触させる位置まで、その壁を手動でドラッグします。

> **ヒント：細線を利用する**
>
> このソフトでは、図 4–9 の左側に示すように、線の太さが自動的にビューに適用されます。作業中のエレメントの線の太さが太すぎたり、不明瞭な場合は、line weights（線の太さ）をオフに切り替えます。Quick Access Toolbar または *View* tab > Graphics panel で、(Thin Lines) をクリックするか、または **TL** と入力します。図 4–9 の右側に示すように、線は同じ太さで表示されます。
>
>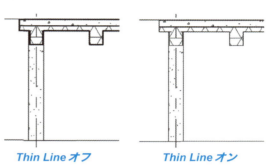
>
> *Thin Line オフ*　　　*Thin Line オン*
>
> 図 4–9
>
> - **Thin Line** 設定は、ソフトを終了して再起動した場合にも記憶されています。

壁の形状の編集

壁は多くの場合、図 4–10 に示すような階段の角度や敷地の等高線に沿って作られます。そのような場合、壁の形状を編集することができます。

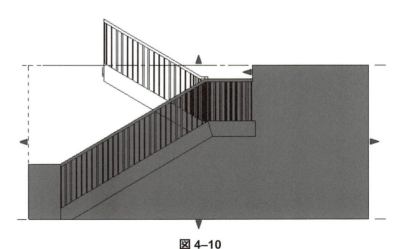

図 4–10

操作手順：壁の形状を編集する

1. 編集する壁面が表示された立面図または断面図のビューを開きます。
2. 壁を選択します（壁の境界をハイライト表示します）。
3. *Modify | Walls* tab > Mode panel で (Edit Profile) をクリックします。壁の輪郭がマゼンタ色で描かれて壁の形状が示されます。
4. *Modify | Walls* > *Edit Profile* tab > Draw panel で、図 4–11 の上側で示すように、ツールを使って壁の形状スケッチを編集します。
5. 形状が完成したら、 (Finish Edit Mode) をクリックします。図 4–11 の下側で示すように、壁は新しい形状に従って作成されます。

壁をダブルクリックして形状を編集することもできます。

スケッチは閉じた形でなくてはなりません。線に隙間や重なりがないことを確認します。Modify パネルにあるツールを使って、スケッチをクリーンアップします。

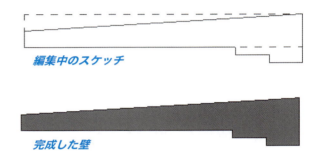

図 4–11

- 壁と壁の結合部の編集についての詳細は、*付録 B.2 壁結合部を編集する（P.543（B–5））* と *B.3 壁のスイープとリビール（P.545（B–7））* を参照してください。

壁の開口部

Wall Opening ツールを使って、壁に窓や扉以外の開口部を追加することができます。図 4–12 に示すように、このツールは直線または曲線の壁に長方形の開口部を作成します。

図 4–12

操作手順：壁に開口部を追加する

1. 立面図、断面図または 3D のビューを開いてください。
2. *Architecture* tab > Openings panel で　（Wall Opening）をクリックします。
3. 壁を選択します。
4. 対角線上の 2 点を選択し、開口部の大きさを決定します。

- 図 4–13 に示すように、コマンド実行中に仮寸法を利用して開口部の大きさを決定できます。開口部を選択している間は、仮寸法と形状ハンドルを使って開口部を編集することができます。

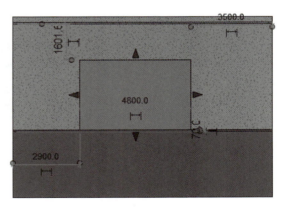

図 4–13

> **ヒント：プロパティを揃える**
>
> **Match Type** コマンドを使って、既存の壁を選択して他の壁に壁タイプやインスタンスプロパティを割り当てることができます。このコマンドは、タイプを持つ全てのエレメントで機能します。
>
> 1. *Modify* tab > Clipboard panel で （Match Type）をクリックするか、または **MA** と入力します。カーソルがペイントブラシ付きの矢印に変わります。
> 2. 他の全てのエレメントに割り当てるプロパティを持った元のエレメントを選択します。図 4–14 で示すように、ペイントブラシが黒色のペンキに浸したように変化します。
>
>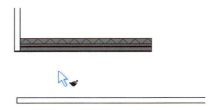
>
> 図 4–14
>
> 3. 2 つ以上のエレメントを選択するには、*Modify | Match Type* tab >Multiple panel で （Select Multiple）をクリックします。ウィンドウ、交差、<Ctrl> および <Shift> を使って、変更するエレメントの選択セットを作成できます。
> 4. 変更するエレメントを選択します。複数選択の場合は、 （Finish）をクリックして、その選択セットにタイプを適用します。
>
> - プロジェクト内の空白をクリックし、他のエレメントでコマンドを繰り返せるようにブラシを空にします。
>
> - プロパティを揃えるエレメント同士は同じタイプでなければなりません（例えば、壁は壁、扉は扉など）。

実習 4a

外皮をモデリングする

この実習の目標

- インポートした DWG ファイルの線をトレースして壁を追加します。
- カーテンウォールを追加します。

この実習では、プロジェクトの外皮を作成するために、カーテンウォールを含む外壁を追加します。壁の位置を確立するためにインポートしたファイルを利用します。完成したモデルは図 4–15 に示されています。

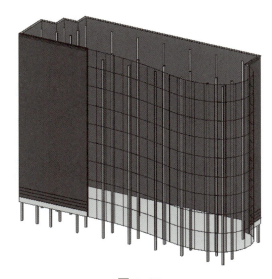

図 4–15

タスク 1 – 線を選択して壁を追加する

1. 実習ファイルのフォルダから、プロジェクト **Modern-Hotel-Walls-M.rvt** を開いてください。

2. **Floor Plans: Floor 1** のビューにいることを確認します。

3. View Control Bar で *Detail Level* を ▨（Medium）に設定します。この設定により、これから追加する複数の壁のレイヤを表示することができます。

4. *Architecture* tab > Build panel で 🛡 (Wall) をクリックします。

5. Type Selector で **Basic Wall: Exterior - Brick and CMU on MTL. Stud** を選択します。

6. Options Bar または Properties で、以下のオプションを設定または は確認します。

    - *Height* : **Parapet**
    - *Location Line* : **Finish Face：Exterior**
    - **Chain** を選択
    - *Join Status* : **Allow**
    - *Base Offset* : **0.0**
    - *Top Offset* : **0.0**

7. Draw panel で (Pick Lines) をクリックします。

8. 図 4–16 に示すように、インポートしたファイルの中から外壁を 1 つ選択します。点線が壁の内側に表示されるようにします。この壁は複合壁であり、レンガが外側に表示されるようにします。

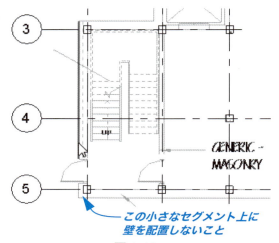

この小さなセグメント上に壁を配置しないこと

図 4–16

9. 建物の外周にある線を引き続き選択します。曲線のカーテンウォールの線は選択しないでください。

    - レンガが外側に出てこない場合は、(Flip) を使って壁面の向きを反転させます。

壁のモデリング

10. （Modify）をクリックします。

11. 建物の端部のいずれかの扉開口部において、扉の内側と外側に壁を追加しないでください。その代わりに、図 4–17 に示すように **Drag Wall End** コントロールを使って、開口部に渡って壁を伸ばします。交点は自動的にクリーンアップされます。

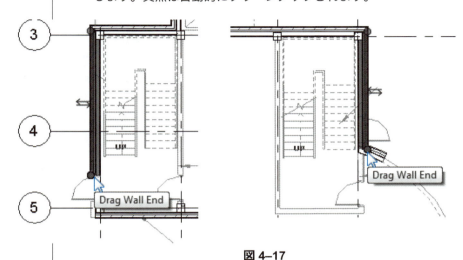

図 4–17

12. プロジェクトを保存します。

タスク 2 – 基本のカーテンウォールを追加する

1. （Wall）をクリックします。

2. Type Selector で **Curtain Wall: Exterior Glazing** を選択し、以下のプロパティを設定します。
   - *Base Constraint* : **Floor 1**
   - *Base Offset* : **0**
   - *Top Constraint* : **Up to level：Parapet**
   - *Top Offset* : **0**

   これによりカーテンウォールの上端が屋根レベル面の下にきます。

3. （Pick Lines）を使って 3 つの曲線を選択します。

4. **Modify** をクリックします。

5. Quick Access Toolbar で (3D View) をクリックします。

6. View Control Bar で、図 4–18 に示すように、カーテンウォールのガラスが見えるように *Visual Style* を (Consistent Colors) に設定します。

このビューを見やすくするため、柱は非表示になっています。

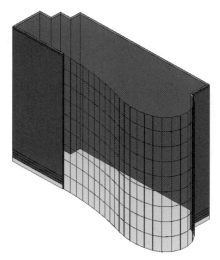

図 4–18

7. プロジェクトを保存します。

- 外壁にパラペットを追加するという付加的なタスクに関しては、*実習 4d（オプション）追加の壁をモデリングする* を参照してください。

実習 4b　内壁を追加する

この実習の目標

- 壁をモデリングし、編集します。
- **Align**、**Offset**、**Trim/Extend**、**Copy**、**Mirror** などの修正ツールを利用します。

この実習では、図 4–19 で示すように、1 階平面図に **Offset**、**Split Element**、**Trim**、**Align** を利用して内壁を作成します。

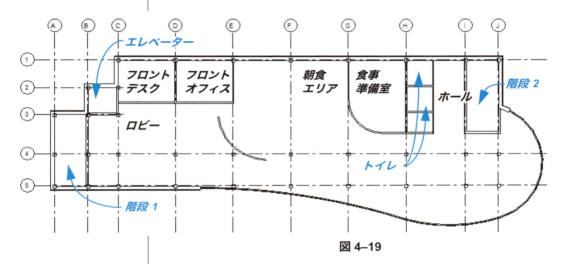

図 4–19

タスク 1 – 階段とエレベーター壁を追加し、位置合わせをする

1. 実習ファイルのフォルダから、プロジェクト **Modern-Hotel-Interior-Walls-M.rvt** を開いてください。
2. **Floor Plans: Floor 1** のビューを開きます。
3. 建物の左側の階段とエレベーターをズームで拡大表示します。
4. **Wall** コマンドを実行します。

5. Properties で以下のオプションを設定します。
   - *Wall Type* : **Basic Wall：Generic 225mm Masonry**
   - *Base Constraint* : **Basement**
   - *Base Offset* : **0.0**
   - *Top Constraint* : **Up to level：Roof**
   - *Top Offset* : **0.0**
   - **Chain** オプションを解除します。

6. 図 4–20 で示すように、階段とエレベーターの壁を描きます。柱間の壁を独立して描きます。

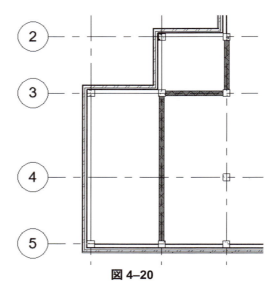

図 4–20

7. ▷ （Modify）をクリックします。

8. もう一つの階段へ画面移動します。**Chain** オプションは切り替えてオンにしますが、同じ壁タイプとその情報を利用して、図 4–21 で示すように壁を追加します。

必要に応じて Align コマンドを使い、壁が正しい位置にあることを確認します。

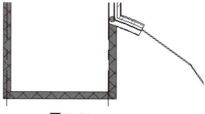

図 4–21

9. 建物全体の平面図が表示されるように、ズームで縮小表示します。

10. プロジェクトを保存します。

壁のモデリング

タスク 2 – フロントデスクとオフィスの壁を追加する

1. **Wall** コマンドを実行し、以下のプロパティを設定します。

    - *Wall type* : **Basic Wall：Interior - 138mm Partition (1-hr)**
    - *Height* : **Floor 2**
    - *Location Line* : **Wall Centerline**
    - *Top Offset* : （マイナス）**-300mm**

Top Offset を負の数値に設定すると、上の階のスペースが確保されます。

2. 図 4–22 で示すように壁を描きます。

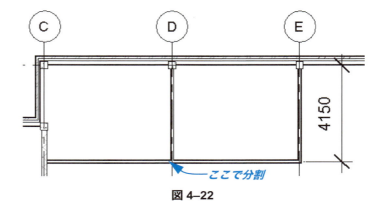

図 4–22

3. *Modify I Place Wall* tab > Modify panel で （Split Element）をクリックします。

4. 図 4–22 で示す点の位置で水平壁をクリックします。

5. （Modify）をクリックし、左側にある壁を選択します。*Top Constraint* を **Unconnected**、*Unconnected Height* を **1220mm** に変更します。これがフロントデスクの棚のベースになります。

6. 図 4–23 で示すように、低い壁が高い壁に対してドン付けになるように低い壁を編集します。

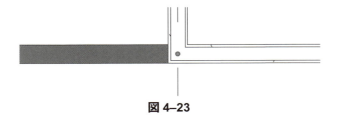

図 4–23

詳細が見やすくなるように、Quick Access Toolbar で (Thin Lines)をクリックします。

Autodesk Revit 2019：建築の基本

タスク 3 – 付室壁を追加する

1. もう一つの階段室へ画面移動し、図 4–24 で示すように壁を追加します。他のメインの内壁と同じ壁タイプとプロパティを使います。

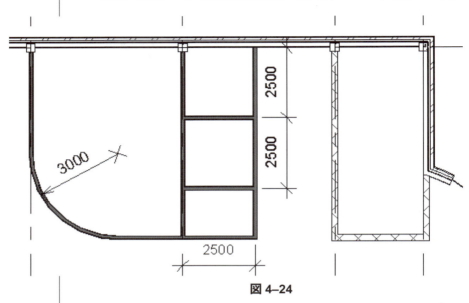

図 4–24

Offset コマンドを使うと、外壁の複製が作成されます。

- トイレの壁を追加する際は、**Wall** コマンドを使って *Offset* を（マイナス）**-2500mm** に設定します。その後、外壁を基準にして新たな壁を描きます。

- （Align）を使って、低い壁の前面と階段室の壁の前面が揃うようにします。

- 曲線の壁を作成するには、まず 2 つの直線の壁を追加します。（Fillet Arc）をクリックし、*Fillet radius* を **3000mm** に設定し、2 つの壁を選択して角に円弧を作成します。

- 壁が正しい位置にくるように、必要に応じて（Trim/Extend to Corner）、（Trim/Extend Single）、（Trim/Extend Multiple）を使います。

2. ズームで縮小表示し、図 4–25 で示すように、ロビーと朝食エリアを分ける高さ **2500mm** の曲線壁を、同じ内壁タイプを利用して作成します。

正確な大きさと位置は問いませんが、両側に人が通れるだけの空間を確保します。

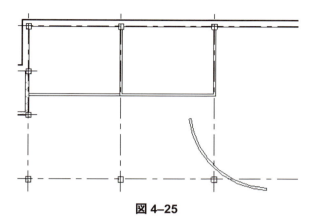

図 **4–25**

3. ズームで縮小表示し、プロジェクトを保存します。

- 壁に関する追加の実習は、*実習 4d（オプション）追加の壁をモデリングする* で取り扱います。

4.3 部屋エレメントを追加する

部屋エレメントは、部屋の名前や番号にとって、また部屋情報を集計表に追加する上で重要なものです。壁または部屋分割線で区切られた空間（図 4–26 参照）の中であれば、どこにでも部屋エレメントを配置することができます。部屋分割線を使ってオープンスペースをいくつかの部屋に分割することができます。

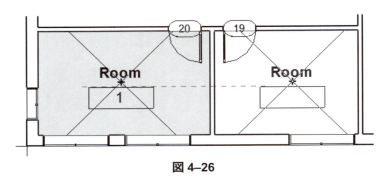

図 4–26

操作手順：部屋を追加する

1. *Architecture* tab > Room & Area panel で （Room）をクリックするか、または **RM** と入力します。
2. 壁の境界の中にカーソルを動かし、クリックして部屋エレメントを配置します。**Tag on Placement** がアクティブであれば、選択した点にタグも配置されます。
3. 境界内でクリックを続け、他の部屋を追加します。

- 複数の部屋を一度に追加するには、*Modify | Place Room* Tab > Room panel で （Place Rooms Automatically）をクリックします。まだ部屋がない全ての境界エリア内に部屋が追加されます。

- 部屋は、*Room* というデフォルトの名前で挿入されます。番号は部屋が配置される都度、自動的に数字が増えていきます。階の最初の部屋を選択し、必要に応じて数字を変更し、その後残りの部屋の位置を追加します。

- 部屋を選択するには、部屋タグ付近の上にカーソルを合わせると、図 4–27 で示すように部屋エレメントがハイライト表示されます。

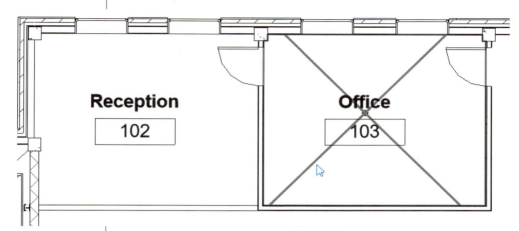

図 4–27

- 複数の部屋の名前を同じ名前に変更するには、部屋エレメントを選択し、Properties の *Name* parameter を図 4–28 で示すように変更します。

図 4–28

- 仕上げなどの他の情報も部屋の Properties に追加することができます。この情報は集計表で確認することができます。

Autodesk Revit 2019：建築の基本

> **ヒント：部屋を可視化する**
>
> ビュー内で部屋が見えない場合は、Visibility/Graphic Overrides ダイアログボックスで **Rooms** を展開し、図 4–29 で示すように **Interior Fill** と（または）**Reference** を選択します。
>
>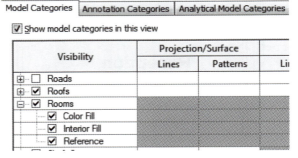
>
> 図 4–29
>
> - カラースキーム（色分け）がビューに適用されていれば、Color Fill（色の塗り潰し）が使用されます。

操作手順：部屋分割線を追加する

1. *Architecture* tab > Room & Area panel で (Room Separator) をクリックします。
2. Draw ツールを使って、部屋を分割する線を配置します。
3. 図 4–30 で示すように、部屋分割線を作成した後、**Room** コマンドを使って部屋を追加します。

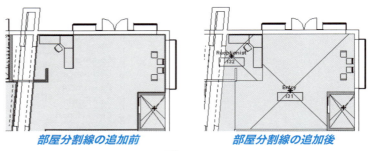

部屋分割線の追加前　　　　　　　*部屋分割線の追加後*

図 4–30

実習 4c 部屋エレメントを追加する

この実習の目標

- 部屋を表示するビューを設定します。
- 部屋と部屋分割線を追加します。

この実習では、モデルに部屋を追加します。タグと Properties を使って部屋の名前と番号を変更します。
図 4–31 で示すように、部屋分割線を追加して大きなオープンスペースを分割します。

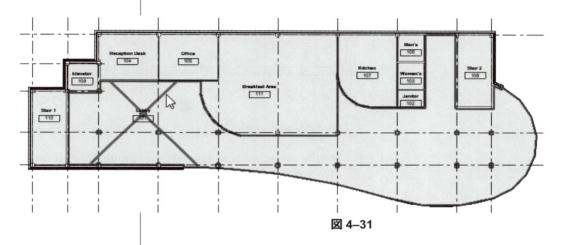

図 4–31

タスク 1 – 部屋と部屋タグを追加する

1. プロジェクト **Modern-Hotel-Rooms-M.rvt** を開いてください。

2. **Floor Plans: Floor 1 – Rooms** のビューを開きます。このビューでは部屋エレメントが有効になっているため、部屋エレメントを作成しながら見ることができます。

3. *Architecture* tab > Room & Area panel で (Room) をクリックします。

4. *Modify | Place Room* tab > Tag panel で (Tag on Placement) が選択されていることを確認します。

5. ロビーエリア内に部屋エレメントを配置します。

6. 部屋タグをズームで拡大表示します。

Autodesk Revit 2019：建築の基本

7. **Modify** をクリックします。タグをクリックし、図 4–32 で示すように部屋の名前を **Lobby** に、番号を **101** に変更します。画面の空白をクリックし、コマンドを終了します。

この最初の部屋の番号を変更すると、その後の番号が正しく増えていきます。

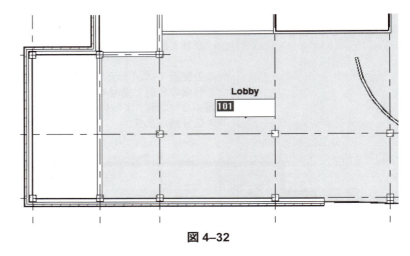

図 4–32

8. ズームで縮小表示し、**Room** コマンドを再度実行します。

9. *Modify | Place Room* tab > Room panel で ▨ （Place Rooms Automatically）をクリックします。図 4–33 で示すように、残りの部屋が追加されます。ダイアログボックスで **Close** をクリックします。

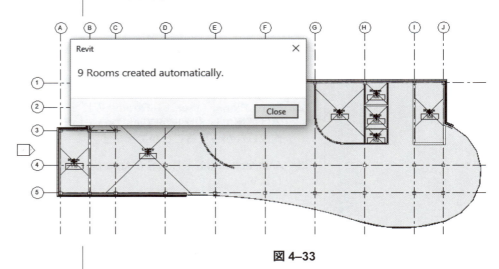

図 4–33

10. ホテル入口の真裏にある部屋（部屋タグではない）を選択します。

11. Properties の *Identity Data* エリアで、*Number* が自動的に増えることに留意します。名前を **Reception Desk**（図 4–34 参照）に設定し、**Apply** をクリックします。

この例と部屋番号が異なる場合があります。

Identity Data	
Number	104
Name	Reception Desk
Image	
Comments	
Occupancy	
Department	
Base Finish	
Ceiling Finish	

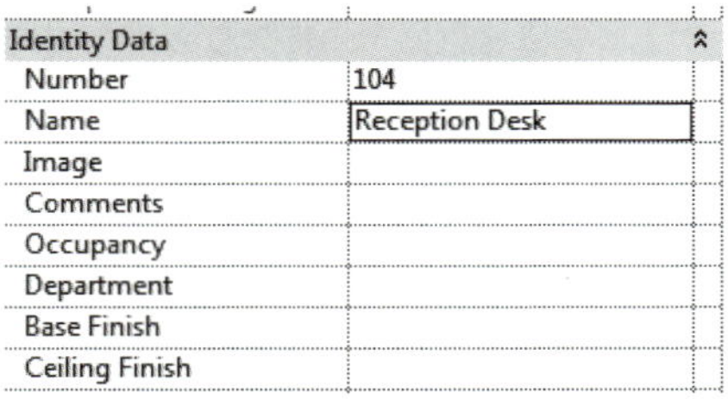

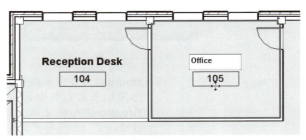

図 4–34

12. Reception Desk エリアをズームで拡大表示し、図 4–35 で示すように更新されたタグを確認します。

13. 図 4–35 で示すように、隣の部屋タグをクリックし、名前を **Office** に変更します。

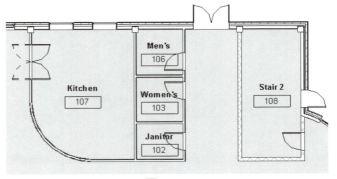

図 4–35

14. タグを使用して、または Properties で部屋を選択して、残りの部屋の名前を変更します。図 4–36 でいくつかの例が示されています。

図 4–36

15. プロジェクトを保存します。

タスク 2 – 部屋分割線と付加的な部屋を追加する

1. *Architecture* tab > Room & Area panel で、(Room Separator) をクリックします。

2. 図 4–37 で示すように、朝食エリアをメインのロビーから分けるための部屋分割線を描きます。

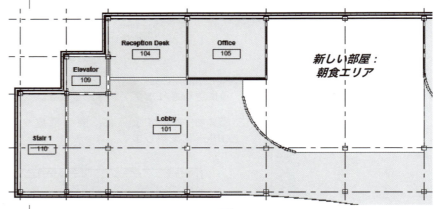

図 4–37

3. **Room** コマンドを実行し、**Tag on Placement** がオンに切り替わっていることを確認します。Properties の *Name* フィールドで **Breakfast Area** と入力し、図 4–37 で示した位置に部屋を配置します。

4. 必要に応じてタグを移動します。

    - タグを部屋の外に移動する場合は、**Leader** をオンに切り替えます。切り替えない場合は、タグは部屋から切り離されます。

5. プロジェクトを保存します。

実習 4d （オプション）追加の壁をモデリングする

時間が許す場合は、図 4–38 で示すようにカーテンウォールの上にパラペットを追加し、さらに 2 階、地下、フーチングに壁を追加します。

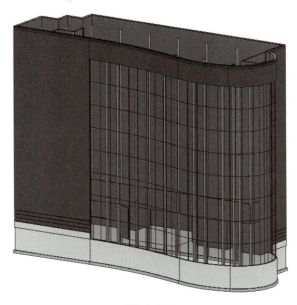

図 4–38

タスク 1 – パラペットを追加する

1. **Modern-Hotel-Additional-Walls.rvt** を開いてください。

2. **Floor Plans: Roof** のビューを開きます。

3. 3 つのカーテンウォールを選択します。

4. Properties で、*Top Constraint* を **Up to Level: Roof** に、*Top Offset* を（マイナス）**-1850** に設定します。

5. View Control Bar で、*Detail Level* を ▨ (Medium) に設定して壁のレイヤを表示します。

Autodesk Revit 2019：建築の基本

壁によっては自動的にクリーンアップしようとする際に問題を起こす場合があります。Join を無効にすることで問題が解決します。

6. J 通り上の建物の北東側角にある曲線状の小さな壁の断片を選択します。図 4–39 で示すように、右端点のグリップを右クリックして、Disallow Join を選択します。

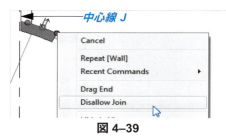

図 4–39

7. D5 通りの交点近くのカーテンウォールに接続するもう片方の壁に対して、この手順を繰り返します。

8. Wall コマンドを実行します。

9. Type Selector で Basic Wall: Exterior - Brick on MTL. Stud - parapet. を選択し、以下のプロパティを設定します。

- Base Constraint：Roof
- Base Offset：（マイナス）-1850mm
- Top Constraint：Up to level：Parapet
- Top Offset：0.0

10. Draw パネルで (Pick Lines) をクリックします。中央の曲線状のカーテンウォールの上にカーソルを合わせ、図 4–40 で示すように、カーテンウォールの参照が表示されるまで <Tab> を押し、クリックして壁を配置します。

カーテンウォールのパネルではなく、カーテンウォールのメインの線またはグリッド線を選択するようにします。

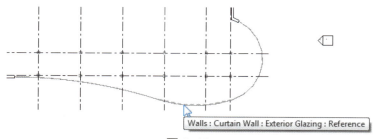

図 4–40

11. Modify | Place Wall tab > Draw panel で (Start-End-Radius Arc) をクリックします。

12. 図 4–41 に示す順番で点を選択します。円弧上の Tangent 点を選択する前に端点を選択するようにします。

壁のモデリング

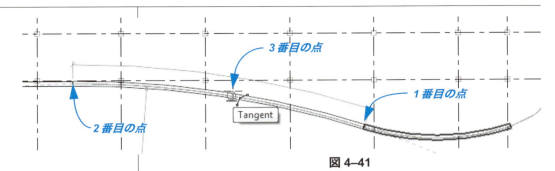

図 4–41

- カーテンウォールの中心線がメインの壁からわずかにオフセットした位置にあるため、このように壁を作ることでいくつかの問題が解決されます。
- Wall Sweep（壁のスイープ）について警告が表示された場合は、無視しても大丈夫です。

13. 同じ方法をもう片方の円弧でも繰り返します。まず小さな壁の端点から始め、曲線壁の端点、そして最後に Tangent 点の順に行います。

14. (Modify) をクリックします。

15. **ZA** と入力して、平面図全体を表示します。

16. 3D ビューに戻ります。図 4–42 で示すように、カーテンウォール上に新たなパラペットが表示されます。

ビューを見やすくするため、柱は非表示にされています。

図 4–42

17. プロジェクトを保存します。

タスク 2 – 基準客室階の壁を追加する

1. **Floor Plans: Floor 2** のビューを開いてください。ビューには、プロジェクトで作成された壁とリンクされた 2 階の図面が表示されています。

2. 図 4–43 で示すように、客室の壁を以下の設定で追加します。
    - *Wall type* : **Interior - 138mm Partition (1-hr)**
    - *Height* : **Floor 3**
    - *Top Offset* :（マイナス）**- 300mm**
    - 垂直壁の中心を通芯に揃えます。
    - 全ての扉開口部を無視します。
    - 一度 1 つの客室のレイアウトをモデリングすれば、 (Copy) と (Mirror) を使って壁を複製することができます。

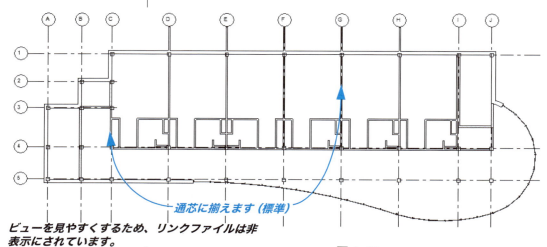

ビューを見やすくするため、リンクファイルは非表示にされています。

図 4–43

3. **Floor Plans: Floor 1** のビューに戻ります。

タスク 3 – 地下の壁を追加する

1. **Floor Plans: T.O. Footing** のビューを開いてください。このビューでは柱芯はオフに切り替えられ、柱の配置場所が分かるように Floor 1 が下敷き表示されます。

2. *Architecture* tab > Build panel で (Wall) をクリックします。

壁のモデリング

3. Properties で以下のオプションを設定します（必要に応じて拘束をリセットします）。
   - Wall type : **Basic Wall: Generic - 225mm Masonry**
   - Location Line : **Core Centerline**
   - Base Constraint : **T.O. Footing**
   - Base Offset : **0.0**
   - Top Constraint : **Up to Level: Floor 1**
   - Top Offset : **0.0**

4. 図 4–44 で示すように壁を作成します。

図 4–44

壁の上にカーソルを合わせ、中心線が表示されるまで <Tab> を押します。

- （Pick Lines）を使って、外壁とカーテンウォールのコア材の中心線を選択します。
- 内壁を追加するために階段室をズームで拡大表示し、**Align** と他のツールを使って壁を正しい位置に配置します。

5. （Modify）をクリックします。

6. プロジェクトを保存します。

タスク 4 – 壁にフーチングを追加する

1. （Wall）をクリックします。

2. Properties または Options Bar で以下のオプションを設定します。
   - Wall type : **Basic Wall: Generic - 600mm Concrete**
   - Location Line : **Core Centerline**
   - Base Constraint : **T.O. Footing**
   - Base Offset : （マイナス）**- 450mm**
   - Top Constraint : **Up to Level: T.O.Footing**
   - Top Offset : **0.0**

コア材の中心線を強調するには、ズームで拡大表示をする必要があるかもしれません。

3. （Pick Line）をクリックし、全ての基礎壁のコア材の中心線を選択します。図 4–45 で示すように、壁のフーチングが表示されます。後で柱のフーチングを追加します。

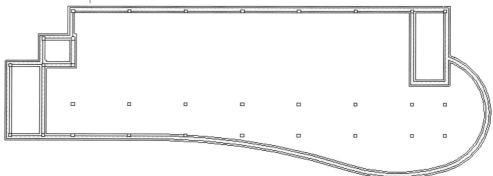

図 4–45

4. プロジェクトを保存します。

Chapterの復習

1. 壁をモデリングする前にどこで高さを指定しますか？

    a. *Modify | Place Wall* タブにて

    b. Options Bar にて

    c. Status Bar にて

    d. Quick Access Toolbar にて

2. 図 4–46 の下側で示すように、レンガ、ブロック、ボード壁のように複数の材料のレイヤから成る壁があります。これらの材料のハッチングが表示されていない場合（図 4–46 の上側参照）、どのように表示を変更しますか？

    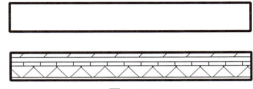

    図 4–46

    a. *Visual Style* を **Realistic** に設定する。

    b. *Detail Level* を **Medium** に設定する。

    c. *View Scale* を高く設定する。

    d. *Phase* を **New** に設定する。

3. 以下のツールのうち、スタッドとレンガでできている壁をコンクリートのものに変更することができるのはどれですか？

    a. Properties

    b. Change Wall

    c. Type Selector

    d. Edit Wall

4. 図 4–47 で示されている番号と以下のコントロールを一致させてください。

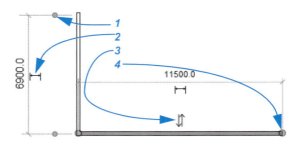

図 4–47

コントロール	番号
Drag wall end（壁の端部をドラッグ）	
Flip（反転）	
Move witness line（補助線を移動）	
Make this temporary dimension permanent（仮寸法を確定寸法にする）	

5. 図 4–48 で示す柱の周囲の壁と付属の壁との違いとして考えられるものは、以下のうちどれですか？（該当するものを全て選択してください）

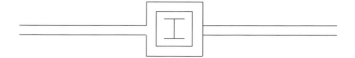

図 4–48

a. 柱の周囲の壁と左側にある壁は同じ壁タイプでできているが、右側にあるものは違う壁タイプでできている。

b. 左側にある壁は柱の周囲の壁と結合され、右側にある壁は Disallow Join に設定されている。

c. 左側にある壁は柱の周囲の壁からトリムされたものである。

d. 右側にある壁は柱の周囲の壁に延長されたものである。

6. 次のうち、壁の上端の拘束を Unconnected height（非連結の高さ）からレベル面に変更したら何が起こりますか？

    a. そのタイプの全ての壁の高さが変わる。

    b. その壁のみ高さが変わる。

7. 図 4–49 で示すように同じ名前の部屋を追加したい場合は、それぞれ分けて編集する必要があります。

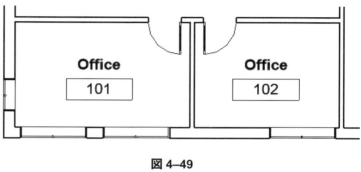

図 4–49

    a. 正しい
    b. 間違っている

Autodesk Revit 2019：建築の基本

コマンド概要

アイコン	コマンド	場所
	Detail Level: Coarse	• **View Control Bar**
	Detail Level: Fine	• **View Control Bar**
	Detail Level: Medium	• **View Control Bar**
	Edit Profile	• **Ribbon**：（壁が選択されている場合） • *Modify | Walls* tab > Mode panel
	Match Type	• **Ribbon**: *Modify* tab > Clipboard panel • **ショートカットキー**：MA
	Properties	• **Ribbon**: *Modify* tab > Properties panel • **ショートカットキー**：PP
N/A	**Type Selector**	• **Properties palette** • **Ribbon**: *Modify* tab（オプション） • **Quick Access Toolbar**（オプション）
	Wall	• **Ribbon**: *Architecture* tab > Build panel
	Wall Opening	• **Ribbon**: *Architecture* tab > Opening panel
	Room	• **Ribbon**: *Architecture* tab > Room & Area panel • **ショートカットキー**：RM
	Room Separator	• **Ribbon**: *Architecture* tab > Room & Area panel

© 2018, ASCENT - Center for Technical Knowledge®

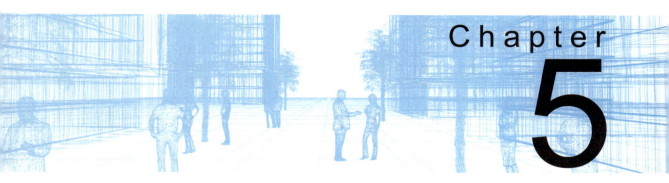

Chapter 5

扉と窓の取扱い

扉と窓は、壁の中に配置されるホストエレメントです。Autodesk® Revit® ライブラリには多くの種類の扉と窓があり、デザイン要件に合わせて、ソフトに付いてくるファミリタイプから簡単に追加のサイズを作成することができます。

この Chapter の学習目標

- 壁に扉と窓を挿入します。
- 集計表で参照できる扉と窓の位置とプロパティを編集します。
- ライブラリから追加の扉と窓を読み込みます。
- 選択した扉と窓のタイプから追加のサイズを作成します。

5.1 扉と窓を挿入する

Autodesk Revit ソフトの扉と窓は、壁にホストされるようにデザインされています。仮寸法（図 5–1 参照）、位置合わせ線、スナップを利用して、開口部を置きたい位置に正確に配置することができます。

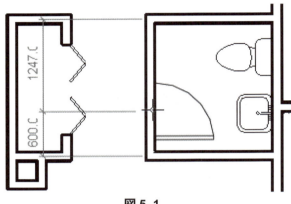

図 5–1

操作手順：扉と窓を追加する

1. *Architecture* tab > Build panel で （Door）または （Window）をクリックします。それぞれのショートカットキーは、扉に関しては **DR**、窓に関しては **WN** です。

2. 各扉または窓と一緒にタグを挿入するには、 （Tag on Placement）がオンに切り替わっていることを確認します。図 5–2 で示すように、Options Bar でタグオプションを指定することができます。

図 5–2

3. Type Selector で、必要な扉または窓のタイプを選択します。

4. 扉または窓を配置する壁を選択します。
   - 扉の開きを変更するには、配置する前に <Spacebar> を押します。

5. 必要に応じて、扉と窓を引き続き追加します。

扉と窓の取扱い

- 扉または窓を配置や編集する際は、図 5–3 で示すように、仮寸法および **Flip the instance facing** と **Flip the instance hand** のコントロールを使い、扉の開きや吊り元を変えるなどして、エレメントを調整することができます。
  窓の場合は、同じテクニックを使って内外を反転させることができます。

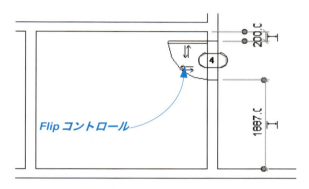

図 5–3

- 窓のタグが含まれている場合は、タグが外に配置されるように、窓を挿入する時に壁の外側よりの位置を選択します。

- 扉または窓のタグを移動するには、タグを選択します。図 5–4 で示すように、タグを新しい位置にドラッグするためのコントロールが表示されます。

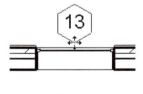

図 5–4

扉と窓のプロパティを編集する

扉または窓のタイプによって、ほとんどの Properties が制御されます。プロパティ情報を変更するには、Type Selector のタイプを変更します。連動する集計表で特定の扉または窓に影響する Instance Parameters（図 5–5 参照）を変更することもできます。Instance Parameters には Swing Angle（開き角度）、Masonry（組積造用）または Drywall Frame（ボード用の枠）などが含まれます。

Properties は厳密には、選択された扉または窓によって異なります。

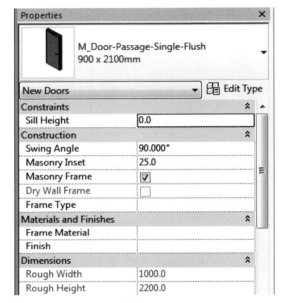

図 5–5

扉と窓の取扱い

ヒント：エレメントをレベル面にコピーする

Windowsの標準コマンドである ✂ (Cut または <Ctrl>+<X>)、📋 (Copy To Clipboard または <Ctrl>+<C>) そして 📋 (Paste FromClipboard または <Ctrl>+<V>) は、Autodesk Revit ソフトでも他の Windows に互換性のあるソフトと同様に機能します。これらのコマンドはショートカットメニューではなく、*Modify* tab > Clipboard panel から利用できます。

このソフトでは、図 5–6 で示すように、様々なビューやレベル面に揃えてエレメントを貼り付けることもできます。

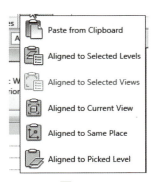

図 5–6

- **Aligned to Selected Levels**：アイテムをコピーするレベル面を選択するためのダイアログボックスを開きます。これにより、1つのレベル面でアイテムをコピーし、別のレベル面の同じ位置に貼り付けることができます（高層ビルの窓など）。

- **Aligned to Selected Views**：ダイアログボックスで選択したビューに、ビュー固有のエレメント（テキストや寸法など）をコピーします。平面図または天井伏図のみで利用可能です。

- **Aligned to Current View**：1つのビューでコピーされたエレメントを、別のビューの同じ位置に貼り付けます。

- **Aligned to Same Place**：同じビューの同じ位置にエレメントを貼り付けます。

- **Aligned to Picked Level**：立面図または断面図ビューで選択したレベル面にエレメントを貼り付けます。

Autodesk Revit 2019：建築の基本

実習 5a 扉と窓を挿入する

この実習の目標

- 扉と窓を追加します。
- 複数のレベル面にエレメントをコピーします。

この実習では、図 5–7 の Floor 1 で示すように、モデルに扉と窓を追加します。コントロールと仮寸法を利用すると、扉と窓を配置しやすくなります。また、窓を複数のレベル面へコピーします。

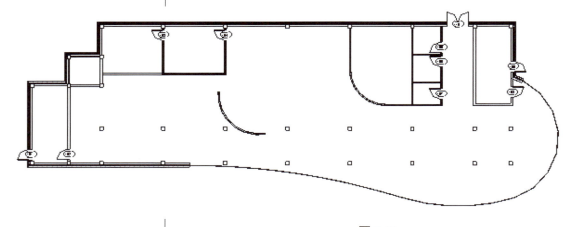

図 5–7

タスク 1 – 扉を追加する

1. 実習ファイルのフォルダから、プロジェクト **Modern-Hotel-Doors-M.rvt** を開いてください。

2. **Floor Plans: Floor 1** のビューを開きます。

3. *Architecture* tab > Build panel で （Door）をクリックします。

4. Type Selector で **M_Single-Flush: 0915 x 2134mm** を選択します。

5. *Modify | Place Door* tab > Tag panel で （Tag on Placement）が有効になっていることを確認します。

178　5–6　　　　　　　　　　　　© 2018, ASCENT - Center for Technical Knowledge®

6. 図 5–8 で示すように、建物の左下のコーナー近くに扉を配置します。フリップ矢印を使って扉が正しい方向に開くようにし、仮寸法を使って壁の中の正しい位置に配置されるようにします。タグをクリックして、番号を **101** に変更します。

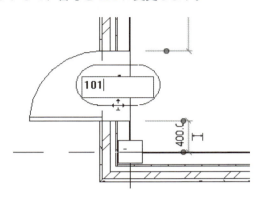

図 5–8

7. 図 5–9 で示したのと同様の位置に、片開きのフラッシュドアを引き続き追加します。同じ扉タイプを使います。タグの番号は自動的に増えていきます。

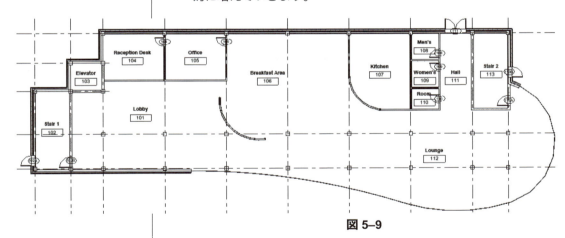

図 5–9

8. (Modify) をクリックして、2 組の階段室の扉を選択します（建物左側にある 2 つの扉と右側にある 2 つの扉）。

    - 複数のカテゴリを選択した場合は、 (Filter) を使って扉のみを選択します。

9. Type Selector で **M_Single-Flush Vision: 0915 x 2032mm** を選択します。

10. Stair 2 と Hall のエリアにある、建物の右上のコーナーをズームで拡大表示します。

11. （Door）をクリックし、Type Selector で **M_Double- Glass 1: 1830 x 2134mm** を選択します。

12. 図 5–10 で示すように、外部へ向かうホールの突き当たりに扉を配置します。

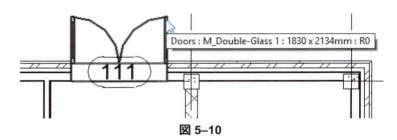

図 5–10

13. ズームで縮小表示して、平面図全体を確認します。

14. 任意で、図 5–11 に示したパターンと同様の部屋番号に合うように、または社内標準があればそれを用いて、扉番号を編集します。

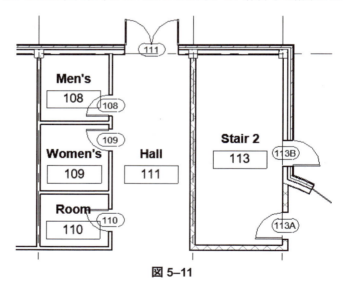

図 5–11

15. プロジェクトを保存します。

タスク 2 – 窓を追加し、等間隔に配置する

1. **Floor Plans: Floor 2** のビューを開いてください。

扉と窓の取扱い

2. リンクされた CAD ファイルはまだこのビューでも表示されています。CAD ファイルを選択し、Status Bar で ❀（Temporary Hide/Isolate）> **Hide Elements** をクリックします。

3. *Architecture* tab > Build panel で ▦ （Window）をクリックします。

4. *Modify | Place Window* tab > Tag panel で ⌐① （Tag on Placement）がオンに切り替わっていることを確認します。

5. Type Selector で **M_Casement 3x3 with Trim: 1220 x 1220mm** を選択します。

6. 図 5–12 で示すように、Stair 1 の近くに窓を追加します。図 5–12 で示すように、仮寸法を使って通芯から **790mm** になるように移動します。壁ではなく通芯を参照するように、補助線を移動する必要があるかもしれません。

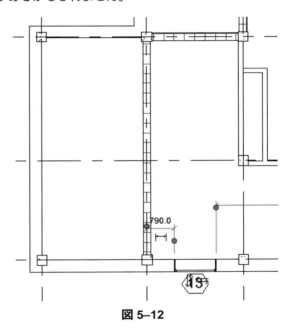

図 5–12

7. **Modify** をクリックし、窓と窓タグを選択します。

8. *Modify | Windows* tab > Modify panel で (Copy) をクリックします。

9. Options Bar で **Multiple** を選択します。

10. 移動の始点として窓上で点を選択します。

11. カーソルを右に動かし、間隔を **2600** と入力します。新しい窓を過ぎるまでカーソルを動かし、再び **2600** を入力します。図 5–13 で示すように、カーソルを最後にもう一度だけ動かし、**2600** を入力します。これにより 4 つの等間隔の窓が作成されました。

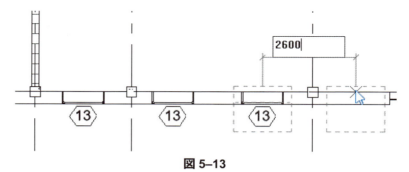

図 5–13

12. プロジェクトを保存します。

タスク 3 – 窓を複数のレベル面にコピーする

1. 3D ビューを開き、窓の設置された建物正面が表示されていることを確認します。

2. <Ctrl> を押しながら 1 つずつ窓を選択する方法で、4 つの全ての窓を選択します。

3. *Modify | Windows* tab > Clipboard panel で (Copy to Clipboard) をクリックします。

4. Clipboard パネルで (Paste) を展開し、(Aligned to Selected Levels) をクリックします。

扉と窓の取扱い

5. 図 5–14 で示すように、Select Levels ダイアログボックスで **Floor 3** と **Floor 8** を含むその間の全ての階を選択します。

図 5–14

6. **OK** をクリックします。図 5–15 で示すように、ファサードの左面に窓がコピーされます。

ストアフロントのカーテンウォールを利用して、追加の扉と壁が配置されます。

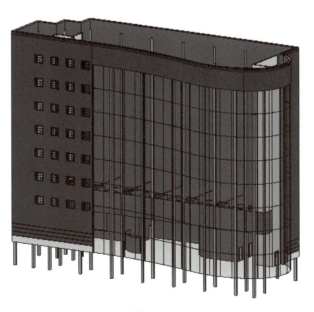

図 5–15

7. プロジェクトを保存します。

5.2 ライブラリから扉と窓のタイプを読み込む

図 5–16 で示すように、Autodesk Revit ライブラリには多様な扉と窓のスタイルがあります。これらは、.RFA の拡張子付きで *Family* ファイルとしてグループ化されています。例えば、**M_Door-Double-Glass.rfa** ファミリを読み込む際、この扉の多様なサイズの中からプロジェクトで使うサイズを選択することができます。

- このプロセスは全てのタイプのファミリを読み込んだ際と同じです。

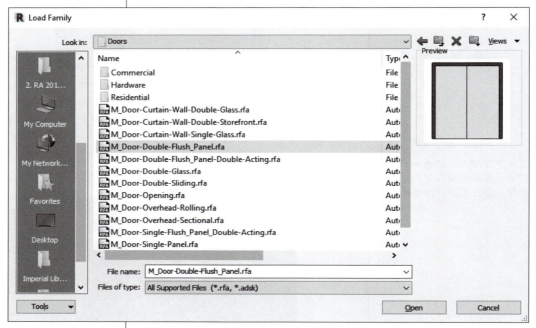

図 5–16

操作手順：ファミリを読み込む

1. *Insert* tab > Load from Library panel で　(Load Family) をクリックします。または別の方法として、**Door** や **Window** などファミリベースのコマンドを実行し、*Modify | contextual* tab > Mode panel で　(Load Family) をクリックします。
2. Load Family ダイアログボックスで、読み込むファミリが含まれたフォルダまで行き、ファミリを選択します。
3. **Open** をクリックします。
4. 図 5–17 の扉の例で示すように、ファミリによっては Specify Types ダイアログボックスが表示されます。プロジェクトで使用するタイプを選択し、**OK** をクリックします。

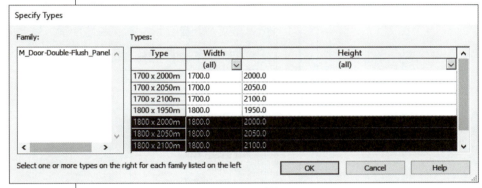

図 5–17

- 2つ以上のタイプを選択するには、<Ctrl> を押しながら選択します。
- 列の下のドロップダウンリストを使って、サイズをフィルタにかけます。

5. 一度ファミリが読み込まれたら、Type Selector で使用するタイプを選択します。

- **Door** または **Window** コマンドの実行中は、そのエレメントのカテゴリからのみファミリが読み込まれます。例えば、**Door** コマンド実行中は窓ファミリを読み込むことができません。

- 開口部にはいくつかのファミリが使われています。*Doors* フォルダには **M_Door-Opening.rfa** があり、*Windows* フォルダには **M_Window-Round Opening.rfa** と **M_Window-Square Opening.rfa** があります。

ヒント：プロジェクト標準を転送する

特定のライブラリからアクセスできないエレメント（壁タイプなど）がいくつかあります。ただし、これらのエレメントは他のプロジェクトからコピーすることができます。

1. 情報のコピー元のプロジェクトを開きます。
2. 情報のコピー先のプロジェクトを開きます。
3. *Manage* tab > Settings panel で、 (TransferProject Standards) をクリックします。
4. Select Items To Copy ダイアログボックスの Copy from ドロップダウンリストからオプションを選択し、図 5–18 で示すように、現在のファイルにコピーする設定を選択します。**OK** をクリックします。

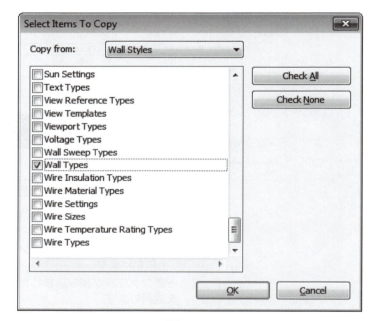

図 5–18

5. Duplicate Types ダイアログボックスで **Overwrite** または **New Only** をクリックして、現在のプロジェクトに設定を適用します。

5.3 扉と窓の追加のサイズを作成する

プロジェクトに読み込んだ既存の扉や窓のファミリに、追加のサイズを簡単に加えることができます。その方法として、図 5–19 で示すように、既存のタイプに基づいて必要なサイズの新たなタイプを作成します。

Type Properties で、扉や窓のサブエレメント (構成部材) の材料を指定することができます。

選択した扉または窓によってパラメータが異なる可能性があります。

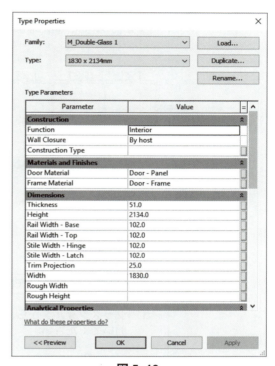

図 5–19

操作手順：扉と窓の追加のサイズを作成する

1. **Door** または **Window** コマンドを実行します。
2. Type Selector で、編集するタイプを選択します。Properties で (Edit Type) をクリック、または *Modify* tab > Properties panel で (Type Properties) をクリックします。
3. Type Properties ダイアログボックスで、**Duplicate** をクリックします。
4. エレメントの新しい名前を入力し、**OK** をクリックします。
5. Type Properties ダイアログボックスで、サイズに一致するように *Height* と *Width* のパラメータを変更します。
6. **OK** をクリックし、ダイアログボックスを閉じます。新たな窓または扉タイプが利用可能になりました。

実習 5b 扉タイプを読み込み、作成する

この実習の目標

- 扉タイプを読み込みます。
- 扉タイプを複製し、編集します。

この実習では、図 5–20 で示すように、客室に使われる特別な扉タイプを読み込み、新たな扉サイズを作成し、2 階に扉を追加します。

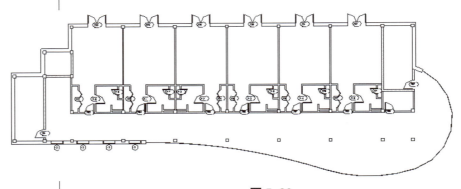

図 5–20

タスク 1 – 扉タイプを読み込む

1. クラスフォルダから、プロジェクト **Modern-Hotel-Load-M.rvt** を開いてください。

2. **Floor Plans: Floor 1** のビューを開き、キッチンエリアをズームで拡大表示します。

3. *Architecture* tab > Build panel で (Door) をクリックします。

4. *Modify | Place Door* tab > Mode panel で (Load Family) をクリックします。

5. Load Family ダイアログボックスで、*Doors* フォルダに行き、**M_Door-Double-Flush_Panel-Double- Acting.rfa** を選択します。**Open** をクリックします。

6. 図 5–21 で示すように、Specify Types ダイアログボックスで *Type* **1800 x 2050mm** を選択し、OK をクリックします。

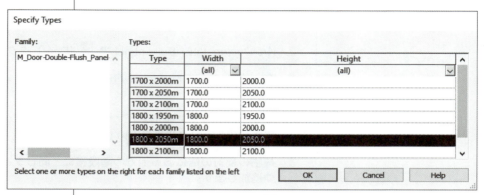

図 5–21

7. Load Family コマンドを再び実行します（ヒント：<Enter> を押して、最後に使ったコマンドを繰り返します）。

8. Load Family ダイアログボックスで、*Doors > Residential* folder に行き、**M_Door-Interior-Single-6_Panel-Wood.rfa** を選択します。**Open** をクリックします。

9. Specify Types ダイアログボックスで、*Type* リストを下にスクロールし、**900 x 2000mm** を選択して **OK** をクリックします。

10. Type Selector で **M_Door-Double-Flush_Panel- Double-Acting: 1800 x 2050mm** を選択し、図 5–22 で示すように、キッチンとダイニングエリアの間の壁にインスタンスを配置します。

必要に応じて、キッチンの部屋番号と揃うように扉の番号を付け直します。

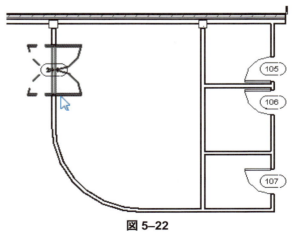

図 5–22

11. ビュー全体が収まるようにズームで縮小表示し、プロジェクトを保存します。

Autodesk Revit 2019：建築の基本

タスク 2 – 扉を 2 階に追加する

1. **Floor Plans: Floor 2** のビューを開いてください。リンクされた CAD ファイルは、扉を配置しやすくするために表示されています。

2. *Architecture* tab > Build panel で（Door）をクリックします。

3. Type Selector で **M_Single-Flush-Vision: 0915 x 2032mm** を選択します。

4. リンクファイルで表示されているように、左下の階段室に最初の扉を配置し、タグ番号を 210 に変更します。

5. 建物の反対の端にある他方の階段室に、同じタイプの扉をもう一つ追加します。

6. 扉 タ イ プ を **M_Door-Interior-Single-6_Panel- Wood. 900 x 2000mm** に変更し、客室 201 の入り口に扉を配置します。扉番号を **201** に変更します。

7. 各客室の入り口に扉を配置し続けると、番号が増えていきます。

8. 同じタイプを使って、バスルームに扉を追加します（この時は扉番号を無視します。必要であれば、残りの扉が配置された後に変更することができます）。

客室のバスルームにある小さなクローゼットの扉は既存の扉サイズより小さいため、クローゼットのサイズを調べて、新しいサイズを作成する必要があります。

9. 扉タイプを **M_Single Flush: 0762 x 2032mm** に変更します。

10. Properties で（Edit Type）をクリックするか、*Modify | Place Door* tab > Properties panel で（Type Properties）をクリックします。

11. Type Properties ダイアログボックスで **Duplicate** をクリックします。

12. 名前には **0600 x 2000mm** と入力し、**OK** をクリックします。

13. Type Properties ダイアログボックスで、*Width* プロパティを **600mm** に変更します。

14. **OK** をクリックし、ダイアログボックスを閉じます。これで新たな扉タイプが利用可能になりました。小さなクローゼットに追加します。

15. 異なる扉スタイルを利用して、扉を引き続き追加します（クローゼットには **M_Bifold- 4 Panel: 1525 x 2134mm**、バルコニーには **M_Double-Glass: 1830 x 2134mm** など）。部屋は、図 5–23 で示したレイアウトと同じように表示されるはずですが、番号は図と異なる可能性があります。

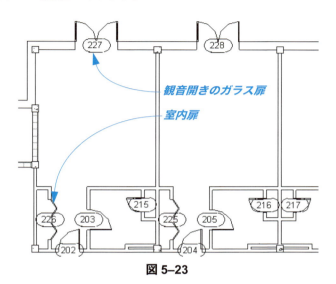

図 5–23

16. 時間があれば、部屋番号に基づいて扉の番号を振り直します。

17. プロジェクトを保存します。

Chapter の復習

1. 図 5–24 で示すように扉の開きを変更するには、どうしたらよいですか？（該当するものを全て選択してください）

   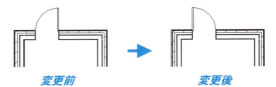

   図 5–24

   a. 扉を配置する際、<Spacebar> を押す。
   b. 扉を配置する際、右クリックして Change Swing を選択する。
   c. 既存の扉を選択し、フリップ矢印を選択する。
   d. 既存の扉を選択し、右クリックして Change Swing を選択する。

2. プロジェクトに追加の窓または扉のファミリを挿入するには、どうしたらよいですか？

   a. Windows Explorer を使って窓または扉のファミリを探し、右クリックして Import into Revit Project を選択する。
   b. Window or Door Catalog からインポートする。
   c. ライブラリから読み込む。
   d. Window/Door ツールを使って、新たなファミリを作成する。

3. 図 5–25 で示すように扉または窓と一緒にタグを配置するにはどうしたらよいですか？

   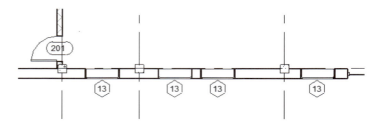

   図 5–25

   a. タグを含む扉または窓のファミリを選択する。
   b. 扉または窓を配置する前に、Options Bar の Tag ボックスを選択する。
   c. タグは、扉または窓を配置した後にのみ使用することができる。
   d. Contextual tab の Tag on Placement を選択する。

4. 扉と窓のサイズはどこに保存されていますか？

   a. Properties の中
   b. Type Properties の中
   c. Door/ Window Settings の中
   d. Template file の中

5. 図 5–26 で示すように、扉または窓にサイズを追加するにはどうしたらよいですか？

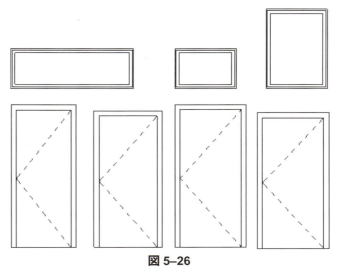

図 5–26

   a. 必要な扉または窓を選択し、Size ツールを使って新たなサイズを指定する。
   b. 必要な扉または窓を選択し、Type Properties で既存の扉を複製して、その扉を編集する。
   c. Project Browser で既存の扉または窓ファミリを探し、右クリックして New Size を選択する。
   d. ビューで扉または窓を選択し、サイズコントロールを使って必要なサイズに編集する。

Autodesk Revit 2019：建築の基本

コマンド概要

アイコン	コマンド	場所
クリップボード		
	Copy to Clipboard	• **Ribbon**: *Modify* tab > Clipboard panel • **ショートカットキー**：<Ctrl>+<C>
	Cut to the Clipboard	• **Ribbon**: *Modify* tab>Clipboard panel • **ショートカットキー**：<Ctrl>+<X>
	Paste - Aligned to Current View	• **Ribbon**: *Modify* tab > Clipboard panel > Paste を展開
	Paste - Aligned to Same Place	• **Ribbon**: *Modify* tab > Clipboard panel> Paste を展開
	Paste - Aligned to Selected Levels	• **Ribbon**: *Modify* tab > Clipboard panel > Paste を展開
	Paste - Aligned to Selected Views	• **Ribbon**: *Modify* tab > Clipboard panel > Paste を展開
	Paste - Aligned to Picked Level	• **Ribbon**: *Modify* tab > Clipboard panel > Paste を展開
	Paste from Clipboard	• **Ribbon**: *Modify* tab > Clipboard panel • **ショートカットキー**：<Ctrl>+<V>
扉と窓		
	Door	• **Ribbon**: *Architecture* tab > Build panel • **ショートカットキー**：DR
	Edit Type/ Type Properties	• **Properties palette**: Edit Type • **Ribbon**: *Modify* tab > Properties panel
	Measure	• **Quick Access Toolbar** • **Ribbon**: *Modify* tab > Measure panel
	Window	• **Ribbon**: *Architecture* tab > Build panel • **ショートカットキー**：WN

© 2018, ASCENT - Center for Technical Knowledge®

Chapter
6

カーテンウォールの取扱い

カーテンウォールは建物の「表皮」であり、しばしば複雑な窓やストアフロントを作成するのに使われます。カーテンウォールはカーテンウォールタイプに基づいて作成され、これに追加のグリッドやマリオンを加え、個々のパネルを変更して必要なパターンを作り出します。

この Chapter の学習目標

- カーテンウォールタイプを使い、基本のカーテンウォールやストアフロントを作成します。
- カーテンウォールのグリッドパターンを編集します。
- カーテンウォールのパネルを他のタイプ、扉、窓に変更します。
- カーテングリッドにマリオンを追加します。

© 2018, ASCENT - Center for Technical Knowledge®

6.1 カーテンウォールを作成する

カーテンウォールは、グリッド状に配置されたパネルで構成される非耐力壁です。カーテンウォールは、図6–1で示す膜のように建物全体を覆ったり、ストアフロントと呼ばれる標準的な壁の開口部を埋めるのに用いられます。

図 6–1

操作手順：カーテンウォールを作成する

1. 平面図ビューで、カーテンウォールタイプを使って壁をモデリングします。
2. 立面図または3Dビューで、カーテンウォールにグリッドを追加します。
3. カーテンウォールのパネルを編集します。
4. マリオンを追加してパネルを分離します。

図6–2でカーテンウォールのコンポーネントが示されています。

パネルには、特定の材料（ガラスまたは石など）を用いたり、扉、窓、その他の壁タイプを含めることもできます。

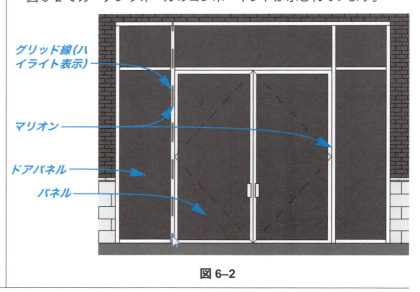

図 6–2

- カーテンウォールを作成する最も簡単な方法は、例えば図 6–3 で示すソフト付属の 3 つのタイプなど、均一なグリッドが適用された事前設定のカーテンウォールタイプを使うことです。

カーテンウォール 1

外装グレージング

ストアフロント

図 6–3

- 図 6–4 で示すように、多くのカーテンウォールは、グリッドが等間隔の均一なパターンではありません。そのため、このようなデザインは、直接カーテンウォール上に作成する必要があります。妥当な場合は、基本的な均一グリッドを持つカーテンウォールから始めます。

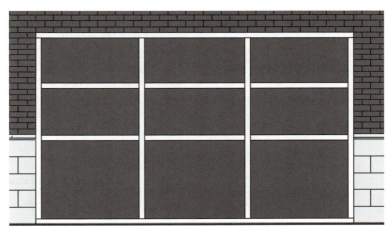

図 6–4

- カーテンウォールのタイプの作成についての詳細は、*付録 B.4 自動グリッド付きのカーテンウォールタイプを作成する（P.548（B–10））* を参照してください。

ストアフロントの作成

図 6–5 で示すように、カーテンウォールが他の壁に埋め込まれている場合があります。複合的な窓の組合せのようなものを作成することもできます。Storefront カーテンウォールタイプは、他の壁に埋め込むことができるようにデザインされています。

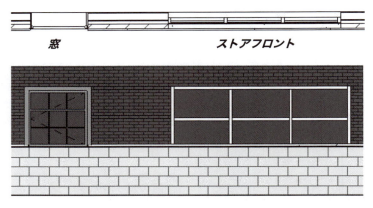

図 6–5

操作手順：既存の壁にストアフロント壁を追加する

1. *Architecture* tab > Build panel で、 (Wall) をクリックします。
2. Type Selector で、使用するカーテンウォールタイプを選択します。Properties で、必要に応じて *Base Constraint*、*Top Constraint*、*Offsets* を設定します。ストアフロントの高さは、埋め込む壁の高さより低くします。
3. 図 6–6 で示すように、既存の壁上の 1 点を選択します。

図 6–6

4. 壁上の 2 つ目の点を選択します（ヒント：<Tab> を押してデフォルトの Horizontal と Nearest のスナップからダイナミック寸法へ転回し、埋め込まれたカーテンウォールからの距離を入力します）。図 6–7 で示すような壁が表示されます。

図 6–7

5. 適切な立面図ビューを開きます。カーテンウォールの外側のエッジを選択し、図 6–8 で示すように、必要に応じて形状ハンドルとダイナミック寸法を使ってストアフロントを壁に配置します。

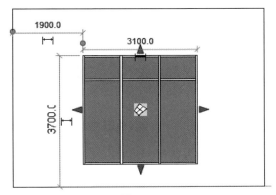

図 6–8

6.2 カーテングリッドを追加する

1つ以上のパネルから成るカーテンウォールが配置されたら、デザインに合わせてこれを複数のパネルに分ける必要があります。図 6–9 で示すように、各グリッド線がパネルを 2 つ以上の小さなパネルに分割します。

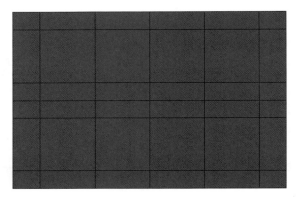

図 6–9

操作手順：カーテングリッドを作成する

1. 平面図ビューでベースとなるカーテンウォールをモデリングした後、立面図または 3D ビューに切り替えます。
2. *Architecture* tab > Build panel で ⊞（Curtain Grid）をクリックします。
3. *Modify | Place Curtain Grid* tab > Placement panel で、以下のいずれかの挿入方法を選択します。

╪ **(All Segments)**	カーテンウォールの全高、全長に渡ってグリッド線を作成します。
╪ **(One Segment)**	選択した点とその次の線の間にのみグリッド線を作成します。全体のグリッド線が確立されますが、1 セグメントしか表示されません。後で他のセグメントを追加することができます。
╪ **(All Except Picked)**	全体のグリッドに渡ってグリッド線を作成し、グリッド線に戻ってセグメントを削除することができます。他のグリッド線を加えたり他のコマンドを実行するまで、削除したセグメントは点線として表示されます。

4. カーソルをカーテンウォールのエッジ、または既存のカーテングリッド線上に動かします。図 6–10 で示すように、ダイナミック寸法が表示されます。新しいグリッド線は選択した点のエッジに対して垂直です。必要な場所をクリックします。

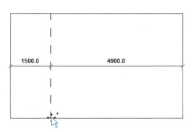 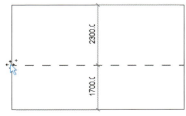

図 6–10

- カーテングリッドは自動的にパネルの中点または 1/3 点にスナップします。また、レベル面、柱グリッド、参照面にもスナップします。

- カーテングリッド線を ⚙ (Copy) または ⚏ (Array) することができます。これは壁の全長に渡ってグリッドを作成する最も早い方法です。

カーテングリッドの編集

グリッド線を一度配置しても、それが配置したい正確な位置になかったり、重なって欲しくない場所で他の線と重なる場合があります。図 6–11 で示すように、グリッドで線の位置を編集したり、セグメントを加えたり、線から削除したりすることができます。

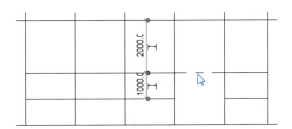

図 6–11

- グリッドを編集するには、壁やマリオンではなく、グリッド線を選択します。<Tab> を押してエレメントを切り替えます。

- グリッド線を動かすには、グリッド線を選択してダイナミック寸法または ✥ (Move) を使います。

- カーテンウォールタイプを使って作成されたグリッド線を選択すると、エレメントがホストエレメントに拘束されていることを示す 🔒 （Prevent or allow change of element position）が表示されます。アイコンをクリックすると線の移動が可能になります。

操作手順：カーテングリッドのセグメントを追加・削除する

1. 編集するグリッド線を選択します。
2. *Modify |Curtain Wall Grids* tab > Curtain Grid panel で、 ╪ （Add/Remove Segments）をクリックします。
3. 追加または削除するグリッドの部分をクリックします。図 6–12 で示すように、削除するセグメントをクリックすると、線は点線で表示されます。このコマンドでは、グリッド線を 1 本ずつ選択しなければなりません。

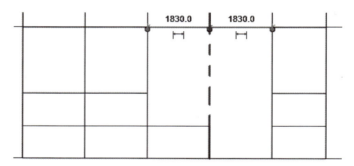

図 6–12

4. 画面の空白をクリックしてコマンドを終了します。

- 個々のグリッドセグメントを削除することで、矩形でないパネルを作成することができます。

> **ヒント：Align（位置合わせ）と Lock（ロック）**
>
> **Align** コマンドを使うとき、線が 1 つ動いたら他の線も動くように線同士をロックすることもできます。しかし、ロックをすることでソフトが重くなります。そのため、**Lock** オプションをどの程度使うかに注意し、大量の編集をするときにのみ適用します。

実習 6a

カーテンウォールを操作する

この実習の目標

- カーテンウォールのプロパティを編集します。
- カーテンウォールのグリッド線を追加します。

この実習では、線が他のエレメントと揃うように Properties を使ってカーテンウォールを編集します。近くにある壁のパターンに従うようにグリッド線も追加します。完成した立面図が、図 6–13 で示されています。

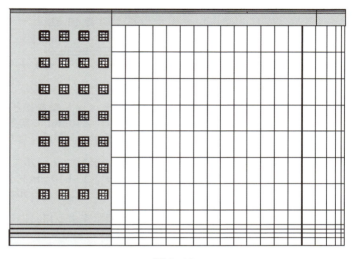

図 6–13

タスク 1 – カーテンウォールを編集する

1. プロジェクト **Modern-Hotel-Curtain-Walls-M.rvt** を開いてください。

2. **Elevations (Building Elevation):South** のビューを開きます。

3. ビューを見やすくするために、1 本のグリッド線と 1 本のレベル線を選択します（2 つ以上のエレメントを選択する場合は、<Ctrl> を押したままにします）。次に、右クリックをして **Hide in View > Category** を選択します。

Autodesk Revit 2019：建築の基本

図 6–14 で示すように、カーテンウォールグリッドは他のどの要素とも揃っていません。

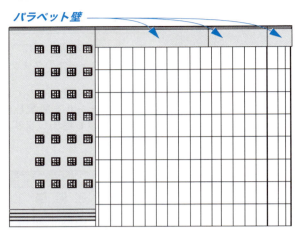

図 6–14

4. 3つのパラペット壁を選択します。Properties で *Base Offset* を（マイナス）**-610mm** に変更し、**Apply** をクリックします。これによりパラペットが短くなります。

5. 3つのカーテンウォールを選択します。Properties で *Top Offset* を（マイナス）**-610mm** に変更し、**Apply** をクリックします。これによりカーテンウォールがパラペットまで延長されます。

6. 図 6–15 で示すように、カーテンウォールが選択された状態で、Properties の *Horizontal Grid* エリアで *Offset* を **1220mm** に変更します。図 6–16 で示すように、グリッドがファサードにより良く調和するようになりました。

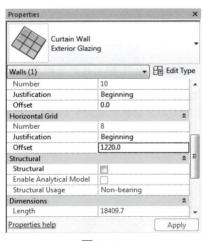

図 6–15

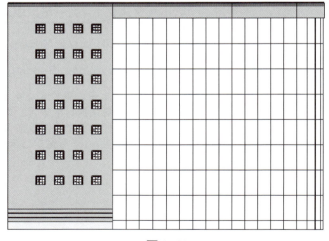

図 6–16

タスク 2 – グリッド線を追加する

このタスクでは、建物下部の複数の線に揃えてグリッド線を追加します。

1. 建物の下端をズームで拡大表示し、レンガとブロックの壁とカーテンウォールが表示されるようにします。図 6–17 で示すように、グリッド線を選択してピンを外します。

出っぱったレンガの段が見えにくい場合は、Quick Access Toolbar で Thin Lines（細線）をオフに切り替えます。

図 6–17

2. 図 6–18 で示すように、 (Align) を使ってブロックの土台の上端と揃うようにカーテングリッド線を動かします。

図 6–18

3. *Architecture* tab > Build panel で (Curtain Grid) をクリックします。

4. 図 6–19 で示すように、3 本のグリッド線を追加し、レンガの底目地の上端と位置を合わせます。

レンガの底目地部分の太い線が表示されるまでズームで拡大表示します。

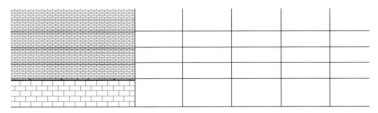

図 6–19

5. これら 4 本のカーテングリッド線を選択（<Ctrl> を押したまま各線を個々に選択）し、**20mm** 下に移動します。移動する値を入力する前に、カーソルを下にドラッグするようにします。これにより、後で追加されるマリオンが正確に配置されるようになります。

6. 画面移動し、図 6–20 で示すように、カーテンウォールの他の 2 つの部分にグリッド線を追加して位置合わせを行います。位置合わせの前に、既存の水平カーテングリッド線のピンを必ず外しておきます。

図 6–20

7. 建物の正面全体が表示されるまで、ズームで縮小表示します。

8. プロジェクトを保存します。

6.3 カーテンウォールパネルを操作する

カーテンウォールのデフォルトパネルは通常、ガラスパネルです。カーテングリッドを作成して壁のデザインを精密化すると、図 6–21 で示すように、一部のパネルに他の材料を使う可能性が出てくるかもしれません。既存のパネルを選択し、Type Selector で、使用する材料のパネルタイプを選択します。

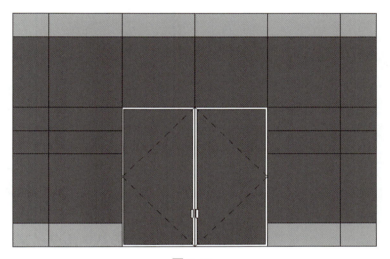

図 6–21

- さらにパネルタイプでは、厚みを調整したり、パネルの扉や窓を設定することも可能です。

- パネルを選択するには、カーソルをパネルの縁に合わせ、ハイライト表示されるまで <Tab> を押してから、クリックして選択します。

- パネルを全て選択するには、カーテンウォールの縁を選択し、右クリックして Select Panels on Host を選択します。

- (Prevent or allow change of element position）が表示された場合（図6–22参照）は、パネルがロックされてエレメントへの変更が許可されていないことを示します。アイコンをクリックしてロックをオフに切り替え、パネルを編集できるようにします。

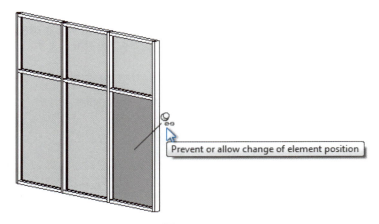

図 6–22

- 複数のパネルのピンを外すには、パネルを選択して **UP**（**Unpin** の略）と入力します。

デフォルトのパネルタイプ

デフォルトのプロジェクトテンプレートには、3つのパネルタイプが付いてきます。

Empty Panel	カーテンウォールのパネルを消去することはできませんが、パネルタイプを空のパネルに変更することができます。
Glazed Panel	ガラスを材料とした標準的なパネルタイプです。
Solid Panel	不透明の材料を使ったパネルタイプです。他の材料を使ってこのタイプのバリエーションを作成することができます。

- 他のどの壁タイプ（他のカーテンウォールタイプを含む）でも、パネルを埋めることができます。

カーテンウォールの取扱い

- 扉や窓パネルはライブラリから入手できます。他のパネルタイプと同様に、扉と窓パネルは適応されるパネルサイズ全体を埋めます。図 6–23 で示すように、カーテングリッドを正しいサイズに調整します。

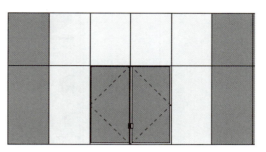

図 6–23

操作手順：カーテンウォールパネルに扉と窓を配置する

1. 図 6–24 で示す **Door-Curtain-Wall-Double- Glass.rfa** のように、カーテンウォールパネルとして使用する扉または窓のタイプを読み込みます。

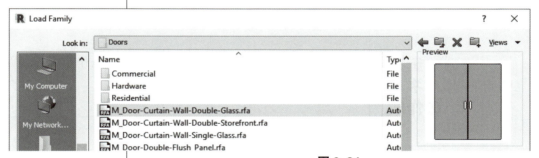

図 6–24

2. カーテンウォールの開口部のサイズが使用する扉のサイズと一致するように、カーテングリッドのレイアウトを編集します。

3. カーテンウォールパネルを選択します。

4. 図 6–25 で示すように、Type Selector で使用するパネルのタイプを選択します。

図 6–25

5. 扉または窓がパネルエリアを埋めます。

カーテンウォールパネルの作成

多くの複雑な方法でカーテンウォールパネルを作成できますが、基本のテクニックは、図 6–26 で示すように、フラットなシステムパネルの材料を指定する方法です。

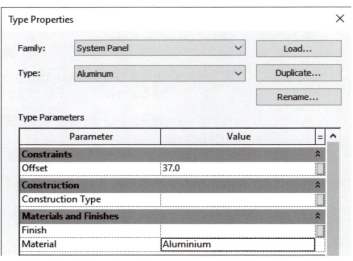

図 6–26

カーテンウォールの取扱い

操作手順：カーテンウォールパネルを作成する

1. 作成するパネルと同様のパネルを選択します（例えば、新たなソリッドパネルタイプを作成する場合はソリッドパネルを選択します）。パネルがロックされている場合は、 (Prevent or allow change of element position) をクリックしてロックを解除します。
2. Properties で (Edit Type) をクリックするか、または *Modify | Curtain Panels* tab > Properties panel で (Type Properties) をクリックします。
3. Type Properties ダイアログボックスで、**Duplicate** をクリックして既存のファミリタイプのコピーを作成します。
4. パネル名をその目的を表わす新しい名前（例えば **Brick** や **Aluminum** など）に変更します。新しい名前には自動的に **System Panel** などのファミリ名が含まれます。
5. 必要に応じて、*Thickness*、*Offset*、*Material*、その他のパラメータを設定します。Materials リストの中の (Browse) をクリックすると開く Material Browser において、多くの材料が利用できます。
6. **OK** をクリックしてダイアログボックスを閉じ、パネルを終了します。編集用に選択したパネルに自動で適用されます。

- 材料の *Thickness* は、*Offset* を指定していない場合はグリッドに基づいています。パネルを壁に埋め込む場合は、負のオフセットを使います。パネルを壁から突き出したい場合は、正のオフセットを使います。
- 図 6–27 で示すガラスブロックなどのパターンを持った材料は、ズームで遠くに縮小表示している間は、パターンは表示されません。材料を確認するには、ズームで拡大表示します。

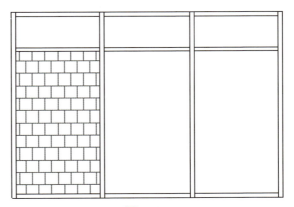

図 6–27

6.4 マリオンをカーテングリッドに取り付ける

図 6–28 で示すように、マリオンはカーテンウォールパネルの枠です。マリオンには様々なサイズ、形状、材料があります。
グリッド線を配置した後のカーテンウォールデザインの最終ステップとして、マリオンを追加します。

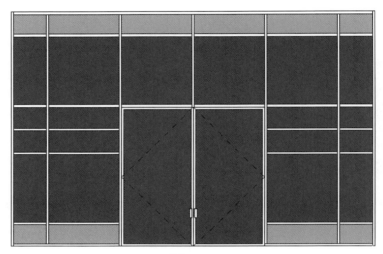

図 6–28

操作手順：マリオンを追加する

1. *Architecture* tab > Build panel で、 (Mullion) をクリックします。
2. Type Selector でマリオンのスタイルを選択します。マリオンを挿入するときに編集可能なプロパティはありません。
3. *Modify | Place Mullion* tab > Placement panel で *Create Mullion on* の方法を選択します。その方法には、図 6–29 で示すように、 (Grid Line)、 (Grid Line Segment)、そして (All Grid Lines) があります。

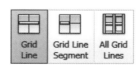

図 6–29

4. マリオンを配置するグリッド線を選択します。グリッド線が壁の内側にある場合は、マリオンはグリッドの芯に配置されます。グリッド線が壁のエッジ上にある場合は、マリオンは壁の外側と外観が面一になるように配置されます。

マリオンは個々に配置します。マリオンはコピーや配列はできません。

カーテンウォールの取扱い

- 選択したセグメント上のみにマリオンを配置するには、<Shift> を押します。
- マリオンを全ての空のグリッド上に配置するには、<Ctrl> を押します（例えば、マリオンのない全てのグリッドなど）。
- コーナーマリオンのタイプは、2 つのカーテンウォールの交差用にデザインされています。これらは交差する角度に合うように調整されます。

マリオンの編集

マリオンを素早く選択するには、カーテンウォールのエッジ上で右クリックして **Select Mullions** を選択します。図 6–30 で示すように、マリオンのオプションには **On Vertical Grid** または **On Horizontal Grid**、**Inner Mullions**、**Border Mullions**、**Mullions on Host** が含まれます。

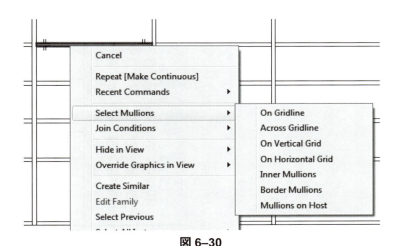

図 6–30

- Type Selector でタイプを変更することで、マリオンスタイルを編集します。
- グリッド線を動かすと、マリオンも一緒に移動します。
- グリッド線を消去すると、マリオンも消去されます。ただし、マリオンを消去してもグリッド線は消去されません。
- マリオンの交差の仕方を変更することができます。マリオンを選択し、*Modify | Curtain Wall Mullions* tab > Mullion panel で、(Make Continuous) または (Break at Join) をクリックします。または図 6–31 で示すように、マリオンを選択して **Toggle Mullion Join** コントロールをクリックします。

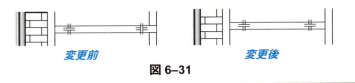

図 6–31

実習 6b　カーテンウォールにマリオンとパネルを追加する

この実習の目標

- マリオンを追加して編集します。
- エントランスファサードと扉パネルを追加します。

この実習では、カーテンウォールに沿ってマリオンを追加し、編集します。建物の正面入口として扉パネルを含む、エントランスファサードも作成します。完成した立面図が図 6–32 に示されています。

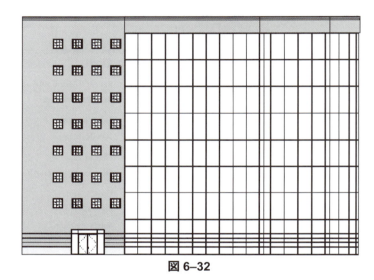

図 6–32

タスク 1 – マリオンを追加して編集する

1. プロジェクト **Modern-Hotel-Mullions-M.rvt** を開いてください。

2. **Elevations (Building Elevations): South** のビューを開くか、または 3D ビューで作業します。

3. *Architecture* tab > Build panel で 📐 (Mullion) をクリックします。

4. *Modify | Place Mullion* tab > Placement panel で 📐 (All Grid Lines) をクリックします。

5. 個々のカーテンウォールを選択します。マリオンは全てのグリッド線上に配置されます。

カーテンウォールの取扱い

6. ▷（Modify）をクリックします。

7. 図 6–33 で示すように、カーテンウォールが接触する 2 本の線の位置に、余分なマリオンが加えられます。これらのマリオンは不要であるため削除しなければなりません。

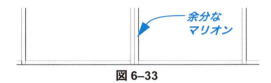

図 6–33

8. マリオンの 1 つを選択します。

9. View Control Bar で ◌（Temporary Hide/Isolate）をクリックし、Isolate Category を選択します。これにより消去したいマリオンが選択しやすくなります。

10. 2 つのカーテンウォールが接触する位置で垂直のマリオンを 1 つ選択します。右クリックして Select Mullions > On Gridline を選択し、<Delete> を押します。他の複製したマリオンのセットでもこの作業を繰り返します。

11. 全てのカーテンウォールが表示されるまで、ズームで縮小表示します。

12. マリオンの最下部の列全体を選択します。Window 選択ボックスを使っても列全体を選択することができます。

13. *Modify | Curtain Wall Mullions* tab > Mullion panel で、 （Make Continuous）をクリックします。図 6–34 で示すように、マリオンの方向が変更されます。

図 6–34

14. マリオンの最上列でも同じ手順を繰り返します。

15. View Control Bar で ◌（Temporary Hide/Isolate）をクリックし、Reset Temporary Hide/Isolate を選択します。

16. プロジェクトを保存します。

タスク 2 – エントランスファサードを追加する

1. **Floor Plans: Floor 1** のビューを開いてください。
2. *Architecture* tab > Build panel で （Wall）をクリックします。
3. Type Selector で **Curtain Wall:Storefront** を選択します。
4. Properties で以下の値を入力します。
   - *Base Constraint*：**Floor 1**
   - *Base Offset*：**0.0.**
   - *Top Constraint*：**Up to level：Floor 2**
   - *Top Offset*：（マイナス）**-1850mm**
5. 図 6–35 で示すように、右のグリッド線から **600mm** の既存壁に **4000mm** のエントランスファサードを描きます。

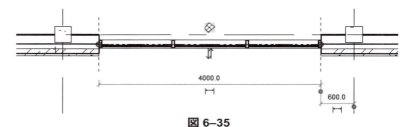

図 6–35

- 右から左に向けて作業する場合は、エントランスファサードの外観は正しく配置されます。左から右に作業する場合は、エントランスファサードを反転する必要があります。

6. **Elevations (Building Elevation): South** のビューを開き、エントランスファサードをズームで拡大表示します。
7. ドラッグで囲んでエントランスファサードを選択します。事前設定のタイプで作成されたため、図 6–36 の左側で示すように、全てのグリッドとパネルはピンされています。

> エレメントのピンを外すには **UP** を入力します。

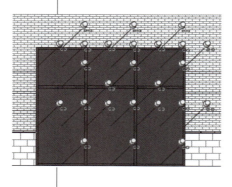 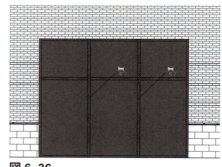

図 6–36

カーテンウォールの取扱い

8. 図 6–37 で示すように、エントランスファサードを編集します。メインカーテンウォールの水平線をカーテングリッド線に位置合わせし、仮寸法を使って垂直のグリッド線を配置します。

作業中は、マリオンではなくカーテングリッド線を選択するようにします。
<Tab> を使ってエレメントを切り替えます。

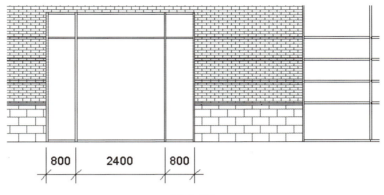

図 6–37

9. 図 6–38 で示すように、エントランスファサードの上部にあるマリオンを選択し、上枠が横勝ちになるようにマリオンの結合方向を切り替えます。

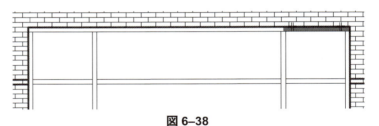

図 6–38

10. プロジェクトを保存します。

タスク 3 – エントランスファサードに扉を追加する

1. *Insert* tab > Load from Library panel で (Load Family) をクリックします。カーテンウォールでは **Door** コマンドを使って扉を配置できないため、カーテンウォールの扉ファミリを読み込む際はこの一般的な方法を用います。

2. 図 6–39 で示すように、Load Family ダイアログボックスの Doors フォルダで **M_Door-Curtain-Wall-Double-Storefront.rfa** という扉を選択します。**Open** をクリックします。

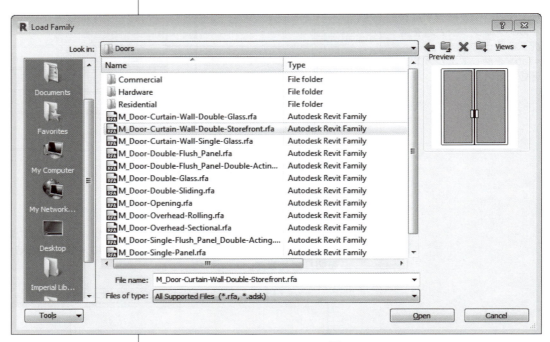

図 6–39

3. 図 6–40 で示すように、大きなパネルを選択します。<Tab> を使って選択内容を表示し、クリックして選択します。

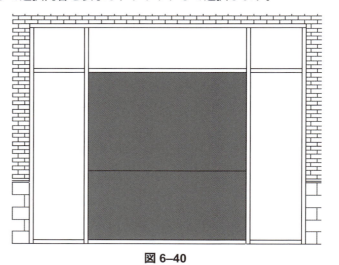

図 6–40

4. Type Selector で **M_Door-Curtain-Wall- Double-Storefront** を選択します。パネルが扉に変わります。図 6–41 で示すように、扉の下のマリオンを消去します。

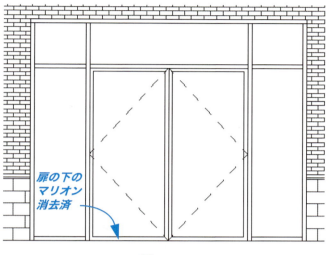

図 **6–41**

5. 正面の立面全体が表示されるまで、ズームで縮小表示します。

6. プロジェクトを 3D で表示します。

7. プロジェクトを保存します。

Chapter の復習

1. カーテンウォールを作成するにはどのコマンドから始めますか？

    a. ◠（Wall）

    b. ⊞（Curtain Grid）

    c. ▦（Curtain System）

2. カーテンウォールを配置している際、図 6–42 で示した TWO-THIRDS OF CURTAIN PANEL などの 1 つの寸法に（他の寸法にしたいのに）スナップし続けてしまいます。どうすれば良いですか？

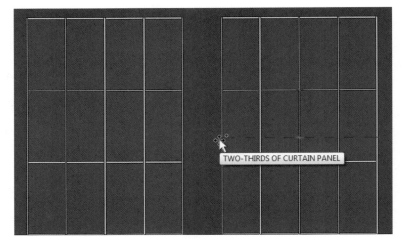

図 6–42

   a. スナップの設定を変更する。
   b. カーテンウォールタイプを編集し、手動のグリッド配置を許可する。
   c. 均一なカーテンウォールの代わりに均一でないものを使う。
   d. ひとまずカーテングリッドを配置し、仮寸法を選択して必要な値に変更する。

3. 1枚のパネルを編集するには、どのようにそれを選択しますか？
    a. パネルの中央を選択する。
    b. パネルのエッジを指し、認識されるまで <Tab> を押す。
    c. カーテンウォールを選択し、右クリックして **Panel Select** を選択する。
    d. Selection Priority ドロップダウンリストで **Curtain Panel** を選択する。

4. 一度パネルを選択すると、それを何と交換できますか？（該当するものを全て選択してください）
    a. 空のシステムパネル
    b. エントランスファサード扉
    c. 空白
    d. 壁タイプ

5. 図 6–43 で示すように、2 つのマリオンの交差方法をどのように変更しますか？（該当するものを全て選択してください）

    図 6–43

    a. マリオンを 1 つ選択し、正しい交差が表示されるまで <Tab> を押す。
    b. マリオンを 1 つ選択し、Contextual tab の **Make Continuous** または **Break at Join** をクリックする。
    c. マリオンを 1 つ選択し、**Toggle Mullion Join** コントロールをクリックする。
    d. 両方のマリオンを選択し、Options Bar の **Intersect** ボックスを選択する。

Autodesk Revit 2019：建築の基本

コマンド概要

アイコン	コマンド	場所
	Add/Remove Segments	• **Ribbon**: *Modify | Curtain Wall Grids* tab > Curtain Grid panel
	Curtain Grid	• **Ribbon**: *Architecture* tab > Build panel
	Curtain Grid: All Except Picked	• **Ribbon**: *Modify | Place Curtain Grid* tab > Placement panel
	Curtain Grid： All Segments	• **Ribbon**: *Modify | Place Curtain Grid* tab > Placement panel
	Curtain Grid: One Segment	• **Ribbon**: *Modify | Place Curtain Grid* tab > Placement panel
	Mullion	• **Ribbon**: *Architecture* tab > Build panel
	Mullion： All Grid Lines	• **Ribbon**: *Modify | Place Mullion* tab > Placement panel
	Mullion： Break at Join	• **Ribbon**: *Modify | Curtain Wall Mullions* • Tab > Mullion panel • **右クリック**：（マリオンを選択して）Join Conditions > Break at Join
	Mullion：： Grid Line	• **Ribbon**: *Modify | Place Mullion* tab > Placement panel
	Mullion： Grid Line Segment	• **Ribbon**: *Modify | Place Mullion* tab > Placement panel
	Mullion: Make Continuous	• **Ribbon**: *Modify | Curtain Wall Mullions* • Tab > Mullion panel • **右クリック**：（マリオンを選択して）Join Conditions > Make Continuous

222   6–28

© 2018, ASCENT - Center for Technical Knowledge®

Chapter
7

ビューの取扱い

ビューとは、Autodesk® Revit® モデルの作業において基礎となるもので、モデルを 2D
と 3D の両方で見ることができます。作業中にビューを複製したり変更したりすること
で、モデルの同じビューをもとに異なる情報を表示することができます。吹き出し、立
面図、断面図は設計図書を作成する上で特に重要なビューです。

この Chapter の学習目標

- 異なるビューでのエレメントの表示方法を変更して必要な情報を表示し、設計図書用のビ
  ューを設定します。
- モデル作成時や設計図書用に表示方法を変更できるように、ビューを複製します。
- 詳細図作成のために、平面図、断面図、または立面図の各部分の吹き出しビューを作成し
  ます。
- どのように建物が建てられるかを説明する、建物とインテリアの立面図を追加します。
- モデルの作成を支援し、設計図書に含めるための建物と壁の断面図を作成します。

© 2018, ASCENT - Center for Technical Knowledge®

7.1 ビューの表示を設定する

ビューは、建物のエレメントを再度作成することなくモデルを複数のバージョンで作成できるとても便利なツールです。例えば、モデルでの作業に特化したビューを設定したり、注釈を加えたり、設計図書用に別のビューを作成することができます。図 7–1 に示すように、設計分野によって異なるビューを設定し、それぞれに必要な機能だけを表示することも可能です。ビューはそれぞれに独立したプロパティを持っています。

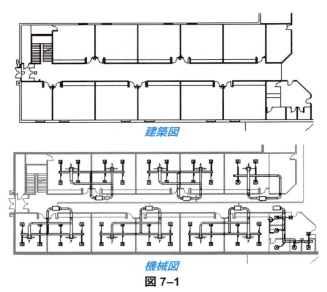

図 7–1

ビューの表示は、以下の場所で変更することができます。

- View Control Bar
- Properties
- Shortcut menu
- Visibility/Graphic Overrides ダイアログボックス

よく使われるビューのカスタマイズ方法は以下の 2 つです。

- 個々のエレメントまたはカテゴリを非表示にする。
- エレメントまたはカテゴリのグラフィック表示の方法を変更する（例：線の太さ、色またはパターンの変更）。

グラフィックスの非表示と上書き

ビューの取扱い

エレメントとは独立したアイテム（ビューの中の１つの壁など）ですが、カテゴリには選択したエレメントの全てのインスタンス（ビューの中の全ての壁など）が含まれることに注意します。

例えば、図 7–2 に示す例では、構造芯のカテゴリをオフに切り替えて全ての壁と柱をグレー表示することで、家具図が作成されています。

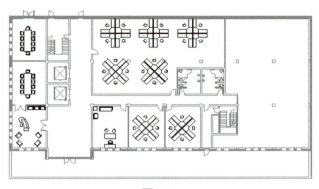

図 7–2

操作手順：ビュー内でエレメントとカテゴリを非表示にする

1. 非表示にするエレメントまたはカテゴリを選択します。
2. 右クリックして、図 7–3 に示すように **Hide in View > Elements** または **Hide in View > Category** を選択します。
3. エレメントまたはカテゴリが現在のビューのみで非表示になります。

全カテゴリを素早く非表示にするには、エレメント（複数可）を選択して VH と入力します。

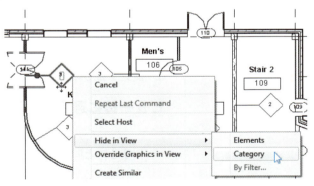

図 7–3

操作手順：ビュー内でエレメントまたはカテゴリのグラフィックスを上書きする

1. 変更するエレメント（複数可）を選択します。
2. 右クリックして **Override Graphics in View > By Element** または **By Category** を選択します。図 7–4 に示すように、View-Specific Element（または Category）Graphics ダイアログボックスが開きます。

ダイアログボックス内のオプションは、厳密には選択したエレメントのタイプによって異なります。

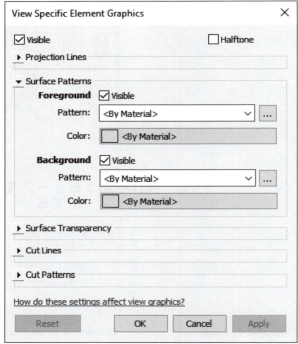

図 7–4

3. 変更するものを選択し、**OK** をクリックします。

ビュー毎に適用されるオプション

- **Visible** オプションの解除は、エレメントまたはカテゴリを非表示にするのと同じ結果になります。

- **Halftone** オプションを選択すると、エレメントまたはカテゴリがグレー表示になります。

- *Projection Lines*（投影線）と *Cut Lines*（切断線）のオプションには **Weight**（太さ）、**Color**、**Pattern** があります。図 7–4 に示すように、*Surface Patterns* と *Cut Patterns* のオプションには、前面と背面に関する **Visibility**（表示設定）、**Pattern**、**Color** があります。

ビューの取扱い

- **Surface Transparency**（サーフェスの透明度）は、図 7–5 に示すようにスライダーバーを動かして設定します。

図 7–5

- View-Specific Category Graphics ダイアログボックスには **Open the Visibility Graphics dialog...** が含まれ、これを選択するとオプションに関するダイアログボックス全体が開きます。

Visibility/Graphic Overrides ダイアログボックス

Visibility/Graphic Overrides ダイアログボックスのオプション（図 7–6 参照）は、エレメントの各カテゴリとサブカテゴリがビュー毎にどのように表示されるかを管理します。カテゴリのオン・オフの切り替えや、*Projection/Surface* と *Cut* 情報の上書き、カテゴリの **Halftone** 設定、*Detail Level* の変更ができます。

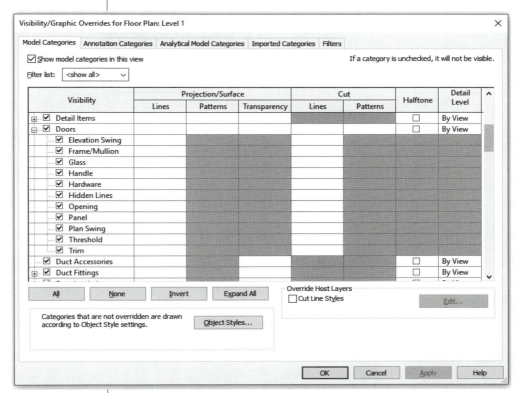

図 7–6

Visibility/Graphic Overrides ダイアログボックスを開くには、**VV** または **VG** と入力します。このダイアログボックスは、Properties の Graphics エリアで、Visibility/Graphic Overrides の横にある **Edit...** をクリックしても開きます。

- Visibility/Graphic Overrides は Model、Annotation、Analytical Model、Imported、Filters のカテゴリに分かれています。

- 特定のデータがプロジェクトに含まれている場合は、Design Options や Linked Files、Worksets といった別のカテゴリを選択できる場合もあります。

- ダイアログボックス内で表示されるカテゴリの数を制限するには、図 7–7 に示すように Filter list から設計分野を選択します。

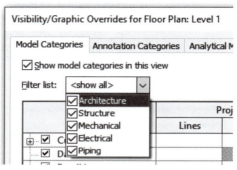

図 7–7

- **All**、**None**、**Invert** ボタンを使用すると、カテゴリの選択が容易になります。**Expand All** を押すと、全てのサブカテゴリが表示されます。

ビューの取扱い

ヒント：非表示のエレメントまたはカテゴリを復元する

非表示になっているカテゴリは、Visibility/Graphic Overrides ダイアログボックスを使って表示することができます。ただし非表示のエレメントを表示するには、エレメントをまず一時的に可視化しなければなりません。

1. View Control Bar で (Reveal Hidden Elements) をクリックします。図 7–8 に示すように、境界と全ての非表示エレメントがマゼンタ色で表示され、このビューで表示されているエレメントはグレー表示になります。

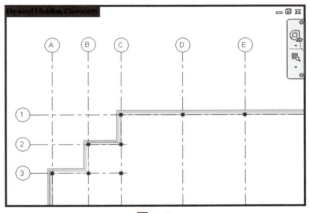

図 7–8

2. 再表示させたい非表示のエレメントを選択し、右クリックして **Unhide in View > Elements** または **Unhide in View > Category** を選択します。別の方法として、Modify | contextual tab > Reveal Hidden Elements panel で (Unhide Element) または (Unhide Category) をクリックします。

3. これらの作業が終了したら、View Control Bar で (Close Reveal Hidden Elements) を、または Modify | contextual tab > Reveal Hidden Elements panel で (Toggle Reveal Hidden Elements Mode) をクリックします。

ビューの
プロパティ

最も基本的なビューのプロパティには、図 7–9 に示す View Control Bar からアクセスします。ここには Scale、Detail Level、Visual Style のオプションなどが含まれます。その他のオプションには、一時的な上書きやその他の高度な設定が含まれます。

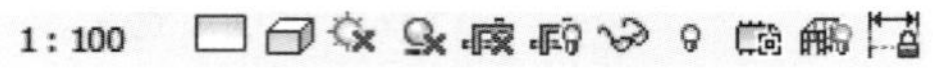

図 7–9

ビューに関するその他の変更は、図 7–10 に示す Properties で行うことができます。これらの Properties には Underlays（下敷参照）、View Range（ビュー範囲）、Crop Regions（トリミング領域）が含まれます。

Properties のオプションは、ビューのタイプによって異なります。平面図ビューには 3D ビューとは異なる Properties があります。

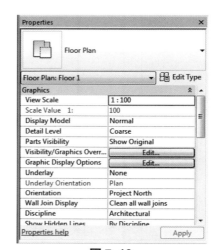

図 7–10

下敷参照を設定する

Underlay（下敷参照）を設定すると、図 7–11 に示すように、1 階の平面図を下敷参照として地下平面図とともに表示する際などに役立ちます。これにより、このエレメントをトレースしたり、ビューの現在のレベル面をコピーすることも可能になります。

下敷参照は平面図と天井伏図のビューのみで利用可能です。

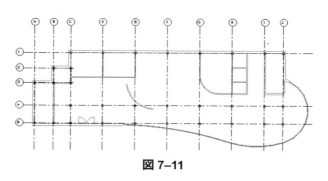

図 7–11

Properties の *Underlay* エリアで、*Range*: *Base Level* と *Range*: *Top Level* を指定します。また図7–12に示すように、Underlay Orientation を **Look down**（見下げ）または **Look up**（見上げ）に指定することができます。

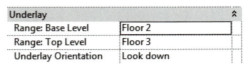

図 7–12

- 下敷参照にあるエレメントが誤って動くのを防ぐには、Select パネルでパネルタイトルを展開し、**Select underlay elements** の選択を解除します。Status Bar で（Select Underlay Elements）を使ってオン / オフを切り替えることもできます。

操作手順：ビュー範囲を設定する

1. Properties の *Extents* エリアで、*View Range* の横にある **Edit...** を選択するか、または **VR** と入力します。
2. 図7–13に示すように、View Range ダイアログボックスで *Primary Range*（メイン範囲）と *View Depth*（ビューの奥行き）の Levels と Offsets を変更します。
   - **<<Show** をクリックして Sample View Range グラフィックスと、様々なオプションに関する Key を表示します。
3. **OK** をクリックします。

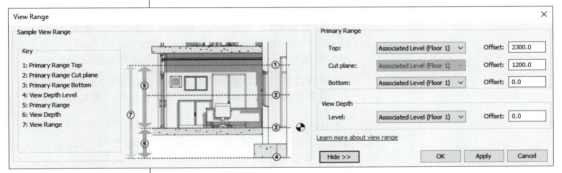

図 7–13

- 使用した設定をグラフィック表示できない場合には、矛盾点を示す警告が表示されます。

- 天井が平面図と同じ向きになるように、天井が床の鏡で反射されたように天井伏図（RCP: Reflected Ceiling Plan）が作成されます。切断線は天井のすぐ下に配置され、その下にある窓や扉が表示されないようになります。

部分切断領域

平面図ビューに複数のレベル面を持つ床または天井が含まれる場合には、図 7–14 で示す一式の高窓のように、ビューの一部分について異なるビュー範囲を設定できる部分切断領域を作成することができます。

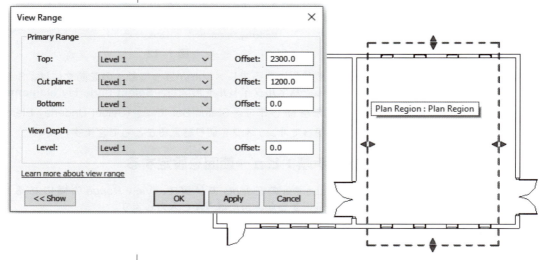

図 7–14

操作手順：部分切断領域を作成する

1. 平面図ビューにおいて、View tab > Create panel で　(Plan Views) を展開し、　(Plan Region) を選択します。
2. Modify | Create Plan Region Boundary tab > Draw panel で描画ツールを選択し、部分切断領域のための境界を作成します。

    • 境界は閉じている必要があります。また別の部分切断領域の境界と隣接しても問題はありませんが、重なってはいけません。

3. 　(Finish Edit Mode) をクリックします。
4. Modify | Plan Region tab > Region panel で　(View Range) をクリックします。
5. View Range ダイアログボックスで、部分切断領域のためのオフセットを指定し、OK をクリックします。選択されたエリアに部分切断領域が適用されます。

    • 部分切断領域はクリップボードにコピーし、別の平面図ビューにペーストすることができます。

- 部分切断領域の境界のサイズは、境界自体を編集せずに、形状ハンドルを用いて変更できます。

- 部分切断領域が扉の上にある場合、図 7–15 に示すように扉の開きは表示されますが、扉の開口部は表示されません。

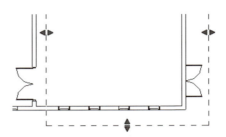

図 7–15

- 部分切断領域は、Annotation Categories タブにある Visibility/Graphic Overrides ダイアログボックスでオン / オフを切り替えることができます。部分切断領域が表示されている場合は、その領域は印刷やエクスポート時に含められます。

> **ヒント：Depth Clipping**（奥行きクリップ）**と Far Clipping**（前方クリップ）
>
> **Depth Clipping**（図 7–16 参照）は、平面図の *View Range* が限定的なビューに設定されている場合に、傾斜のある壁がどのように表示されるかを設定するビューのオプションです。
>
> **Far Clipping**（図 7–17 参照）は、断面図ビューと立面図ビューで使用可能です。
>
>
>
> 　　　図 7–16　　　　　　　　図 7–17
>
> - 追加的な Graphic Display Option で *Depth Cueing*（奥行きの表現）を指定すると、遠くにあるアイテムの色を薄くすることができます。

トリミング領域

平面図、断面図、立面図および 3D の全てのビューにおいて、モデルのどれくらいの部分をビュー内で表示するかを変更することができます。これを行う 1 つの方法は、Crop region（トリミング領域）を設定することです。図 7–18 に示すように、必要なトリミング領域の近くに寸法やタグ、テキストなどがある場合は、Annotation Crop Region（注釈のトリミング領域）を用いてこれらを含めることができます。

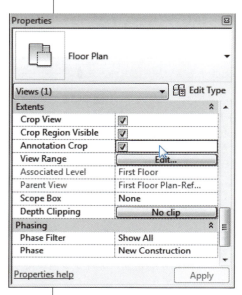
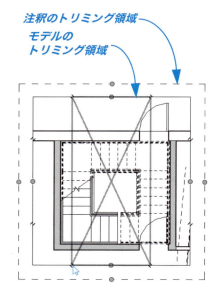

図 7–18

表示の設定をしたのにトリミング領域が表示されない場合は、ズームで縮小表示してください。

- ビューのサイズを変更するには、トリミング領域が表示されていなければなりません。View Control Bar で （Show Crop Region）をクリックします。または別の方法として、Properties の Extents エリアで **Crop Region Visible** を選択します。このエリアでは **Annotation Crop** も選択可能です。

- 領域の各側にある●コントロールを用いて、トリミング領域のサイズを変更します。

- （Break Line）コントロールをクリックして、ビューを水平または垂直方向の 2 つの領域に分割します。分割後、必要なものを表示するために、ビューの各部分のサイズを変更したり個別に移動することができます。

トリミング領域の破断機能は通常、断面図または詳細図で用いられます。

- シート上にビューを配置する前に、トリミング領域を非表示にすることが最善の方法です。View Control Bar で （Hide Crop Region）をクリックします。

ビューテンプレートの使用

ビューを効果的に用いる有力な方法の1つは、ビューを設定した後にこれを View Template として保存することです。個々のビューにビューテンプレートを適用するか、または Properties パレットから適用することが可能です。Properties パレットを用いて View Template を設定することにより、ビューを扱いながら不用意に変更してしまうことを防ぎます。

操作手順：ビューからビューテンプレートを作成する

1. 必要に応じてビューを設定します。
2. Project Browser でビューを右クリックし、**Create View Template** を選択します。
3. New View Template ダイアログボックスで名前を入力し、**OK** をクリックします。
4. 新しいテンプレートが View Templates ダイアログボックスに表示されます。ここで必要な変更を行います。
5. **OK** をクリックします。

操作手順：ビュー作成のためのビューテンプレートを指定する

1. Project Browser でビューテンプレートを適用するビュー（複数可）を選択します。
2. Properties で *Identity Data* セクションまで下にスクロールし、*View Template* 横のボタンをクリックします。
3. Apply View Template ダイアログボックスで、図 7–19 に示すようにリストからビューテンプレートを選択します。

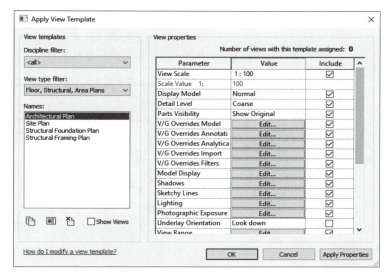

図 7–19

4. **OK** をクリックします。

- View Control Bar で 🖼 （Temporary View Properties）を用いて、ビューに一時的にビューテンプレートを適用します。

7.2 ビューを複製する

モデルを一度作成すると、異なるスケールのエレメントを再度作成したりコピーしたりせずに、これらのエレメントを2つ以上のシートで使用することができます。必要となるビューを複製し、ニーズに応じてビューを修正することも可能です。

複製のタイプ

Duplicate は図7-20に示すように、建物のエレメントのみを含むビューのコピーを作成します。注釈や詳細は新しいビューにはコピーされません。建物のモデルエレメントは全てのビューにおいて自動的に変更されますが、新しいビューに適用されるこのビュー独自の変更は、オリジナルのビューには反映されません。

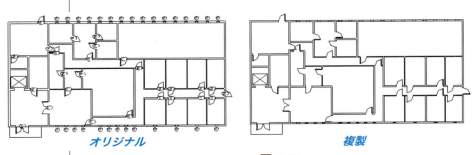

オリジナル　　　　　　　　　*複製*

図 7-20

Duplicate with Detailing は図7-21に示すように、全ての注釈や詳細エレメント（タグなど）を含むビューのコピーを作成します。新しいビュー内に作成される注釈やビュー独自のエレメントは、オリジナルのビューには反映されません。

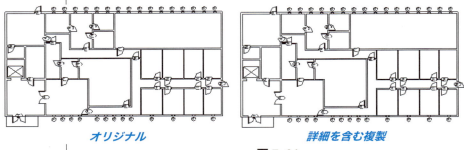

オリジナル　　　　　　　　　*詳細を含む複製*

図 7-21

ビューの取扱い

Duplicate as a Dependent は、図 7–22 の Project Browser が示すように、ビューのコピーを作成しこれをオリジナル（親）ビューとリンクします。Scale の変更など、全体ビューに加えられたビュー独自の変更についても、従属ビュー（子）において反映され、その逆の場合も同様です。

図 7–22

- 建物モデルが非常に大きく建物を別々のシートに分割する必要がある場合は、従属ビューを使用します。この際、全てのビューが同じスケールであることを確認します。

- 従属ビューをオリジナルビューから分離する場合は、この従属ビューを右クリックし、**Convert to independent view** を選択します。

操作手順：ビューの複製を作成する

1. 複製するビューを開きます。
2. 図 7–23 に示すように、View tab > Create panel で **Duplicate View** を展開し、作成する複製ビューのタイプを選択します。

ビューのほとんどのタイプが複製可能です。

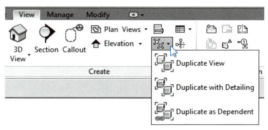

図 7–23

- 別の方法として、図 7–24 に示すように Project Browser にあるビューを右クリックし、使用する複製のタイプを選択します。

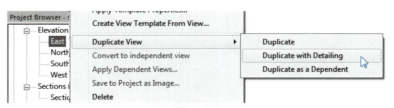

図 7–24

- ビューの名前を変更するには、ビューの名前をゆっくりと右クリックすると、図 7–25 に示すように文字がハイライト表示されます。あるいは、ビューの名前を右クリックして **Rename...** を選択するか、または <F2> キーを押します。

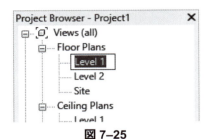

図 7–25

実習 7a

ビューを複製し、ビューの表示を設定する

この実習の目標

- ビューを複製します。
- トリミング領域を変更します。
- ビューのエレメントの可視性とグラフィック表示を変更します。

この実習では、ビューを複製した後にスケールとトリミング領域を変更し、一部のエレメントを非表示にしたりハーフトーン表示に変更することで、設計図書で使用できるように準備します。図 7–26 では、完成した 2 階のビューが示されています。

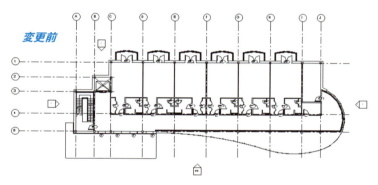

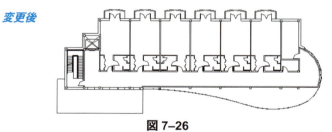

図 7–26

この実習で利用するのは、完成した建物のモデルです。

タスク 1 – 1 階平面図ビューを複製し、修正する

1. プロジェクト **Modern-Hotel-Display-M.rvt** を開いてください。

2. **Floor Plans: Floor 1** のビューを開きます。このビューには様々なタグが含まれています。

3. Project Browser で **Floor Plans: Floor 1** のビューを右クリックし、**Duplicate View > Duplicate with Detailing** を選択します。これにより、全てのタグを含んだビューが作成されます。

Autodesk Revit 2019：建築の基本

4. Project Browser で複製したビューの名前をゆっくりダブルクリックします。名前を **Floor 1 – Reference** に変更します。後で、吹き出しと断面図を配置する際にこのビューを使います。

5. Project Browser で **Floor Plans: Floor 1** のビューを右クリックし、**Duplicate View > Duplicate** を選択します。これにより、全てのタグを含まないビューが作成されますが、通芯と立面図マーカーは含まれます。

6. 名前を **Floor 1 – Overall** に変更します。

7. View Control Bar で *Scale* を **1:200** に変更します。このスケールで正しく印刷される必要があるため、全ての注釈が大きくなります。

8. View Control Bar で (Show Crop Region) をクリックします。

9. 図 7–27 で示すように、トリミング領域を選択し、プールハウスが表示されるまで上部にあるコントロールをドラッグします。

10. 必要に応じて縦の通芯を 1 つ選択し、プールハウスの上までドラッグします。

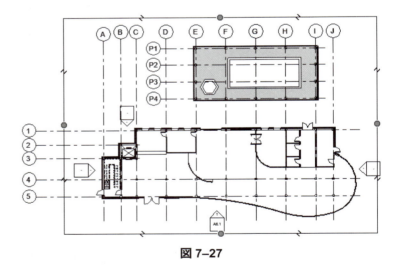

図 7–27

11. View Control Bar で、 (Hide Crop Region) をクリックします。

12. ズームで縮小表示して、ビュー全体を表示します（ヒント：**ZF** または **ZE** のショートカットを使うか、マウスホイールをダブルクリックします）。

13. プロジェクトを保存します。

タスク 2 – 2 階平面図ビューを複製し、修正する

1. **Floor Plans: Floor 2** のビューを開きます。

2. Project Browser で同じビューを右クリックし、**Duplicate View > Duplicate** を選択します。これにより注釈のない新たなビューが作成されます。

3. このビューの名前を **Typical Guest Room Floor Plan** に変更します。

4. 通芯を1つ選択し、**VH**（Hide in View Category）と入力します。

5. トリミング領域をオンに切り替え、建物の全側面の近くに持ってきます。立面図マーカーがまだ表示されている場合は、これを非表示にします。

6. トリミング領域をオフに切り替えます。

7. バルコニー沿いの手すりを1つ選択します。右クリックして **Select All Instances > Visible in View** を選択します。図 7–28 で示すように、手すりが選択されます。

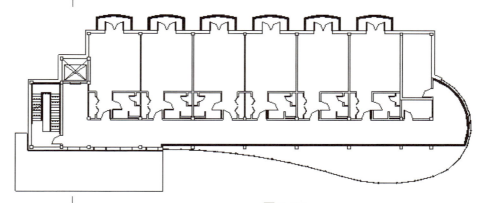

図 7–28

8. 再び右クリックし、**Override Graphics in View > By Element...** を選択します。

9. View Specific Element Graphics ダイアログボックスで **Halftone** を選択し、**OK** をクリックします。

10. ビューの中をクリックし、選択を解除します。手すりはグレー表示されて目立たなくなります。

11. 開いてるその他全てのプロジェクトを閉じます。

Autodesk Revit 2019：建築の基本

12. Quick Access Toolbar で ▦ (Close Inactive Views) をクリックします。Typical Guest Room Floor Plan のビューのみが開かれた状態にします。

13. 再び **Floor Plans: Floor 2** のビューを開きます。

14. **WT** と入力して2つのウィンドウをタイル化し、次に **ZA** と入力してビュー内にモデル全体を表示させ、ビューでの違いが分かるようにします。

15. プロジェクトを保存します。

ビューの取扱い

7.3 吹き出しビューを追加する

吹き出しとは、平面図、立面図または断面図ビューの詳細を意味します。図 7-29 に示すように吹き出しをビュー内に配置する際、図 7-30 に示すように、吹き出しの境界範囲に切り抜かれた新しいビューが自動的に作成されます。吹き出しボックスのサイズをオリジナルのビューで変更すると、吹き出しビューは自動的に更新され、その逆の場合も同様です。吹き出しの境界は、長方形またはスケッチで作成することができます。

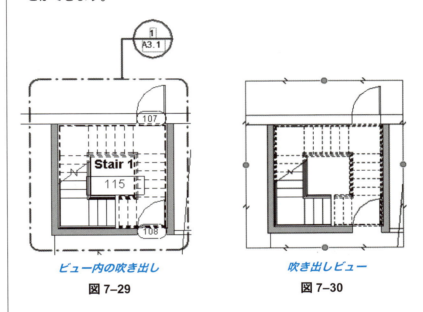

ビュー内の吹き出し　　　　　　　　吹き出しビュー

図 7-29　　　　　　　　　　　　図 7-30

操作手順：長方形の吹き出しを作成する

1. View tab > Create pane で (Callout) をクリックします。
2. 吹き出しボックスを定義するため、詳細化するエリアの周囲で向かい合う2つのコーナーを選択します。
3. 吹き出しを選択し、形状ハンドルを用いて吹き出しやその他のエッジ部など、変更が必要な部分を変更します。
4. Project Browser で吹き出しの名前を変更します。

操作手順：スケッチで吹き出しを作成する

1. View tab > Create panel で (Callout) を展開し、 (Sketch) をクリックします。

2. 図7–31に示す Modify | Edit Profile tab > Draw panel のツールを使って、吹き出しの形状を描きます。

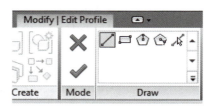

図 7–31

3. ✔（Finish）をクリックして、境界の描画を完了します。
4. この吹き出しを選択し、形状ハンドルを用いて吹き出しの位置やその他のエッジ部など、変更が必要な部分を変更します。
5. Project Browser で吹き出しの名前を変更します。

- 吹き出しビューは Project Browser において、オリジナルのビューと同じノードに保存されます。例えば、ある平面図の吹き出しは Floor Plan ノードに配置されます。

- 吹き出しビューを開くには、Project Browser の吹き出しの名前または吹き出し記号をダブルクリックします（この吹き出しをダブルクリックする前に吹き出し自体が選択されていないことを確認します）。

吹き出しの編集

吹き出し記号には、シートにビューが配置される際に数字が表示されます。

吹き出しが作成されたオリジナルのビューにおいて、図7–32に示すように形状ハンドルを用いて吹き出しの境界や記号の位置を変更することができます。

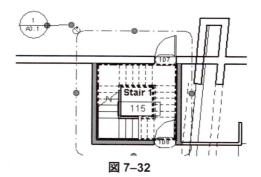

図 7–32

- 吹き出しボックスは、⟳（Rotate）コントロールをドラッグするか、または吹き出しのエッジ部を右クリックして **Rotate** を選択し、回転させることができます。

図 7–33 に示すように、吹き出しビューで形状ハンドルやビュー破断機能を用いて、トリミング領域を変更することができます。

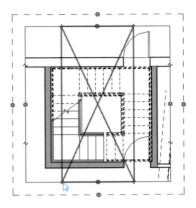

図 7–33

- ビューの境界のトリミング領域を編集するには、トリミング領域を選択し、*Modify | Floor Plan* tab > Mode panel で (Edit Crop)をクリックします。

- 変更されたトリミング領域をオリジナルの長方形の構成に戻すには、 (Reset Crop)をクリックします。

- トリミング領域や文字の注釈トリミング領域のサイズは、図 7–34 に示す Crop Region Size ダイアログボックスでも変更できます。*Modify | Floor Plan* tab > Crop panel で (Size Crop)をクリックしてこのダイアログボックスを開きます。

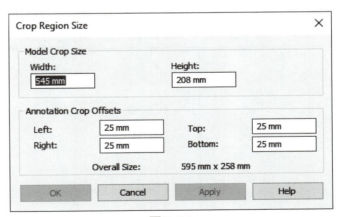

図 7–34

実習 7b

吹き出しビューを追加する

この実習の目標

- 吹き出しを作成します。
- ビューの可視性とグラフィックスタイルを上書きします。

この実習では、客室の吹き出しビューを作成し、図 7–35 で示すように、あるビューでは家具を示さないように、別のビューでは家具を示すように可視性／グラフィックスを編集します。
また、拡大した平面図を必要とする他のエリアに、吹き出しビューを追加します。

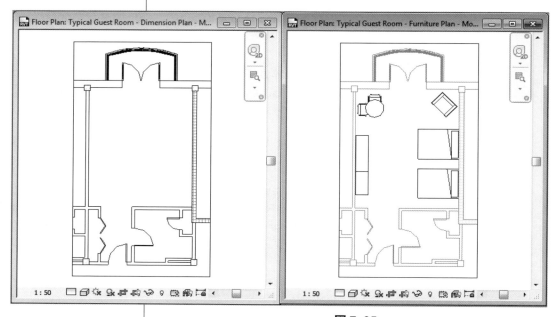

図 7–35

ビューの取扱い

タスク 1 – 吹き出しビューを追加する

1. プロジェクト Modern-Hotel-Callouts-M.rvt を開いてください。

2. Floor Plans: Typical Guest Room Floor Plan のビューを開きます。

3. *Scale* が 1:100 に設定されていることに留意します。

4. *View* tab > Create panel で (Callout) をクリックします。

5. 図 7–36 で示すように、家具付きの客室の周りに吹き出しを配置します。必要に応じて記号を移動します。

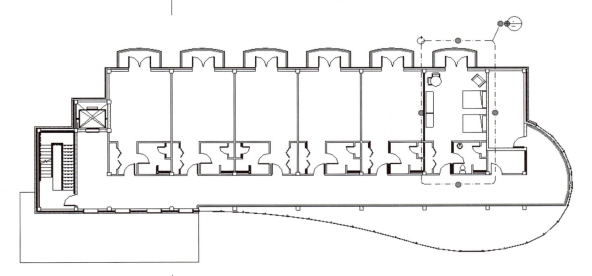

図 7–36

6. 画面の空白をクリックして選択を解除します。

7. 吹き出し記号上でダブルクリックして、ビューを表示します。部分的な平面図ビューであるため、*Scale* が自動的に 1:50 に設定されることに留意します。

8. ビューの名前を Typical Guest Room - Dimension Plan に変更します。

9. 吹き出しビューを複製し、名前を Typical Guest Room - Furniture Plan に変更します。

10. Dimension と Furniture Plans 以外の全てのビューを閉じます。

11. WT と入力してウィンドウをタイル化し、ZA と入力して、図 7-37 で示すように両方のウィンドウで縮小表示します。

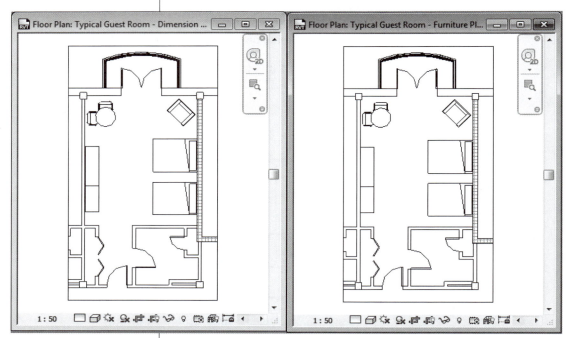

図 7-37

12. プロジェクトを保存します。

タスク 2 – ビューのグラフィックスを上書きする

1. Floor Plans: Typical Guest Room - Dimension Plan のビューの中をクリックします。

2. VV と入力して、Visibility/Graphic Overrides ダイアログボックスを開きます。

ビューの取扱い

3. ダイアログボックスで、*Filter list* を **Architecture** に設定します（他のオプションのチェックマークを外す）。*Visibility* の列で **Casework**、**Furniture**、**Furniture Systems**（図 7–38 参照）、**Plumbing Fixtures**（図に表示なし）の選択を外します。

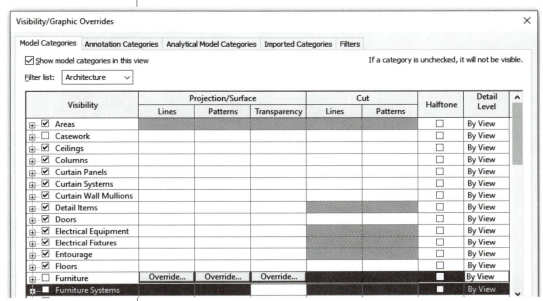

図 7–38

4. **OK** をクリックします。ビューから家具が取り除かれました。

5. **Floor Plans: Typical Guest Room - Furniture Plan** のビューの中をクリックします。

6. Visibility/Graphic Overrides ダイアログボックスを再度開きます。表の下で **All** をクリックし、*Halftone* の列のうちの1つにチェックマークを付けます。全てのエレメントがハーフトーン表示に設定されます。

7. **None** をクリックし、全てのカテゴリの選択を外します。

8. *Halftone* の列で、**Casework**、**Furniture**、**Furniture Systems**、**Plumbing Fixtures** のカテゴリの選択を外します。

9. **Apply** をクリックし、ダイアログボックスから出ることなく変更を反映させます。

10. *Annotation Categories* タブで **Show annotation categories in this view** の選択を外します。他のビューでモデルのこの部分に注釈が追加されたとしても、このビューでは注釈エレメントは表示されません。

11. **OK** をクリックしてダイアログボックスを閉じます。図 7–39 で示すように、ビューでは全ての既存のエレメントがハーフトーンで表示されるはずです。

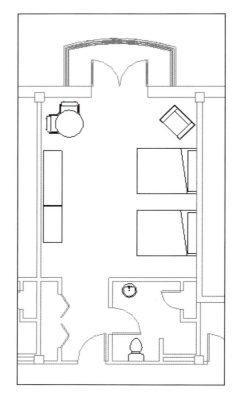

図 7–39

12. プロジェクトを保存します。

タスク 3 – 追加の吹き出し

1. **Floor Plans: Floor 1 – Reference** のビューを開いてください。

2. *View* tab > Create panel で (Callout) をクリックし、階段とトイレに吹き出しを追加します。図 7–40 で示すように、ビューに名前をつけます。

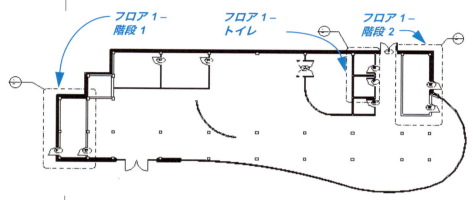

図 7–40

- 見やすくするため、ビューは簡素化されています。

3. プロジェクトを保存します。

7.4 立面図と断面図を作成する

立面図と断面図は設計図書の重要な要素であり、モデル上で作業している際に手助けとなるものです。これらのビュー（例えば図7–41の断面図）のいずれか1つに適用された変更はモデル全体を変更し、プロジェクトのモデルに適用された変更は立面図と断面図においても表示されます。

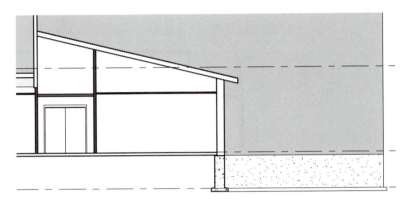

図 7–41

- Project Browser では図7–42で示すように、立面図（Elevations）は立面のタイプによって、また断面図（Sections）は断面のタイプによって区別されます。

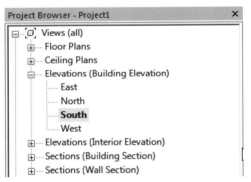

図 7–42

- 立面図または断面図ビューを開くには、Project Browser 内の矢印マーカーまたは名前をダブルクリックします。

- 立面図または断面図に名前を付けるには、Project Browser でゆっくりと名前をダブルクリックするか、または右クリックして Rename... を選択します。

立面図

立面図（または展開図）とは、建物の外側と内側を正面から見たビューを指します。デフォルトのテンプレートでは、**North**、**South**、**East** および **West** の 4 つのビューがあらかじめ定義されています。図 7–43 に示すように、異なる角度からの立面図ビューや建物内部の展開図ビューを追加で作成することができます。

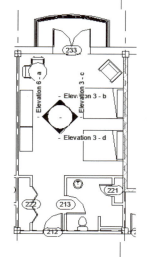
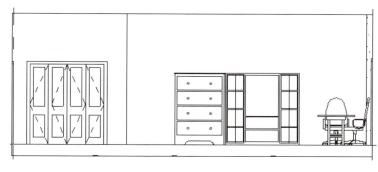

図 7–43

- 立面図（または展開図）は、平面図ビューで作成されなければなりません。
- 立面図（または展開図）や断面図をシートに追加する際、詳細番号とシート番号がビューのタイトルに自動的に追加されます。

操作手順：立面図を作成する

1. *View* tab > Create panel で ⌂ (Elevation) を展開し、⌂ (Elevation) をクリックします。
2. Type Selector で立面図のタイプを選択します。テンプレートには **Building Elevation**（立面図）と **Interior Elevation**（展開図）の 2 種類が含まれています。
3. 立面図を作成する壁の 1 つにカーソルを近づけます。マーカーが壁の角度に合わせて向きを変えます。
4. クリックしてマーカーを配置します。

- 立面図の長さ、幅および高さは、立面図マーカーが指し示す壁や天井／床によって定義されます。
- 建物内部の展開図を作成する際、展開図を作成する前に床または天井を配置するようにします。そうしないと、展開図マーカーが全ての階で表示されないように、展開図のトリミング領域を修正しなければならなくなります。

このソフトでは、最後に使用した立面図のタイプが記憶されるため、同じ立面図コマンドを使いたい場合は一番上のボタンをクリックします。

断面図

断面図は、平面図、立面図およびその他の断面図ビューで作成することが可能です。

断面図とは、モデルをスライスしたビューを指します。図 7–44 に示すように建物全体の断面図を作成したり、詳細を示すために 1 つの壁の断面図を作成することができます。

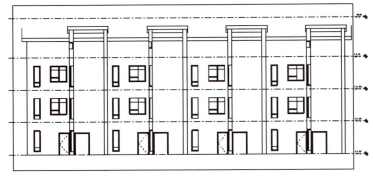

図 7–44

操作手順：断面図を作成する

1. *View* tab > Create panel または Quick Access Toolbar で (Section) をクリックします。
2. Type Selector で **Section: Building Section** または **Section: Wall Section** を選択します。製図ビューで断面図が必要な場合は、**Detail View: Detail** を選択します。
3. このビューで、記号と矢印を配置する点を選択します。
4. 断面部分を定める他方の終点を選択します。
5. 形状コントロールが表示されます。矢印を反転させたり、切断面のサイズ、記号やフラグの位置を変更することができます。

ビューの取扱い

> **ヒント：選択ボックス**
>
> 3D ビューを変更して、図 7–45 に示すように建物の各部分を表示することができます。
>
>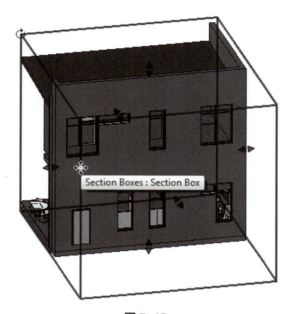
>
> 図 7–45
>
> 1. 3D ビューで、切り取るエレメントを選択します。図 7–45 の例では、前面の壁が選択されています。
> 2. *Modify* tab > View panel で (Selection Box) をクリックするか、または **BX** と入力します。
> 3. このビューは、選択されたアイテム周辺のボックスに制限されます。
> 4. Section Box（断面ボックス）のコントロールを使って、必要なものを正確に表示するようにボックスサイズを編集します。
>
> - 断面ボックスをオフにしてモデル全体を復元するには、ビューの Properties の *Extents* エリアで **Section Box** のチェックを外します。

立面図と断面図の編集

立面図と断面図を編集するには、次の2つの段階があります。

- ビューを変更するには（図7–46参照）、コントロールを使ってサイズを変更するか、またはビューに破断線を入れます。

- マーカーを変更するには（図7–47参照）、コントロールを使って立面図と断面図の長さと奥行きを変更します。それ以外の特定のタイプオプションもあります。

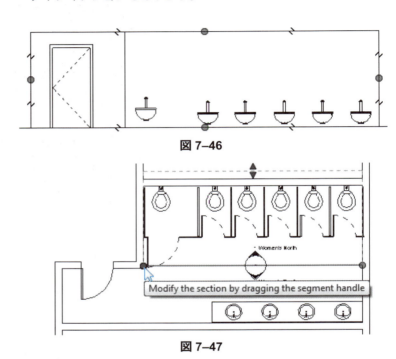

図 7–46

図 7–47

立面図マーカーを変更する

立面図（または展開図）マーカーを編集する際は、図7–48で示すようにクリップ面の長さと奥行きを指定することができます。

- 立面図マーカーの矢印の先（円形部ではない）を選択し、クリップ面を表示させます。

- 円形の形状ハンドルをドラッグし、立面図を引き延ばすかまたは短くします。

- （Drag）コントロールを調整し、立面図の奥行きを変更します。

ビューの取扱い

1つのマーカーから追加の展開図を表示するには、図7–48に示すように円形部分（矢印以外）を選択し、表示する方向にあるShow Arrowボックスにチェックマークを入れます。

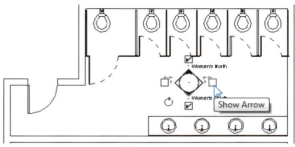

図 7–48

- ⟲ （Rotate）コントロールを用いて、マーカーの角度（角度のある部屋の壁など）を調整します。

断面図マーカーを変更する

断面図マーカーを変更する際は、図7–49に示すような様々な形状ハンドル、コントロールを用いて断面図を変更することができます。

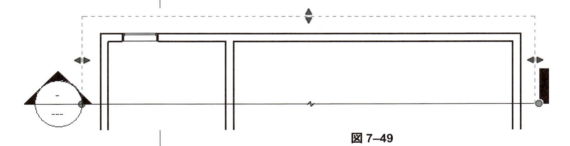

図 7–49

- ↕ （Drag）コントロールを調節して、切断平面の長さと奥行きを変更します。
- 断面線のいずれかの終端にある円形コントロールをドラッグして、切断境界を変更することなく矢印またはフラグの位置を変更します。
- ⇆ （Flip Section）をクリックして矢印の方向を変更すると、断面図全体も反転します。

- (Cycle Section Head/Tail) をクリックして、断面の端部の矢印、フラグ、または記号無しの切り替えを行います。

- (Gaps in Segments) をクリックして、図 7–50 に示すように断面線に切れ目を作成します。完全な断面線を復元するには、これを再び選択します。

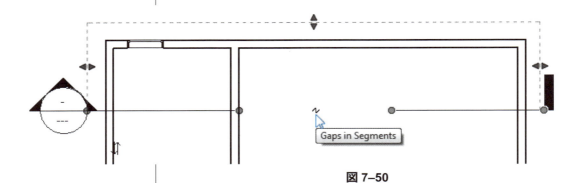

図 7–50

操作手順：断面の切断面を変更する

1. 変更する断面線を選択します。
2. *Modify | Views* tab > Section panel で (Split Segment) をクリックします。
3. 図 7–51 に示すように、線分上で分割する部分を選択します。
4. 図 7–52 に示すように、分割線の場所を指定します。

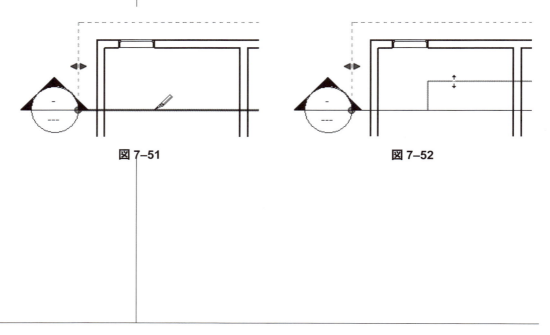

図 7–51   図 7–52

- 断面線上の線分の位置を調整する必要がある場合は、図 7–53 に示すように、各線分に沿って形状ハンドルをドラッグして変更します。

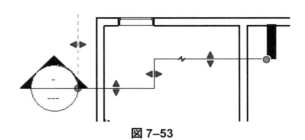

図 7–53

分割された線分を元の場所に戻すには、形状ハンドルを用いて、ずらした線分が残りの線分と揃うまでドラッグします。

- 断面図や立面図などのビューの精度の上げ方に関する詳細は、*付録 B.5 ビューの精度を上げる（P.551（B–13））*を参照してください。

実習 7c 立面図と断面図を作成する

この実習の目標

- 建物の立面図と展開図を作成します。
- 建物の断面図と壁の断面図を追加します。

この実習では、プールハウスの立面図とトイレの展開図を作成します。また、図7–54で示すように、建物の断面図を追加し、プロジェクトに複数の壁の断面図を追加します。

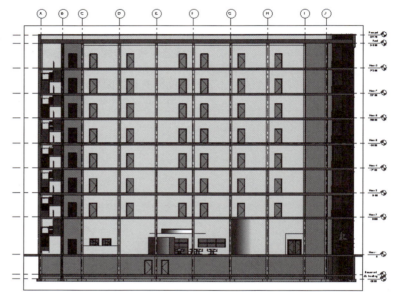

図 7–54

タスク 1 – 立面図を追加する

1. プロジェクト **Modern-Hotel-Elevations-M.rvt** を開いてください。

2. **Floor Plans: Floor 1 Overall** のビューを開きます。

3. View Control Bar で、(Show Crop Region) をクリックします。

4. このスケールで、プールハウスの上に立面図マーカーを追加する十分なスペースがあることを確認し、もしなければトリミング領域を上に移動します。

ビューの取扱い

5. *View* tab > Create panel で ⌂ (Elevation) を展開し、⌂ (Elevation) をクリックします。Type Selector で **Elevation: Building Elevation** を選択します。

6. 図 7–55 で示すように、プールハウスの外に立面図マーカーを配置します。

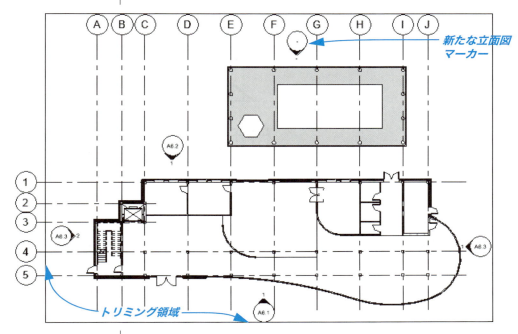

図 7–55

7. ↖ (Modify) をクリックし、新たな立面図マーカーの尖った方を選択します。

8. 図 7–56 で示すように、立面図境界の長さと奥行きを変更してプールハウスのみが表示されるようにします。

ビューを見やすくするため、通芯は非表示になっています。

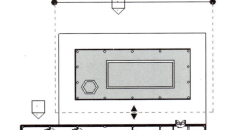

図 7–56

© 2018, ASCENT - Center for Technical Knowledge®　　　7–39　　261

Autodesk Revit 2019：建築の基本

9. 立面図マーカーの尖った方をダブルクリックして、立面図ビューを開きます。

10. トリミング領域を変更して、高さが **Floor 3** まで届き、下側が床ラインの直下になるようにします。左右はプールハウスの近くまで移動します。

11. 通芯とレベル面を非表示にして、図 7–57 に示した立面図と同じようにします。

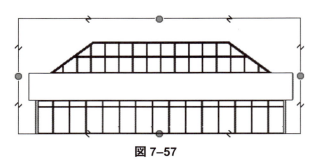

図 7–57

12. トリミング領域を非表示にします。

13. Project Browser の *Elevations（Building Elevation）* エリアで、立面図の名前（この面を最初に選ぶと Elevation 1 –a）を **Pool-North** に変更します。

14. **Floor Plans: Floor 1 Overall** のビューに戻ります。

15. プールハウスの反対側に立面図マーカーを追加します。

16. 新たな立面図を開きます。必要に応じてサイズと名前を変更します。

17. プロジェクトを保存します。

タスク 2 – 展開図を追加する

1. **Floor Plans: Floor 1 – Restrooms** のビューを開いてください。

2. 床の排水勾配を表示する床を選択し、非表示にします。

3. *View* tab > Create panel で、 (Elevation) をクリックします。

4. Type Selector で、**Elevation: Interior Elevation** を選択します。

このプロジェクトでは、プロジェクトの上側を北と見なします。

ビューの取扱い

5. トイレの 1 つに展開図を配置し、次に他のトイレにも配置します。

6. ▷（Modify）をクリックし、図 7–58 で示すように、展開図マーカーの丸い部分を選択して各ボックスにチェックマークを付けます。これにより各方向に展開図が配置されます。

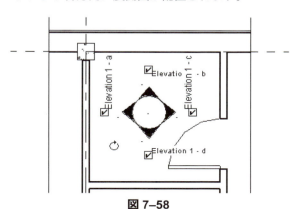

図 7–58

7. 他のトイレでも同じ手順を繰り返します。

8. 図 7–59 で示すように、Project Browser の Elevations (Interior Elevation) の下で、最上部のトイレ展開図の名前を **Men's Restroom-North**、**South**、**East**、**West** に変更し、最下部のトイレ展開図の名前を **Women's Restroom-North**、**South**、**East**、**West** に変更します。

図 7–59

9. 全ての展開図マーカーの矢印の先（円形部ではない）を選択し、図 7–60 で示すように、Properties で *Hide at scales coarser than* を **1:50** に設定します。

こうすることで、より大きなスケールの他の平面図においてマーカーは表示されなくなります。

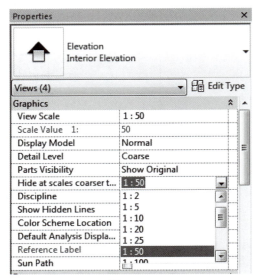

図 7–60

10. 扉に面する展開図（**Men's Restroom-East**）を 1 つ開きます。展開図は壁と天井を境界として自動的に止まります。

11. 予想した通りに展開図の境界が示されない場合は、図 7–61 で示すように、壁に密着するようにトリミング領域を移動します。

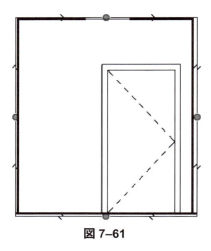

図 7–61

12. プロジェクトを保存します。

タスク 3 – ビューをクリーンアップし、建物の断面図を追加する

1. **Floor Plans: Floor 1 – Reference** のビューを開いてください。
2. プールハウスに向く立面図マーカーを選択し、非表示にします（表示するマーカーまで非表示になってしまうため、カテゴリは非表示にしません）。
3. *View* tab > Create panel で ◯ (Section) をクリックします。
4. Type Selector で、**Section: Building Section** を選択します。
5. 図 7–62 で示すように、建物を通る水平の断面図と垂直の断面図を描きます。

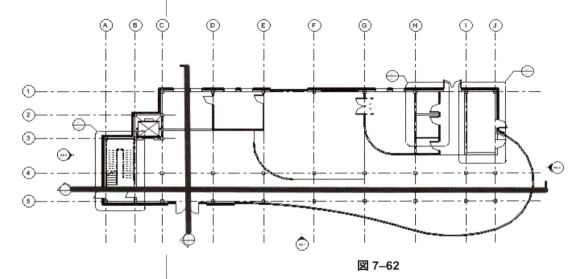

図 7–62

6. Project Browser の *Sections* の下で、名前を **East-West Section** と **North-South Section** に変更します。
7. 建物の各断面図を確認します。

扉や窓など特定の要素を通るように、*Floor 2* のビューを使って壁の断面図を配置します。

タスク 4 – 壁の断面図を追加する

1. **Floor Plans: Floor 2** のビューを開いてください。
2. プールハウスに面する立面図マーカーはエレメントごとに非表示にします。
3. *View* tab > Create panel で、◇ (Section) をクリックします。Type Selector で、**Section: Wall Section** を選択します。
4. 図 7–63 で示すように、4 つの壁の断面図を描きます。正面の壁の断面図は窓を通るように、背面の壁の断面図は扉を通るようにします。

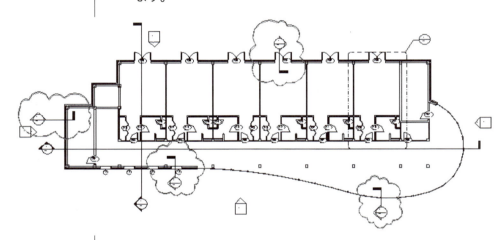

図 7–63

5. 断面の切断と干渉しないように、注釈エレメントを移動します。
6. 壁の各断面図を確認します。
7. プロジェクトを保存します。

Chapterの復習

1. 図7–64に示すコマンドのうち、同じモデルの形状を表示し、注釈のコピーを含んだ個別のビューを作成するのはどれですか？

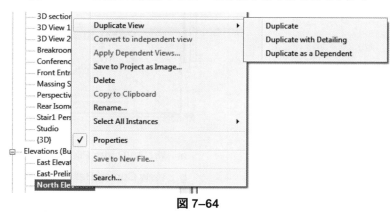

図7–64

   a. Duplicate

   b. Duplicate with Detailing

   c. Duplicate as a Dependent

2. Visibility Graphic Overridesダイアログボックスに関して、次のうち正しいものはどれですか？

   a. ダイアログボックスで適用された変更は、現在のビューのみに影響する。

   b. カテゴリのオン／オフの切り替えのみに使用される。

   c. 個別のエレメントのオン／オフの切り替えに使用される。

   d. 個別のエレメントの色を変更する際に使用される。

3. ビューで部屋を見たいのに（図 7–65 参照）表示されていない場合は、どうしたら良いですか？

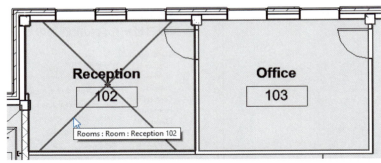

図 7–65

    a. 新しい Room Plan ビューを作成する。

    b. View Control Bar で **Rooms** をオンに切り替える。

    c. Visibility/Graphic Overrides ダイアログボックスの Rooms の下で、**Interior Fill** をオンに切り替える。

    d. **Room** コマンドの実行中に、Place Room タブで、**Interior Fill** が選択されていることを確認する。

4. 吹き出しの目的は、何を作成することですか？

    a. 雲マークと同様、手直しが必要なモデルの一部分を取り囲む境界

    b. さらに詳細を加えるために AutoCAD® ソフトにエクスポートするモデルの一部分のビュー

    c. メインビューとリンクされ、取り込み先であるモデルの一部分のビュー

    d. モデルの一部分の 2D ビュー

5. ビューに寸法を記入したところ、そのうちのいくつかは表示され、その他は非表示になっています（図7–66左側参照）。図7–66の右側のように表示させる予定だったとすると、現在非表示の寸法を表示させるには、次のうちの何を変更する必要がありますか？

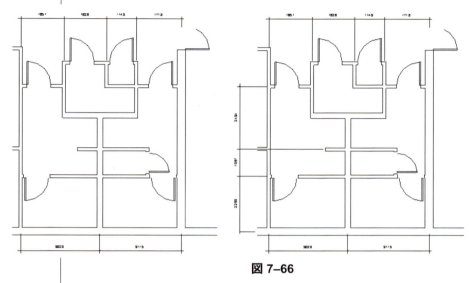

図 7–66

    a. Dimension Settings

    b. Dimension Type

    c. Visibility Graphic Overrides

    d. Annotation Crop Region

6. 1つの部屋の中に複数の展開図を作成するには、どうしたら良いですか？

    a. **Interior Elevation** コマンドを使用して、展開図マーカーを配置する。

    b. **Elevation** コマンドを使用して最初のマーカーを配置し、これを選択して、適切な Show Arrow ボックスを選択する。

    c. **Interior Elevation** コマンドを使用して、表示する部屋の各壁に展開図マーカーを配置する。

    d. **Elevation** コマンドを使用して Multiple Elevation のマーカータイプを選択し、展開図マーカーを配置する。

7. 図 7–67 に示すように、切断面を変えた建物断面図を作成するには、どうしたら良いですか？

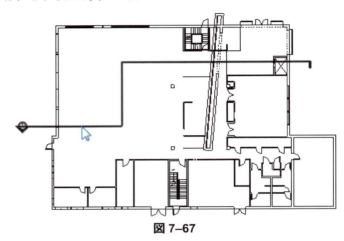

図 **7–67**

a. *Modify* tab > Modify panel にある **Split Element** ツールを使用する。

b. 建物断面図を選択し、次に Contextual tab にある **Split Segment** をクリックする。

c. 建物断面図を選択し、次に断面線の中央部にある青色のコントロールをクリックする。

d. 2本の断面線を描き、**Section Jog** ツールを使ってこれらを一体化し、切断面の異なる断面図にする。

ビューの取扱い

コマンド概要

アイコン	コマンド	場所
ビュー関連		
	Elevation	• **Ribbon**: *View* tab > Create panel > Elevation を展開
	Callout: Rectangle	• **Ribbon**: *View* tab > Create panel> Callout を展開
	Callout: Sketch	• **Ribbon**: *View* tab>Create panel> Callout を展開
	Duplicate	• **Ribbon**: *View* tab > Create panel> Duplicate View を展開 • **Right-click**:（*Project Browser のビュー で*）Duplicate View を展開
	Duplicate as Dependent	• **Ribbon**: *View* tab > Create panel > Duplicate View を展開 • **Right-click**:（*Project Browser のビュー で*）Duplicate View を展開
	Duplicate with Detailing	• **Ribbon**: *View* tab > Create panel > Duplicate View を展開 • **Right-click**:（*Project Browser のビュー で*）Duplicate View を展開
	Plan Region	• **Ribbon**: *View* tab > Create panel > Plan Views を展開
	Section	• **Ribbon**: *View* tab > Create panel • **Quick Access Toolbar**
	Split Segment	• **Ribbon**: (*立面図または断面図マーカ ーが選択された状態で*) Modify	*Views* tab > Section panel
トリミングビュー関連		
	Crop View	• **View Control Bar** • **View Properties**: Crop View (*チェック 有*)
	Do Not Crop View	• **View Control Bar** • **View Properties**: Crop View (*チェック 無*)
	Edit Crop	• **Ribbon**: (*吹き出しや立面図ビューま たは断面図ビューのトリミング領域が 選択された状態で*) Modify	*Views* tab > Mode panel
	Hide Crop Region	• **View Control Bar** • **View Properties**: Crop Region Visible (*チェック無*)
	Reset Crop	• **Ribbon**: (*吹き出しや立面図ビューま たは断面図ビューのトリミング領域が 選択された状態で*) Modify	*Views* tab > Mode panel

© 2018, ASCENT - Center for Technical Knowledge®

Autodesk Revit 2019：建築の基本

⌖	**Show Crop Region**	• **View Control Bar** • **View Properties**: Crop Region Visible（チェック有）
▦	**Size Crop**	• **Ribbon**:（吹き出しや立面図ビューまたは断面図ビューのトリミング領域が選択された状態で）Modify | Views tab > Mode panel

ビュー表示関連

♀	**Hide in View**	• **Ribbon**: Modify tab > View Graphics panel > Hide > Elements または By Category • **右クリック**:（あるエレメントが選択された状態で）Hide in View > Elements or Category Category
✎	**Override Graphics in View**	• **Ribbon**: Modify tab > View Graphics panel > Hide > Elements または By Category • **右クリック**:（あるエレメントが選択された状態で）Override Graphics in View > By Element または By Category • **ショートカットキー**:（カテゴリのみ）VV または VG
♀	**Reveal Hidden Elements**	• **View Control Bar**
⌦	**Temporary Hide/Isolate**	• **View Control Bar**
▦	**Temporary View Properties**	• **View Control Bar**

272   7–50

© 2018, ASCENT - Center for Technical Knowledge®

Chapter

8

コンポーネントの追加

建物モデルを作り上げながら、家具、照明器具、機械設備、構造部材などのコンポーネントファミリを追加します。これらのコンポーネントは社内テンプレート、Autodesk® Revit® ライブラリ、またはカスタムライブラリから読み込むことができます。

この Chapter の学習目標

- プロジェクトにコンポーネントを配置して、デザインをさらに発展させます。
- Autodesk Revit ライブラリからコンポーネントを読み込みます。
- コンポーネントのタイプと位置を変更します。
- モデルの処理速度を上げるため、使用していないコンポーネントエレメントを消去します。

© 2018, ASCENT - Center for Technical Knowledge®　　　　　8–1　　273

8.1 コンポーネントを追加する

コンポーネントファミリを利用して、多くのタイプのエレメントがプロジェクトに追加されます。図 8–1 で示すような家具、フロアランプ、テーブルランプなどの独立したコンポーネントも含まれます。
壁、天井、床、屋根、面、そして線上にホストされたコンポーネントも含まれます。図 8–1 で示した蛍光灯の照明器具のように、これらのホストされたコンポーネントは参照したエレメント上に配置されなくてはなりません。

図 8–1

- デフォルトのテンプレートには複数のコンポーネントが含まれており、新しいプロジェクトでこれらを最初から自動的に利用できます。プロジェクトにさらにコンポーネントを読み込んだり、必要に応じて作成することもできます。

- コンポーネントは RFA という拡張子付きで、ファミリファイルの中にあります。例えば、Desk.rfa という名前のコンポーネントファミリは、複数のタイプと大きさのコンポーネントを含んでいます。

コンポーネントの追加

操作手順：コンポーネントを配置する

1. *Architecture* tab > Build panel で、(Place a Component) をクリックするか、または **CM** と入力します。
2. Type Selector で、プロジェクトに加えるコンポーネントを選択します。
3. 使用するコンポーネントのタイプに基づいて、次の手順に従います。

コンポーネントが以下の場合は…	…します
ホストされてない	図 8–2 に示すように、Properties で *Level* と *Offset* を設定します。
壁にホストされている	図 8–3 に示すように、Properties で *Elevation* を設定します。
面にホストされている	図 8–4 に示すように、Contextual tab > Placement panel で適切な方法を選択します。 • Vertical Faces は、壁と柱を含みます。 • Faces は、天井、梁、屋根を含みます。 • Work Planes は、レベル面、面、名前を付けた参照面に設定できます。

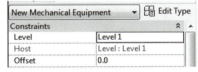

図 8–2

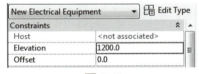

図 8–3

図 8–4

4. モデルにコンポーネントを配置します。

- すでにプロジェクト内にあるものと一致する形でコンポーネントを素早く追加するには、コンポーネントを 1 つ選択して右クリックし、**Create Similar** を選択します。これにより、同じタイプが選択された状態で **Component** コマンドが実行されます。

Create Similar は全てのエレメントで使えます。

コンポーネントの読み込み

使いたいコンポーネントがない場合は、多くの選択肢を含む Autodesk Revit Library の中を探してみてください。また、社内のカスタムコンポーネントを確認したり、業者固有のコンポーネントを見つけてもよいでしょう。

- あるプロジェクトでコンポーネントをクリップボードにコピーし、別のプロジェクトに貼り付けることもできます。

Autodesk Revit 2019：建築の基本

操作手順：ファミリを読み込む

コンポーネントを配置する際、Modify | Place Component tab > Mode panel からもファミリを読み込むことができます。

1. Insert tab > Load from Library panel で、 (Load Family) をクリックします。
2. 図 8–5 で示すように、Load Family ダイアログボックスで、読み込みたい 1 つまたは複数のファミリを含むフォルダを見つけ、選択します。一度に 2 つ以上のファミリを読み込むには、選択する際に <Ctrl> を押します。

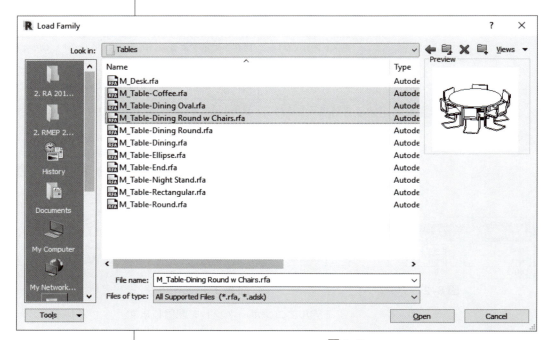

図 8–5

3. **Open** をクリックします。
4. ファミリ（複数可）が読み込まれたら、 (Component) をクリックし、図 8–6 で示すように Type Selector から使用するタイプを選択します。

図 8–6

コンポーネントの追加

8.2 コンポーネントを編集する

コンポーネントは、選択された状態で Type Selector でタイプを変更して、編集を行うことができます。例えば、タスクチェアをプロジェクトに配置（図 8-7 参照）した後に、エグゼクティブチェアに変更しなくてはならない場合があります。タイプによっては、コントロールを使ってコンポーネントを編集することができます。またコンポーネントに新たなホストを選択し、近くのエレメントと一緒にコンポーネントを移動することもできます。

ホストエレメントの操作

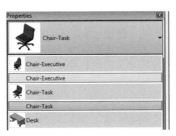

図 8-7

コンポーネントを挿入したレベル面から移動する必要がある場合は、そのホストを変更することができます。例えば、図 8-8 の机の 1 つは床から浮いています。挿入時には Level 1 に配置されたのですが、そのレベル面の下にある床に設置する必要があります。

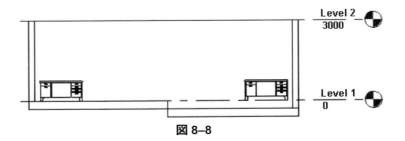

図 8-8

操作手順：新たなホストエレメントを選択する

1. コンポーネントを選択します。

2. <component type> contextual tab > Host panel で、 （Pick New Host）をクリックします。

3. 新たなホストを選択します（例えば、床など）。

- コンポーネントの要件に応じて、床、面、レベル面などをコンポーネントの新たなホストとして選択することができます。

近くのホストエレメントと移動する

コンポーネントは近くのホストエレメント（壁など）が移動した際に、一緒に移動する性質があります。コンポーネントを選択し、Options Bar で **Moves With Nearby Elements** を選択します。コンポーネントは自動的に最も近いホストエレメントに割り当てられます。

例えば、2 つの壁のコーナー付近にある机はその 2 つの壁にリンクされます。どちらかの壁が移動すれば、机も移動します。ただし、壁から独立して机を移動することも可能です。

- コンポーネントがリンクされるエレメントは、指定することができません。ソフトが自動的に決定します。このオプションはホストエレメント（壁など）のみと連動しており、他のコンポーネントでは利用できません。

使用していないエレメントの消去

図 8–9 で示すように、個々のコンポーネントタイプを含め、使用していないエレメントをプロジェクトから取り除くことができます。

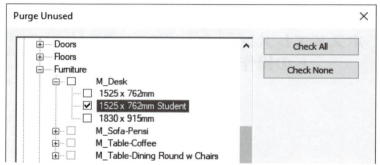

図 8–9

- エレメントによっては他のエレメントにネストされているものもあり、削除するにはプロジェクトで何回か消去を繰り返す必要があるかもしれません。

操作手順：使用していないエレメントを消去する

1. *Manage* tab > Settings panel で 🗑 （Purge Unused）をクリックします。
2. Purge unused ダイアログボックスで **Check None** をクリックし、消去するエレメントを選択します。
3. **OK** をクリックします。

- 使用していないコンポーネントを消去することは、コンポーネントリストを簡素化するだけでなく、より重要なことに、プロジェクトのファイルサイズを小さくします。

実習 8a コンポーネントを追加する

この実習の目標

- コンポーネントを読み込み、追加します。

この実習では、図 8–10 で示すように家具をホテルのロビーに追加します。カスタムライブラリからコンポーネントを読み込み、コントロールを使って配置を編集します。時間があるときは、Breakfast and Preparation エリアに造作家具と設備を追加します。最後に、柱の底部にフーチングコンポーネントを追加します。

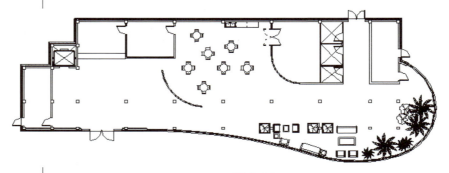

図 8–10

タスク 1 – ロビーに家具を追加する

1. プロジェクト **Modern-Hotel-Components-M.rvt** を開いてください。

2. **Floor 1 - Furniture Plan** のビューを開きます。

3. *Architecture* tab > Build panel で (Component) を展開し、 (Place a Component) をクリックします。

4. Type Selector で、プロジェクトで使える様々な家具コンポーネントを確認します。**M_Chair-Corbu** を選択し、曲線のカーテンウォール近くのロビーエリアに配置します。

5. **Floor Plans: Floor 1** のビューを開きます。Furniture カテゴリ（その他も含めて）がオフに切り替わっているので、このビューでは椅子は表示されません。

6. **Floor Plans: Floor 1 Furniture Plan** に戻ります。

7. **Component** コマンドを実行します。

これらのコンポーネントは、*Practice Files > Custom Library* フォルダにもあります。

8. *Modify | Place Component* tab > Mode panel で、(Load Family) をクリックします。

9. Load Family ダイアログボックスの Revit ライブラリで、以下のフォルダに行ってファミリを開きます。

   - *Furniture > Tables* フォルダ：
     M_Table-Dining Round w Chairs.rfa
   - *Planting* フォルダ：
     M_RPC Plant-Tropical.rfa
     M_RPC Tree-Tropical.rfa
   - *Site > Accessories* フォルダ：
     M_Planter.rfa

10. 必要に応じて、コンポーネントを配置して整えます。図 8–11 で示すようにダイニングテーブルを朝食エリアに、他のエレメントをラウンジに配置します。プランターに 1 つ以上の植栽を配置します。提案されたレイアウトに従うことも、自身のデザインを作ることもできます。

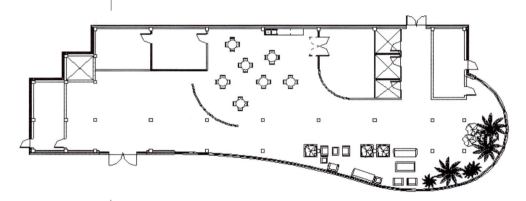

図 8–11

タスク 2 – カスタムコンポーネントを読み込んで配置する

1. **Component** コマンドを実行し、*Modify | Place Component* tab > Mode panel で、(Load Family) をクリックします。

2. Load Family ダイアログボックスで実習ファイルのフォルダに行き、*Custom Library* フォルダを開きます。以下のコンポーネントを読み込みます。

   - **M_Countertop-Lobby.rfa**
   - **M_Elevator-Door-Center.rfa**
   - **M_Elevator-Electric.rfa**

3. 腰壁のある、エレベーター近くのオフィスエリアをズームで拡大表示します。

4. Type Selector で **M_Countertop-Lobby 600mm Depth** を選択します。

5. Properties で *Offset* を **340mm** に設定します。

6. カウンタートップコンポーネントを腰壁の上に配置します。図8–12 で示すように、端部のコントロールを使って長さを編集します。両端にある垂直壁に接するように延長します。

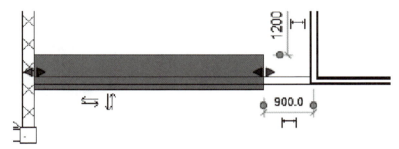

図 8–12

- カウンタートップは自動的に配置されたレベル面から **920mm** 上に設定されます。この壁の高さは **1220mm** で、カウンタートップの厚さは約 **40mm** です。

7. エレベーターの上に画面移動します。

8. 図 8–13 で示すように、**M_Elevator-Electric: 1150kg** をエレベーターの昇降路の中に配置し、**M_Elevator-Door-Center: 1050 x 2100mm** を壁の中に配置します。扉もコンポーネントであることに留意します。

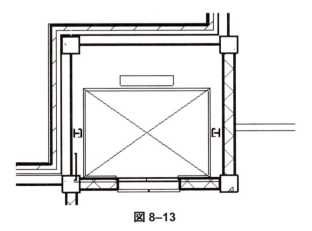

図 8–13

Autodesk Revit 2019：建築の基本

9. Elevator Door コンポーネントを選択します。

10. *Modify | Specialty Equipment* tab > Clipboard panel で (Copy to the Clipboard) をクリックします。

11. Clipboard パネルで (Paste) を展開し、 (Aligned to Selected Levels) をクリックします。

12. 図 8–14 で示すように、Select Levels ダイアログボックスで、**Basement** と **Floor 2** から **Floor 8** までを選択します。**OK** をクリックします。これにより扉が残りのレベル面にコピーされます。

図 8–14

13. プロジェクトを保存します

タスク 3 – 柱のフーチングを追加する

1. **Floor Plans: T.O. Footing** のビューを開き、ビュー内にある全てのものを選択します。

2. Status Bar（または *Modify | Multi-select* tab > Selection panel）で、 (Filter) をクリックします。

3. Filter ダイアログボックスで **Structural Columns** の選択を外し、**OK** をクリックします。

コンポーネントの追加

4. Status Bar で (Temporary Hide/Isolate) を展開し、**Hide Element** を選択します。図 8–15 で示すように、柱以外の全てを非表示にします。これによりフーチングの位置が簡単に認識できます。

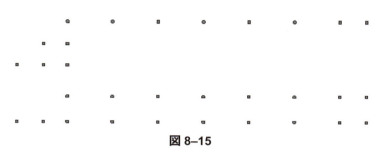

図 8–15

5. *Architecture* tab > Build panel で、 (Component) をクリックします。

6. *Modify | Place Component* tab > Mode panel で、(Load Family) をクリックします。

7. Autodesk Revit Library > *Structural Foundations* folder で、**M_Footing-Rectangular.rfa** を選択し、**Open** をクリックします。

8. Type Selector で **M-Footing-Rectangular: 1800 x 1200 x 450mm** を選択します。*Level* を **T.O. Footing** に設定します。

9. 各柱にフーチングを配置します。最低 1 つのフーチングを配置すれば、**Copy** を利用してその他を追加することができます。図 8–16 で示すように、柱の中点からコピーするようにします。

このコンポーネントは、Practice Files > Custom Library フォルダにもあります。

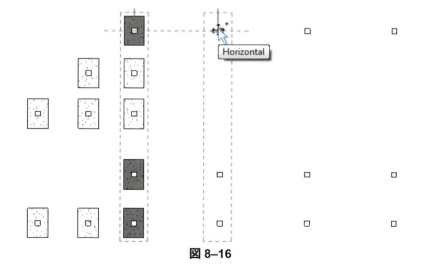

図 8–16

Autodesk Revit 2019：建築の基本

10. View Control Bar で (Temporary Hide/Isolate) をクリックし、**Reset Temporary Hide/Isolate** を選択します。全体のフーチングシステムは図 8-17 のように表示されます。

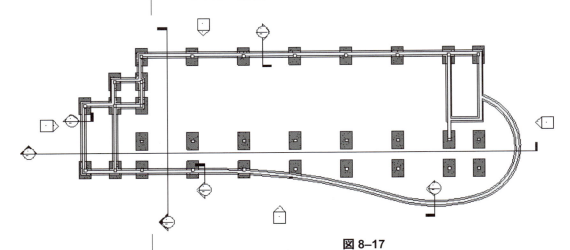

図 8-17

11. プロジェクトを保存します。

コンポーネントの追加

Chapter の復習

1. コンポーネントを挿入する際、使用するファミリはどこで選択しますか？

    a. Quick Access Toolbar

    b. Type Selector

    c. Options Bar

    d. Properties Palette

2. 使用するコンポーネントが現在のプロジェクトにない場合は、どこでそのコンポーネント入手しますか？（該当するものを全て選択してください）

    a. 別のプロジェクトでコンポーネントをクリップボードにコピーし、現在のプロジェクトに貼り付ける。

    b. 現在のプロジェクトで を使い、ダイアログボックスのリストからファミリを選択する。

    c. 現在のプロジェクトで を使い、ダイアログボックスのリストからファミリを選択する。

    d. メーカーのサイトでコンポーネントを検索し、ダウンロードする。

3. **Moves with Nearby Elements** オプションを使用すると、コンポーネントと一緒に移動するエレメントを管理することはできますか？

    a. はい。一緒に移動させたいエレメントを選択します。

    b. いいえ。最も近くにあるホストエレメントとともに移動します。

© 2018, ASCENT - Center for Technical Knowledge®

4. 図 8–18 で示すように、家具コンポーネントを初めに配置された
   レベル面よりも低い位置に移動する場合は、以下のうちどのコマ
   ンドを利用しますか？

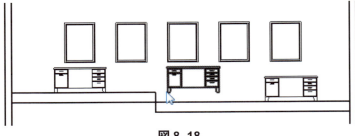

図 8–18

a. (Level) を使い、低い床の高さに Level を追加する。

b. (Ref Plane) を使い、低い床と整列した面を描く。

c. (Pick New Host) を使い、低い床を選択する。

d. (Edit Family) を使い、低い床の高さと一致するようにファミリの作業面を変更する。

コンポーネントの追加

コマンド概要

アイコン	コマンド	場所
	Load Family	• **Ribbon**: *Modify	Place Component* tab>Load panel or *Insert* tab > Load from Library panel
	Pick New Host	• **Ribbon**: *Modify	Multi-Select* or *component type* contextual tab > Host panel
	Place Component	• **Ribbon**: *Architecture* tab > Build panel> expand Component • **ショートカットキー** : CM
	Place on Face	• **Ribbon**: *Modify	Place Component* tab > Placement panel
	Place on Vertical Face	• **Ribbon**: *Modify	Place Component* tab > Placement panel
	Place on Work Plane	• **Ribbon**: *Modify	Place Component* tab > Placement panel
	Purge Unused	• **Ribbon**: *Manage* tab > Settings panel

© 2018, ASCENT - Center for Technical Knowledge®

Chapter
9

床のモデリング

Autodesk® Revit® ソフトの床は、複層構造の床として、または床スラブの上に配置される床材のみを示す薄い層としても利用できます。排水用に勾配を付ける、穴を開ける、複数の床を貫くシャフト（竪穴）を作るなどして床をカスタマイズすることができます。

この Chapter の学習目標

- 床境界を描き、編集します。
- より分かりやすいビジュアル表現のために、床と壁のジオメトリを結合します。
- 複数の床を貫くシャフト（竪穴）開口部を追加します。
- 排水用に、1 つまたは複数の方向で床に勾配を付けます。

9.1 床をモデリングする

図 9–1 で示すように **Floor** コマンドは、床、バルコニー、デッキ、パティオなど、平らまたは勾配のあるどのようなサーフェス（傾斜面）でも生成することができます。一般的に床は平面図ビューで作成され、壁を境界とする方法と外形をスケッチする方法があります。

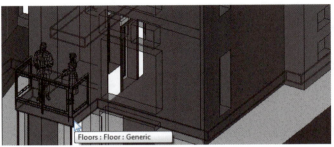

図 9–1

- 床タイプによって床の厚さが制御されます。

操作手順：床を追加する

1. *Architecture* tab > Build panel で (Floor) を展開し、 (Floor: Architectural) または (Floor: Structural) をクリックします。画面がスケッチモードになり、モデルの他のエレメントがグレー表示されます。
2. Type Selector で、使用する床のタイプを設定します。Properties で他の必要なオプションを設定します。
3. *Modify | Create Floor Boundary* tab > Draw panel で (Boundary Line) をクリックします。

    - (Pick Walls) をクリックし、外側または内側のエッジを指定して壁を選択します。壁を選択したら、図 9–2 で示すように (Flip) をクリックして、境界位置の内側／外側を反転させます。

    - (Line) またはその他の Draw ツールをクリックし、境界エッジを描きます。

4. (Slope Arrow) をクリックして、床全体の勾配を定義します。

スケッチ線は閉じたループでなくてはなりません。Modify panel のツールを使って交点を調節します。

スパン方向は、最初に描いた線に自動で配置されます。

5. 図 9–2 で示すように (Span Direction) をクリックし、床の中の構造エレメントの方向を編集します。

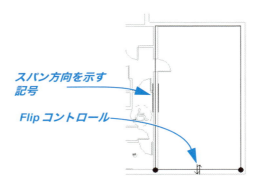

図 9–2

6. (Finish Edit Mode) をクリックして、床を作成します。

- (Pick Walls) を使っている場合で、壁の中に床を入り込ませたいときは、Options Bar の **Extend into wall (to core)** オプションを選択します。例えば、床は壁の石膏ボードと空隙まで届きますが、ブロックなどの芯材の層で止まります。

- 1 つまたは複数の境界スケッチ線を選択する場合は、図 9–3 で示すように、*Concrete* または *Steel* 用に *Cantilevers*（片持ち）を設定することができます。

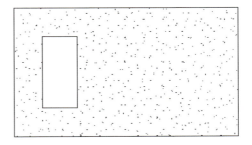

図 9–3

- 床に開口部を作るには、図 9–4 で示すように、最初に閉じたループを描いた中に別の閉じたループを作成します。

図 9–4

> **ヒント：円弧のスケッチと接線ロック**
>
> 他の線に接する円弧や楕円をスケッチに追加する場合は、図 9–5 で示すように、接線ロック（Join Tangency をオンに切り替える）をクリックすることで、配置をその場にロックすることができます。
>
>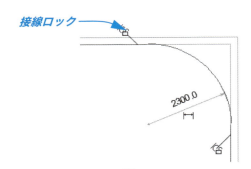
>
> 図 9–5
>
> - スケッチモードのときは、常にこのロックは利用可能です。

- 上のレベル面に床を作成する場合は、下にある壁を床の下側とそのレベル面に接着させるかどうかを促す警告ボックスが表示されます。壁の高さが数種類ある場合は、**No** をクリックして壁を個別に付けた方がよいでしょう。

- 図 9–6 で示すように、別の警告ボックスが開く場合があります。自動でジオメトリを結合できますが、後からでもできます。

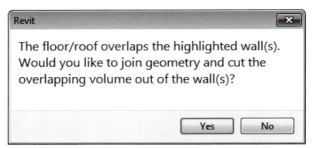

図 9–6

床のモデリング

- 床の上にさらに床を配置することができます。例えば、図 9–7 で示すように、構造床にタイルやカーペットなどの床仕上げを施す場合があります。これらの床は個別に集計することができます。

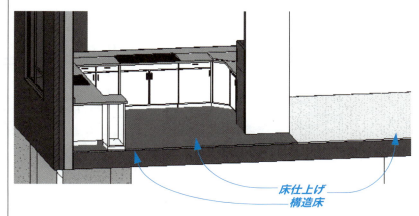

図 9–7

床を編集する

Type Selector を使って、床を異なるタイプに変更することができます。図 9–8 で示すように、Properties で *Height Offset From Level* などのパラメータを編集することができます。床が選択されている時は、その境界も編集することができます。

複層構造の床の Elevation at Top (Bottom) や Elevation at Top (Bottom) Core などの Properties 内のパラメータの多くは、集計表で使われます。

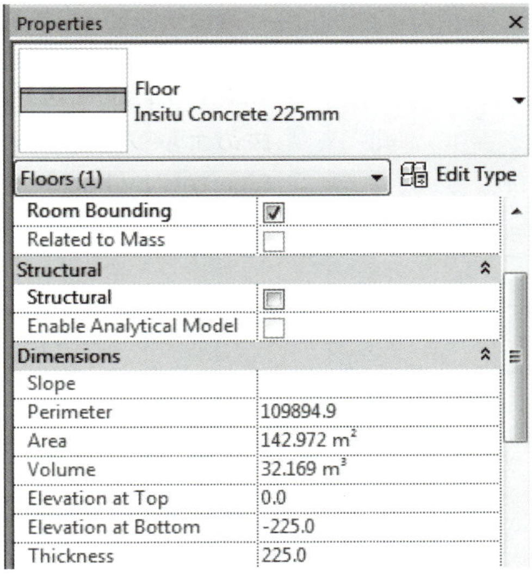

図 9–8

操作手順：床スケッチを編集する

1. 床を選択します。図 9–9 で示すように、床付近のエレメントをハイライト表示し、Status Bar または Tooltip に床タイプが表示されるまで <Tab> を押し続けなければならない場合があります。

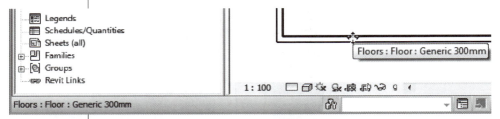

図 9–9

2. *Modify | Floors* tab > Mode panel で (Edit Boundary) をクリックします。スケッチモードになります。
3. 描画ツール、コントロール、様々な修正ツールを使って、スケッチ線を編集します。
4. (Finish Edit Mode) をクリックします。

- 境界の編集へ直接移動するには、床をダブルクリックします。
- 床スケッチは平面図と 3D のビューで編集できますが、立面図ビューではできません。立面図ビューで編集しようとすると、編集用に他のビューを選択するようプロンプトが表示されます。

> **ヒント：床面を選択する**
>
> 床のエッジの選択が難しい場合は、Selection Option (Select Elements by Face) をオンに切り替えます。これにより、エッジだけでなく床面も選択できるようになります。

床のモデリング

ジオメトリを結合する

結合するオブジェクトを通る断面を切ることで、オブジェクトをよりはっきりと表示します。

Join Geometry は、交点をクリーンアップするために使われる多目的コマンドです。エレメントは切り離されたままですが、交点がクリーンアップされます。床、壁、屋根を含む多くのタイプのエレメントで使うことができます。図9–10で、左側の壁と床が結合されましたが、右側の壁と床が結合されていないため、交点のエッジを定義する線が表示されていません。

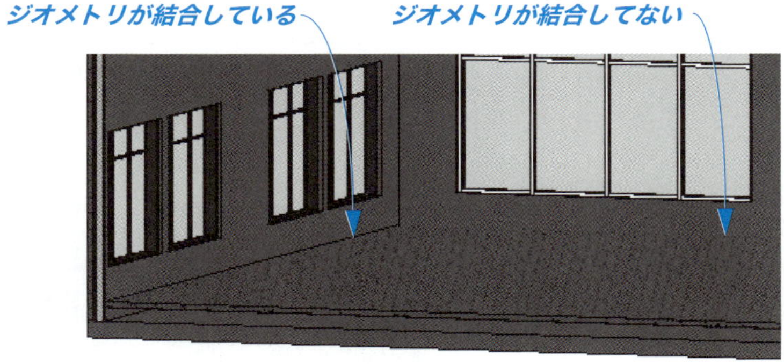

図 9–10

操作手順：ジオメトリを結合する

1. *Modify* tab > Geometry panel で、 （Join）を展開し、 （Join Geometry）をクリックします。

2. 結合するエレメントを選択します。

- Options Bar で **Multiple Join** オプションをオンに切り替えると、最初の選択物に結合させる複数のエレメントを選択することができます。

- 結合を解除するには、 （Join）を展開して （Unjoin Geometry）をクリックし、結合を解除するエレメントを選択します。

© 2018, ASCENT - Center for Technical Knowledge®

実習 9a 床をモデリングする

この実習の目標

- 床を追加します
- 床を複数のレベル面にコピーします。

この実習では、プロジェクトの地下、1階、2階の床を作成または編集します。次に、2階の床を他の関係するレベル面にコピーし、床と壁の間の接続をクリーンアップします。2階のバルコニー付きの床が図 9–11 で示されています。

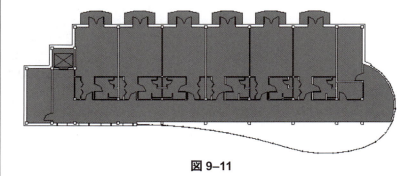

図 9–11

タスク 1 – 地下の床を追加する

1. プロジェクト **Modern-Hotel-Floors-M.rvt** を開いてください。

2. **Floor Plans: Basement** のビューを開きます。

3. *Architecture* tab > Build panel で、 (Floor) をクリックします。

4. Type Selector で **Floor: Insitu Concrete 225mm** を選択します。

5. *Modify | Create Floor Boundary* tab > Draw panel で、 (Pick Walls) をクリックし、外周の基礎壁の内側面を選択します。Modify ツールを使って、境界が閉じたループになるようにします。

6. (Finish Edit Mode) をクリックします。

床のモデリング

7. ジオメトリの結合に関する警告ボックスが表示されたら、**Yes** をクリックします。図 9–12 で示すように、床の塗り潰しパターンが表示されます。

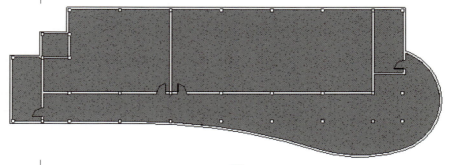

図 9–12

8. 画面の空白をクリックし、選択を解除します。

9. **Floor** コマンドを再度実行します。

<Enter> を押して、最後に使用したコマンドを繰り返します。

10. Type Selector で **Floor: Tile** を選択します。Properties で、タイルの厚さと一致するように *Height Offset from Level* を **6mm** に設定します。

11. 図 9–13 で示すように、階段室とホールの周りに境界を描きます。

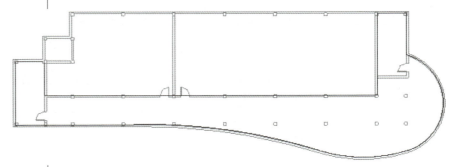

図 9–13

12. ✓ （Finish Edit Mode）をクリックします。

13. 重なるジオメトリを結合するようプロンプトが表示された場合は、**Yes** をクリックします。

Autodesk Revit 2019：建築の基本

14. 画面の空白をクリックして選択を解除し、ズームで拡大表示して、図 9–14 で示すように異なる床仕上げを表示します。

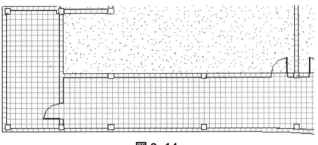

図 9–14

15. プロジェクトを保存します。

タスク 2 – 建物のベースとして床を編集します

1. **Floor Plans: Floor 1 with Pool** のビューを開いてください。

2. プールハウスの外の既存の床を選択します。*Modify | Floors* Tab > Mode panel で、 (Edit Boundary) をクリックします。

3. 図 9–15 で示すように、境界を編集します。

*床の境界を編集して建物の
ベースを作成します。*

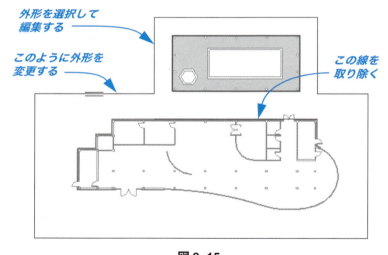

図 9–15

床のモデリング

4. ✓（Finish Edit Mode）をクリックします。

5. 壁を床に付けるかどうかをプロンプト表示された場合は、**No** をクリックします。壁をいくつか接着する必要がありますが、全ての壁は必要ありません。

6. 画面の空白をクリックして選択を解除します。

7. 建物を 3D で確認します。これで建物が乗るベースができました。

8. プロジェクトを保存します。

タスク 3 – バルコニー付きの 2 階の床を追加する

1. **Floor Plans: Floor 2** のビューを開いてください。

2. *Architecture* tab > Build panel で（Floor）をクリックし、以下のオプションを設定します。

    - Type Selector で **Floor: Generic - 300mm** を選択する。
    - Options Bar で *Offset* を **0.0** に設定し、**Extend into wall (to core)** を選択する。
    - Properties で *Height Offset From Level* を **0.0** に設定する。

3. （Pick Walls）を使って、メインの外壁を選択します。3 つの曲線状の壁は選択しません。

4. （Pick Lines）に変更し、図 9–16 で示すように、リンクされた CAD ファイルの通路の線を選択します。

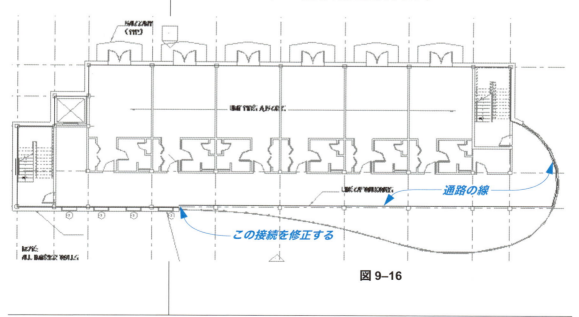

図 9–16

5. 図 9–17 で示すように、正面の壁と通路が接続する箇所をズームで拡大表示して修正し、他の接続箇所も確認します。

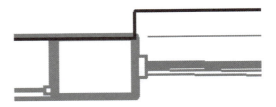

図 9–17

6. バルコニーの 1 つへ画面移動します。

7. （Pick Lines）を使ってバルコニーの外形線を作成します。

8. ドラッグコントロールを使って、バルコニー線を床線につなげます。

9. Options Bar で **Delete Inner Segment** を選択した状態で、 （Split Element）を使って図 9–18 に示すように線を切断します。

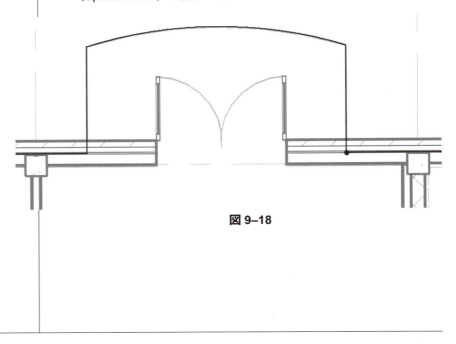

図 9–18

床のモデリング

10. （Modify）をクリックしてバルコニーエレメントを選択します。

11. 他のバルコニーへエレメントをコピーし、線を分割して一続きの線でスケッチを作成します。

12. （Finish Edit Sketch）をクリックします。

13. 最初の警告ボックス（図 9–19 参照）が表示されたら、**No** をクリックします。この床にその壁は接着しません。

図 9–19

14. 図 9–20 の警告ボックスが表示されたら、**Yes** をクリックして、壁からジオメトリが重なっている部分を切り取ります。

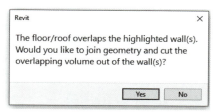

図 9–20

15. 画面の空白をクリックし、床の選択を解除します。

16. インポートした CAD ファイルを選択し、**VH** と入力して、ビューで非表示にします。

17. プロジェクトを保存します。

タスク 4 – 他の階に 2 階の床をコピーして、壁と床の接続をクリーンアップする

1. **Floor Plans: Floor 2** のビューで新たな床を選択します（**ヒント：**最も簡単な方法はバルコニーを選択することです）。

2. <Ctrl> を押したまま、バルコニーの全ての扉を選択します。

3. *Modify | Multi-Select* tab > Clipboard panel で （Copy to the Clipboard）をクリックします。

4. Clipboardパネルで (Paste) を展開し、 (Aligned to Selected Levels) をクリックします。

5. 図9–21で示すように、Select Levelsダイアログボックスで **Floor 3** から **Floor 8** までを選択し、**OK** をクリックします。

この方法は、内壁と扉を他の階にコピーする際にも使えます。

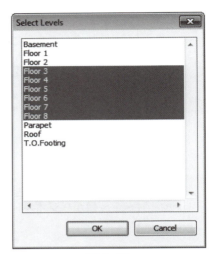

図 9–21

6. 3Dビューを開いて回転させ、図9–22で示すように、建物内の新たな扉と床を表示します。

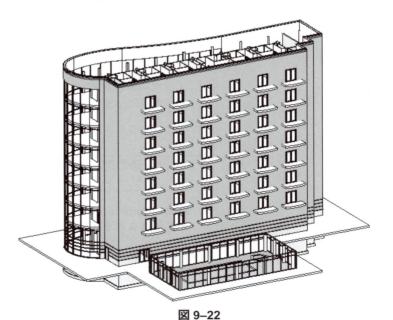

図 9–22

7. 建物の背面をズームで拡大表示します。バルコニーまで延長する床スラブは壁と結合されてないため、図 9–23 で示すように、壁とバルコニーの接続部に線が表示されません。ズームで縮小表示して全ての床を表示します。

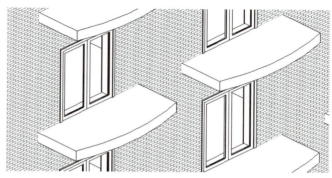

図 9–23

8. *Modify* tab > Geometry panel で (Join) を展開し、 (Join Geometry) をクリックします。Options Bar で **Multiple Join** を選択します。

9. 背面の外壁を選択し、図 9–24 で示すように、バルコニー付きの各階を選択して壁と床を結合させます。Floor 2 はすでに結合されているため、選択する必要はありません。

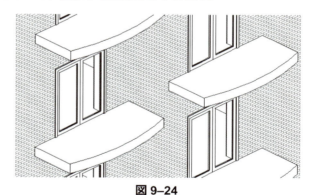

図 9–24

10. **Modify** をクリックしてコマンドを終了し、画面の空白をクリックして選択を解除します。

11. ズームで縮小表示して、建物全体を確認します。

12. プロジェクトを保存します。

9.2 シャフト開口部を作成する

既存のスケッチに閉じた形を描くことで、床（屋根と天井も同様）に開口部を追加することができます。エレベーターの昇降路や複数階以上にわたるその他の床開口部がある場合は、図 9–25 の平面図と 3D で示すように、Shaft Opening を作成します。

Shaft Openings は床、屋根、天井のみを切り抜きます。壁や梁やその他のオブジェクトは切り抜きません。

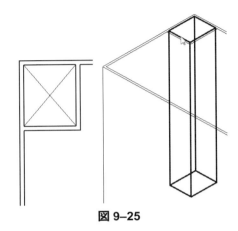

図 9–25

操作手順：シャフト開口部を追加する

1. *Architecture* tab > Opening panel で、 (Shaft) をクリックします。
2. *Modify | Create Shaft Opening Sketch* tab > Draw panel で、 (Boundary Line) をクリックし、線を描いて開口部を定義します。
3. Draw パネルで (Symbolic Line) をクリックし、平面図ビューで開口記号を表示する線を追加します。
4. Properties で以下の設定をします。
    - *Base and Top Constraint*
    - *Base and Top Offset* または *Unconnected Height*
5. (Finish Edit Mode) をクリックして、開口部を作成します。

- Shaft Opening エレメントには各レベル面で反復されるシンボル線分が含められ、平面図ビューでシャフトを表示します。

- シャフトは床、屋根、天井、壁からは独立したエレメントであり、ホストエレメントを選択せずに消去することができます。

9.3 勾配のある床を作成する

床には勾配を付けることができます。床に一方向の勾配を作るには、図 9–26 で示すように、床のスケッチに *slope arrow*（勾配矢印）を配置します。

Sketch モードを実行している時だけ勾配矢印が表示されます。

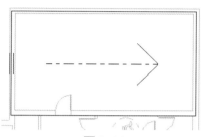

図 9–26

- 床が作成されたら、複数の排水ポイントを追加し、そのポイントに向けて床に勾配をつけることができます。

- これらのツールは、屋根や構造スラブでも利用できます。

操作手順：床を一方向に傾斜させる

1. 勾配を付ける床を選択します。*Modify | Floors* tab > Mode panel で （Edit Boundary）をクリックします。
2. *Modify | Floors > Edit Boundary* tab > Draw panel で、 （Slope Arrow）をクリックします。
3. 2 点を選択して矢印を定義します。最初の点がテールで、2 点目がヘッドになります。テールとヘッドの位置で高さを特定することができます。矢印の方向が勾配の向きを定義します。
4. Properties で、図 9–27 で示すように *Tail* と *Head* での *Level* と *Offset* を設定します。

Constraints	
Specify	Height at Tail
Level at Tail	Default
Height Offset at Tail	300.0
Level at Head	Default
Height Offset at Head	0.0

図 9–27

排水用に複数の勾配を作成する

トイレ、研究室、ガレージなどの部屋の多くは、図 9–28 で示すように、排水口に向かって傾斜する床が必要です。また、全ての陸屋根は実際には平らではなく、排水口に向かう勾配があります。複数のツールを用いることで、排水場所を示す点を作成したり、傾斜路がどのように排水するかを定義する線を作成することができます。

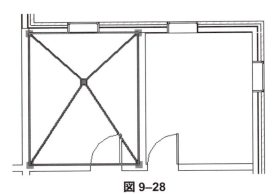

図 9–28

- これらのツールは、床、屋根、構造床で利用することができます。

操作手順：排水用に複数の勾配を作成する

1. 必要に応じて、平らな床、屋根、スラブを選択します。
2. *Modify | Floors* tab > Shape Editing panel で、図 9–29 に示すように、勾配の定義に使用するツールを選択します。

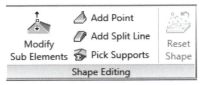

図 9–29

 Add Point：サーフェス（傾斜面）上の低点または高点の位置を指定します。Options Bar で *Elevation* を設定します。
  - デフォルトでは、高さはサーフェスの頂点と相関しています。プロジェクト用の高さを使用する場合は **Relative** オプションを外します。

    Elevation: -75   ☑ Relative:

  - 点を配置した際に表示されます。サーフェスのコーナーから点に向かって勾配線が自動的に追加されます。

床のモデリング

	Add Split Line	：2 つ以上の排水口を配置した際、サーフェス上のより小さいエリアを定義します。作業しているエリアの大きさによっては、排水口を追加する前にこの小さなエリアを作成した方がよいかもしれません。 2 つ以上の接続されたセグメントを追加する場合は、**Chain** オプションを選択します。
	Pick Supports	：分割線を定義する構造梁を選択します。
	Modify Sub-Elements	：エッジや点の高さを変更し、点の位置を変更します。下図で示すように、 (Modify Sub-Elements) をクリックせずに形状ハンドルを使って点を移動することができます。<Tab> を押してオプションを順番に表示し、編集するエレメントを見つけます。

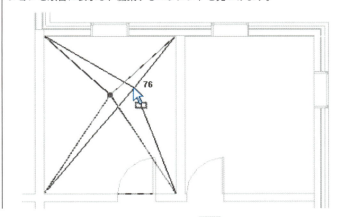

- サーフェスから勾配を取り除くには、 (Reset Shape) をクリックします。

- 図 9-30 で示すように、床、屋根、スラブは、厚みが一定（エレメント全体が勾配する）のスタイルまたは厚みが変化（上部層だけが勾配する）するスタイルを使用します。

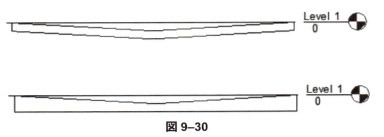

図 9-30

実習 9b シャフト開口部と傾斜床を作成する

この実習の目標
- シャフト開口部を作成します。
- 床を傾斜させます。

この実習では、図 9–31 の左側で示すように、エレベーター用のシャフト開口部を追加します。また、図 9–31 の右側で示すように、Shape Editing（形状編集）ツールを使って、トイレと清掃員更衣室の排水用に床を傾斜させます。

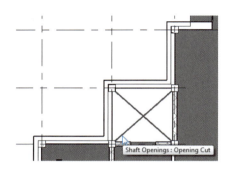

図 9–31

タスク 1 – シャフト開口部を作成する

1. プロジェクト **Modern-Hotel-Shaft-M.rvt** を開いてください。

2. **Floor Plans: Floor 1** のビューを開き、エレベーターエリアをズームで拡大表示します。

3. 一時的にエレベーターを非表示にします。

4. *Architecture* tab > Opening panel で (Shaft) をクリックします。

5. *Modify | Create Shaft Opening Sketch* tab > Draw panel で (Boundary Line) が選択されていることを確認します。

床のモデリング

シャフトは、構造エレメントを通り抜けることはありません。

6. (Pick Walls) を使って境界を作成します。次に、(Trim/Extend to Corner) を使って、図 9–32 で示すように境界を閉じたループにします。

7. Draw パネルで (Symbolic Line) をクリックし、図 9–32 で示すように、開口部をまたがる 2 つの線を追加します。

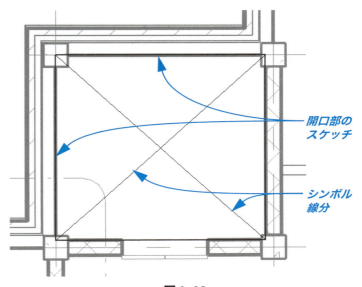

図 9–32

8. Properties で、*Base Constraint* が **Floor 1** であることを確認します。*Base Offset* を（マイナス）**-300mm** に、*Top Constraint* を **Up to Level:Roof** に設定します。

9. (Finish Edit Mode) をクリックします。

10. **Temporary Hide/Isolate** をリセットし、全体がビューに収まるようにズームで縮小表示します。

11. **Floor Plans: Floor 2** のビューを開きます。

12. View Control Bar で、*Visual Style* を (Consistent Colors) に変更して開口部を表示します。

13. *Visual Style* を (Hidden Line) に戻します。

14. 3D ビューを開き、これを回転させて、図 9–33 で示すようにシャフトがすべての階を通り抜ける様子を表示します。

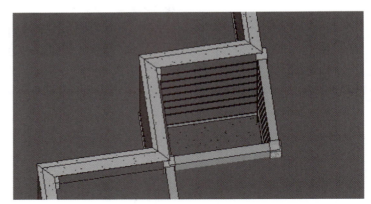

図 9–33

15. 他の階全体の平面図ビューを 2 つほど開きます。シンボル線分が全てのビューで表示されます。

16. **Floor Plans: Floor 1** のビューに戻ります。

17. 必要に応じて、ビュー全体が画面に収まるように縮小表示します。

18. Quick Access Toolbar で (Close Inactive Views) をクリックします。

19. プロジェクトを保存します。

タスク 2 – 排水用に床を勾配させる

1. **Floor Plans: Floor 1 – Restrooms** のビューを開いてください。

2. 清掃用具室が平面図に含まれるように、トリミング領域のサイズを拡張します。

3. 立面図マーカーを 1 つ選択し、カテゴリを非表示にします。

4. このビューでは床のエッジが表示されないため、通常の方法で床を選択することはできません。Status Bar で (Select Elements by Face) をクリックし、次にその面をクリックして床を選択します。

5. *Modify | Floors* tab > Shape Editing panel で (Add Split Line) をクリックします。図 9–34 で示すように線を描きます。

床のモデリング

Chainオプションを使って、まず外側のエッジを全て追加します。

図 9–34

6. Shape Editing パネルで (Add Point) をクリックします。Options Bar で Elevation を（マイナス）**-15mm** に設定します。図 9–35 の部屋の例で示すように、各部屋の中心に点を配置します。

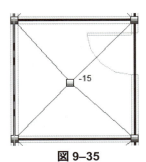

図 9–35

7. コマンドを終了します。

8. Status Bar で (Select Elements by Face)をオフに切り替えます。

9. 3D ビューを開き、ズームで縮小表示してプロジェクトを保存します。

Chapterの復習

1. 床を作成する際、境界のスケッチは以下のどの状態でなくてはなりませんか？
    a. 開いている
    b. 閉じている
    c. どちらでも構わない

2. 図9–36で示す例のように、床の厚さを変更するにはどうすればよいですか？

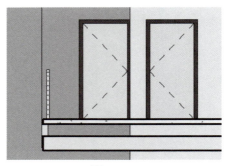

図9–36

    a. Type Selectorで Floor Type を変更する。
    b. Options Barで Floor Thickness を変更する。
    c. Propertiesで Floor Thickness を変更する。
    d. Contextual ribbonで Offset を変更する。

3. 複数階に同時に開口部を開けるには、以下のどの Opening コマンドを使えばよいですか？
    a. **By Face**
    b. **Shaft**
    c. **Wall**
    d. **Vertical**

4. 傾斜床を作成する際、（Add Point）はどこに点を配置しますか？
    a. 勾配を終了させたい床の端
    b. 勾配を開始させたい床の端
    c. 床の高点または低点
    d. 2つの勾配が収束する点

床のモデリング

コマンド概要

アイコン	コマンド	場所
	Floor: Architectural	• **Ribbon**: *Architecture* tab > Build panel > Floor を展開
	Floor: Structural	• **Ribbon**: *Architecture* tab > Build panel > Floor を展開
	Shaft	• **Ribbon**: *Architecture* tab > Opening panel

形状編集ツール

アイコン	コマンド	場所
	Add Point	• **Ribbon**: *Modify* | *Floors* tab > Shape Editing panel
	Add Split Line	• **Ribbon**: *Modify* | *Floors* tab > Shape Editing panel
	Modify Sub Elements	• **Ribbon**: *Modify* | *Floors* tab > Shape Editing panel
	Pick Supports	• **Ribbon**: *Modify* | *Floors* tab > Shape Editing panel
	Reset Shape	• **Ribbon**: *Modify* | *Floors* tab > Shape Editing panel

© 2018, ASCENT - Center for Technical Knowledge®

Chapter

10

天井のモデリング

Autodesk® Revit® ソフトでは、天井伏図を用いて天井を作成します。部屋の境界線を選択するか、部屋全体をカバーしない天井を描いて、天井を追加することができます。吸音板グリッドから成る標準天井を作成することもできますし、間に垂れ壁が入った高さの異なるカスタム天井を作成することもできます。天井の作成に加えて、天井器具を天井エレメントに直接設置することもできます。

この Chapter の学習目標

- 部屋全体をカバーする自動天井や、デザインに合わせてカスタマイズされたスケッチ天井を作成します。
- 吸音板が部屋に正しくフィットするように、天井の境界線と吸音板のグリッドの位置を変更します。
- 照明器具や空調器具のような天井コンポーネントを追加します。
- 高さの異なる天井の間に垂れ壁を追加します。

© 2018, ASCENT - Center for Technical Knowledge®

10.1 天井をモデリングする

Autodesk Revit のモデルに天井を追加することは、簡単なプロセスです。天井を設置するには、図 10–1 の右側の大きな部屋で示すように、壁で囲まれた範囲をクリックします。すると天井が作成されます。必要に応じて、カスタム天井を描くことも可能です。天井に固定された器具は、天井伏図だけでなく断面図と 3D のビューにも表示されます。

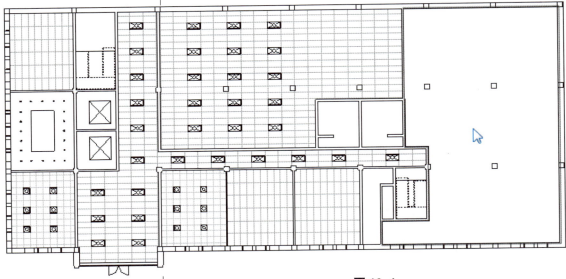

図 10–1

- 天井伏図は通常、図 10–2 で示すようにレベル面を追加すると自動で生成されます。

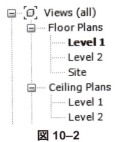

図 10–2

レベル面に天井伏図が必要ない場合は、Project Browser でレベル面の名前を右クリックして *Delete* を選択します。

操作手順：自動境界天井を作成する

1. 該当する Ceiling Plan（天井伏図）のビューに切り替えます。
2. *Architecture* tab > Build panel において、 (Ceiling) をクリックします。
3. Type Selector で天井のタイプを選択します。Properties で *Height Offset from Level* を設定します。
4. *Modify | Place Ceiling* tab > Ceiling panel において、 (Automatic Ceiling) が選択されていることを確認します。図 10-3 で示すように、部屋の内側をクリックして天井を作成します。

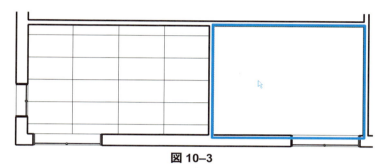

図 10-3

5. 必要に応じて、別の部屋に引き続き天井を作成します。

> **ヒント：部屋の境界のステータス**
>
> エレメント（壁、床、天井、屋根など）には、Properties の中に Room Bounding（部屋の境界を定義する）という属性が入っています。これらのエレメントは面積や容積を定義するため、この属性がデフォルトでオンになっている場合が多いです。
>
> **Automatic Ceiling** ツールは、この属性を利用して壁を見つけ出し天井の輪郭を設定します。壁（腰壁など）の Room Bounding の属性をオフにすると、**Automatic Ceiling** ツールは壁に反応しなくなります。
>
> 天井も容積計算のための Room Bounding として用いられます。

- 天井の境界線を変更するには、天井を選択して、
  - *Modify |Ceilings* tab > Mode panel で (Edit Boundary) をクリックするか、または、
  - 天井をダブルクリックします。

天井のスケッチ

天井を部屋の一部に追加（図 10–4 に示すように）または異なるタイプの天井を別々の高さで作成する場合は、天井をスケッチする必要があります。

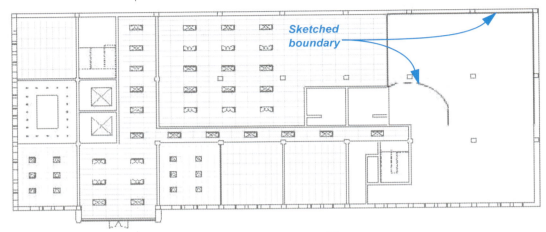

図 10–4

操作手順：天井をスケッチする

1. *Architecture* tab > Build panel で （Ceiling）をクリックします。
2. *Modify | Place Ceiling* tab > Ceiling panel で、 （Sketch Ceiling）をクリックします。
3. Draw パネルで、 （Line）または （Pick Walls）をクリックします。そして、床の境界線をスケッチするように、天井境界線の輪郭を定義します。
4. （Finish Edit Mode）をクリックすると、天井が作成されます。

- 天井に開口部を設けるには、開口部をスケッチの一部として書く必要があります。開口部は、天井境界線の内側に完全に収まる、閉じたループでなくてはなりません。
- *Architecture* tab > Opening panel において、 （Opening By Face）、 （Shaft Opening）、または （Vertical Opening）を使って、スケッチとは別に天井に開口部を設けることもできます。

天井グリッドの変更

長方形の天井パネルの配置を水平から垂直に変更するには、グリッドを選択して90度回転させます。

図 10-5 に示すように、吸音板タイプの天井のグリッドは、移動したり回転させたりすることで位置変更が可能です。

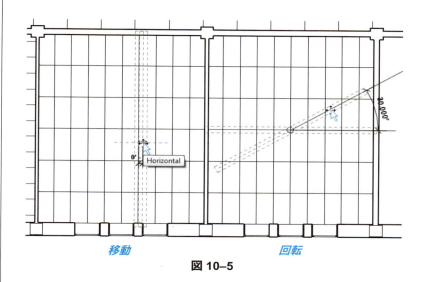

図 10-5

操作手順：天井グリッドを移動する

1. 変更する天井グリッドの線を選択します。
2. *Modify | Ceilings* tab > Modify panel で、(Move) をクリックします。
3. カーソルを片側に移動し、距離を入力します。通常、グリッド間隔の約数を入力します。

操作手順：天井グリッドを回転させる

1. 変更する天井グリッドの線を選択します。
2. *Modify | Ceilings* tab > Modify panel で、(Rotate) をクリックします。
3. Options Bar に *Angle*（角度）を入力するか、または (Rotate) を使って視覚的に角度を選択します。

Autodesk Revit 2019：建築の基本

10.2 天井器具を追加する

以下のいくつかの種類のコンポネートは、天井と一緒に使われるのが通例です。

- 照明器具（図 10–6 参照）
- 機械設備（吸気口や制気口）
- 特殊設備（誘導灯やスプリンクラー）

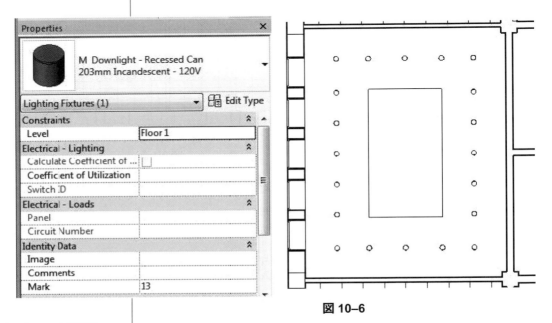

図 10–6

コンポーネントを配置して <Spacebar> を押すと、コンポーネントが 90 度ずつ回転します。

- （Component）を使って天井ビューに天井器具を配置します。
- Autodesk Revit Library には、様々な照明器具や機械設備系の天井器具があります。
- 図 10–6 に示すように、多くのタイプの照明器具には電球の電圧が指定されています。
- 一部の照明器具は天井付けではなく壁付けタイプで、平面図ビューの壁に配置する必要があります。これらには、ブラケット照明などの壁付き照明が含まれます。

天井のモデリング

- 天井を削除すると、その天井に付随するコンポーネント(照明器具など)も一緒に削除されます。

- コンポーネントは中心点をもとに配置され、天井グリッドではなく付近の壁に反応します。コンポーネントのインスタンスを配置し、Move や Align を使ってグリッド上の正しい位置に移動します。その次に Copy を使ってグリッド上にインスタンスを追加します。

- 図 10–7 の断面図で示すように、一部の照明器具は光源を表示することができます。光源を表示するには、図 10–7 で示すように、Visibility/Graphic Overrides ダイアログボックス の Model Categories tab で、Lighting Fixtures を展開し Light Source を選択します。

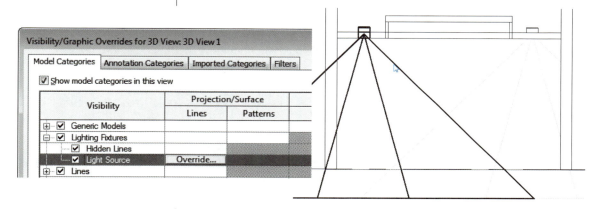

図 10–7

- 光源の性能どおりの光の強さは、レンダリングで現れます。

> **ヒント：天井のない部屋にコンポーネントを配置する**
>
> 天井のない部屋にコンポーネントを配置する場合は、コンポーネントを配置する高さに参照面を作成し、そこに作業面ベースのファミリを配置します。作業面ベースのファミリは、床の裏面にも配置することができます。
>
> 1. 断面図または展開図のビューで、必要な高さに参照面をスケッチします。
> 2. <Click to name> のフィールドをクリックし、名前を入力して <Enter> を押します。
> 3. 作業する天井伏図を開きます。
> 4. **Component** コマンドを開き、作業面ベースのコンポーネントを選択します。
> 5. 図 10–8 で示すように、Modify | Place Component tab > Placement panel で (Place on Workplane)をクリックします。
>
>
>
> 図 10–8
>
> 6. 図 10–9 で示すように、Options Bar において Placement Plane のドロップダウンメニューから名前を付けた参照面を選択します。
>
>
>
> 図 10–9
>
> 7. コンポーネントを配置します。
>
> - これらの操作は、作業面ベースのコンポーネントを選択したときのみ可能です。

実習 10a 天井を作成し、天井器具を追加する

この実習の目標

- グリッド付き自動天井を作成します。
- 天井器具を追加します。

この実習では、天井伏図において複数のサポート空間に吸音板天井を作成します。その後、図 10–10 に示すように、照明器具と制気口を追加します。

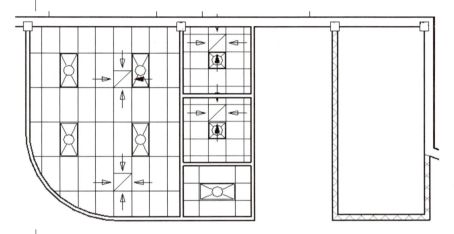

図 10–10

タスク 1 – グリッド付き天井を作成する

1. プロジェクト **Modern-Hotel-Ceilings-M.rvt** を開いてください。

2. **Ceiling Plans: Floor 1** のビューを開いてください。

    - ビューを見やすくするため、グリッド、立面図、断面図のカテゴリを非表示にした方がよいかもしれません。この操作を素早く行うには、それぞれのエレメントを選択し **VH** を入力します。

3. *Architecture* tab > Build panel で、🗔（Ceiling）をクリックします。

4. Type Selector において、**Compound Ceiling: 600 x 1200mm Grid** が選択されていることを確認します。

5. 図 10–11 に示すように、4 つのサポート空間の内側をクリックします。

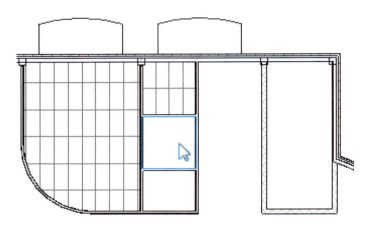

図 10–11

6. **Modify** コマンドを開き、各トイレのグリッド線 1 本を選択します。

7. Type Selector において、**Compound Ceiling: 600 x 600mm Grid** を選択します。Properties で *Height Offset from Level* を **2800mm** に設定します。

8. プロジェクトを保存します。

タスク 2 – 天井コンポーネントを追加する

1. *Architecture* tab > Build panel で、 (Component) をクリックします。

2. *Modify | Place Component* > Mode panel で (Load Family) をクリックし、関連フォルダから次のコンポーネントを読み込みます。
   Lighting > Architectural > Internal:

   - **M_Downlight - Recessed Can.rfa**
   - **M_Troffer Light - Parabolic Rectangular.rfa**
   - **M_Troffer Light - Parabolic Square.rfa**

   Mechanical > MEP > Air-Side Components > Air Terminals:

   - **M_Return Register.rfa**
   - **M_Supply Diffuser.rfa**

2 つ以上のエレメントを選択するには、選択時に <Ctrl> を押します。

実習ファイル > Custom Library フォルダにもコンポーネントがあります。

3. 図 10–12 に示すように、天井器具を追加します。
    - 照明器具を選択し、グリッド上に配置します。<Esc> を押して照明器具を選択します。<Spacebar> を押して照明器具を 90 度回転させます。
    - スナップや **Align** を使って、照明器具をグリッドに正確に配置します。
    - 照明器具を他の位置にコピーします。
    - 天井のグリッド線を選択し、**Move** を使って器具の位置に合わせてグリッドを変更します。
    - 各部屋に制気口を配置します。ホストされる設備版のファミリを使っているので、*Modify | Place Component* tab > Placement panel で (Place on Face) をクリックします。

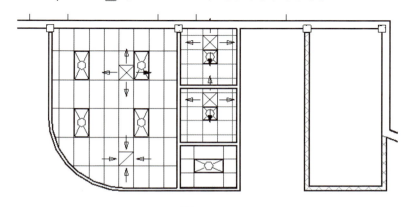

図 10–12

4. プロジェクトを保存します。

10.3 垂れ壁を作成する

垂れ壁とは、図 10–13 で示すように、天井の一部が下げられたもの、または高さの異なる天井をつなぐものです。垂れ壁を作成するには 2 つのステップが必要です。まず、天井を作成し、次に垂れ壁タイプの壁を使って壁を作成します。

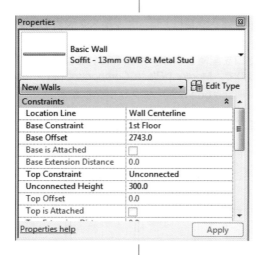 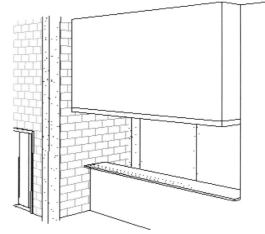

図 10–13

操作手順：垂れ壁を含む天井を作成する

1. 天井伏図を開いてください。
2. *Architecture* tab > Build panel で、 (Ceiling)をクッリクします。
3. Type Selector で天井タイプを選択します。Properties で *Height Offset from Level* を設定します。
4. *Modify | Place Ceiling* tab > Ceiling panel で、 (Sketch Ceiling) をクリックします。
5. 図 10–14 の例で示すように、天井の輪郭を描きます。

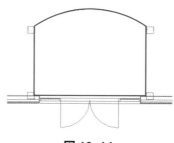

図 10–14

天井のモデリング

6. ✓ (Finish Edit Mode) をクリックします。
7. *Architecture* tab > Build panel において ▢ (Wall) をクリックし、垂れ壁を作成します。
8. *Type Selector* で垂れ壁のタイプを選択します。*Properties* で床からの *Base Offset* を設定し、必要に応じて *Top Constraint/Unconnected Height* を設定し、垂れ壁の高さを確定します。
    - 断面図ビューでトリムや延長コマンドを使って垂れ壁の高さを設定する方が簡単な場合もあります。
9. *Modify | Place Wall* tab > Draw panel で、⚒ (Pick Lines) をクリックします。図 10–15 で示すように、天井の縁を選択して壁を作成します。

壁が天井の外側にできてしまった場合は、Flip コントロールを使って裏返しにし、残りの壁は逆の Location Line 設定で作成します。

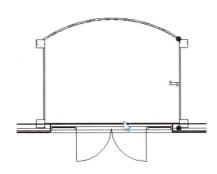

図 10–15

10. 3D で天井を表示し、正しく作成されていることを確認します。

> **ヒント：図形の結合**
>
> 隣接するエレメントを操作しているとき、エレメントが予想通り表示されるように、追加で編集する必要があるかもしれません。例えば、壁と天井の結合部を修正する方法の 1 つとして図形の結合があります。
>
> *Modify* tab > Geometry panel において 🗗 (Join Geometry) をクリックし、結合するエレメントを選択します。

実習 10b

垂れ壁を作成する

この実習の目標

- 垂れ壁を作成します。

この実習では、図 10–16 に示すように、廊下部分に天井をスケッチした上で器具を追加し、垂れ壁を作成します。オプションとして、朝食エリアに折り上げ天井と下り天井を追加します。

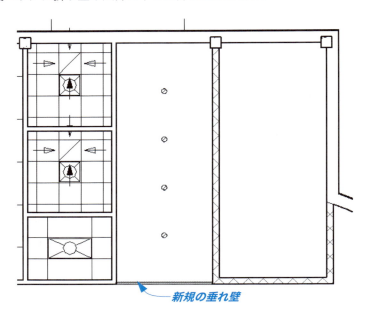

図 10–16

タスク 1 – 天井をスケッチする

1. プロジェクト **Modern-Hotel-Soffits-M.rvt** を開いてください。

2. **Ceiling Plans: Floor 1** のビューを開いて、トイレ横の廊下の部分をズームで拡大表示します。

3. *Architecture* tab > Build panel において、 (Ceiling) をクリックします。

4. Type Selector で **Compound Ceiling: Plain** を選択し、Properties で *Height Offset from Level* を **3000mm** に設定します。

5. 図 10–17 に示すように、*Modify | Place Ceiling* tab > Ceiling panel において (Sketch Ceiling) をクリックし、天井の輪郭をスケッチします。

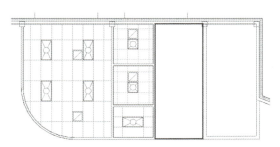

図 10–17

6. (Finish Edit Mode) をクリックします。

7. 4 つの **M_Downlight - Recessed Can** のコンポーネントを一直線に廊下に並べて配置し、高さを 3000mm に設定します。

   • 参照面、詳細線分、等分された寸法、または **Array** コマンドを使って、コンポーネントを廊下内で均等割に配置します。

8. プロジェクトを保存します。

タスク 2 – 垂れ壁を追加する

1. **Sections (Building Section): East-West Section** のビューを開いて、図 10–18 に示すように廊下の部分を拡大表示します。

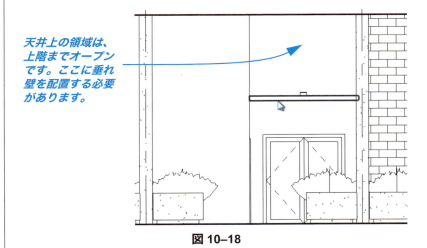

図 10–18

2. **Ceiling Plans: Floor 1** のビューに戻ります。

3. (Wall) をクリックします。Type Selector で **Basic Wall: Interior - 79mm Partition (1hr)** を選択します。

4. Properties で Location Line を **Finish Face: Interior** に設定し、Base Offset を **3000mm** に設定し、Top Constraint を Top Offset(マイナス)**-300mm** で **Up to level: Floor 2** に設定します。

5. 図 10–19 に示すように、天井面に沿って水平に壁を描きます。

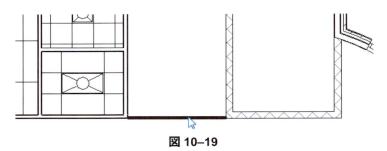

図 10–19

6. **Sections (Building Section): East-West Section** のビューを開きます。

7. Modify tab > Geometry panel において、 (Join) をクリックします。

8. 図 10–20 の左側に示すように、天井上部の垂れ壁を選択して、次に天井を選択します。

9. 再び天井を選択し、左側の壁を選択します。図 10–20 の右側に示すようにエレメントが整理されます。

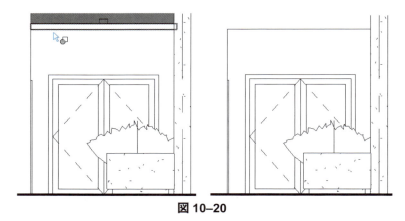

図 10–20

10. プロジェクトを保存します。

天井のモデリング

タスク 3 －（オプション）折り上げ天井を追加する

1. **Ceiling Plans: Floor 1** のビューにおいて、朝食エリアの曲線壁の近くまで画面移動します。

2. （Ceiling）をクリックし、 （Sketch Ceiling）をクリックします。

3. 図 10–21 に示すような中央に開口部のある天井を作成します。

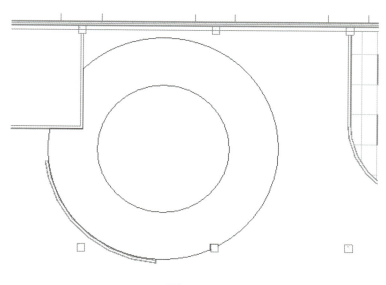

図 10–21

*曲線壁の中心点を選択することが難しい場合は、**SC** と入力してから曲線壁を選択します。これにより、円弧の中心点にスナップします。*

4. （Finish Edit Mode）をクリックします。天井はまだ選択されています。

5. Type Selector で **Compound Ceiling: Plain** を選択し、Properties で *Height Offset from Level* を **3000mm** に設定します。

6. （Wall）をクリックします。Type Selector で **Basic Wall: Interior - 79mm Partition (1hr)** を選択し、以下の属性設定をします。

    - *Location Line:* **Finish Face: Interior**
    - *Base Constraint:* **Floor 1**
    - *Base Offset:* **3000mm**
    - *Top Constraint:* **Up to level: Floor 1**
    - *Top Offset:* **3600mm**

7. 図 10–22 に示すように、*Modify | Place Wall* tab > Draw panel で (Pick Lines) をクリックし、天井の内側の開口部を選択します。

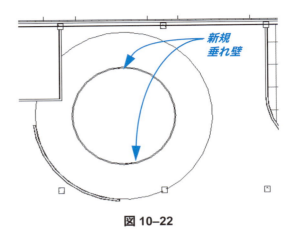

図 10–22

8. (Ceiling) を再びクリックし、(Sketch Ceiling) を使って開口部の内側の天井の輪郭を描きます。
   (Pick Walls) を使って垂れ壁を選択します。

9. (Finish Edit Mode) をクリックします。

10. Type Selector で **Compound Ceiling: Plain** を選択し、Properties で *Height Offset from Level* を **3600mm** に設定します。

11. **Floor Plans: Floor 1** のビューを開いて、図 10–23 に示すように朝食エリアに向けたカメラビューを作ります。

Hide in View > Elements を使って、視界を遮っているエレメントを非表示にします。

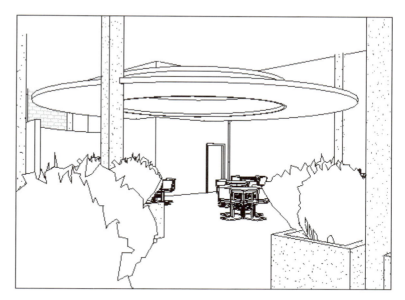

図 **10–23**

12. プロジェクトを保存します。

Chapterの復習

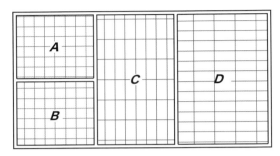

図 10–24

1. 図 10–24 の部屋 A と B の天井グリッドの位置を変更するには、どのコマンドを使いますか？

    a. (Align)

    b. (Move)

    c. (Rotate)

    d. (Copy)

2. 図 10–24 の部屋 C と D の天井のグリッドの方向を変更するには、どのコマンドを使いますか？

    a. (Align)

    b. (Move)

    c. (Rotate)

    d. (Copy)

3. 以下のコンポーネントタイプのうち、天井エレメントにホストできるものはどれですか？（該当するもの全てを選択してください）

    a. Mechanical Diffusers and Returns

    b. Lighting fixtures

    c. Curtain Grids

    d. Columns

4. 外周に垂れ壁が付いている天井を作成するには、以下のどのコマンドを使いますか？（該当するものを全て選択してください）

    a. (Automatic Ceiling)

    b. (Sketch Ceiling)

    c. (Wall)

    d. (Component)

5. 図 10–25 に示すように、照明器具を天井グリッドに正確に揃えるには、以下のどのコマンドを使いますか？（該当するものを全て選択してください）

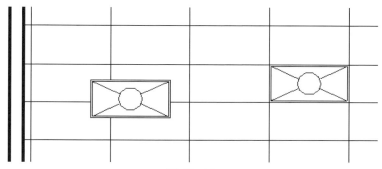

図 10–25

    a. (Trim/Extend to Corner)

    b. (Align)

    c. (Join)

    d. (Move)

コマンド概要

アイコン	コマンド	場所
	Ceiling	• **Ribbon**: *Architecture* tab > Build panel
	Place a Component	• **Ribbon**: *Architecture* tab > Build panel

Chapter

11

屋根のモデリング

Autodesk® Revit® ソフトでは、2 つ異なる方法を使って単純な屋根や非常に複雑な屋根を作成することができます。フットプリント方式では、床を作成するのと同じような手順で屋根を作成できます。押し出し方式では、縦断面をもとに屋根の形を制御することができます。

この Chapter の学習目標

- フットプリント方式を使って、陸屋根、片流れ屋根、切妻屋根、寄棟屋根をスケッチします。
- 縦断面を押し出して屋根を作成するための Work Plane（作業面）の設定を行います。
- 押し出しで屋根を作成するための縦断面をスケッチします。

11.1 屋根をモデリングする

Autodesk Revit ソフトには、屋根を作成する主要な方法が2つあります。

- **フットプリント**：平面図ビューで、屋根で覆うエリアを定義して作成します。

- **押し出し**：立面図や断面図において、縦断面を定義して作成します。

フットプリント方式では、陸屋根、片流れ屋根、切妻屋根、寄棟屋根などの最も一般的な種類の屋根を作成することが可能です。押し出し方式は、図 11-1 に示すように、変わった形の屋根や同一方向に勾配が2つある屋根を作成するときに必要になります。

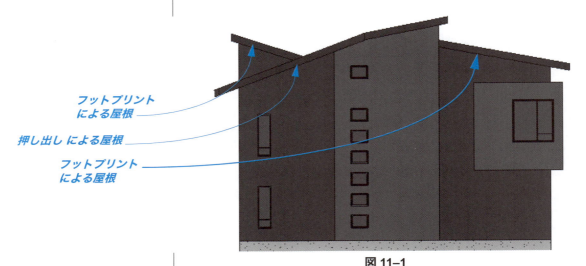

図 11-1

- Roof のドロップダウンメニューにあるその他のオプションには、Massing エレメントと共に用いられる **Roof by Face**、屋根の端部と壁をつなぐ **Roof Soffit**、屋根の外側の小口に板を配置する **Fascia**、屋根の端部に樋を付加する **Gutter** があります。

11.2 フットプリントにより屋根を作成する

陸屋根や勾配が1つだけの屋根（寄棟屋根、片流れ屋根、切妻屋根）を作成するには、図11-2に示すように、平面図ビューを開いて、屋根で覆うエリアをスケッチしてフットプリントを定義します。

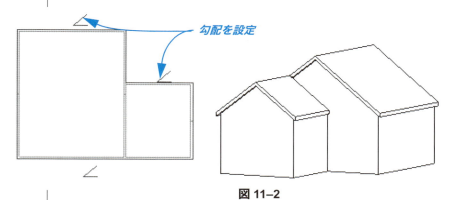

図 11-2

屋根のどのサイドで勾配が設定されるかを指定することで、屋根の種類を管理できます。

- どのサイドにも勾配設定がない = 陸屋根
- 1つのサイドに勾配設定がある = 片流れ屋根
- 対面する2つのサイドに勾配設定がある = 切妻屋根
- 全てのサイドに勾配設定がある = 寄棟屋根

操作手順：フットプリントにより屋根を作成する

1. 建物の屋根のレベル面で、平面図を開いてください。
2. *Architecture* tab > Build panel で (Roof) を展開し、 (Roof by Footprint) をクリックします。
3. *Modify | Create Roof Footprint* tab > Draw panel で、 (Pick Walls)、 (Line)、または屋根のフットプリントをスケッチするためのその他のDrawツールをクリックします。スケッチの中には円弧を入れることも可能です。

- スケッチ線は、交差しない閉じた境界線でなければなりません。
- 必要に応じて、 (Trim) などのコマンドを使って線を変更します。

4. 図 11–3 に示すように、必要に応じて Options Bar、Properties またはコントロールを使ってスケッチの各線分を変更します。

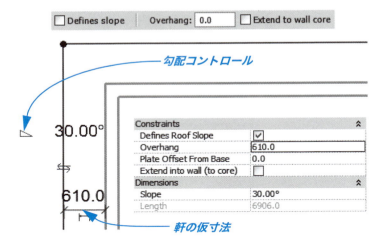

図 11–3

5. ✓（Finish Edit Mode）をクリックします。
6. 図 11–4 に示すような警告ボックスが開くかもしれません。ハイライト表示された壁を屋根へ接着するのは、今でも後からでも可能です。

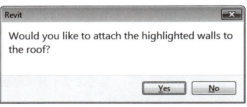

図 11–4

7. 屋根はまだ選択された状態です。Properties において、屋根のタイプ、*Base Offset from Level*、*Rafter Cut*、*Cutoff Level* などの屋根全体のプロパティを設定することができます。

屋根のスケッチを編集するには、

- 屋根のエッジをダブルクリックします。

または、

- 屋根を選択した状態で （Edit Footprint）をクリックします。

屋根のモデリング

壁を屋根に接着する

図 11–5 に示すように、壁を屋根に接着すると、壁が屋根まで延長します。Roof コマンドにいる間に壁を接着することもできますが、デザインを進めた後、**Attach Top/Base** コマンドを使って接着することもできます。

屋根に接着していない壁　　　　*屋根に接着した壁*

図 11–5

- **Attach Top/Base** は、傾斜している床、または敷地の地形的特徴に対して壁を接着する際にも使えます。

操作手順：壁を屋根に接着する

1. 屋根に接着する壁を選択します。

2. *Modify | Walls* tab > Modify Wall panel において、▯（Attach Top/Base）をクリックします。図 11–6 に示すように、*Attach Wall* が **Top** に設定されていることを確認します。

   Attach Wall: ● Top　○ Base

   図 11–6

3. 屋根を選択します。壁がトリムされ、屋根のラインまで延長されます。

> **ヒント：屋根伏図を作成する**
>
> 屋根を作成する際、屋根の下端まで見える平面図が入ったレベル面を作成します。高さの異なる屋根がある場合は、場所ごとにレベル面を作成します。
>
> 図 11–7 に示すように、ほとんどの平面図は通常はレベル面から 1200mm で切断されています。しかし、この設定は小屋組の高さが 9000mm 以上にもなる勾配のある屋根には適応しません。平面図で見える範囲の高さを変更するには、*View Range*（ビュー範囲）を変更します。
>
>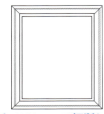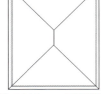
>
> 高さ 1200mm で切断した　　高さ 9000mm で切断した
> ビュー範囲　　　　　　　　ビュー範囲
>
> **図 11–7**

実習 11a

フットプリントによって屋根を作成する

この実習の目標

- Roof by Footprint を使って陸屋根と勾配のある屋根を作成します。
- 屋根伏図ビューを作成します。

この実習では、図 11–8 に示すように、ホテルの本館の陸屋根と、プールハウス上の陸屋根および勾配のある屋根を作成します。

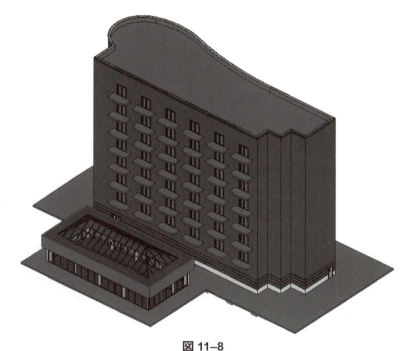

図 11–8

タスク 1 – 陸屋根を作成する

1. **Modern-Hotel-Roof-Footprint-M.rvt** を開いてください。

2. **Floor Plans: Roof** のビューを開いて、*Underlay > Range: Base Level* を **None** に設定します。

3. グリッド線、断面図および立面図マーカーを非表示にします。

4. *Architecture* tab > Build panel において、 (Roof) を展開し、 (Roof by Footprint) をクリックします。

Autodesk Revit 2019：建築の基本

5. Options Bar で **Defines slope** オプションを解除します。

6. *Modify | Create Roof Footprint* tab > Draw panel において（Pick Walls）をクリックし、図 11-9 に示すように壁の内側を選択します。

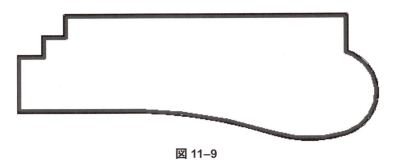

図 11-9

7. （Finish Edit Mode）をクリックします。

8. Type Selector で **Basic Roof: Steel Bar Joist - Steel Deck - EPDM Membrane** を選択します。

9. 図 11-10 で示すように建物を 3D ビューで表示し、パラペットの下に配置された屋根を表示します。

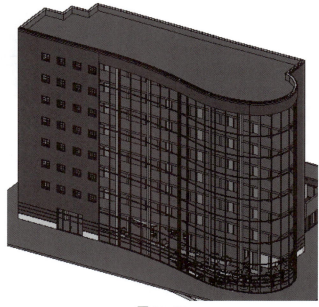

図 11-10

10. プロジェクトを保存します。

344　　11-8　　　　　　　　　　　　　　© 2018, ASCENT - Center for Technical Knowledge®

屋根のモデリング

タスク 2 – 屋根伏図を作成する

<Shift> とマウスホイールを押しながら 3D ビューを回転させます。

1. 建物の裏のプールハウスが見えるまで 3D ビューを回転させます。図 11–11 に示すように、プールハウスにはまだ屋根はありませんが、パラペットや軒などのその他のパーツはすでに配置されています。

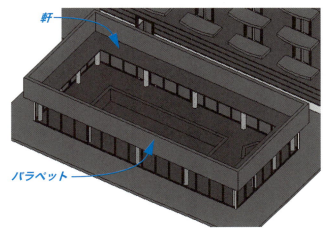

図 11–11

2. **Floor Plans:Floor 1 with Pool** のビューの複製（詳細コンポーネントなしで）を作成し、名前を **Roof – Poolhouse** に変更します。

3. このビューが開かれていることを確認します。

4. *Scale* を **1:100** に変更します。

5. View Range ダイアログボックスを開き（**VR** と入力）、図 11–12 に示すように設定します。

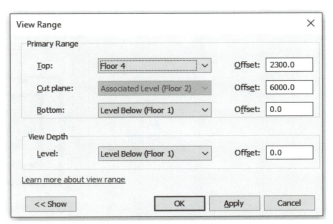

図 11–12

Autodesk Revit 2019：建築の基本

6. 図 11-13 に示すように、プール部分だけを表示するためにトリミング領域を変更します。必要に応じて、その他のエレメントを非表示にします。

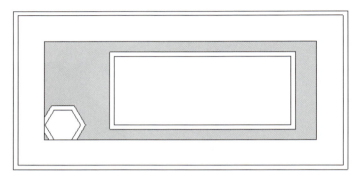

図 11-13

7. トリミング領域を非表示にします。

タスク 3 – プールハウスの屋根を作成する

1. *Architecture* tab > Build panel において、 (Roof) をクリックします。Revit® ソフトでは、直近で使われた **Roof by Footprint** のコマンドは記憶されています。

2. Options Bar で **Defines slope** オプションが解除されていることと、軒がないことを確認します。

3. *Modify | Create Roof Footprint* tab > Draw panel において (Pick Walls) をクリックし、図 11-14 に示すようにパラペットの内側を選択します。

4. 図 11-14 に示すように、 (Pick Lines) を使って軒の開口部を選択します。これによって、開口部を持つ陸屋根が作られます。

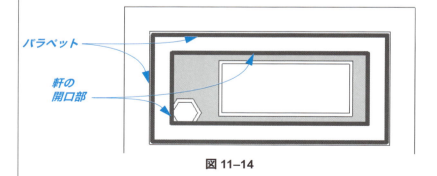

図 11-14

屋根のモデリング

5. ✔（Finish Edit Mode）をクリックします。ここでは、壁を屋根に接着しません。

6. 屋根が選択された状態で、以下の設定をします。

    - *Type:* **Basic Roof: Generic - 400mm**
    - *Base Level:* **Floor 2**
    - *Base Offset from Level:*（マイナス）**-200mm**

7. ビューの中でクリックし、屋根の選択を解除します。

8. （Wall）をクリックします。

9. Properties で、以下のプロパティを設定します。

    - *Wall Type:* **Basic Wall: Exterior - EIFS on Mtl.Stud**
    - *Location Line:* **Finish Face: Interior**
    - *Base Constraint:* **Floor 2**
    - *Base Offset:*（マイナス）**-200mm**
    - *Top Constraint:* **Unconnected**
    - *Unconnected Height:* **200mm**

10. 図 11–15 に示すように、この低い壁を開口部の周りに描きます。

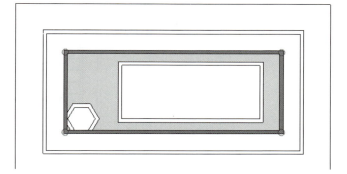

図 11–15

11. （Roof by Footprint）コマンドを開きます。

12. Options Bar で **Defines slope** を選択します。

13. 図 11–16 に示すように (Pick Walls) を使い、今作成した新しい壁の外側を選択します。

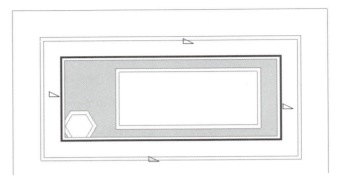

図 11–16

14. (Finish Edit Mode) をクリックします。Message ダイアログボックスで、壁が屋根に接着しないように **No** をクリックします。

15. Type Selector で **Sloped Glazing: Sloped Glazing Pool Roof** を選択し、*Base Level* が **Floor 2** であることを確認します。*Grid 1* 部分において、*Justification* を **Center** に設定します。図 11–17 のように新しい屋根が表示されます。

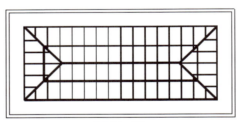

図 11–17

16. モデル全体を 3D ビューで表示します。

17. プロジェクトを保存します。

タスク 4 –（オプション）本館屋根に勾配を付加する

時間が許すならば、本館の陸屋根を選択し、*Modify | Roofs* タブの Shape Editing ツールを使って適切な排水勾配を付加します。

11.3 作業面を設定する

Roof by Extrusion のような作業では、Work Plane（作業面）を指定するよう促されることがあります。Work Plane とは、スケッチや押し出しをするときに基準となる面のことです。

- 平面図ビューにおいて、Work Plane はレベル面に対して自動的に平行になります。

- 立面図ビューや 3D ビューにおいて、スケッチを始める前に Work Plane を設定する必要があります。

現在の Work Plane を見るには、図 11–18 で示すように、Architecture tab > Work Plane panel において 📷（Viewer）をクリックします。これによって、別ウィンドウで現状の作業面を表示する Workplane Viewer が開きます。

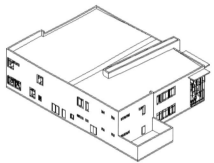 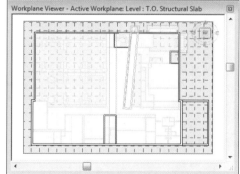

図 11–18

- 作業面の指定には、名前のついた参照面を使うことができます。名前のついた参照面を使わない限り、作業面はビューの中で表示されません。この機能は、押し出しで屋根を作成するときに特に便利です。

操作手順：作業面を選択する

1. 作業面を必要とするコマンドを起動します。または Architecture tab > Work Plane panel で ▦ (Set) をクリックします。
2. Work Plane ダイアログボックスでオプションの1つを選択します。
    - **Name**：図 11-19 に示すように、既存のレベル面、グリッド、または名前のついた参照面を選択し、OK をクリックします。

図 11-19

- **Pick a plane**：OK をクリックし、ビューの中で壁面などの面を選択します。選択する前に面全体がハイライト表示されている必要があります。
- **Pick a line and use the work plane it was sketched in**：OK をクリックし、部屋分割線などのモデル線分を選択します。

- 図 11–20 に示すように、スケッチが作成できないビューにいる場合は、Go To View ダイアログボックスが開きます。ビューの 1 つを選択し、Open View をクリックします。

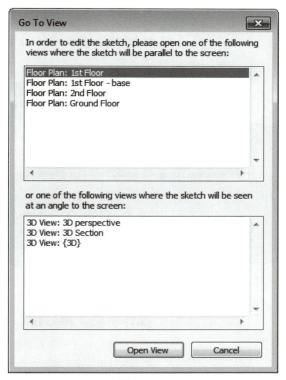

図 11–20

11.4 押し出しにより屋根を作成する

押し出しによって作られる屋根は、図 11–21 に示すように、曲線状の屋根などの複雑な形状の屋根を作ることを可能にします。押し出しによって作られる屋根は、立面図または展開図上でスケッチされる屋根の縦断面に基づいています。縦断面は、起点と終点の間で押し出されます。

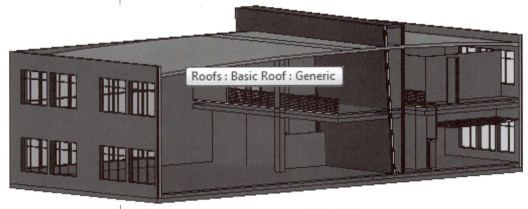

図 11–21

操作手順：押し出しにより屋根を作成する

1. 立面図ビューまたは断面図ビューを開いてください。
2. *Architecture* tab > Build panel で (Roof) を展開し、 (Roof by Extrusion) をクリックします。
3. Work Plane ダイアログボックスで、屋根の縦断面をスケッチするための Work Plane を選択し、**OK** をクリックします。
4. Roof Reference Level and Offset ダイアログボックスにおいて、図 11–22 に示すように基準となる *Level* を設定し、*Offset* があれば *Offset* も設置します。

> デフォルトでは、このレベル面はプロジェクト内で一番高いレベル面として設定されています。Offset された距離で参照面が作られます。

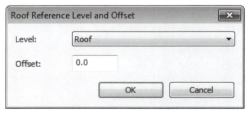

図 11–22

5. 屋根の縦断面を作成するために参照面を描きます。スケッチモードの中で描かれた参照面は、屋根が完成すると非表示になります。

屋根のモデリング

6. 図 11–23 に示すように、Draw ツールを使って縦断面を作成します。

縦断面には屋根のラインだけをスケッチし、厚みはスケッチしません。

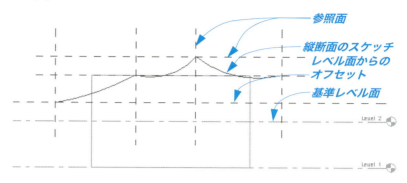

図 11–23

7. Properties において、*Extrusion Start* と *End* を設定します。
8. ✓（Finish Edit Mode）をクリックします。
9. Type Selector で屋根のタイプを選択します。
   - 屋根のタイプによって、屋根の厚みが決まります。厚みは、スケッチした縦断面線の下に追加されます。
10. 3D で屋根を見て、その他の必要な変更を行います。例えば、屋根の小口のコントロールを使って軒を伸ばすことができます（図 11–24 を参照）。また、仮寸法や Properties を使って屋根を変更することも可能です。

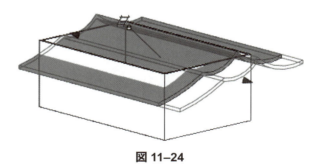

図 11–24

11. 壁を屋根に接着します。

- 以下のいずれかの方法で屋根の縦断面を変更できます。

    - 屋根の小口をダブルクリックします。
    - 屋根を選択します。*Modify | Roofs* tab > Mode panel において、（Edit Profile）をクリックします。

操作手順：押し出しによる屋根の平面図ビューを変更する

1. 屋根全体が表示されるように平面図ビューを開いてください。
2. 屋根を選択します。
3. *Modify | Roofs* tab > Opening panel において、 (Vertical) をクリックします。
4. *Modify | Create Extrusion Roof Profile* tab > Draw panel において、ツールを使って閉じた境界線を作成します。境界線は、完全に屋根の内側に入っていることも、屋根の一部にかかっていることも可能です。
5. (Finish Edit Mode) をクリックします。図 11–25 に示すように、押し出しによる屋根に切り欠きができました。

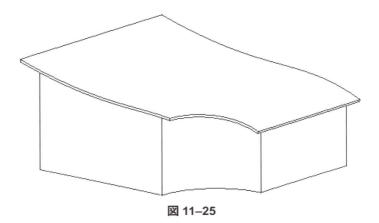

図 11–25

屋根の結合

図 11–26 に示すように、押し出しによる屋根を別の押し出しによる屋根や、屋根よりも高い壁に結合したい場合は、**Join/Unjoin Roof** コマンドを使うことができます。

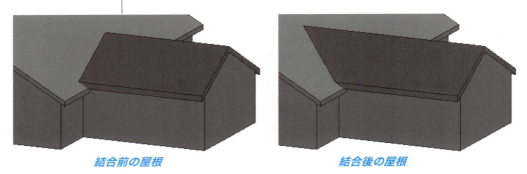

結合前の屋根　　　　　　　*結合後の屋根*

図 11–26

屋根のモデリング

操作手順：Join/Unjoin Roof コマンドを適用する

1. *Modify* tab > Geometry panel において、 (Join/Unjoin Roof) をクリックします。
2. 屋根の小口を選択します。
3. もう一方の屋根または壁を選択します。

> **ヒント：図形を結合する**
>
> 屋根が、壁や別の屋根と重なりあう箇所では、交差する部分を整理するために **Join Geometry** を使います。エレメントは別々のままですが、図 11–27 で示すように交差部分はクリーンアップされます。
>
>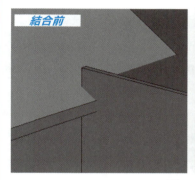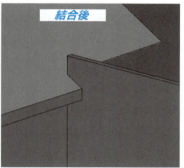
>
> 図 11–27

実習 11b 押し出しによって屋根を作成する

この実習の目標

- 押し出しによる屋根を作成します。
- 屋根の平面形状を変更します。

この実習では、図 11–28 に示すように、建物の正面入口を覆う曲線状の屋根を押し出しで作成し、通用口を覆うために屋根の平面形状を変更します。

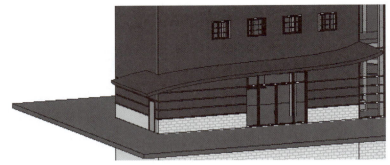

図 11–28

タスク 1 – 押し出しにより屋根を作成する

1. **Modern-Hotel-Roof-Extruded-M.rvt** を開いてください。

2. **Elevations (Building Elevation): South** のビューを開いてください。

3. 正面入口付近を拡大表示します。

4. *Architecture* tab > Build panel において （Roof）を展開し、（Roof by Extrusion）をクリックします。

5. Work Plane ダイアログボックスで **Pick a plane** が選択されていることを確認し、**OK** をクリックします。

6. 壁の正面を選択します。

7. Roof Reference Level and Offset ダイアログボックスで *Level* を **Floor 2** に設定し、**OK** をクリックします。参照面がこのレベル面に設定され、モデルがグレー表示されます。

8. 図 11–29 で示すような屋根の縦断面をスケッチします。建物の左側では、レンガの外壁の先まで延長し、右側ではレンガ外壁に揃えます。

この例は、（Spline）を使って作成しました。

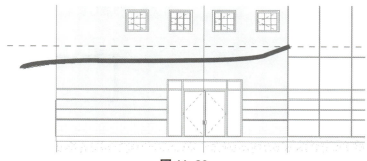

図 11–29

9. Properties で、*Extrusion End* を（マイナス）**-1850mm** に設定します。

10. ✓（Finish Edit Mode）をクリックします。

11. Type Selector で **Basic Roof: Generic - 125mm** を選択します。

12. 屋根を 3D で表示します。この時点では、屋根のほとんどが建物の内側に入っています。

タスク 2 – 押し出しによる屋根を変更する

1. **Floor Plans: Site** のビューを開いてください。このビューでは、すべての屋根を含む建物全体が表示されます。

2. カテゴリ別のグリッド線と展開図マーカーを非表示にします。

3. 入口の屋根を選択し、図 11–30 で示すように、屋根の奥行きが 3500mm になるようにコントロールを使って屋根を外側に動かします。

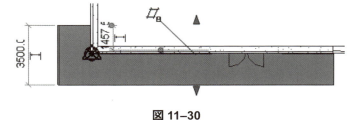

図 11–30

4. *Modify | Roofs* tab > Opening panel で、 (Vertical）をクリックします。

5. 図 11–31 で示すように、建物を貫通する部分の屋根に長方形の切り欠きを作成します。

図 11–31

6. （Finish Edit Mode）をクリックします。

7. 変更した屋根を 3D ビューで表示します。図 11–32 で示すように、屋根は建物の側面に巻きつき、通用口を覆っています。

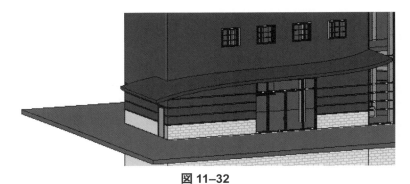

図 11–32

8. プロジェクトを保存します。

Chapter の復習

1. （図 11–33 の建物の前面で見られるように）一方向だけに傾斜している屋根を作成するには…

図 11–33

   a. 押し出しによって屋根を作成し、正しい角度に回転します。
   b. フットプリントによって屋根を作成し、1 つのサイドの角度を指定します。
   c. 押し出しによって屋根を作成し、Slope Arrow を使って屋根全体の勾配を設定します。
   d. フットプリントによって屋根を作成し、Shape Editing ツールを使って勾配を設けます。

2. 陸屋根を作成するには、以下のどちらのコマンドを使って屋根の境界線をスケッチし、厚みを設定しますか？

   a. Roof by Footprint でスケッチし、屋根のタイプによって厚みを設定する。
   b. Roof by Extrusion でスケッチし、押し出しによって厚みをつける。

3. 以下のどの方法によって屋根の下面に壁を接着しますか？

   a. 壁を選択し、(Attach Top/Base) を使う。
   b. 屋根を選択し、(Attach Top/Base) を使う。
   c. 壁を選択し、輪郭を編集する。
   d. 屋根を選択し、By Face を使う。

4. 図 11–34 で示すような曲線状の屋根を作成するには、どの屋根の
   タイプとビューを使いますか？

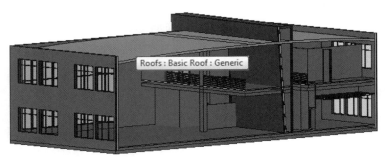

図 11–34

   a. Roof by Footprint と平面図ビュー
   b. Roof by Footprint と立面図または断面図ビュー
   c. Roof by Extrusion と平面図ビュー
   d. Roof by Extrusion と立面図または断面図ビュー

5. 作業面は、名前をつけて Reference Plane（参照面）として利用
   できます。

   a. 正しい
   b. 間違っている

屋根のモデリング

コマンド概要

アイコン	コマンド	場所
	Attach Top/Base	• **Ribbon:** *Modify | Walls* tab > Modify Wall panel
	Join Geometry	• **Ribbon:** *Modify* tab > Geometry panel で Join を展開
	Join/Unjoin Roof	• **Ribbon:** *Modify* tab > Geometry panel
	Ref Plane	• **Ribbon:** *Architecture* tab > Work Plane panel
	Roof by Extrusion	• **Ribbon:** *Architecture* tab > Build panel で Roof を展開
	Roof by Footprint	• **Ribbon:** *Architecture* tab > Build panel で Roof を展開
	Set Work Plane	• **Ribbon:** *Architecture* tab > Work Plane panel
	Unjoin Geometry	• **Ribbon:** *Modify* tab > Geometry panel で Join を展開
	Vertical (Opening)	• **Ribbon:** *Modify | Roofs* > Opening tab

Chapter
12

階段、手すり、傾斜路の
モデリング

Autodesk® Revit® では、標準的な直階段、折返し階段、踊り場が複数ある階段を簡単に
作成することができます。より複雑な形の階段を作成するために、階段経路と踊り場を
スケッチに変換することができます。経路と踊り場を設定して、傾斜路を作成すること
も可能です。手すりは、Stair（階段）や Ramp（傾斜路）のコマンドで自動的に付加す
ることができます。階段上で手すりをスケッチし、バルコニーやデッキに追加すること
も可能です。

この Chapter の学習目標

- 階段経路、踊り場、桁、手すりからなるコンポーネントベースの階段を作成し、編集します。
- 階段経路と手すりをスケッチに変換します。
- 階段に接続する手すりやバルコニー用の独立した手すりを作成し、編集します。
- 傾斜路を作成し、デザインをバリアフリーにします。

© 2018, ASCENT - Center for Technical Knowledge®

12.1 コンポーネントによる階段を作成する

他のAutodesk Revitのエレメントのように、階段は情報処理機能をもつパラメトリックなエレメントです。数回クリックするだけで、手すりが付ついた、高さやデザインの異なる階段を作成できます。階段は、階段コンポーネントを組み合わせて（図12–1参照）、または独自のレイアウトをスケッチして作成することができます。

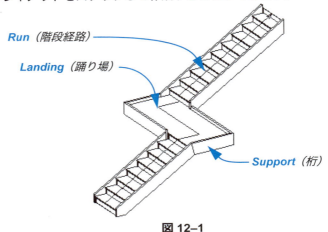

図 12–1

コンポーネントよる階段は、図12–1に示すように3つの部材を組み合わせて作られます。

- **Runs**：階段のtread（踏み板）とriser（蹴上げ）のエレメントから成ります。Runには、複数の踊り場をもつ直階段、らせん階段、かね折れ階段、回り階段などが含まれます。

- **Landings**：RunとRunの間のプラットホーム。Landingは通常、自動生成された後に必要に応じて編集します。

- **Supports**：階段コンポーネントを構造的に支持する桁。Supportは自動生成されます。階段の縁を選択し、異なるタイプの桁を設定することも可能です。桁は、階段の両側、または中央に設置できます。

- 手すりは通常、Stairコマンド内で付加されます。階段が完成すると、手すりが表示されます。

- 階段の編集中または編集後に、各コンポーネントを選択して編集することが可能です。

- 階段の各コンポーネントは独立したコンポーネントですが、他のコンポーネントと連動しています。例えば図12–2に示すように、1つの階段経路から何段かを削除した場合、結合された別の経路に段が追加され、全体の高さを維持します。

階段、手すり、傾斜路のモデリング

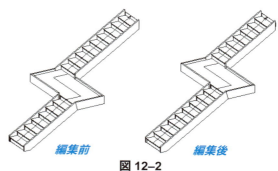

編集前　　　　編集後
図 12-2

階段経路の作成

コンポーネントによる階段では、異なるタイプの階段経路を組み合わせることができます。

コンポーネントによる階段を作成するには、まず階段経路のエレメントを配置する必要があります。図 12-3 に示すように、Componentsパネルには 6 つのオプションがあり、それぞれ以下のように定義されています。

図 12-3

	Straight	階段経路の起点と終点を選択し、直線の階段経路を作図します。
	Full-Step Spiral	起点と半径をもとにらせん形の階段経路を作図します。
	Center-Ends Spiral	中心点、起点、終点をもとにらせん形の階段経路を作図します。
	L-Shape Winder	下階の起点をもとに回り付き L 字型階段を作図します。
	U-Shape Winder	下階の起点をもとに回り付きコの字型階段を描きます。
	Create Sketch	階段の境界線と蹴上げを個々にスケッチできる追加のツールが開きます。

> **ヒント：階段とビュー**
>
> 階段を作成するときは、平面図ビューまたは 3D ビューのいずれかで行います。平面図ビューと 3D ビューを左右にタイル表示すると便利です。作業に必要なビューだけを開き、**WT** と入力してタイル表示します。

操作手順：コンポーネントによる直線経路の階段を作成する

階段のタイプはその他の全ての設定に影響するため、最初に選択する必要があります。

1. *Architecture* tab > Circulation panel において、（Stair）をクリックします。
2. 図 12–4 に示すように、Type Selector で階段のタイプを選択します。
3. Properties（図 12–5 参照）において、*Base Level*、*Top Level*、その他の必要情報を設定します。

図 12–4

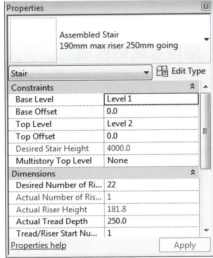

図 12–5

4. *Modify | Create Stairs* tab > Tools panel において（Railing）をクリックし、図 12–6 に示すように、手すりのタイプを Railings ダイアログボックスで選択します。*Position* は **Treads** または **Stringer** を選択し、**OK** をクリックします。

階段が配置された後で、手すりを追加し編集することも可能です。

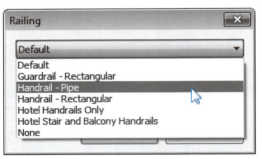

図 12–6

階段、手すり、傾斜路のモデリング

5. *Modify | Create Stair* tab > Components panel で (Run) をクリックし、(Straight) をクリックします。

6. Options Bar（図 12–7 参照）で、以下の設定を行います。
   - **Location Line: Exterior Support**：**Left**、**Run: Left**、**Run: Center**、**Run: Right**、**Exterior Support: Right** のいずれかを選択します。
   - **Offset**：Location Line からの距離を設定します。この機能は通常、壁から一定の間隔を置いて階段を壁に沿って配置するときに使います。
   - **Actual Run Width**：（桁を含まない）階段経路の幅を設定します。
   - **Automatic Landing**：階段経路の間に踊り場を作成します（推奨）。

図 12–7

7. 階段経路の起点を画面上でクリックします。図 12–8 に示すようにボックスが表示され、階段の方向、作成された蹴上げの数、残りの蹴上げの数が示されます。

複雑なパターンの階段を作成する場合は、起点と終点を選択しやすくするために、Stairs コマンド内で参照面をスケッチします。

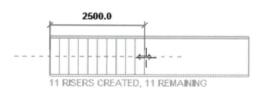

図 12–8

階段が反対の方向に向かって作られた場合は、Modify | Create Stair tab > Tools panel において (Flip) をクリックします。

- 単一の階段経路からなる直階段の階段経路を作成する場合は、2 つ目の点はボックスの外の任意の場所を選択します。
- 複数の踊り場を持つ階段またはコの字型の階段の最初の階段経路の長を決定するには、ボックスの中の任意の場所で 2 つ目の点を選択します。その後、次の階段経路の起点と終点を選択します。

8. (Finish Edit Mode) をクリックして階段を作成し、手すりを完成させます。

その他のタイプの階段の作成

ほとんどの階段は、直線状の階段経路によって作られますが、らせん階段や回り階段のような特殊な経路を持つ階段、または図 12-9 に示すような階段を作成しなくてはいけない場合があります。

図 12-9

操作手順：フルステップらせん階段経路を作成する

1. Stair コマンドを開き、必要に応じて Properties を設定します。
2. Components パネルにおいて、◎（Full-Step Spiral）をクリックします。
3. らせんの中心点を選択します。
4. らせんの半径を選択（または入力）します。図 12-10 に示すように階段経路が作成されます。

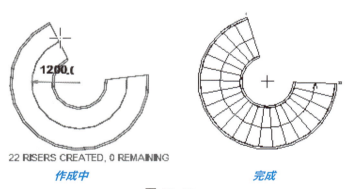

作成中　　　　　　　　　　　完成

図 12-10

操作手順：中心・両端指定によるらせん階段経路を作成する

1. Stair コマンドを開き、必要に応じて Properties を設定します。
2. Components パネルにおいて、◎（Center-Ends Spiral）をクリックします。
3. らせんの中心点を選択します。

階段、手すり、傾斜路のモデリング

4. 図 12–11 の左側に示すように、らせんの半径を選択（または入力）します。
5. 図 12–11 の右側に示すように、カーソルを移動して蹴上げの数を表示します。

この方法で、踊り場付きのらせん階段が作れます。

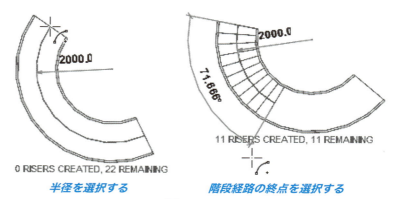

半径を選択する　　　階段経路の終点を選択する

図 12–11

操作手順：曲り階段を作成する

1. **Stair** コマンドを開き、必要に応じて Properties を設定します。
2. Components パネルにおいて、 ▧ （L-Shape Winder）または ▧ （U-Shape Winder）をクリックします。
3. 起点をクリックして階段全体を配置します。
4. 図 12–12 に示すように、階段を選択し、矢印のコントロールを使って長さを調整します。

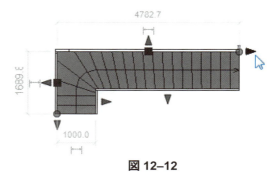

図 12–12

操作手順：スケッチにより階段を作成する

階段をスケッチする前に、レベル面のセットオフを変更します。

1. **Stair** コマンドを開き、必要に応じて Properties を設定します。
   - 多くの場合、カスタム階段は短いため、図 12–13 に示すように Base と Top Offset は同一のレベル面から設定します。デフォルトでは、階段の高さはレベル面からレベル面で設定されます。

Constraints	
Base Level	Level 1
Base Offset	0.0
Top Level	Level 1
Top Offset	1000.0
Desired Stair Height	1000.0

図 12–13

2. *Modify | Create Stair* tab > Components panel で (Run) をクリックし、次に (Sketch) をクリックします。
3. 図 12–14 に示すように、*Modify | Create Stair > Sketch Run* tab において、 (Boundary)、 (Riser)、 (Stair Path) を使って階段の一部を作図します。

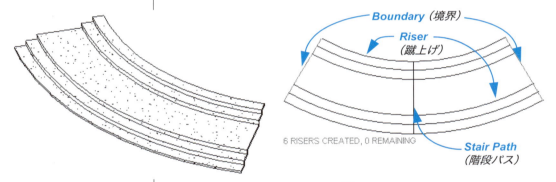

図 12–14

4. (Finish Edit Mode) をクリックします。
5. 踊り場を追加したい場合は、スケッチによって追加できます。
6. (Finish Edit Mode) をクリックし、最終アセンブリを完成させます。

階段、手すり、傾斜路のモデリング

踊り場の作成

踊り場は通常、階段経路のつなぎ目に自動的に作られます。階段作成後、踊り場を編集してカスタムデザインの踊り場を作成することが可能です。図 12–15 に示すように、踊り場を作成するには他に 2 つの方法があります。

- **Pick Two Runs**（2 つの階段経路を選択）：階段経路の間の正しい高さに踊り場を配置します。

- **Create Sketch**（スケッチを作成）：踊り場の形をスケッチすることができます。ただし、踊り場を正しい高さに配置する必要があります。

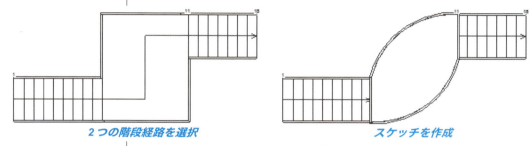

2 つの階段経路を選択　　　　　　スケッチを作成

図 12–15

- 起点と終点が同一レベルにある限り、階段経路を踊り場でつなぐことが可能です。

桁の作成

階段の桁は、階段の一部として作成されますが、削除して後から追加した方がよい場合があります。この方法は、Type properties において桁が設定されている階段タイプの場合にのみ機能します。

操作手順：桁コンポーネントを追加する

1. 桁がない場合は、*Modify | Create Stair* tab > Components panel において (Support) をクリックし、(Pick Edges) をクリックします。
2. 桁を配置する階段のエッジを選択します。1 つ以上の連結されたエッジに桁を配置したい場合は、最初の桁の上にマウスをかざして <Tab> を押します。
3. 必要に応じて、階段を完成させます。

ヒント：トラブルシューティング

階段やその他のエレメントで作業をしているとき、何らかの間違いがあると（図 12–16 に示すような）Warning（警告）が表示されますが、作業を続行することは可能です。多くの場合、ダイアログボックスを閉じて問題をすぐに修正することもできますが、後で修正することも可能です。

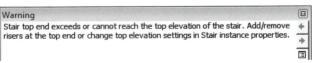

図 12–16

また、Error が表示されて対応を迫られるときもあります。そのような場合は、作業を止めて問題を解決しなくてはなりません。

警告が出たことのあるエレメントを選択すると、⚠（Show Related Warnings）が Ribbon に表示され、ダイアログボックスで選択したエレメントに関する警告を確認することができます。また、*Manage* tab > Inquiry panel において（Review Warnings）をクリックし、プロジェクト内の全ての警告を表示することもできます。

12.2 コンポーネントによる階段を編集する

階段は様々な方法で編集することができます。例えば、図 12–17 に示すように、踊り場の付いた鉄砲階段の下側の階段経路の幅を上側より広くすることで、踊り場が広くなりバルコニーができます。踊り場には曲線のデザインが加えられ、さらにカスタマイズされます。

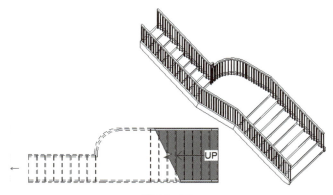

図 12–17

- 階段コンポーネントの編集は、階段を最初に作成したとき、または後から編集するときのどちらでも可能です。

- 完成した階段を編集するときは、図 12–18 に示すように、階段のタイプやプロパティを変更するだけでなく、方向を反転することも可能です。図 12–19 に示すように、階段経路を選択し、仮寸法を使って階段の長さや幅を変更することも可能です。

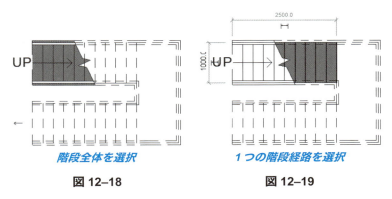

階段全体を選択　　　　　　　　1 つの階段経路を選択

図 12–18　　　　　　　　　　　図 12–19

- 階段経路を選択するには、階段の上にマウスをかざし、選択する階段がハイライト表示されるまで <Tab> を順番に押します。

個々の階段コンポーネントを編集する

階段の編集モードでは、図12–20に示すように、仮寸法や形状ハンドルを使ってより大きな変更を行うことが可能です。コンポーネントを変更する中で多くのスナップや位置合わせ線が出てきます。

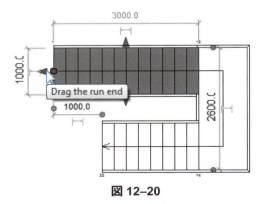

図 12–20

- 階段を編集するには、階段をダブルクリックするか、または Modify | Stairs tab > Edit panel において、 (Edit Stairs) をクリックします。

  - 階段経路の端部にある矢印の形状ハンドルは、階段経路を伸縮するのに使われます。経路の伸縮に伴い、階段全体の段数と起点・終点のレベルを維持するために、他の階段経路が変更されます。
  - 階段経路の端部にある丸い形状ハンドルは、階段経路を伸縮するのに使われます。経路の伸縮に伴い、他の階段経路は変更されず、起点・終点のレベルだけが変更されます。
  - 階段経路や踊り場の側面にある矢印の形状ハンドルは、階段経路や踊り場の幅を変更するのに使われます。
  - 階段経路の幅を変更するため、または他のエレメントとの結合のために仮寸法を使うことはできますが、階段経路の長さの変更には使えません。長さを変更するには、代わりに形状ハンドルを使います。
  - 階段の編集が終わったら、 (Finish Edit Mode) をクリックします。

階段、手すり、傾斜路のモデリング

コンポーネントをスケッチに変換する

階段経路や踊り場をより詳細にカスタマイズするには、図 12–21 の曲線形の踊り場の例のように、スケッチに変換して輪郭を変更します。

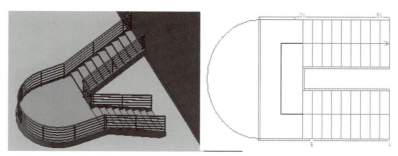

図 12–21

操作手順：階段コンポーネントをスケッチに変換する

1. 階段を選択します。
2. *Modify | Stairs* tab > Edit panel で、 (Edit Stairs) をクリックします。
3. カスタマイズしたい階段経路または踊り場を選択します。
4. Tools panel で (Convert to sketch-based) をクリックします。これによって、コンポーネントがカスタマイズのためのスケッチエレメントに変わります。
5. Tools panel で (Edit Sketch) をクリックします。
6. *Modify | Create Stair > Sketch Landing* (または *Run*) tab > Draw panel 内のオプションを使って、境界線、蹴上げ、階段パスを必要に応じて変更します。図 12–22 に踊り場の境界線が示されています。

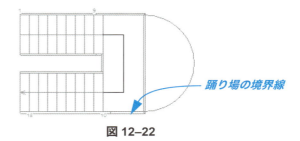

図 12–22

7. (Finish Edit Mode) をクリックし、スケッチを終了します。再度クリックして、階段に戻ります。

カスタマイズされた踊り場を作成するには、既存の踊り場を編集するのが一番簡単です。

多数階の階段

1つのレベル面からもう1つのレベル面にコンポーネントによる階段を作成し終えたら、その階段を建物の複数階に渡って延長することができます。図12-23に示すように、どのレベル面まで階段を延長するかを選択し、必要に応じていくつかのレベル面を飛ばして延長することが可能です。

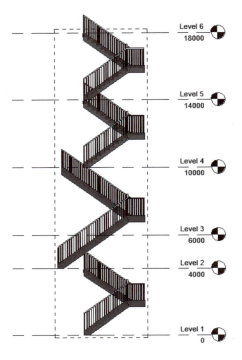

図12-23

操作手順：複数階の階段を作成する

Create Stair コマンドでも、複数階の階段を作成することができます。

1. 元となる階段とレベル面が表示された立面図または断面図ビューを開いてください。
2. 複数階に延長したい階段を選択します。
3. *Modify | Stairs* tab > Multistory Stairs panel において、(Select Levels) をクリックします。
4. *Modify | Multistory Stairs* tab > Multistory Stairs panel において、(Connect Levels) をクリックします。
5. 接続したいレベル面を選択します。<Ctrl>を押すと、複数のレベル面が選択できます。
    - レベル面を除外したい場合は、(Disconnect Levels) をクリックし、除外するレベル面を選択します。
6. (Finish Edit Mode) をクリックします。

- **Multistory Stair**（複数階の階段）コマンドを選択したときに立面図または断面図ビューを開いていない場合は、Go To View ダイアログボックスが表示されます。ビューを選択して **Open View** をクリックすると、必要なビューが開かれます。

- Multistory Stair を編集するには、図 12–24 に示すように複数階の階段全体が選択されている必要があります。必要に応じて、<Tab> を押して各階段コンポーネントを順番に確認します。

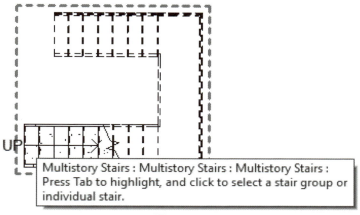

図 12–24

- レベル面の高さを変更すると、複数階の階段のコンポーネントは新しい間隔に合わせて更新されます。

- 複数階の階段が配置された後に手すりのタイプを変更する場合は、同じ高さの（つまり、グループ化された）全ての階段経路が更新されます。高さの異なる階段経路は、別々に変更する必要があります。

実習 12a コンポーネントによる階段を作成する

この実習の目標

- コンポーネントによる階段を作成します。
- 1 セットの階段を複数階の階段に展開します。
- スケッチによるカスタム階段を作成します。
- （オプション）階段が床を貫通する部分に開口部を切り欠きます。

この実習では、図 12-25 に示すように、階段室に収まった複数階の階段を含む、コの字型階段を作成します。また、建物の正面入口には、スケッチによるカスタム階段も作成します。オプションとして、上階用の開口部を作るために、床を編集してシャフト（竪穴）を追加します。

図 12-25

タスク 1 – 1 階に階段を作成する

1. プロジェクト **Modern-Hotel-Stairs-M.rvt** を開いてください。

2. **Floor Plans: Floor 1 - Stair 1** のビューを開いてください。このビューは、メインの平面図の吹き出しです。

階段、手すり、傾斜路のモデリング

3. グリッド線、断面図、トリミング領域を非表示にします。

4. *Architecture* tab > Circulation panel で、（Stair）をクリックします。

5. Properties で、以下を設定または確認します。
   - *Stair Type:* **Assembled Stair: Hotel Stairs**
   - *Base Level:* **Floor 1**
   - *Top Level:* **Floor 2**
   - *Base Offset:* **0.0**
   - *Top Offset:* **0.0**

6. *Modify | Create Stair* tab > Tools panel で、（Railing）をクリックします。図 12–26 に示すように、Railings ダイアログボックスで **Hotel Stair Guardrail** を選択します。*Position* が **Treads** に設定されていることを確認し、**OK** をクリックします。

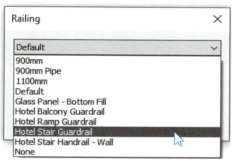

図 12–26

7. *Modify | Create Stair* tab > Work Plane panel で（Reference Plane）をクリックします。図 12–27 に示すように、階段室の上の壁から 1200mm 離れたところに水平な参照面を描きます。（Modify）をクリックします。

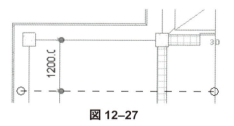

図 12–27

8. *Modify | Create Stair* tab > Components panel で（Run）をクリックします。

9. Options Bar において、*Location Line* を **Run: Left** に、*Offset* を **0.0** に、*Actual Run Width* を **1200mm** に設定し、**Automatic Landing** を選択します。

10. 図 12–28 に示すように、扉側の壁に 1 つ目の階段経路の起点を置きます。この時点では、正確な位置は重要ではありません。終点を参照面の近くに置きます。

11. 図 12–28 に示すように、2 つ目の階段経路の起点を壁と参照面の交点に置きます。終点を予想完成段数のゴーストイメージを越えたところに置きます。

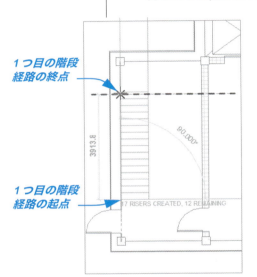 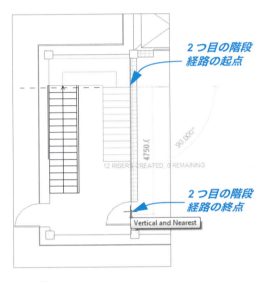

図 12–28

12. 左の壁の階段経路が、正しい位置に配置されてないかもしれません。階段経路を選択し、✥（Move）をクリックします。図 12–29 に示すように、最上段の蹴上げ上の 1 点を選択し、次に参照面上の 1 点を選択します。

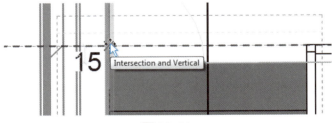

図 12–29

階段、手すり、傾斜路のモデリング

13. 階段経路の描き方次第で、階段経路の長を調整する必要があるかもしれません。左側の階段経路には 1〜16 の段、右側の階段経路には 17〜31 の段があるはずです。左側の階段を選択し、階段の下側にある矢印の形状ハンドルを使って、必要に応じて段数を調整します。

14. ✔ (Finish Edit Mode) をクリックします。プロジェクトを保存します。

タスク 2 – 複数階の階段を作成する

1. **Sections (Building Section):** East-West Section のビューを開いてください。

2. 図 12–30 に示すように、組立て済みの階段を選択します。

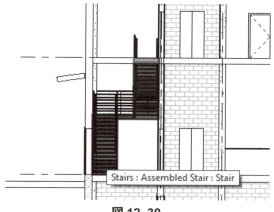

図 12–30

3. *Modify | Stairs* tab > Multistory Stairs panel において、(Select Levels) をクリックします。

4. \<Ctrl\> を押しながら **Floor 3** から **Floor 8** までのレベル面の線を選択します（**Roof** と **Parapet** のレベル面は選択しません）。

5. ✔（Finish Edit Mode）をクリックします。図 12–31 に示すように、残りの階に階段が追加されます。

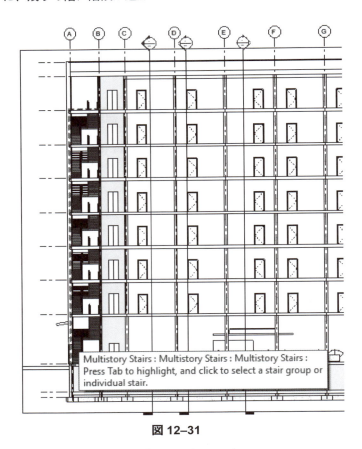

図 12–31

6. 新しく作られた複数階の階段を選択します。

7. *Modify | Multistory Stairs* tab > Multistory Stairs panel において、（Connect/Disconnect Levels）をクリックします。

8. （Connect Levels）をクリックし、**Basement** のレベル面の線を選択して ✔（Finish Edit Mode）をクリックします。地下 1 階に階段が追加されました。

9. プロジェクトを保存します。

階段、手すり、傾斜路のモデリング

10. 全ての階の階段を見るには、図 12–32 に示すように、Visual Style を ⬛（Consistent Colors）に設定します。

図 12–32

11. プロジェクトを保存します。

タスク 3 – スケッチにより入口の階段を作成する

1. **Floor Plans: Floor 1** のビューを開いてください。

2. グリッド線と注釈をそれぞれ選択し、**VH** と入力して非表示にします。

3. *Underlay > Range: Base Level* を **Floor 2** に設定します。これによって、カスタム階段を作成するために必要な入口の屋根の輪郭が表示されます。

4. *Architecture* tab > Circulation panel で、🪜（Stair）をクリックします。

5. Type Selector で、**Stair: Monolithic Stair – Hotel** を選択します。

6. Properties において、以下の設定を行います。

- *Base Level*: **Floor 1**
- *Base Offset*:（マイナス）**-300mm**
- *Top Level*: **Floor 1**
- *Top Offset*: **0.0**

7. *Modify | Create Stairs Sketch* tab > Tools panel において、(Railing) をクリックします。Railing ダイアログボックスで **None** を選択し、**OK** をクリックします。

8. Draw パネルで(Run)と(Create Sketch)を選択し、次に(Boundary)と(Pick Lines)を選択します。図 12–33 に示すように、屋根の輪郭の端部を選択します。

9. (Riser) をクリックします。図 12–33 に示すように、**Pick Lines** ツールを使って屋根のその他の輪郭線を選択します。

10. (Riser) が選択された状態で、**Pick Lines** ツールを使って *Offset* を **300mm** に設定します。図 12–33 に示すように、蹴上げをもう 1 セット輪郭の外側にオフセットします。

11. (Trim/Extend to Corner) を使って、境界線と外側の蹴上げの交点を整理します。

スケッチ線が強調のために太くなっています。

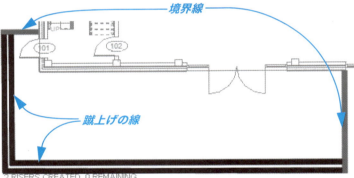

図 12–33

12. (Finish Edit Mode) をクリックし、階段部分のアセンブリを完了します。

13. *Modify | Create Stair* tab > Components Panel において (Landing) をクリックし、(Create Sketch) をクリックします。

14. 図 12–34 に示すように、**Pick Lines** を使って踊り場の境界線を作成します。

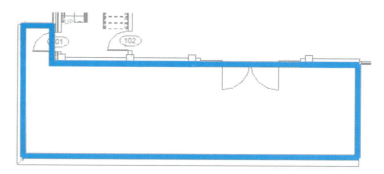

図 12–34

15. ✔ (Finish Edit Mode) を 2 回クリックして、階段のアセンブリ全体を完成させます（警告は無視します。階段は作成された通りに機能します）。

16. Properties で、*Underlay > Range: Base Level* を **None** に設定します。

17. 図 12–35 に示すように、新しく作られた階段を 3D ビューで表示します。

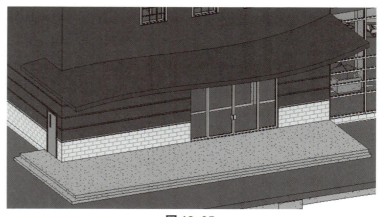

図 12–35

18. プロジェクトを保存します。

タスク 4 – (オプション) 2 階の階段開口部を編集する

1. **Floor Plans: Floor 2** のビューを開いてください。

2. 階を選択します (バルコニーの 1 つを選択するのが最も簡単です)。

3. *Modify | Floors* tab > Mode panel において、 (Edit Boundary) をクリックします。

4. 図 12–36 に示すように、境界線を修正して階段用の開口部を作成します。

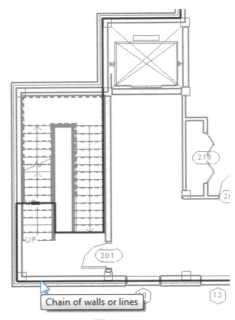

図 12–36

5. (Finish Edit Mode) をクリックします。壁は床に接着しません。

6. ズームで縮小表示し、2 階全体を表示します。

7. プロジェクトを保存します。

8. 3 階から 8 階にかけてシャフトを配置します。全ての階の開口部が同じなので、ここではシャフトを使うことができます。

9. プロジェクトを保存します。

階段、手すり、傾斜路のモデリング

12.3 手すりを操作する

手すりは階段とともに自動的に作成されますが、階段エレメントから独立して編集、または削除することができます。図 12–37 に示すように、階段とは別の場所に手すりを追加することもできます。

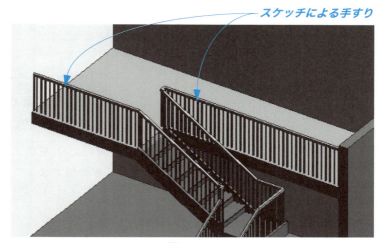

図 **12–37**

スケッチによる手すりのホストには、床、スラブ、スラブエッジ、壁の上端、屋根などがあります。地形の表面にも手すりを付加することができます。

- 既存の階段や傾斜路を作成した際に手すりが含まれていない場合は、後から追加することができます。

操作手順：スケッチにより手すりを追加する

1. 平面図ビューまたは 3D ビューを開いてください。
2. *Architecture* tab > Circulation panel において (Railing) を展開し、 (Sketch Path) をクリックします。
3. Type Selector で手すりのタイプを指定します。
4. *Modify | Create Railing Path* tab > Tools panel で (Pick New Host) をクリックし、階段、床、または壁の上端など手すりが配置されるエレメントを選択します。
   - 3D ビューまたは断面図ビューで作業している場合は、*Modify | Create Railing Path* tab > Options panel において **Preview** を選択し、編集モードにいる間に手すりを表示します。この操作は、ホストをすでに選択している場合にのみ可能です。

- 図 12–38 に示すように、ホストが傾斜している場合は、手すりも傾斜に従います。スケッチはホストのレベル面で表示されます。

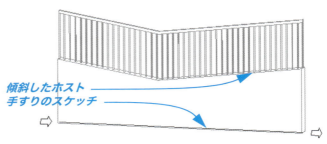

図 12–38

5. Draw ツールを使って、手すりを定義する線をスケッチします。
6. ✔（Finish Edit Mode）をクリックして手すりを作成します。

- 手すりは一続きの線でなくてはなりません。一続きでない場合は、図 12–39 に示すような警告が表示されます。

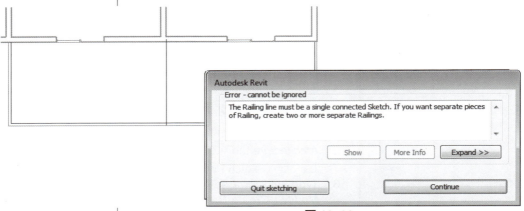

図 12–39

操作手順：ホストを選択して手すりを追加する

1. *Architecture* tab > Circulation panel で（Railing）を展開し、（Place on Host）をクリックします。
2. *Modify | Create Railing Place on Host* tab > Position panel において、（Treads）または（Stringer）をクリックします。
3. 手すりを追加する階段または傾斜路を選択します。

階段、手すり、傾斜路のモデリング

- **Place on Host** は、階段に手すりが付いていない場合にのみ機能します。追加で手すりを取り付ける場合（例えば、幅の広い階段の中央にもう1本手すりを追加する場合）は、手すりをスケッチする必要があります。

手すりの編集

図 12–40 に示すように、手すりの編集は、手すりのタイプを変更する程度の簡易なものです。手すりのパスを変更することも可能です。

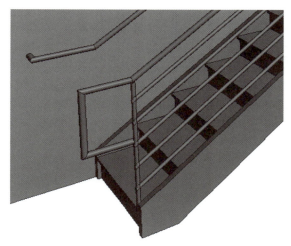

図 12–40

- 階段または傾斜路から独立して、手すりを削除することができます。ただし、階段または傾斜路を削除すると、手すりは自動的に削除されます。

- 手すりに （Split Element）コマンドを使うことができます。図 12–41 に示すように、このコマンドを適用すると、別々の手すりが作られます。

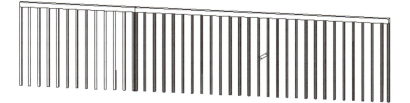

図 12–41

手すりのパスを編集する

手すりのパスを編集するには、手すりをダブルクリックまたは選択し、*Modify | Railings* tab > Mode panel において (Edit Path) をクリックします。

これによって編集モードに入り、図 12–42 に示すように手すりを定義する個々の線を編集することができます。線を追加することも可能ですが、既存の線につながっていなくてはなりません。

編集モードの他の多くのエレメントと違い、手すりは閉じたループにする必要はありません。

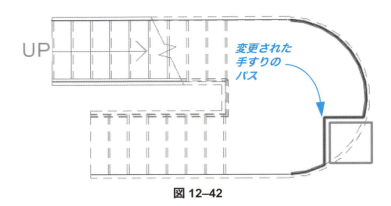

図 12–42

階段、手すり、傾斜路のモデリング

演習 12b

手すりの操作

この実習の目標

- 手すりとハンドレールを編集します。
- 独立した手すりを追加します。

この実習では、壁付きの手すりを新しいタイプのものに変更して、階段室内の手すりに編集を加えます。また、階段室内の階段経路をつなぐ独立した手すりも作成します。さらに、（図 12–43 に示すように）屋内外のバルコニーに手すりを追加します。

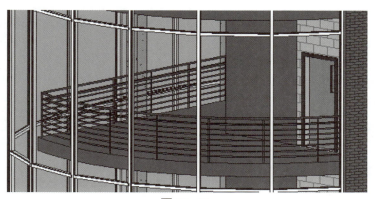

図 12–43

タスク 1 – 階段室の手すりの編集

1. プロジェクト **Modern-Hotel-Railings-M.rvt** を開いてください。
2. **Floor Plans: Floor 1 - Stair 1** のビューを開きます。
3. 扉から階段室を映すカメラビューを作成し、新しい階段と手すりを表示します。
4. Project Browser の *3D Views* において、新しく作成した 3D ビューを右クリックし、**Stair 1 - Floor 1 3D** と名前を付けます。
5. 必要に応じてコントロールを調整し、階段の最初の階段経路を表示します。*Visual Style* を (Shaded) に設定します。

*3D カメラ*ビューや*平面図*ビューの間を移動するには、<Ctrl> と <Tab> を 押すか、またはウィンドウ上部の *View tab* を使います。

6. 壁付きの手すりを選択し、Type Selector で **Railing: Hotel Stair Handrail-Wall** を選択します。図 12–44 に示すように、手すりのタイプが変わります。

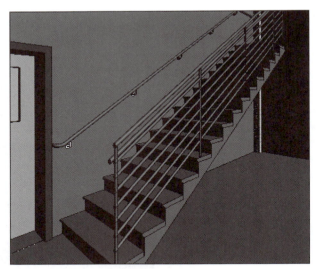

図 12–44

7. ハンドレールを選択した状態で、Properties において *Offset* を *Path* から **0** に設定します。これによって、ハンドレールが壁から離れすぎないようにします。

8. **Floor Plans: Floor 2** のビューを開きます。

9. 階段室をズームで拡大表示し、外側の手すりを選択します。Type Selector で手すりのタイプを **Railing: Hotel Stair Handrail-Wall** に変更し、*Offset* を *Path* から **0** に変更します。

10. 内側の手すりを選択します。*Modify | Railing* tab > Mode panel において（Edit Path）をクリック、または手すりをダブルクリックします。

11. 図 12–45 に示すように、縦のパスを選択し、Drag Line End コントロールを使って **2500mm** まで伸ばします。

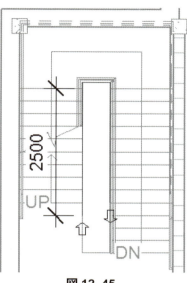

図 **12–45**

12. ✓ (Finish Edit Mode) をクリックします。

13. *Architecture* tab > Circulation panel において をクリックし、を選択します。図 12–46 に示すように、各サイドのガードレールの中点からパスをスケッチします。ヒント：**SM** と入力して、手すり端部の中点にスナップします。

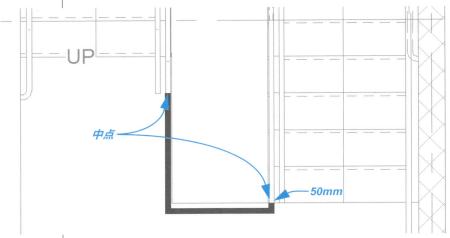

図 12–46

14. ![](Finish Edit Mode）をクリックします。

15. 必要に応じて、ガードレールとハンドレールが揃うように **Flip railing direction** コントロールを選択します。

16. 図 12–47 に示すように、カメラビューを作成して階段と手すりを表示します。

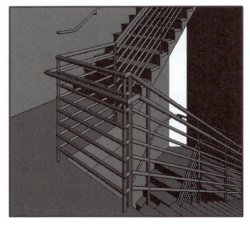

図 12–47

17. このビューに **Stair 1 - Floor 2 3D** と名前を付けます。

18. クリップボードに新しい手すりをコピーし、**Paste Aligned to Selected Levels** コマンドを使って 3 階にコピーします。

19. **Floor Plans: Floor 3** のビューを開きます。

20. 図 12–48 に示すように、階段の異なる形状に合わせて新しい手すりを編集します。

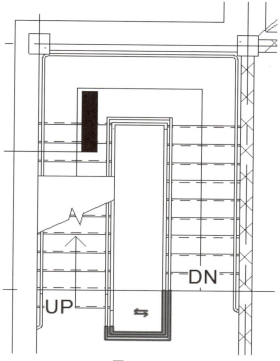

図 12–48

21. 新しい手すりを 4 階から 8 階までコピーします。時間があれば、8 階の手すりを開口部に合わせて編集します。

22. プロジェクトを保存します。

タスク 2 – 独立した手すりを追加する

1. **Floor Plans: Floor 2** のビューを開いて画面移動し、必要に応じて屋内バルコニー（通路）を拡大表示します。

2. *Architecture* tab > Circulation panel において (Railing) を展開し、 (Sketch Path) をクリックします。

3. Type Selector において **Railing: Hotel Balcony Guardrail** を選択します。

4. 図 12–49 に示すように、ホテルのロビー上部のバルコニーの縁から 75mm 離してスケッチ線を描きます。遠端の曲線部分も含めます。

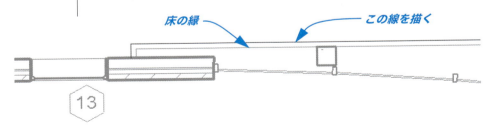

図 12–49

5. ✔（Finish Edit Mode）をクリックします。

6. 建物の裏側にある屋外バルコニーの 1 つを拡大表示します。

7. 図 12–50 のスケッチに示すように、屋内のバルコニーの手すりと同じプロパティを使って、バルコニーの手すりを追加します。

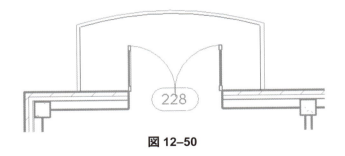

図 12–50

8. ✔（Finish Edit Mode）をクリックします。

9. 手すりが完成したら、他のバルコニーにコピーします。

10. 屋内外の全てのバルコニーの手すりを他の階にコピーします。

11. 外観の 3D ビューを開いて、全ての手すりの設置を確認します。

12. プロジェクトを保存します。

階段、手すり、傾斜路のモデリング

12.4 傾斜路を作成する

傾斜路の作成は、自動踊り場付きの経路による階段を作成する作業に似ています。それぞれの傾斜路の起点と終点の高さおよび境界線をスケッチすることもできます。傾斜路の経路は広いスペースを必要とするので、短い垂直移動によく使われます（図12-51参照）。該当地域の建築基準法で、踊り場のない経路の長さの限界を確認してください。

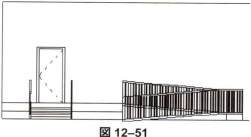

図12-51

操作手順：経路により傾斜路を作成する

1. *Architecture* tab > Circulation panel において、 （Ramp）をクリックします。

2. Type Selector で傾斜路のタイプを選択します。

3. *Modify | Create Ramp Sketch* tab > Tools pane において （Railing）をクリックし、Railing Types ダイアログボックスで手すりのタイプを選択します。**OK** をクリックします。

4. Properties で、図 12-52 に示すように、特に **Base Level** や **Top Level** およびその **offset** などの Constraints とその他のプロパティを設定します。傾斜路の **Width** は Dimensions エリアで設定されます。

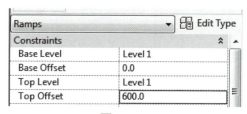

図12-52

5. 傾斜路を作成する前に、起点と終点を特定するために参照面を作図します。経路は、傾斜路の中心線をもとに作成されます。

6. Draw パネルにおいて 品（Run）をクリックし、経路の起点を選択します。プレビューボックスが傾斜路の方向と長さを表示します。 ／（Line）または ⌒（Center-ends Arc）をクリックして、直線と曲線の切り替えをします。
    - 図 12–53 で示すように、踊り場は経路の間に自動で生成されます。

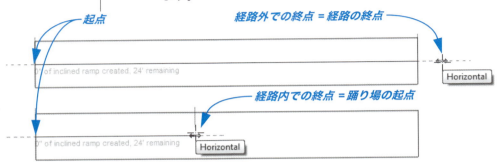

図 12–53

7. ✓（Finish Edit Mode）をクリックします。傾斜路（手すりを含む）が作成されます。

操作手順：境界線と Riser（高さ）を使って傾斜をスケッチする

1. ⬭（Ramp）をクリックし、傾斜路のタイプとプロパティを設定します。
2. *Modify | Create Ramp Sketch* tab > Draw panel において、 ⌐（Boundary）をクリックします。
3. 図 12–54 のグリーンの線で示すように、Draw ツールを使って傾斜路の長辺（短辺ではない）を描きます。
4. *Modify | Create Ramp Sketch* tab > Draw panel において 阝（Riser）をクリックします。
5. 図 12–54 の黒い線で示すように、Draw ツールを使って各傾斜路の短辺を指定します。

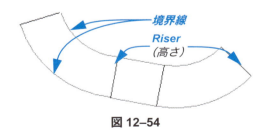

図 12–54

6. ✓（Finish Edit Mode）をクリックします。

実習 12c

傾斜路の作成

この実習の目標

- 傾斜路を追加します。

この実習では、図 12–55 に示すように、手すりの付いた傾斜路を作成します。

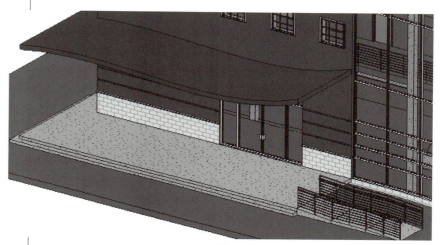

図 12–55

タスク 1 – 傾斜路を追加する

1. プロジェクト **Modern-Hotel-Ramp-M.rvt** を開いてください。

2. **Floor Plans: Floor 1** のビューを開きます。

3. *Architecture* tab > Circulation panel において、（Ramp）をクリックします。

4. Type Selector で **Ramp: Hotel Ramp** を選択します。

5. Properties で *Base Level* を **Floor 1** に、*Base Offset* を（マイナス）**-300mm** に設定します。*Top Level* を **Floor 1** に、*Top Offset* を **0.0** に、*Width* を **1800mm** に設定します。

6. *Modify | Create Ramp Sketch* tab > Tools panel において（Railing）をクリックし、Railing のタイプは **Hotel Ramp Guardrail** を選択します。OK をクリックします。

Autodesk Revit 2019：建築の基本

7. Work Plane パネルにおいて、 (Ref Plane) をクリックします。
8. 図 12–56 に示すように、参照面を作図します。

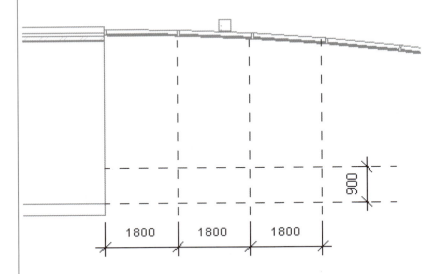

図 12–56

9. (Modify) をクリックし、Ribbon の *Modify | Create Ramp Sketch* に戻ります。
10. Draw パネルにおいて (Run) をクリックします。図 12–57 に示すように、経路を描き始めます。参照面の交点を使って最初の経路を終わらせ、2 つ目の経路を描き始めます。

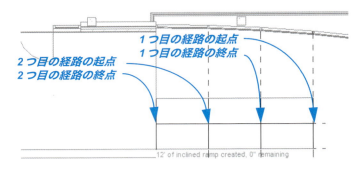

図 12–57

階段、手すり、傾斜路のモデリング

11. ✓（Finish Edit Mode）をクリックします。

12. 傾斜路に固定するために、手すりを移動する必要があります。Properties で両方の手すりを選択し、Path からの *Offset* を（マイナス）**-50mm** に変更します。

13. 3D ビューを開き、図 12-58 のように傾斜路が表示されることを確認します。

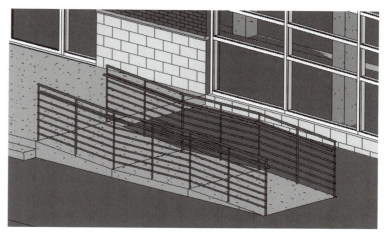

図 **12-58**

14. ズームで縮小表示して、プロジェクトを保存します。

Chapter の復習

1. 以下の中で、階段コンポーネントではないものはどれですか？
   a. Runs（階段経路）
   b. Landings（踊り場）
   c. Treads（踏み板）
   d. Supports（桁）

2. 図 12-59 に示すように下段を上段より広くするには、階段をどのように編集すればよいですか？

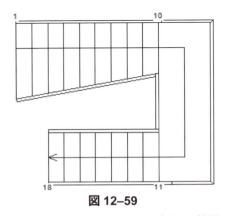

図 12-59

   a. 階段の各コーナーにあるハンドルを新しい位置まで引っ張る。
   b. 階段経路をスケッチに変換し、境界線と蹴上げを編集する。
   c. <Tab> を使ってコンポーネントを順番に表示し、変更したい踏み板だけを選択する。
   d. 階段をコンポーネントに分解し、ハンドルを使って階段の幅を変更する。

3. （Railing）コマンドはいつ使いますか？（該当するもの全てを選んでください）
   a. 非常に幅のある階段の中央に手すりを追加したいとき。
   b. 階段や傾斜路を作成するとき。
   c. 階段や傾斜路に接着していない手すりを作成するとき。
   d. Stair by Sketch コマンドを使うとき。

4. 複数階に渡る階段を作成するには（図 12–60 参照）、階段を作成してから……

図 **12–60**

a. Properties において、レベル面のドロップダウンリストから **Multistory Top Level** を選択します。

b. 階の一番上のレベル面で作成された階段も選択し、右クリックして **Multistory Stair** を選択します。

c. クリップボードにコピーし、**Paste Aligned to Selected Levels** を使って階段を設置するレベル面を指定します。

d. 階段を選択します。Ribbon で **Connect Levels** を選択し、階段を設置するレベル面を選択します。

5. 傾斜路の経路の起点と終点を指定するのに最も役に立つのは、以下のどのエレメントでしょうか？

a. 壁

b. 階段

c. スケッチ線

d. 参照面

Autodesk Revit 2019：建築の基本

コマンド概要

アイコン	コマンド	場所
階段と傾斜路		
	Convert to sketch-based	• **Ribbon**: *Modify	Create Stair* tab > Tools panel
	Connect Levels	• **Ribbon**: *Modify	Stairs* tab > Multistory Stairs panel
	Edit Sketch	• **Ribbon**: *Modify	Create Stair* tab > Tools panel
	Edit Stairs	• **Ribbon**: *Modify	Stairs* tab > Edit panel
	Flip	• **Ribbon**: *Modify	Create Stair* tab > Tools panel
	Landing (Stair)	• **Ribbon**: *Modify	Create Stair* tab > Components panel
	Run (Stair)	• **Ribbon**: *Modify	Create Stair* tab > Components panel
	Stair	• **Ribbon**: *Architecture* tab > Circulation panel
	Support (Stair)	• **Ribbon**: *Modify	Create Stair* tab > Components panel
	Ramp	• **Ribbon**: *Architecture* tab > Circulation panel
手すり		
	Edit Path (Railings)	• **Ribbon**: *Modify	Railings* tab > Mode panel
	Railing	• **Ribbon**: *Modify	Create Stair (Create Stairs Sketch) (Create Ramp)* tab > Tools panel
	Railing>Place on Host	• **Ribbon**: *Architecture* tab > Circulation panel > Railing を展開
	Railing>Sketch Path	• **Ribbon**: *Architecture* tab > Circulation panel > Railing を展開
	Pick New Host	• **Ribbon**: *Modify	Create Railing Path (Railings)* tab > Tools Panel

404   12–42   © 2018, ASCENT - Center for Technical Knowledge®

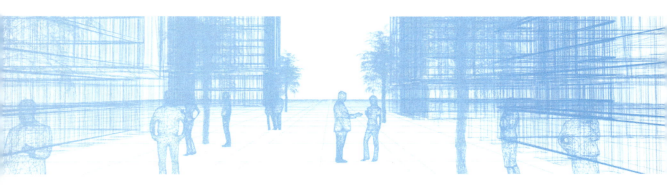

設計図書フェーズ

本学習ガイドの第3部では、正確な設計図書の作成に役立つツールを中心に、引き続き Autodesk® Revit® のツールを学習していきます。

このセクションは、以下の Chapter から構成されます。

- Chapter 13：設計図書の作成
- Chapter 14：設計図書への注釈の記入
- Chapter 15：タグと集計表の追加
- Chapter 16：詳細の作成

Chapter
13

設計図書の作成

Autodesk® Revit® ソフトで設計図書を正しく作成することで、ダウンストリームのユーザまで設計が確実に正しく伝わります。設計図書は主に、シートと呼ばれる特殊なビューで作成します。タイトルブロックの選択、タイトルブロック情報の割り当て、ビューの配置、シートの出力の方法を理解することは、設計図書の管理プロセスにおいて不可欠です。

この Chapter の学習目標

- タイトルブロックのあるシートとプロジェクトのビューを追加します。
- 個々のシート用とプロジェクト全体用にタイトルブロック情報を入力します。
- シート上でビューを配置し、整理します。
- デフォルトの Print ダイアログボックスを使用して、シートを出力します。

13.1 シートの設定を行う

プロジェクトをモデリングしている時、設計図書の土台作りもすでに始まっています。図 13–1 に示すように、どのビュー（平面図、断面図、吹き出し、集計表）もシート上に配置することができます。

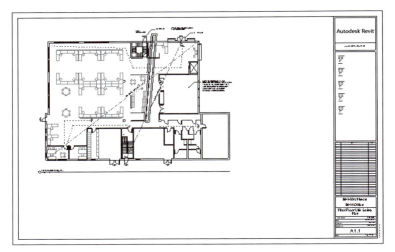

図 13–1

- 社内テンプレートは、会社（またはプロジェクト）のタイトルブロックと、そのシートにすでに配置されている関連ビューを使った標準シートで作成できます。

- シートのサイズは、選択したタイトルブロックファミリがもとになっています。

- シートは Project Browser の *Sheets* エリアにリスト表示されています。

- シート上の情報の大半はビューの中に含まれています。全般的な注釈やその他のモデル以外のエレメントはシートに直接追加できますが、製図ビューまたは凡例を使用する方が、複数のシートに配置できるので便利です。

操作手順：シートを設定する

1. Project Browser で *Sheets* エリアのヘッダを右クリックして **New Sheet...** を選択するか、または *View* tab > Sheet Composition panel で (Sheet) をクリックします。

設計図書の作成

2. 図 13–2 に示すように、New Sheet ダイアログボックスのリストからタイトルブロックを選択します。別の方法として、プレースホルダシートのリストがある場合は、そのリストから 1 つまたは複数のプレースホルダを選べます。

*Library からシートを読み込むには、**Load...** をクリックします。*

複数のプレースホルダシートを選ぶには、<Ctrl> を押したまま選択します。

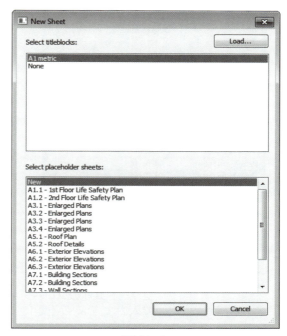

図 13–2

3. **OK** をクリックします。選択したタイトルブロックを使用して、新しいシートが作成されます。
4. 必要に応じて、タイトルブロック内の情報を記入します。
5. シートにビューを追加します。

- シートを作成すると、次のシート番号が順に割り当てられます。

- Sheet Title ダイアログボックスでシートの名前をダブルクリックし、名前と番号を変更します。

- タイトルブロックで *Sheet Name* と *Number* を変更すると、Project Browser でシートの名前と番号も自動で変更されます。

- シート脇のプロットスタンプは、現在の日時に合わせて自動的に更新されます。表示フォーマットには、使用するコンピューターの地域設定が適用されます。

- ビューがシートに挿入されると、Scale（スケール）が自動で入力されます。1 つのシートにスケールの違う複数のビューがある場合は、スケールは **As Indicated** と表示されます。

シート(タイトルブロック)のプロパティ

新しいシートにはそれぞれ、タイトルブロックが1つ割り当てられます。タイトルブロック情報は Properties 上で（図 13–3 参照）、または青文字の項目（Sheet Name、Sheet Number、Drawn by など）を選択して（図 13–4 参照）変更できます。

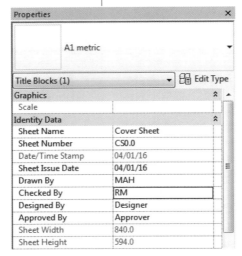

図 13–3

図 13–4

全シート共通のプロパティは、Project Properties ダイアログボックスで入力できます（図 13–5 参照）。*Manage* tab > Settings panel で、(Project Information)をクリックします。

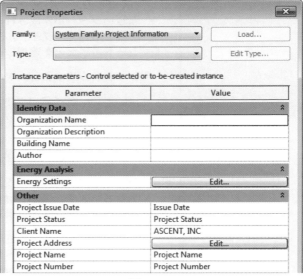

図 13–5

設計図書の作成

13.2 シート上でビューの配置と編集を行う

シートにビューを追加する手順はシンプルです。Project Browser からシートにビューをドラッグ＆ドロップするだけです。シート上の新しいビューは、元のビューで指定したスケールで表示されます。図 13–6 に示すように、ビュータイトルにはビューの名前、番号、スケールが表示されます。

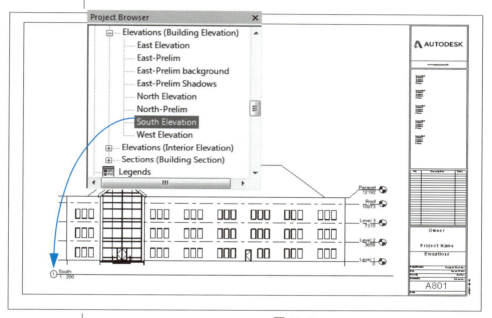

図 13–6

操作手順：シートにビューを配置する

1. シートで希望通りに表示されるように、エレメントのスケールと可視性などをビューで設定します。
2. ビューを配置するシートを作成し、または開きます。
3. Project Browser でビューを選択し、シートにドラッグ＆ドロップします。
4. カーソルにビューの中心点が追随します。シート上でクリックし、ビューを配置します。

追加のビューの配置を容易にするため、既存のビューから位置合わせ線が表示されます。

シートにビューを配置する

- ビューは、シートに一度しか配置できません。ただし、そのビューを複製してシートにコピーを配置することはできます。
- シート上のビューは関連付けられており、プロジェクトに変更があると、その変更を反映して自動で更新されます。
- シート上の各ビューは、図13–7に示す通り、Project Browserのシート名の下にリスト表示されています。

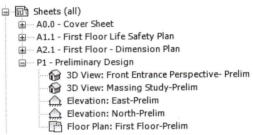

図 13–7

- シートにビューを配置するには、他に2つの方法があります。
  - Project Browserでシート名を右クリックし、**Add View...** を選択する。
  - *View* tab > Sheet Composition panelで、 (Place View) をクリックする。

  その後、Viewsダイアログボックス（図13–8参照）で使用するビューを選択し、**Add View to Sheet**（シートにビューを追加）をクリックします。

この方法では、まだシートに配置されていないビューだけがリスト表示されます。

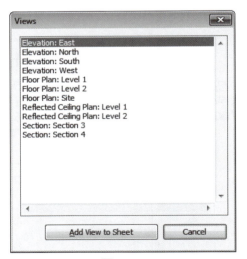

図 13–8

設計図書の作成

- シートからビューを削除するには、ビューを選択して <Delete> を押します。別の方法として、Project Browser で個別のシート情報を展開してビューを表示し、ビューの名前を右クリックして Remove From Sheet（シートからビューを削除）を選択します。

> **ヒント：Project Browser を設定する**
>
> Project Browser のタイプを確認・変更するには、その Project Browser の最上位のノード（デフォルトでは Views (all)) に設定されています）を選択し、Type Selector から使用するタイプを選択します。例えば、図 13–9 に示す通り、どのシート上にもないビューだけを表示するように Browser を設定することもできます。
>
>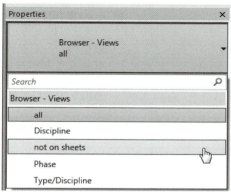
>
> 図 13–9

ビューとビュータイトルを移動する

ビューを移動するには、Move コマンドまたはキーボードの矢印キーを使用することもできます。

- シート上でビューを移動するには、動かしたいビューのエッジを選択し、希望の位置にドラッグします。ビュータイトルもビューと一緒に移動します。

- ビュータイトルのみを移動するには、動かしたいタイトルを選択し、希望の位置にドラッグします。

- タイトル名の下線の長さを変更したい場合は、図 13–10 に示すように、ビューのエッジを選択してコントロールをドラッグします。

図 13–10

- Project Browser で名前を変更せずにシート上のビュータイトルを変更するには、図 13–11 に示す通り、Properties の Identity Data エリアで Title on Sheet のパラメータに新しいタイトルを入力します。

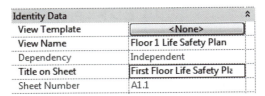

図 13–11

ビューを回転させる

- 縦型のシートを作成する場合は、シートでビューを 90 度回転させることができます。ビューを選択し、図 13–12 に示す通り、Options Bar の Rotation on Sheet ドロップダウンリストから回転方向を設定します。

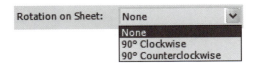

図 13–12

- ビューを 90 度以外の角度で回転させるには、ビューを開き、トリミング領域に切り替えてこれを選択し、**Rotate** コマンドを使って角度を変更します。

ビューの中で作業する

シートで作業をしながらビューに小さな変更を加えるには、

- ビューの中をダブルクリックし、アクティブにします。
- ビューの外をダブルクリックし、非アクティブにします。

ビューポート内にあるエレメントのみ編集可能になります。図 13–13 に示す通り、シートの他の部分はグレー表示になります。

この方法は、小さな変更の場合にのみ使用します。大きな変更はビューで直接行うようにします。

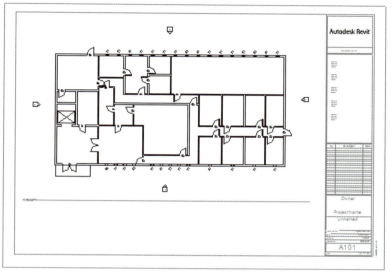

図 13–13

- ビューはエッジ上で右クリックするか、または Modify | Viewports と Views tab > Sheet Composition panel にあるツールを使ってアクティブ・非アクティブにできます。

- ビューをアクティブにして行ったエレメントの変更は、元のビューにも反映されます。

- ビューがどのシート上にあるかはっきり分からない場合には、Project Browser でそのビューを右クリックし、**Open Sheet** を選択します。この項目は、そのビューがまだシートに配置されていない場合にはグレー表示されます。また、2 つ以上のシートに配置できる集計表と凡例には利用できません。

シート上でビューのサイズを変更する

各ビューでは、トリミング領域に含まれるモデルやエレメントの範囲が表示されます。図 13–14 に示すようにビューがシートに収まらない場合は、ビューをトリミングするか、または立面図マーカーを建物寄りに移動する必要があるかもしれません。

スケールの変更やトリミング領域に基づいてビューの大きさが大幅に変わる場合は、そのビューはシートから削除し、再度ドラッグする方が簡単です。

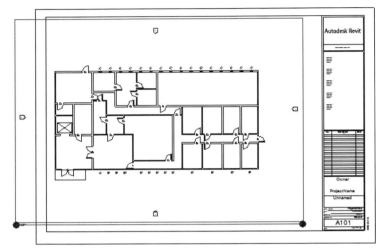

図 13–14

- ガイドグリッドを使用したシート上でのビュー配置の詳細については、*付録 B.7 シートのガイドグリッドを操作する（P.560（B–22））* を参照してください。

- ビューやシート上での改訂作業の詳細については、*付録 B.8 改定の追跡（P.562（B–24））* を参照してください。

ヒント：シートに画像を追加する

画像ファイルに保存された会社のロゴやレンダリング（JPG や PNG）は、シートやビューに直接追加できます。

1. *Insert* tab > Import panel で 🖼（Image）をクリックします。
2. Import Image ダイアログボックスで画像ファイルを選択して開きます。図 13–15 に示すように、画像の範囲が表示されます。

図 13–15

3. 画像を希望の位置に配置します。
4. 画像が表示されます。グリップを 1 つ選び、これを引き伸ばして画像サイズを調整します。

- 図 13–16 に示す通り、Properties で高さと幅を調整したり、*Draw Layer* を **Background**（背面）または **Foreground**（前面）に設定することができます。

Dimensions	
Width	200.0
Height	74.1
Horizontal Scale	1.077812
Vertical Scale	1.077812
Lock Proportions	☑
Other	
Draw Layer	Background

図 13–16

- 画像は一度に 2 枚以上選択でき、背面または前面にまとめて移動することができます。

Autodesk Revit 2019：建築の基本

実習 13a 設計図書を作成する

この実習の目標

- プロジェクトのプロパティを設定します。
- 個々のシートを作成します。
- ビューを編集し、シートに配置する準備をします。
- シートに配置します。

この実習では、プロジェクト情報の記入、新しいシートの追加、既存のシートの利用を行います。タイトルブロックの情報を入力し、図 13–17 に示す壁断面図のようなビューをシートに追加します。時間の許す限り、多くのシートを作成してください。

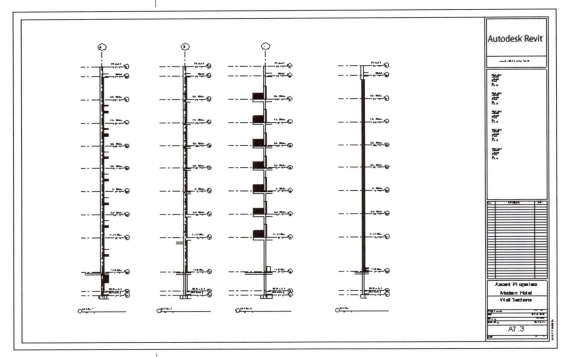

図 13–17

タスク 1 – プロジェクト情報を記入する

1. プロジェクト **Modern-Hotel-Sheets-M.rvt** を開いてください。

2. *Manage* tab > Settings panel で、 (Project Information) をクリックします。

設計図書の作成

このプロパティはシートセット全体を通して使用されるため、各シートに入力する必要はありません。

3. Project Properties ダイアログボックスの *Other* エリアで、以下のパラメータを設定します。
   - *Project Issue Date:* **Issue Date**
   - *Project Status:* **Design Development**
   - *Client Name:* **Ascent Properties**
   - *Project Address:* **Edit...** をクリックし、住所を入力します。
   - *Project Name:* **Modern Hotel**
   - *Project Number:* **1234-567**

4. **OK** をクリックします。

5. プロジェクトを保存します。

タスク 2 – カバーシートと平面図のシートを作成する

1. *View* tab > Sheet Composition panel で (Sheet) をクリックします。

2. New Sheet ダイアログボックスで、**A1 metric** のタイトルブロックを選択します。

3. **OK** をクリックします。

4. タイトルブロックの右下のコーナーを拡大表示します。事前に記入した Project Properties が自動的にシートに反映されています。

5. 図 13–18 に示すように、引き続きタイトルブロックに情報を記入します。

図 13–18

6. シート全体を表示します。

7. Project Browser で **3D Views** ノードを展開します。図 13–19 に示すように、シートに **Exterior Front Perspective** をドロップ＆ドラッグします。ビューポート名とトリミング領域の 2 つの項目は、カバーシートには必要ありません。

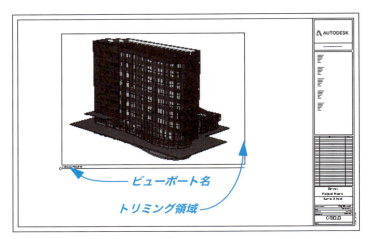

図 **13–19**

8. ビューポートのエッジを選択します。Type Selector で **Viewport: No Title** を選択します。

9. ビューポートの内側をダブルクリックすると、タイトルブロックがグレー表示され、ビュー自体を編集することが可能になります。

10. Properties の *Extents* エリアで、**Crop Region Visible** のチェックを解除します（これを Control Bar で行うことも可能です）。

11. ビューポートの外側をダブルクリックし、シートに戻ります。

12. Project Browser で **Sheets (all)** ノードをダブルクリックし、**New Sheet** を選択します。

13. 同じタイトルブロックを使って、以下の新しいシートを作成します：

シート番号とシート名	ビュー
A2.1: Ground Floor Plan	Floor 1
A2.2: Upper Floor Plan (Typical)	Typical Guest Room Floor Plan
A2.3: Roof Plan	Roof

14. プロジェクトを保存します。

設計図書の作成

タスク 3 – ビューを設定してシートに追加する

1. **Floor Plans: Floor 1** のビューと **Floor 2** のビューの複製（詳細項目なし）を作成し、それぞれに **Floor 1 - Life Safety Plan**、**Floor 2-8 - Life Safety Plan** と名前を付けます。

2. 新しいビューを開いて、以下を行います。
   - 建物自体のエレメントを除く全てのエレメントを非表示にします。
   - トリミング領域をオンに切り替え、建物ギリギリのところで領域を設定します。
   - トリミング領域をオフに切り替えます。

3. シート **A1.1 - Floor 1 - Life Safety Plan** を開きます。

4. Project Browser でそのシート上で右クリックし、**Add View...** を選択します。

5. 図 13–20 に示すように、Views ダイアログボックスで下にスクロールし、**Floor Plan: Floor 1 - Life Safety Plan** を選択します。**Add View to Sheet** をクリックしてビューをシートに配置します。

図 13–20

6. 同じ手順をもう 1 つの階にも繰り返し行い、**Floor 2 - Life Safety Plan** に **Floor 2-8 - Life Safety Plan** と名前を付けます。
   - **Floor 1 - Life Safety Plan** はすでにシートに追加されているため、Views ダイアログボックスには存在しません。

トリミング領域は、シート上のビューの表示範囲を指定します。

Autodesk Revit 2019：建築の基本

7. Views ダイアログボックスに存在するビューを使って、ビューをシートに追加する手順を繰り返し行います。
    - 図 13–21 に示すようにトリミング領域を調整し、不要なエレメントを非表示にします。調整が終わったらトリミング領域をオフに切り替えます。

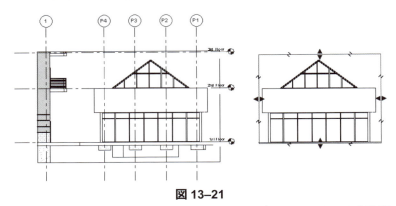

図 13–21

- シートに配置する前に、Properties でビューのスケールを確認します。
- 図 13–22 で示すように、複数のビューの配置には位置合わせ線を使うと便利です。

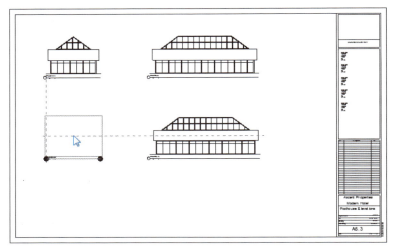

図 13–22

- シート上の情報をより正確に表すため、必要に応じてビュー名を変更します。
- ビューをシートに置いてからビューに軽微な変更を行うには、ビューポートの内側をダブルクリックして、ビューをアクティブにします。シートに戻るには、ビューポートの外側をダブルクリックし、ビューを非アクティブにします。

8. 吹き出しビュー、断面図ビュー、または立面図ビューをシートに追加したら、**Floor Plans: Floor 1** のビューに切り替えます。マーカーの1つを拡大表示します。図 13–23 に示すように、詳細番号とシート番号が自動的に割り当てられました。

実習で割り当てられる番号は、右の例の番号と全く同じではない場合があります。

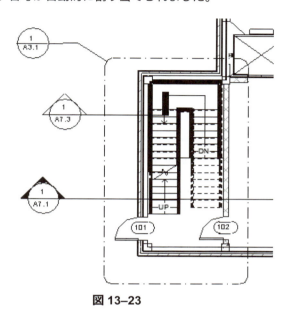

図 13–23

9. プロジェクトを保存します。

13.3 シートを出力する

Print コマンドでは、個々のシートまたは選択したシートのリストを出力できます。また、出力チェックやプレゼンテーション用に、個々のビューやその一部を出力することもできます。Print ダイアログボックス（図 13–24 参照）を開くには、*File* tab で 🖨 (Print) をクリックします。

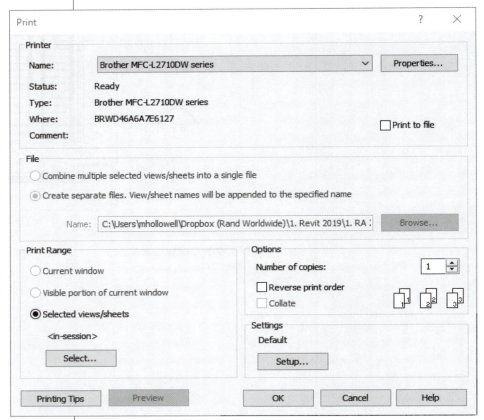

図 13–24

出力オプション　　Print ダイアログボックスは、*Printer*、*File*、*Print Range*、*Options*、*Settings* のエリアに分かれています。必要に応じてこれらを修正し、希望する出力の設定をします。

- **Printing Tips**：出力関連のヘルプとトラブルシューティングが記載された Autodesk WikiHelp がオンラインで開きます。

- **PreView**：出力プレビューが開き、出力内容を確認できます。

プリンタ

図 13–25 に示すように、リストから利用可能なプリンタを選択します。**Properties...** をクリックし、選択されたプリンタのプロパティを調整します。オプションはプリンタによって異なります。**Print to file** オプションを選択すると、プリンタに直接出力せずにファイルとして出力し、PLT ファイルまたは PRN ファイルを作成できます。

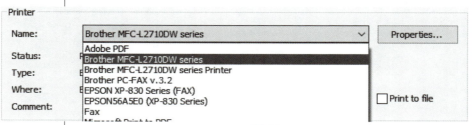

図 13–25

- PDF 出力をするには、システムに PDF 出力ドライバがインストールされていることが必須です。

ファイル

File エリアは、*Printer* エリアで **Print to file** のオプションが選択されている場合、または電子データ専用プリンタで出力する場合に限り有効です。図 13–26 に示す通り、使用するプリンタの種類によって、1 つまたは複数のファイルを作成できます。**Browse...** をクリックし、ファイルの場所と名前を選択してください。

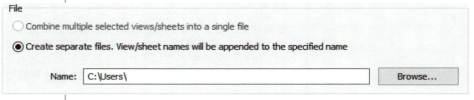

図 13–26

出力範囲

Print Range エリアでは、図 13–27 に示す通り、個々のビュー / シートの出力またはビュー / シートのセットの出力を有効にします。

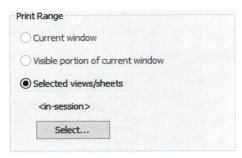

図 13–27

- **Current window**：現在開いているシート全体またはビュー全体を出力します。

- **Visible portion of current window**：現在のシートまたはビューで表示されている部分だけを出力します。

- **Selected Views/sheets**：複数のビューまたはシートを出力します。Select... をクリックし、View/Sheet Set ダイアログボックスを開き、出力セットに含めるものを選びます。これらはセット毎に名前を付けて保存できるため、同じセットを簡単に再出力することができます。

オプション

使用するプリンタが複数の部数による出力に対応している場合には、図 13–28 に示す通り、*Options* エリアで部数を指定することができます。また出力順を逆にしたり、丁合をとることもできます。これらのオプションはプリンタのプロパティでも操作可能です。

図 13–28

設　定

Setup... をクリックし、図 13-29 に示すように Print Setup ダイアログボックスを開きます。ここでは Orientation（向き）と Zoom（拡大率）、およびその他の設定を指定できます。これらの設定も名前を付けて保存できます。

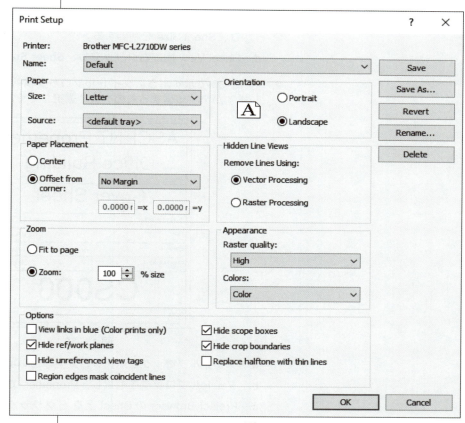

図 13-29

- Options エリアで出力したい、または出力したくないエレメントのタイプを指定してください。指定がない場合は、ビューまたはシートの全エレメントが出力されます。

- シートを出力する際は、正確でなくてもよい簡易な確認用のセットを作成する場合を除き、常に Zoom 率が 100% に設定されていなければなりません。

Chapter の復習

1. シートサイズはどのようにして指定しますか？
    a. Sheet Properties で Sheet Size を指定する。
    b. Options Bar で Sheet Size を指定する。
    c. New Sheet ダイアログボックスでタイトルブロックを 1 つ選び、Sheet Size を制御する。
    d. Sheet View 内で右クリックし、Sheet Size を選択する。

2. 図 13–30 で示すようにタイトルブロック情報を書き込むにはどうしますか？（該当するものを全て選択してください）

図 13–30

    a. タイトルブロックを選択し、変更したい項目を選択する。
    b. タイトルブロックを選択し、Properties で編集する。
    c. Project Browser の Sheet 上を右クリックし、Information を選択する。
    d. 情報の一部は自動入力される。

3. 1 つの平面図ビューは何枚のシートに配置できますか？
    a. 1 枚
    b. 2〜5 枚
    c. 6 枚以上
    d. 必要なだけ

4. 図 13–31 に示すように、シート 1 枚に対してビューのサイズが大きすぎる場合に使用する最もよい方法は次のうちどれですか？

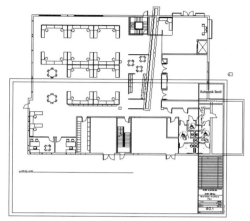

図 13–31

   a. そのビューを削除し、スケールを変更してシートに配置し直す。
   b. ビューをアクティブにして View Scale を変更する。

5. 図 13–32 に示すように平面図の一部だけをシートに表示するには、ビューをどのように設定しますか？

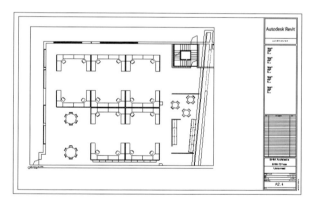

図 13–32

   a. シートにビューをドラッグ＆ドロップし、トリミング領域を使って編集する。
   b. ビューをアクティブにし、スケールを修正する。
   c. 使用したい部分を表示する吹き出しビューを作成し、シートに配置する。
   d. Project Browser でビューを開き、View Scale を変更する。

Autodesk Revit 2019：建築の基本

コマンド概要

アイコン	コマンド	場所
	Activate View	• **Ribbon**：（ビューを選択して）Modify | Viewports tab > Viewport panel • **ダブルクリック**：（ビューポート内） • **右クリック**：（ビュー上で）Activate View
	Deactivate View	• **Ribbon**：View tab > Sheet Composition panel > Viewports を展開 • **ダブルクリック**：（シート上） • **右クリック**：（ビュー上で）Deactivate View
	Place View	• **Ribbon**：View tab > Sheet Composition panel
	Print	• **File tab**
	Sheet	• **Ribbon**：View tab > Sheet Composition panel

430　　13–24　　　　　　　　　　　　　　　© 2018, ASCENT - Center for Technical Knowledge®

Chapter
14

設計図書への注釈の記入

設計図書を作成する際、デザインの意図を示すために注釈が必要とされます。寸法やテキストなどの注釈は、プロジェクトを作成している間、どの時点でもビューに追加することが可能です。設計図書のシートを作成しながら、Detail line（詳細線分）や Symbol（記号）を追加していくことも可能です。Legends（凡例）は、プロジェクトで使用する記号を表記する場として使われます。

この Chapter の学習目標

- 設計図書の一部として寸法をモデルに追加します。
- ビューにテキストを追加し、モデルの特定の部分に関して注記を加えるために引出線を使用します。
- 社内標準に合わせて、異なる書体と書体サイズを用いた Text Type（テキストタイプ）を作成します。
- 図書のビューをさらに発展させるために詳細線分を描き足します。
- 図書をさらに分かりやすくするためにビュー固有の注釈記号を追加します。
- 凡例ビューを作成し、プロジェクト内のエレメントの記号で凡例を埋めていきます。

© 2018, ASCENT - Center for Technical Knowledge®

14.1 寸法を操作する

Aligned（平行）、Linear（直線）、Angular（角度）、Radial（半径）、Diameter（直径）、Arc Length（弧長）を使って、寸法を追加します。これらの寸法は図 14–1 に示すように、個別に配置することも、寸法文字列として配置することも可能です。平行寸法を使うと、開口部、通芯、または壁の交点を含む壁全体に寸法を配置することができます。

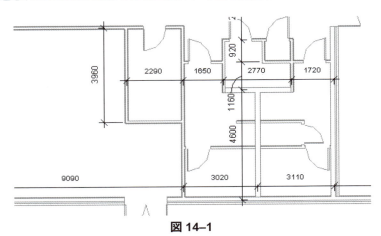

図 14–1

- モデルエレメントを参照する寸法は、ビューの中でモデルに追加されなければなりません。シート上でも寸法を配置することは可能ですが、シートに直接配置してある項目に限ります。
- 図 14–2 に示すように、寸法は *Annotate* tab > Dimension panel と *Modify* tab > Measure panel にあります。

（Aligned）はQuick Access Toolbarにもあります。

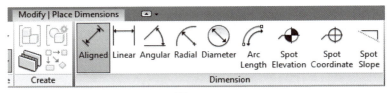

図 14–2

操作手順：オプションを使って平行寸法を追加する

1. （Aligned）コマンドを開くか、または **DI** と入力します。
2. Type Selector で寸法スタイルを選択します。

3. Options Bar において、図 14–3 に示すように寸法の参照位置を選択します。
   • このオプションは、寸法を配置しながら変更できます。

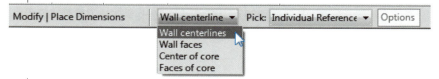

図 14–3

4. Options Bar で、Pick ドロップダウンリストから希望の選択肢を選びます。
   • **Individual References**（個別参照）：エレメントを順番に選択し（図 14–4 参照）、空白をクリックして寸法文字列を配置します。

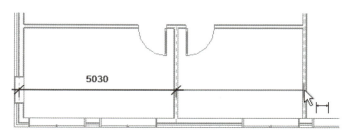

図 14–4

   • **Entire Walls**（壁全体）：図 14–5 に示すように、寸法を配置する壁を選択し、カーソルをクリックして寸法文字列を配置します。

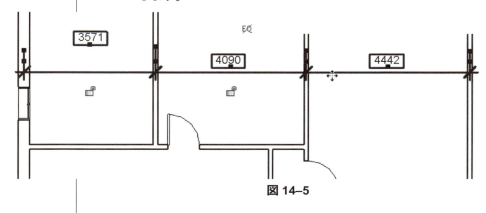

図 14–5

- 壁全体で寸法を配置するとき、寸法文字列の *Openings*（開口部）、*Intersecting Walls*（交差する壁）、*Intersecting Grids*（交差する通芯）の処理の仕方を指定することができます。Options Bar で **Options** をクリックし、Auto Dimension Options ダイアログボックス（図 14–6 参照）で自動寸法の参照方法を選択します。

追加のオプションを選択せずに Entire Wall オプションを選択した場合は、壁の端から端までの寸法が配置されます。

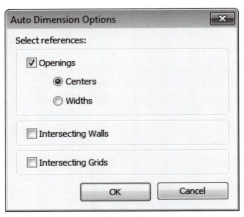

図 14–6

操作手順：その他のタイプの寸法を追加する

1. *Annotate* tab > Dimension panel で、寸法タイプを選択します。

Dimension コマンドがアクティブ状態のときは、Modify | Place Dimensions においても寸法タイプを選択することができます。

	Aligned（平行）	最もよく使われる寸法タイプ。エレメントを個別に選択、または壁全体を選択して寸法を配置します。
	Linear（直線）	エレメント上のいくつかの点を特定するための寸法です。
	Angular（角度）	2つのエレメント間の角度を示すための寸法です。
	Radial（半径）	円状のエレメントの半径を示すための寸法です。
	Diameter（直径）	円状のエレメントの直径を示すための寸法です。
	Arc Length（弧長）	円状のエレメントの弧の長さを示すための寸法です。

2. Type Selector で寸法タイプを選択します。
3. 選択した寸法タイプのプロンプトに従って、操作を続けます。

寸法の編集

寸法が参照しているエレメントを移動すると、寸法は自動的に更新されます。図 14-7 に示すように、寸法値または寸法文字列を選択し変更することでも、寸法の編集が可能になります。

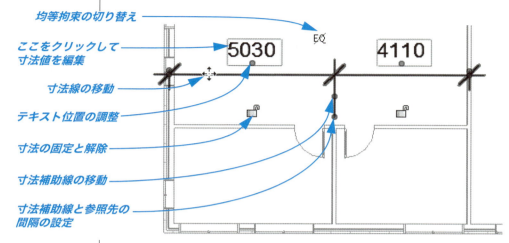

図 14-7

- 寸法値を移動するには、テキストの下の **Drag text** コントロールを選択し、新しい位置にドラッグします。コントロールをドラッグして遠ざけると自動的に引出線が現れます。引出線のスタイル（弧または線）は、寸法スタイルで設定されます。

- 寸法線（寸法が参照しているエレメントに平行な線）を移動するには、単に寸法線を新しい位置にドラッグするか、または寸法を選択して、✥（Move）コントロールをドラッグします。

- 寸法補助線と寸法が参照しているエレメントとの間の間隔を変更するには、寸法補助線の端部のコントロールをドラッグします。

- 寸法補助線（寸法が参照しているエレメントに直角な線）を他のエレメントまたは壁面に移動するには、寸法補助線の中央の **Move Witness Line** コントロールを使います。クリックを繰り返し、オプションを順に確認します。このコントロールをドラッグして寸法補助線を他のエレメントに移動するか、またはコントロール上で右クリックして **Move Witness Line** を選択します。

寸法文字列の中で寸法を追加・削除する

- 寸法文字列に補助線を追加するには、寸法を選択し、*Modify | Dimensions* tab > Witness Lines panel で (Edit Witness Lines) をクリックします。寸法に追加するエレメント（複数可）を選択します。空白をクリックして操作を完了します。

- 寸法補助線を削除するには、**Move Witness Line** コントロールを付近のエレメントまでドラッグします。別の方法として、**Move Witness Line** コントロールの上にカーソルを合わせて右クリックし、**Delete Witness Line** を選択します。

- 寸法文字列の中の 1 つの寸法を削除して文字列を 2 つに分割するには、文字列全体を選択し、削除する寸法の上にカーソルを合わせて <Tab> を押します。削除する寸法がハイライト表示されたら（図 14–8 参照）それを選択し、<Delete> を押します。選択した寸法は削除され、図 14–8 の下段に示すように、1 本の寸法文字列が 2 つに分割されます。

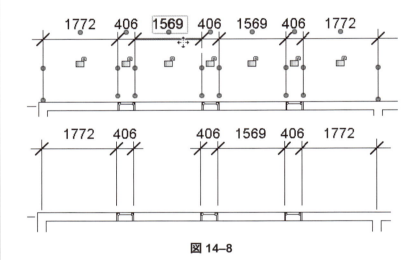

図 14–8

寸法値を編集する

Autodesk® Revit® ソフトはパラメータベースであるため、寸法が参照しているエレメントを変更せず寸法値を変更すると、プロジェクト全体に問題を引き起こします。このような問題は、モデルを超えて、積算または他の分野との協業にも悪影響を及ぼします。

この場合、接頭辞や接尾辞（図 14–9 参照）を追加することで寸法値を補足することが可能で、改修プロジェクトなどに便利です。

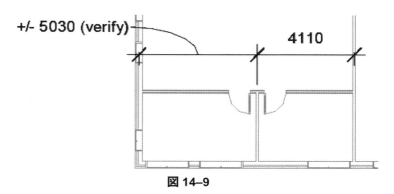

図 14–9

寸法値をダブルクリックして図 14–10 に示す Dimension Text ダイアログボックスを開き、必要に応じて編集を行います。

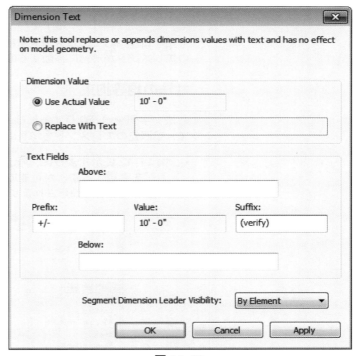

図 14–10

拘束の設定

寸法に適用される拘束には、ロック、均等拘束（図 14–11 参照）、およびラベルの 3 種類があります。

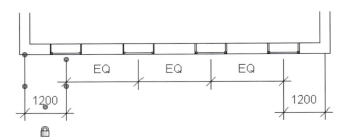

図 14–11

寸法をロックする

寸法をロックすると寸法値が固定され、寸法と参照先のエレメントの間で変更を行うことが出来なくなります。ロックが解除されると、寸法を移動することや値を変更することが可能になります。

寸法をロックしてエレメントを移動すると、寸法にロックされた全てのエレメントが一緒に移動するので、注意が必要です。

寸法の均等拘束

寸法文字列を均等割りするには、**EG** 記号を選択します。これによって、参照先のエレメントも均等に配置されます。

- 図 14–12 に示すように、Properties において均等割りのテキスト表記を変更することが可能です。表示フォントのスタイルは寸法タイプにおいて設定されます。

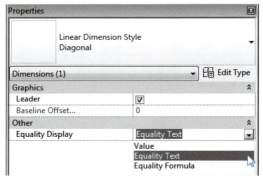

図 14–12

寸法にラベルを適用する

図 14–13 に示す *Wall to Window* ラベルのように、何度も繰り返し使う必要のある寸法がある場合、または別の寸法をもとに関数を使いたい場合は、ラベルと呼ばれるグローバルパラメータを設定して適用することが可能です。

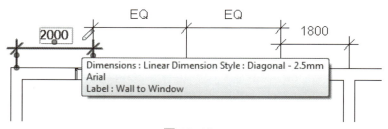

図 **14–13**

- 既存のラベルを寸法に適用するには、寸法を選択し、図 14–14 に示すように *Modify | Dimension* tab > Label Dimension panel のドロップダウンリストからラベルを選択します。

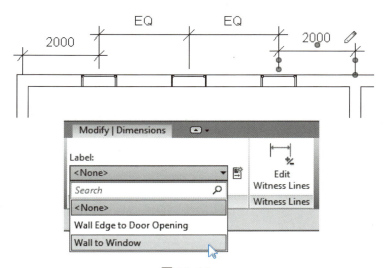

図 **14–14**

操作手順：ラベルを作成する

1. 寸法を選択します。
2. *Modify | Dimension* tab > Label Dimension panel で、🗒（Create Parameter）をクリックします。
3. 図 14–15 に示すように、Global Parameter Properties ダイアログボックスで *Name* を入力し、**OK** をクリックします。

図 **14–15**

4. 寸法にラベルが適用されました。

操作手順：ラベル情報を編集する

1. ラベルが適用された寸法を選択します。
2. 図 14–16 に示すように、**Global Parameters** をクリックします。

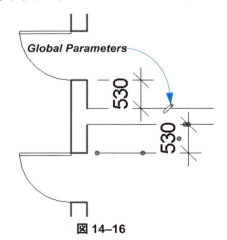

図 **14–16**

3. Global Parameters ダイアログボックスの *Value* 列において、図 14–17 に示すように新しい寸法を入力します。

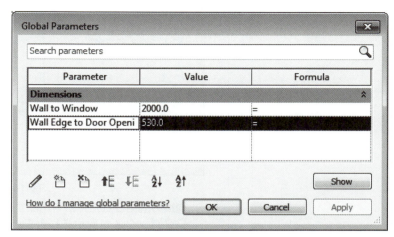

図 **14–17**

4. **OK** をクリックします。選択された寸法および同じラベルが適用された他の寸法が更新されます。

- このダイアログボックスにおいて、Global Parameters の編集、作成、削除が可能です。

拘束の操作

どのエレメントが拘束されているかを確認するには、View Control Bar において (Reveal Constraints) をクリックします。図 14–18 に示すように、拘束が表示されます。

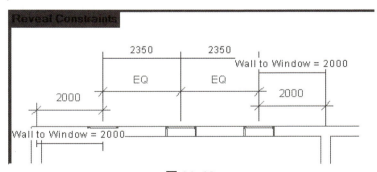

図 **14–18**

- 適切な拘束範囲を超えてエレメントを移動しようとすると、図 14–19 に示す警告ダイアログボックスが表示されます。

図 14–19

- 拘束の適用された寸法を削除すると、図 14–20 に示す警告ダイアログボックスが表示されます。**OK** をクリックして拘束を維持するか、または **Unconstrain** をクリックして拘束を解除します。

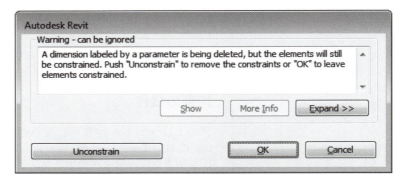

図 14–20

実習 14a

寸法の操作

この実習の目標

- 寸法文字列を追加します。
- Entire Walls オプションを使って寸法を配置します。
- 寸法補助線を編集します。

この実習では、図 14–21 に示すように、いくつかの異なる方法を使って平面図ビューに寸法を追加します。また、希望通りに表示されるよう寸法を編集します。建物の背面にストアフロント・カーテンウォールと窓が追加されていることに留意します。

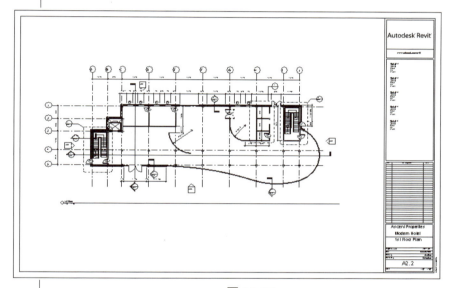

図 14–21

タスク 1 – 通芯に寸法を追加する

1. プロジェクト Modern-Hotel-Dimensions-M.rvt を開いてください。

2. Project Browser において、Floor Plans: Floor 1 のビュー（扉タグや窓タグが表示されないよう詳細情報なしで）の複製を作成します。

3. 複製されたビューに Floor 1-Dimensioned Plan という名前を付けます。

4. 通芯番号を移動し、寸法のためのスペースを確保します。

Autodesk Revit 2019：建築の基本

5. Quick Access Toolbar において、 (Aligned) をクリックします。

6. 図 14–22 に示すように、それぞれの方向で通芯に寸法を配置します。

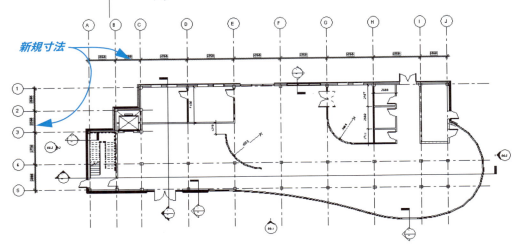

図 14–22

タスク 2 – 内外壁に寸法を配置する

1. (Aligned) をクリックします。

2. Options Bar で **Wall faces** を選択し、*Pick* を **Entire Walls** に設定します。

3. **Options** をクリックし、*Openings* を **Widths**（図 14–23 参照）に設定します。**OK** をクリックします。

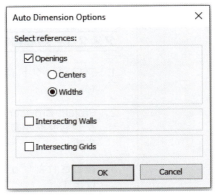

図 14–23

4. 建物の背面の壁を選択し、その上に寸法を配置します。

5. 建物の左上を拡大表示します。**Move Witness Line** コントロールを使って、寸法補助線を壁の出隅から、出隅のすぐ右の柱を通るC通りに移動します（図 14–24 参照）。

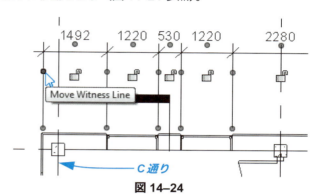

図 14–24

6. ▷（Modify）をクリックします。

7. 同じ壁で、E・F通りとG通りの間（右方向）に画面移動し、ストアフロントの開口部を表示します。開口部には寸法が自動的に配置されていません。

8. 壁の寸法線を選択します。*Modify | Dimensions tab > Witness Lines panel* において、⊢┤（Edit Witness Lines）をクリックします。

9. ストアフロント開口部の内側の各エッジを選択して、寸法補助線を追加します。空白をクリックして変更を適用させます。図 14–25 に示すように、変更された寸法文字列が表示されます。

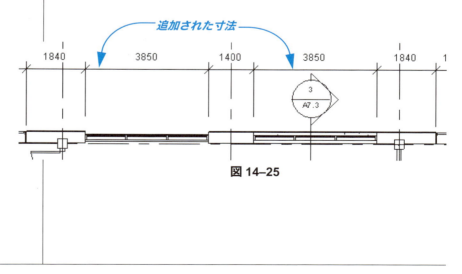

図 14–25

10. 寸法を見やすくするために、立面図マーカー、断面図マーカー、寸法線を移動します。同様に、通芯から寸法値を離す必要がある場合もあります。

11. 図 14–26 に示すように、様々な寸法コマンドと方法を用いて、内部空間に寸法を配置します（ヒント：**Pick: Entire Walls** から **Pick: Individual References** に切り替える必要があります）。実際の寸法は、以下の図の通りではない場合があります。

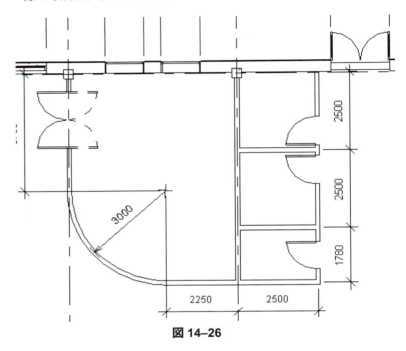

図 14–26

12. プロジェクトを保存します。

13. 時間が許せば、**Floor Plans: Typical Guest Room - Dimension Plan** のビューに寸法を配置してください。必要に応じて、壁や扉の位置を調整します。

14.2 テキストを操作する

Text コマンドは、図 14–27 に示すようなビューやシートに注記を追加します。同じコマンドで、引出線が付いたテキストも付いていないテキストも作成できます。

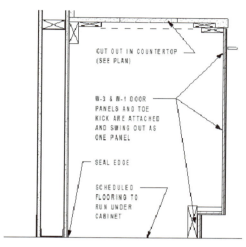

図 **14–27**

テキストの高さは、ビューのスケールに合わせて、テキストタイプにより自動設定されます（図 14–28に示すように、同じサイズのテキストタイプが 2 つの異なるスケールで使われます）。テキストタイプは、ビューとシートの両方において、指定された高さで表示されます。

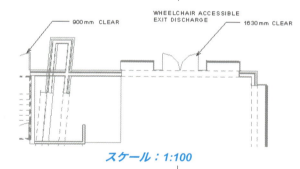
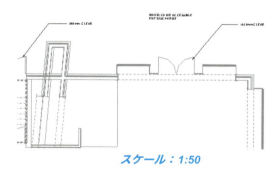

図 **14–28**

Autodesk Revit 2019：建築の基本

操作手順：テキストを追加する

1. Quick Access Toolbar または *Annotate* tab > Text panel において、(Text) をクリックします。
2. Type Selector でテキストタイプを設定します。
3. *Modify | Place Text* tab > Leader panel において、引出線の設定を選択します：A（No Leader）、A（One Segment）、A（Two Segments）、または A（Curved）。
4. 図 14–29 に示すように、Paragraph パネルでテキストと引出線全体の位置揃えを設定します。

テキストタイプでは、テキストのフォントと高さが設定されます。

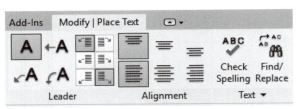

図 14–29

5. 引出線とテキストの位置を選択します。
   - No leader（引出線なし）を選択した場合、テキストの起点を選択して入力を始めます。
   - 引出線を使う場合、最初の点で矢印を配置し、次に引出線の位置を決定します。テキストは、引出線の終点から始まります。
   - テキストの切り返し間隔を設定するには、クリック＆ドラッグによってテキストの起点と終点を設定します。
6. 必要なテキストを入力します。図 14–30 に示すように、*Edit Text* タブでフォントと段落の追加オプションを指定します。

テキストを他のテキストエレメントに揃えるには、位置合わせ線を使うと便利です。

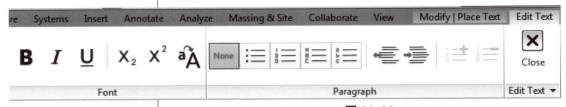

図 14–30

7. Edit Text tab > Edit Text panel において、(Close) をクリック、またはテキストボックスの外側をクリックして、テキストエレメントを完成させます。
   - テキスト行の後ろで <Enter> を押すと、同じテキストウィンドウで新たなテキスト行を始めることができます。

操作手順：テキスト記号を追加する

1. **Text** コマンドを開始し、クリックしてテキストを配置します。
2. テキストを入力しながら記号を挿入する必要がある場合は、右クリックしてショートカットメニューから **Symbols** を選択します。図 14-31 に示すように、よく使われる記号のリストから選択します。

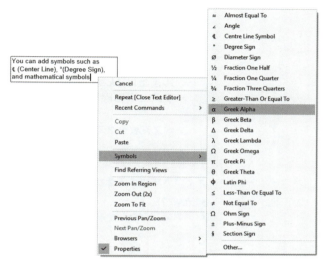

図 **14-31**

3. 必要な記号がリストにない場合は、**Other** をクリックします。
4. 図 14-32 に示すように、Character Map ダイアログボックスで記号をクリックして、Select をクリックします。

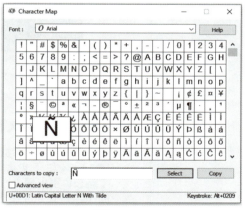

図 **14-32**

5. **Copy** をクリックして記号をクリップボードにコピーし、テキストボックスの中に貼り付けます。

- Character Map の Font は、テキストタイプで使われているフォントと一致していなければなりません。記号に異なるフォントを使うことはできません。

テキストの編集

テキスト注記の編集は、以下の2段階で行います。

- Leader（引出線）と Paragraph（段落）スタイルを含むテキスト注記の編集
- テキスト注記内での個々の文字・単語・段落の変更を含むテキストの編集

テキスト注記を編集する

テキスト注記を一度クリックし、図14–33に示すようにコントロールまたは Modify | Text Notes tab のツールを使用して、テキストボックスと引出線を編集します。

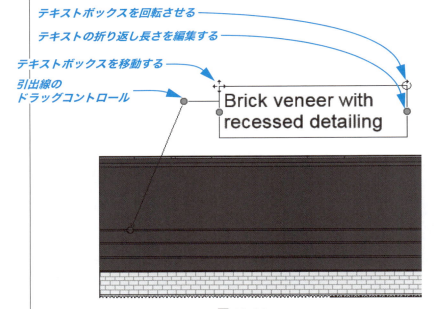

図 14–33

操作手順：テキスト注記に引出線を追加する

1. テキスト注記を選択します。
2. 図14–34に示すように、Modify | Text Notes tab > Leader panel で新しい引出線の方向と位置揃えを選択します。
3. 図14–35に示すように、引出線が適用されます。必要に応じて、ドラッグコントロールを使って矢印を配置します。

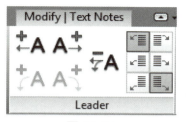

図 14–34

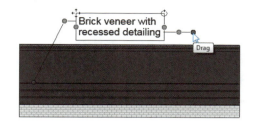

図 14–35

- (Remove Last Leader) をクリックすると、引出線を削除することができます。

テキストを編集する

Edit Text タブでは、様々なカスタマイズが可能です。これには、図 14–36 に示すように、選択した単語のフォント変更や、黒丸や番号による箇条書きの作成が含まれます。

General Notes
1. Notify designer of intention to start construction at least 10 days prior to start of site work.
2. Installer shall provide the following:
   - 24-hour notice of start of construction
   - Inspection of bottom of bed or covering required by state inspector
   - All environmental management inspection sheets must be emailed to designer's office within 24 hours of inspection.

図 14–36

- テキストの **Cut**、**Copy**、**Paste** は、クリップボードを使って行うことができます。例えば、文書からテキストをコピーし、Revit 上のテキストエディタにペーストできます。
- 編集中にテキストを見やすくするには、図 14–37 に示すように、*Edit Text* タブで *Edit Text* パネルを展開し、オプションのどちらか 1 つまたは両方を選択します。

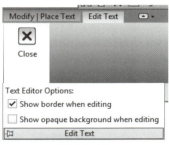

図 14–37

Autodesk Revit 2019：建築の基本

操作手順：フォントを編集する

1. 個々の文字または単語を選択します。
2. 編集に含めるフォントの仕様をクリックします。

B （太字体）	X_2 （下付き文字）
I （斜字体）	X^2 （上付き文字）
U （下線）	$\hat{a}A$ （全て大文字）

- Autodesk Revit 以外の文書からテキストをペーストした場合、フォントの仕様（太字体、斜字体など）は保持されます。

手順：箇条書きを作成する

1. *Edit Text* モードにおいて、箇条書きを追加する行にカーソルを置きます。
2. *Edit Text* tab > Paragraph panel において、作成する箇条書きのタイプをクリックします。

≔ （黒丸）	（大文字）
（数字）	（小文字）

3. 入力の際に <Enter> を押すと、次の行に番号が順番に振られます。
4. サブリストを含めるには、次の行の始まりで ≡ (Increase Indent) をクリックします。図 14–38 に示すように行がインデントされ、次の箇条書きの階層が適用されます。

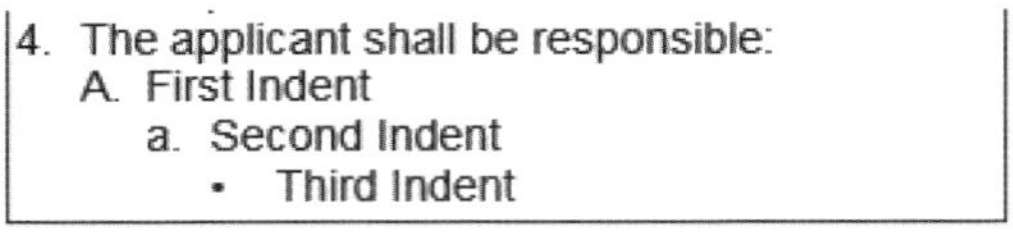

インデントの間隔は、Text Type Tab Size により設定されます。

```
4.  The applicant shall be responsible:
    A.  First Indent
        a.  Second Indent
            •  Third Indent
```

図 14–38

- 箇条書きのタイプは、行頭文字を適用した後でも変更は可能です。例えば、図 14–39 に示すように、文字の代わりに黒丸を使うこともできます。

5. ≡ (Decrease Indent) をクリックすると、前の箇条書きに戻ります。

- <Shift>+<Enter> を押すと、番号付けされた箇条書きに空白の行を作成します。

452   14–22   © 2018, ASCENT - Center for Technical Knowledge®

設計図書への注釈の記入

- 段組をしたり、段落番号を続けて別のテキストボックスを作成するには（図 14–39 参照）、2 つ目のテキストボックスに箇条書きを作成してカーソルを行内に置き、Paragraph パネルにおいて、箇条書き番号が順番通りになるまで (Increment List Value) をクリックします。

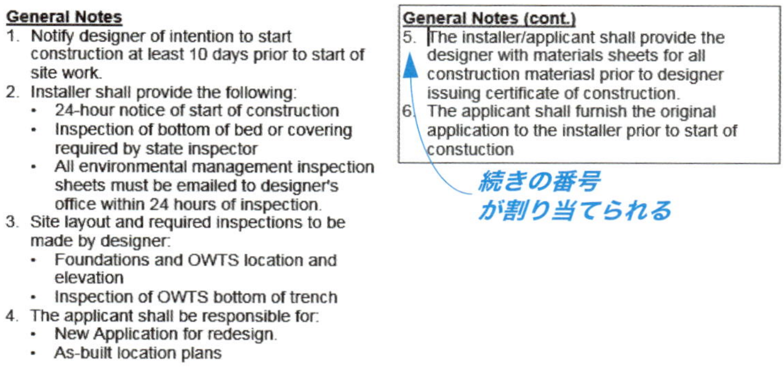

図 14–39

6. 番号を戻すには、 (Decrement List Value) をクリックします。

> **ヒント：テキストをモデリングする**
>
> モデルテキストは注記テキストとは異なります。モデルテキストは、モデル自体に実物大の文字を作成するようデザインされています。例えば、図 14–40 で示すように、扉にサインを設置するためにモデルテキストが使用されます。デフォルトのテンプレートには、モデルテキストタイプが 1 つ含まれ、必要に応じて他のタイプも作成できます。
>
>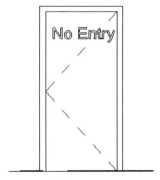
>
> 図 14–40
>
> - モデルテキストは、*Architecture* tab > Model panel で (Model Text) をクリックして追加します。

スペルチェック

文中にスペルミスがあると、図 14–41 に示すように Spelling ダイアログボックスが表示され、いくつかの変更オプションが提示されます。

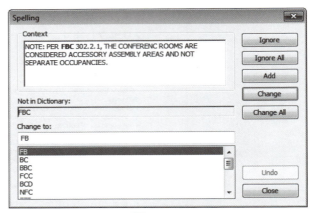

図 14–41

- ビュー内の全てのテキストをスペルチェックするには、*Annotate* tab > Text panel で (Spelling) をクリックするか、または <F7> を押します。他のスペルチェッカーと同様に、単語を **Ignore**（無視）、**Add**（追加）、または **Change**（変更）することができます。

- 選択したテキストのみをスペルチェックすることも可能です。テキストを選択した状態で、*Modify | Text Notes* tab > Tools panel で (Check Spelling) をクリックします。

新しいテキストタイプの作成

別のテキストサイズまたはフォントから成る新たなテキストタイプ（例：表題や手書き風の文字など）が必要な場合は、図 14–42 に示すように、新たなテキストタイプを作成することが可能です。将来的にも使えるように、プロジェクトテンプレートで新しいテキストタイプを作成することをお勧めします。

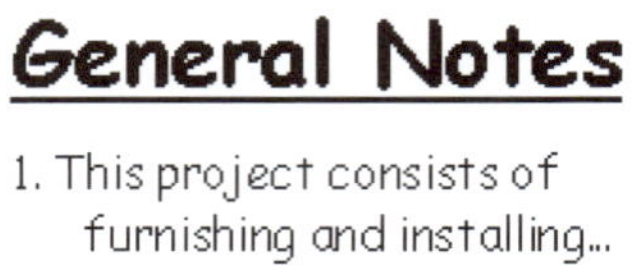

図 14–42

- テキストタイプは、プロジェクト間で直接コピー&ペーストしたり、または **Transfer Project Standards** を使用して読み込むことができます。

設計図書への注釈の記入

操作手順：テキストタイプを作成する

1. *Annotate* tab > Text panel で、 (Text Types) をクリックします。
2. Type Properties ダイアログボックスで、**Duplicate** をクリックします。
3. Name ダイアログボックスにおいて新しい名前を入力し、OK をクリックします。
4. 図 14–43 に示すように、必要に応じてテキストのパラメータを編集します。

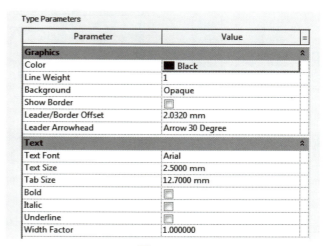

図 14–43

- **Background** パラメータは、**Opaque**（不透明）または **Transparent**（透明）に設定できます。Opaque の背景には、テキストの下線やエレメントを隠すマスク領域が含まれます。

- *Text* エリアの **Width Factor** パラメータは、文字の幅を制御しますが、高さには影響しません。値が **1** より大きいとテキストが横方向に広がり、**1** 未満だと横方向に圧縮されます。

- **Show Border** パラメータを選択すると、テキストの周りに長方形の枠が現れます。

5. **OK** をクリックして、Type Properties ダイアログボックスを閉じます。

14.3 詳細線分と記号の追加

設計図書用のビューに注釈を記入する際、設計意図または図 14–44 で示すような災害時の避難情報などを示すために、詳細線分や記号を追加しなければならない場合があります。

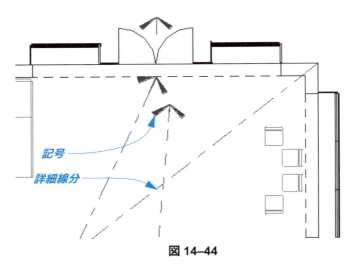

図 14–44

- 詳細線分と記号はビューに固有のもので、配置されたビュー以外では表示されません。

操作手順：詳細線分を描画する

1. *Annotation* tab > Detail panel において、 (Detail Line) をクリックします。
2. *Modify | Place Detail Lines* tab > Line Style panel において、図 14–45 に示すように、使用するラインタイプを選択します。

図 14–45

3. Draw パネルのツールを使って詳細線分を作成します。

設計図書への注釈の記入

記号の使用

記号は2Dエレメントで1つのビューにのみ表示されるのに対し、コンポーネントは3D空間に存在することが可能で、多くのビューに表示されます。

設計図書で使われる注釈の多くは、何度も繰り返し使用されます。Autodesk Revit ソフトでは、そのような注釈のうち図 14–46 に示す North Arrow（北マーク）、Center Line（通芯）、Graphic Scale（スケールバー）などの注釈を記号として保存しています。

図 14–46

- カスタム注釈や記号を作成して、読み込ませることも可能です。

操作手順：記号を配置する

1. *Annotate* tab > Symbol panel において、 (Symbol) をクリックします。
2. Type Selector において、使用する記号を選択します。
3. その他の記号を読み込む場合は、*Modify | Place Symbol* tab > Mode panel で (Load Family) をクリックします。
4. 図 14–47 に示すように、Options Bar において *Number of Leaders*（引出線の数）を設定し、記号を挿入した後で回転させる場合は Rotate after placement（置後の回転）を選択します。

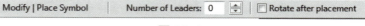

図 14–47

5. ビューに記号を配置します。Rotate after placement オプションを選択した場合は、記号を回転させます。引出線を指定した場合は、コントロールを使って位置を調整します。

- 図 14–48 に示すように、*Annotate* tab > Symbol panel において (Stair Path) をクリックし、階段の傾斜方向と歩行線を表記します。

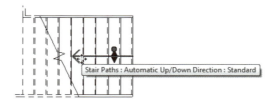

図 14–48

- 従属するビュー（dependent view）へのタグ追加の詳細については、*付録 B.9 従属ビューに注釈を付ける（P.567（B–29））* を参照してください。

実習 14b　設計図書に注釈を記入する

この実習の目標

- 詳細線分と記号を追加します。
- テキストを追加します。

この実習では、避難経路図を作成します。図 14–49 に示すように、詳細線分と記号を使って避難斜線と歩行距離を表記し、名前や注記用にテキストを追加します。番号や黒丸による箇条書きを含むテキスト注記を、敷地図に追加することも可能です。

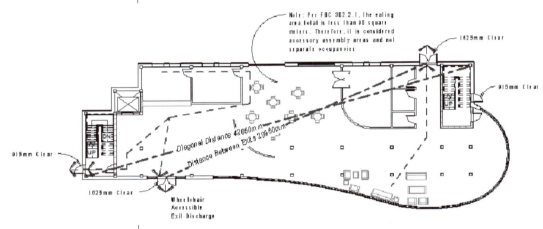

図 14–49

タスク 1 – 避難経路図を作成する（線分と記号）

1. プロジェクト **Modern-Hotel-Annotations-M.rvt** を開いてください。

2. **Floor Plans: Floor1 - Life Safety Plan** のビューを開きます。

3. View Control Bar または Properties において、*View Scale* を **1:200** に変更します。

4. **VV**（または **VG**）と入力し、Visibility/Graphic Overrides ダイアログボックスを開きます。

5. *Model Categories* タブにおいて、**Casework**（造作家具）、**Furniture**（既成家具）、**Furniture Systems**（システム家具）を選択し、オンに切り替えます。それぞれの項目に対して、**Halftone** を選択します。

設計図書への注釈の記入

6. **OK** をクリックして、ダイアログボックスを閉じます。

7. *Annotate* tab > Detail panel で、(Detail Line) をクリックします。

8. *Modify | Place Detail Lines* tab > Line Style panel において、*Line Style* を **Life Safety Diagonal**（避難斜線）に設定します。

9. Options Bar で **Chain** オプションを解除します。

10. 図 14–50 に示すように、建物の左下から右上の入隅に斜めの線を引き、同様に避難口と避難口の間にも斜線を引きます。

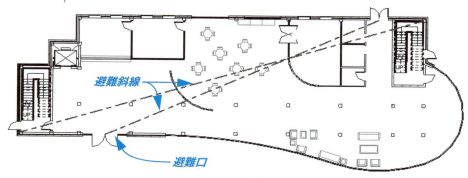

図 **14–50**

11. Options Bar において、**Chain** を選択します。

12. **Life Safety Travel Distance**（歩行距離）ラインタイプを使って、図 14–51 に示すように詳細線分をスケッチします。

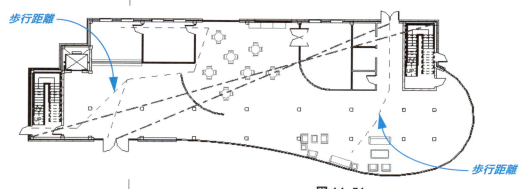

図 **14–51**

13. 正面エントランスを拡大表示します。

14. *Annotate* tab > Symbol panel において、 (Symbol) をクリックします。

15. *Modify | Place Symbol* tab > Mode panel において、 (Load Family) をクリックします。

16. 実習ファイルのある *Practice Library* フォルダで、**M_Life-Safety-Line-Arrowhead.rfa** の記号を選択し、**Open** をクリックします。

<Spacebar> を押して、配置された記号を回転させます。線の端点をハイライト表示し、特定の角度まで回転させます。

17. 図 14–52 に示すように、歩行距離の端部と扉の外に矢印を挿入します。必要に応じて、矢印を回転させます。

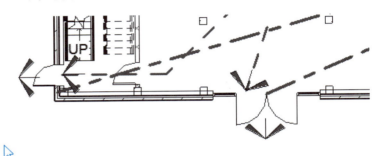

図 14–52

18. もう 1 つの歩行距離線の端部に、扉に向かって避難方向を示す矢印を追加します。

19. プロジェクトを保存します。

タスク 2 – 避難経路図を作成する（テキスト）

1. *Annotate* tab > Text panel において (Text) をクリックします。

2. 新しいテキストタイプを 2 つ作成します。Properties で (Edit Type) をクリックします。Type Properties ダイアログボックスで **Duplicate** をクリックします。1 つ目のテキストタイプの名前として **3mm Arial Narrow** と入力し、OK をクリックします。

3. 以下のプロパティを設定します。

    - *Text Font:* **Arial**
    - *Text Size:* **3mm**
    - *Tab Size:* **6mm**
    - *Width Factor:* **0.9**

4. **OK** をクリックし、設定を保存してダイアログボックスを閉じます。

5. を再度クリックして、Type Properties ダイアログボックスを開きます。**Duplicate** をクリックしてもう１つのテキストタイプを作成し、**3mm Arial Narrow Italic** と名付けます。

6. **Italic** を選択して **OK** をクリックします。

7. 正面エントランスを拡大表示し、図 14–53 に示すように、**3mm Arial Narrow** テキストタイプを使ってテキストを追加します。扉のサイズに関する同様の注記をもう１つの避難口にも追加します。

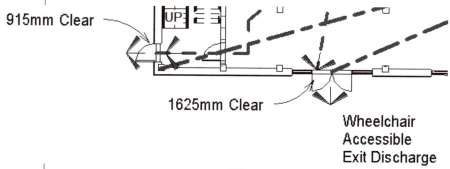

図 14–53

- 必要に応じて注記のトリミング領域を調整し、テキストを配置します。

8. 図 14–54 に示すように、朝食室に注記を追加します。

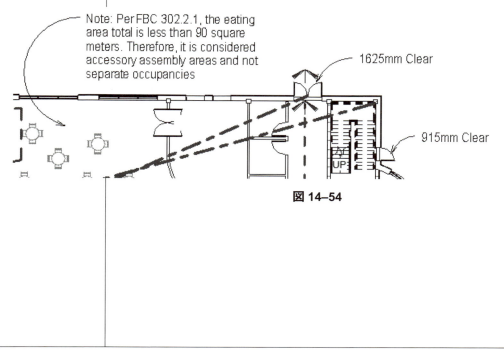

図 14–54

9. **3mm Narrow Italic** テキストタイプを使って、図 14–55 に示すように避難斜線にテキストを追加します。テキストを最初に入力し、空白をクリックしてテキストボックスを出ます。

    - テキストの起点の ✥ (Move) コントロールとテキストの終点の ⟳ (Rotate) コントロールを使って、それぞれの避難斜線の上にテキストを持ってきます。テキストは自動的に線を隠します。

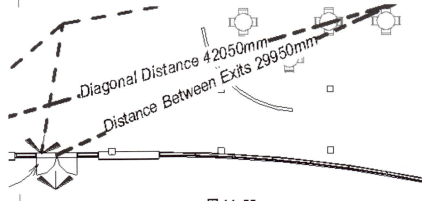

図 14–55

10. ズームで縮小表示して、平面図全体を確認します。

11. プロジェクトを保存します。

タスク 3 – 箇条書きを使ってテキストを作成する

注意：このタスクでは、シートにテキストを直接配置します。標準注記用の凡例ビューが好まれる場合もあるので、社内標準を確認してください。

1. A1 の図面枠を使って新しいシートを作成し、**A1.0 - Site Plan** と名前を付けます。

2. **Floor Plans: Site** のビューを追加します。

3. テキスト編集ソフト（Word または Notepad など）において、実習ファイルのフォルダまで移動し、**General Notes.docx** または **General Notes.txt** を開きます。

4. ファイルの全コンテンツをクリップボードにコピーします。

5. Autodesk Revit において、**Text** コマンドを開きます。

6. No leader（引出線なし）が選択されていることを確認してからテキストタイプを **3mm Arial Narrow** に設定し、図 14–56 で示すようなテキストボックスを描きます。

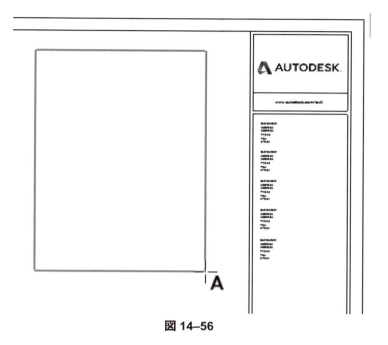

図 14–56

7. Edit Text dialog box > Clipboard panel において、 (Paste) をクリックします。

8. Edit Text モードのままテキストボックスを拡大表示します。番号とアルファベットの行頭文字による箇条書きがありますが、書式設定が完全に正しくないことに留意します。

9. 全てのテキストを選択し、*Edit Text* tab > Paragraph panel において (List: Numbers) をクリックします。

10. 段落が認識されて番号が振られますが、既存の番号がまだ残っています。

Autodesk Revit 2019：建築の基本

11. 11. 図 14–57 でハイライト表示されているアルファベットの行頭文字の段落を選択します。*Edit Text* tab > Paragraph panel において、 (List: Lowercase letters) をクリックします。これによって、リストがアルファベットの行頭文字による箇条書きに変わります。

12. 拡大表示し、図 14–75 に示すようにその他の番号を削除します。

txt ファイルからテキストをコピーした場合は、インデントを大きくし、箇条書きの種類を変更する必要があるかもしれません。

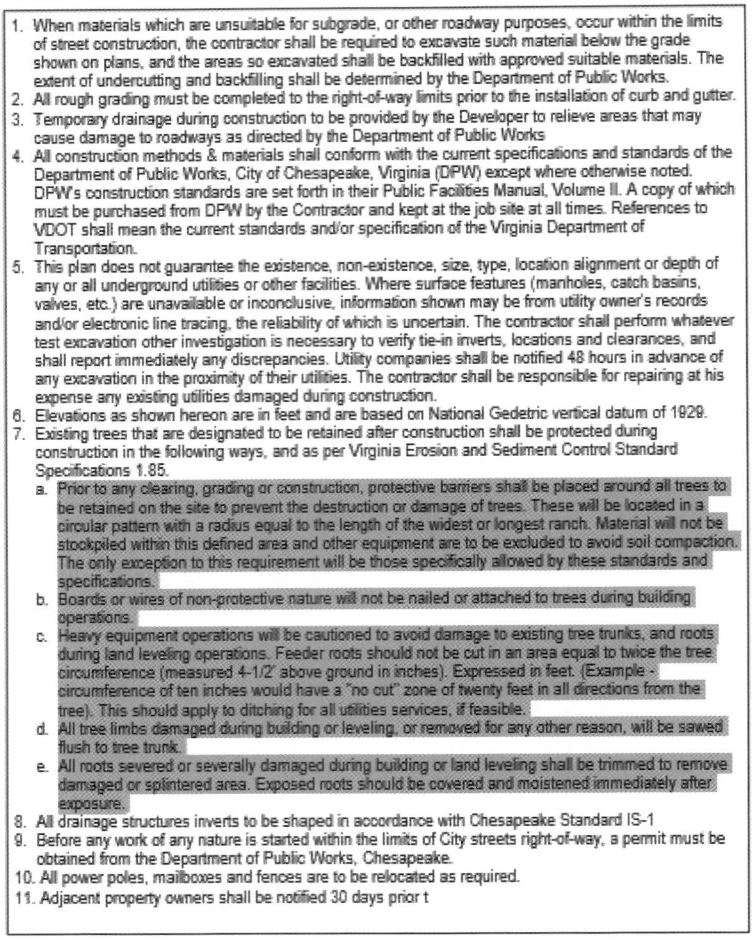

1. When materials which are unsuitable for subgrade, or other roadway purposes, occur within the limits of street construction, the contractor shall be required to excavate such material below the grade shown on plans, and the areas so excavated shall be backfilled with approved suitable materials. The extent of undercutting and backfilling shall be determined by the Department of Public Works.
2. All rough grading must be completed to the right-of-way limits prior to the installation of curb and gutter.
3. Temporary drainage during construction to be provided by the Developer to relieve areas that may cause damage to roadways as directed by the Department of Public Works
4. All construction methods & materials shall conform with the current specifications and standards of the Department of Public Works, City of Chesapeake, Virginia (DPW) except where otherwise noted. DPW's construction standards are set forth in their Public Facilities Manual, Volume II. A copy of which must be purchased from DPW by the Contractor and kept at the job site at all times. References to VDOT shall mean the current standards and/or specification of the Virginia Department of Transportation.
5. This plan does not guarantee the existence, non-existence, size, type, location alignment or depth of any or all underground utilities or other facilities. Where surface features (manholes, catch basins, valves, etc.) are unavailable or inconclusive, information shown may be from utility owner's records and/or electronic line tracing, the reliability of which is uncertain. The contractor shall perform whatever test excavation other investigation is necessary to verify tie-in inverts, locations and clearances, and shall report immediately any discrepancies. Utility companies shall be notified 48 hours in advance of any excavation in the proximity of their utilities. The contractor shall be responsible for repairing at his expense any existing utilities damaged during construction.
6. Elevations as shown hereon are in feet and are based on National Gedetric vertical datum of 1929.
7. Existing trees that are designated to be retained after construction shall be protected during construction in the following ways, and as per Virginia Erosion and Sediment Control Standard Specifications 1.85.
   a. Prior to any clearing, grading or construction, protective barriers shall be placed around all trees to be retained on the site to prevent the destruction or damage of trees. These will be located in a circular pattern with a radius equal to the length of the widest or longest ranch. Material will not be stockpiled within this defined area and other equipment are to be excluded to avoid soil compaction. The only exception to this requirement will be those specifically allowed by these standards and specifications.
   b. Boards or wires of non-protective nature will not be nailed or attached to trees during building operations.
   c. Heavy equipment operations will be cautioned to avoid damage to existing tree trunks, and roots during land leveling operations. Feeder roots should not be cut in an area equal to twice the tree circumference (measured 4-1/2' above ground in inches). Expressed in feet. (Example - circumference of ten inches would have a "no cut" zone of twenty feet in all directions from the tree). This should apply to ditching for all utilities services, if feasible.
   d. All tree limbs damaged during building or leveling, or removed for any other reason, will be sawed flush to tree trunk.
   e. All roots severed or severally damaged during building or land leveling shall be trimmed to remove damaged or splintered area. Exposed roots should be covered and moistened immediately after exposure.
8. All drainage structures inverts to be shaped in accordance with Chesapeake Standard IS-1
9. Before any work of any nature is started within the limits of City streets right-of-way, a permit must be obtained from the Department of Public Works, Chesapeake.
10. All power poles, mailboxes and fences are to be relocated as required.
11. Adjacent property owners shall be notified 30 days prior t

図 **14–57**

設計図書への注釈の記入

13. リストの最初に、**General Notes** という文字を追加します。図 14–58 に示すように、これを下線付きの太字体にします。

General Notes
1. When materials which are unsuitable for subgrade, or other roadway purposes, occur within the limits of street construction, the contractor shall be required to excavate such material below the grade shown on plans, and the areas so excavated shall be backfilled with approved suitable materials. The extent of undercutting and backfilling shall be determined by the Department of Public Works.
2. All rough grading must be completed to the right-of-way limits prior to the installation of curb and gutter.
3. Temporary drainage during construction to be provided by the Developer to relieve areas that may cause damage to roadways as directed by the Department of Public Works
4. All construction methods & materials shall conform with the current specifications and standards of the Department of Public Works, City of Chesapeake, Virginia (DPW) except where otherwise noted. DPW's construction standards are set forth in their Public Facilities Manual, Volume II. A copy of which must be purchased from DPW by the Contractor and kept at the job site at all times. References to VDOT shall mean the current standards and/or specification of the Virginia Department of Transportation.

図 14–58

14. テキストボックスの外側をクリックし、必要に応じて、コントロールを使ってテキスト注記を移動、またはサイズ変更します。

15. 縮小表示して、シート全体を確認します。

16. プロジェクトを保存します。

© 2018, ASCENT - Center for Technical Knowledge®   14–35   465

Autodesk Revit 2019：建築の基本

14.4　凡例を作成する

凡例は、複数のシートに配置可能な独立したビューです。各平面図、キープラン、2D エレメントと共にシートに繰り返し配置する必要がある、施工に関する注記を表記するのに使用されます。また、図14-59 に示すように、プロジェクトで使用される記号を作成してリスト化し、説明を横に追記できます。また、凡例は仕上表や建具表にも使えます。

図中のエレメントは ***Legend Component*** *や* ***Detail Component*** *コマンドではなく、**Symbol** コマンドを使って挿入されています。*

Annotation Legend	
回	Grid Bubble
Name Elevation	Level
Room name 101 150 sf	Room Tag with Area
	Section Bubble
	Window Tag
	Wall Tag
	Door Tag
	Callout Bubble
Room name 150 sf	Area Tag

図 14-59

- 表や説明注記の作成には、□（Detail Lines）や **A**（Text）を使います。凡例が作成できたら、□（Legend Component）、□（Detail Component）、□（Symbol）などのコマンドを使って、エレメントを凡例ビューの中に配置することが可能です。

- その他のビューとは異なり、凡例ビューは複数のシートに配置することが可能です。

- View Status Bar において、凡例のスケールを設定することができます。

- 凡例内のエレメントに寸法を配置することができます。

466　　14-36

© 2018, ASCENT - Center for Technical Knowledge®

操作手順：凡例を作成する

1. *View* tab > Create panel において ▦ (Legends) を展開し、▦ (Legend) をクリックするか、または Project Browser において *Legends* エリアの表題を右クリックし、**New Legend** を選択します。
2. New Legend View ダイアログボックスにおいて、図 14–60 に示すようにビュー名を入力し、凡例のスケールを選択して **OK** をクリックします。

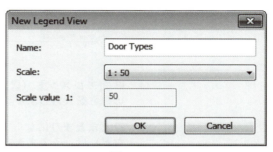

図 **14–60**

3. 最初にビューにコンポーネントを配置し、その後コンポーネントのサイズが分かった時点で、表の外形をスケッチします。**Ref Planes** を使ってコンポーネントを揃えます。

操作手順：凡例コンポーネントを操作する

1. *Annotate* tab > Detail panel で ▦ (Component) を展開し、▦ (Legend Component) をクリックします。
2. 図 14–61 に示すように、Options Bar において、使用する *Family* のタイプを選択します。

   - このリストには、凡例ビューで使えるプロジェクト内全てのエレメントが含まれます。例えば、プロジェクトで使われる全ての扉タイプの立面図を表示することができます。

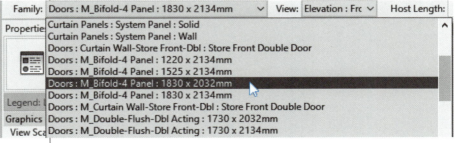

図 **14–61**

3. 使用するエレメントの *View* を選択します。例えば、床や屋根の断面図、または扉（図 14–62 参照）や窓の正面の立面図を表示してもよいでしょう。

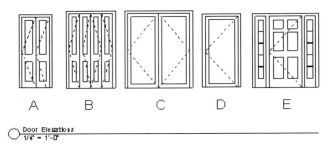

図 14–62

4. 断面エレメント（壁、床、屋根など）に関しては、*Host Length* の長さを入力します。

- ひとまとまりになっているエレメント（植栽コンポーネントや扉など）は、そのまま丸ごと表示されます。

実習 14c 凡例を作成する

この実習の目標

- 凡例コンポーネントとテキストを使って凡例を作成します。

この実習では、凡例ビューを作成して凡例コンポーネントを追加し、扉と窓のタイプをテキストで表記する方法で、扉と窓の凡例（図 14-63 参照）を作成します。

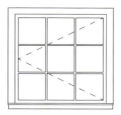

13

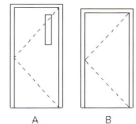 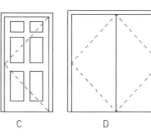 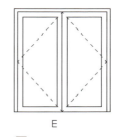 

図 14-63

タスク 1 – 窓と扉の凡例を追加する

1. プロジェクト **Modern-Hotel-Legends-M.rvt** を開いてください。

2. *View* tab > Create panel において ▦（Legends）を展開し、▦（Legend）をクリックして新しい凡例ビューを作成します。

3. **Window Elevations** と名前を付け、*Scale* を **1:50** に設定します。

4. *Annotate* tab > Detail panel で ▦（Component）を展開し、▦（Legend Component）をクリックします。

5. *Options Bar* において、*Family* を **Windows : Casement 3 x 3 with Trim: 1220x1220mm** に、*View* を **Elevation: Front** に設定します。コンポーネントをビューに配置します。図 14–64 に示すような窓が表示されます。

6. *Annotate* tab > Text panel において、**A** (Text) をクリックします。

7. Type Selector で **Text: 3mm Arial Narrow** を選択し、図 14–64 に示すように窓の下に窓番号 13 を追加します。

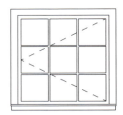

図 **14–64**

8. 凡例ビューをもう 1 つ作成します。**Door Elevations** と名前を付け、*Scale* を **1:50** に設定します。

9. Legend（凡例）ビューにおいて (Legend Component) をクリックし、プロジェクトで使われる扉の立面図を追加します。

10. 図 14–65 に示すように、扉に符号を振ります。

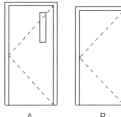 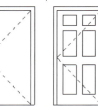 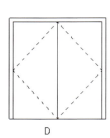 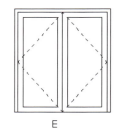 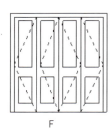

A　　　B　　　C　　　D　　　E　　　F

図 **14–65**

11. プロジェクトを保存します。

Chapter の復習

1. 壁が移動したとき（図 14–66 参照）、どのように寸法を更新しますか？

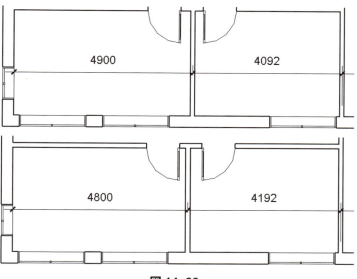

図 14–66

   a. 寸法を編集し、移動する。
   b. 寸法を選択し、Options Bar で **Update** をクリックする。
   c. 寸法は自動的に更新される。
   d. 既存の寸法を削除し、新しい寸法を追加する。

2. 新しいテキストスタイルはどのように作成しますか？
   a. **Text Styles** コマンドを使用する。
   b. 既存のスタイルを複製する。
   c. テンプレートに元々含まれている。
   d. **Format Styles** コマンドを使用する。

3. テキストを編集する際、図 14–67 に示すように、引出線ツールを使って引出線を何本追加できますか？

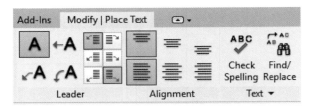

図 14–67

   a. 1本
   b. テキストの両端に 1 本ずつ
   c. テキストの両端に好きなだけ

4. 1 つのビューで作成された詳細線分は、関連するビューでも表示されます。

   a. 正しい
   b. 間違っている

5. 以下のうち、記号とコンポーネントの違いの説明として正しいものはどれですか？

   a. 記号は 3D で、1 つのビューでのみ表示される。
      コンポーネントは 2D で、複数のビューで表示される。
   b. 記号は 2D で、1 つのビューでのみ表示される。
      コンポーネントは 3D で、複数のビューで表示される。
   c. 記号は 2D で、複数のビューで表示される。
      コンポーネントは 3D で、1 つのビューでのみ表示される。
   d. 記号は 3D で、複数のビューで表示される。
      コンポーネントは 2D で、1 つのビューでのみ表示される。

6. 以下のうち、凡例作成時に追加できないエレメントはどれですか？

   a. 凡例コンポーネント
   b. タグ
   c. 部屋
   d. 記号

設計図書への注釈の記入

コマンド概要

アイコン	コマンド	場所
寸法とテキスト		
	Aligned (Dimension)	• **Ribbon**: *Annotate* tab > Dimension panel または *Modify* tab > Measure panel で展開されるドロップダウンリスト • **Quick Access Toolbar** • **Shortcut**: DI
	Angular (Dimension)	• **Ribbon**: *Annotate* tab > Dimension panel または *Modify* tab > Measure panel で展開されるドロップダウンリスト
	Arc Length (Dimension)	• **Ribbon**: *Annotate* tab > Dimension panel または *Modify* tab > Measure panel で展開されるドロップダウンリスト
	Diameter (Dimension)	• **Ribbon**: *Annotate* tab > Dimension panel または *Modify* tab > Measure panel で展開されるドロップダウンリスト
	Linear (Dimension)	• **Ribbon**: *Annotate* tab > Dimension panel または *Modify* tab>Measure panel で展開されるドロップダウンリスト
	Radial (Dimension)	• **Ribbon**: *Annotate* tab > Dimension panel または *Modify* tab > Measure panel で展開されるドロップダウンリスト
A	**Text**	• **Ribbon**: *Annotate* tab > Text panel • **ショートカットキー**: TX
詳細線分と記号		
	Detail Line	• **Ribbon**: *Annotate* tab > Detail panel • **ショートカットキー**: DL
	Stair Path	• **Ribbon**: *Annotate* tab > Symbol panel
	Symbol	• **Ribbon**: *Annotate* tab > Symbol panel
凡例		
	Legend (View)	• **Ribbon**: *View* tab > Create panel> Legends を展開
	Legend Component	• **Ribbon**: *Annotate* tab > Detail panel > Component を展開

© 2018, ASCENT - Center for Technical Knowledge®

Chapter
15

タグと集計表の追加

タグをビューに追加することで、モデル内の扉、窓、壁などのエレメントが識別されます。タグとは、エレメントのプロパティから情報を読み取るラベル機能を持った 2D 注釈ファミリです。通常、タグはエレメントが挿入されるときに追加されますが、デザインのどの段階でも追加することは可能です。プロジェクト内のエレメントに埋め込まれた情報は、集計表に情報を記入するために使われます。集計表は、設計図書の一部としてシートに配置されます。

この Chapter の学習目標

- 2D ビューと 3D ビューのエレメントにタグを追加し、ビューをシートに配置するための準備をします。
- プロジェクトに必要なタグを読み込みます。
- 関連するエレメントのインスタンスプロパティやタイププロパティなどの集計表のコンテンツを編集します。
- 設計図書の一部として集計表をシートに追加します。

© 2018, ASCENT - Center for Technical Knowledge®   15–1 475

15.1 タグを追加する

タグは、集計表に表記されたエレメントの識別に使われます。扉、窓、またはその他のエレメントを挿入するときに **Tag on Placement** オプションを使用すると、扉や窓のタグが自動的に挿入されます。必要に応じて、後で特定のビューにタグを追加することも可能です。Autodesk® Revit® では、図 15–1 に示すように、壁タグ、家具タグなど、その他多くのタグが利用できます。

その他のタグは、Annotations フォルダの Library に保存されています。

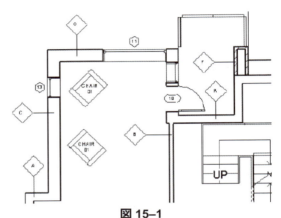

図 15–1

- **Tag by Category** コマンドは、別のコマンドを必要とする一部のエレメントを除いて、ほぼ全てのエレメントで利用できます。

- タグは、アルファベット、番号、またはその組合せで表記されます。

タグには以下の 3 種類があります。

- (Tag by Category)：エレメントのカテゴリ別にタグを配置します。扉に扉タグを、壁に壁タグを配置します。

- (Multi-Category)：複数のカテゴリに属するエレメントにタグを配置します。パラメータの中から共通の情報を表示します。

- (Material)：素材のタイプを表示します。通常、詳細図において使われます。

操作手順：タグを追加する

1. *Annotate* tab > Tag panel において、配置するタグのタイプに合わせて (Tag by Category)、 (Multi-Category)、または (Material Tag) をクリックします。
2. 図 15–2 に示すように、必要に応じて Options Bar でオプションを設定します。

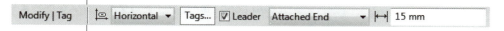

図 15–2

3. タグを付けるエレメントを選択します。選択したエレメント用のタグが読み込まれていないときは、Library から読み込むように表示が出ます。

タグのオプション

- 図 15–3 に示すように、タグの引出線や向きのオプションを選択することができます。タグを配置または変更しているときに、<Spacebar> を押してタグの向きを切り替えることも可能です。

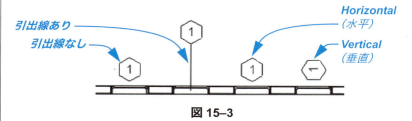

図 15–3

- 図 15–4 に示すように、引出線には **Attached End** と **Free End** のオプションがあります。Attached end（アタッチされた端部）は、タグが付けられるエレメントとつながっていなければなりません。Free end（自由な端部）には、引出線とエレメントの接点に追加のコントロールがあります。

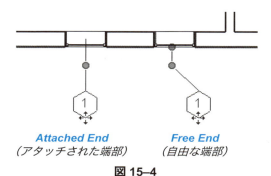

図 15–4

- Attached End と Free End を切り替えても、タグや引出線は移動しません。
- Length（長さ）のオプションでは、引出線の長さを印刷時の単位で設定します。Leader（引出線）のオプションが選択されていない場合、または Free End が選択されている場合は、長さのオプションはグレー表示されます。
- タグが読み込まれていない場合は、図 15–5 に示すような警告ボックスが開きます。Yes をクリックして、適切なタグを選択するための Load Family ダイアログボックスを開きます。

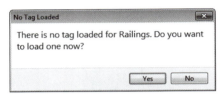

図 15–5

- タグが付けられたエレメントを移動したときにタグが動かないようにするため、タグをピン固定することが可能です。図 15–6 に示すように、この機能は主に、タグに引出線がある場合に使われます。

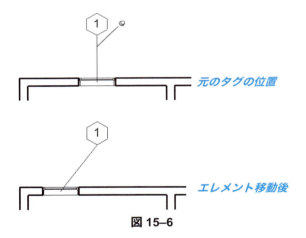

図 15–6

部屋タグ

部屋が作成されたときにタグが追加されていない場合、または別のビューでタグを追加したい場合は、特殊なコマンドが必要です。

Architecture tab > Room & Area panel において (Tag Room) をクリック、または *Annotate* tab > Tag panel において (Room Tag) をクリック、または RT と入力します。

タグと集計表の追加

- 図 15–7 に示すように、タグのテキストにクリックして部屋名または部屋番号を変更することが可能です。

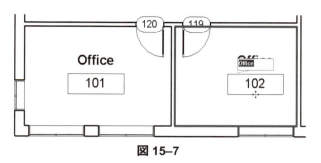

図 15–7

操作手順：複数のタグを追加する

1. *Annotate* tab > Tag panel において (Tag All) をクリックします。
2. Tag All Not Tagged（タグが付いていないもの全てにタグを付ける）ダイアログボックス（図 15–8 参照）において、タグを付ける 1 つ以上のカテゴリのチェックボックスを選択します。Category というタイトルのチェックボックスを選択すると、全てのタグが選択されます。

一部のエレメントのみにタグを付ける場合は、このコマンドを開く前にエレメントを選択し、Tag All Not Tagged ダイアログボックスにおいて、*Only selected objects in current view*（現在のビューで選択されたエレメントのみ）を選択します。

図 15–8

Autodesk Revit 2019：建築の基本

3. 必要に応じて、*Leader* と *Tag Orientation*（タグの向き）を選択します。
4. **Apply** をクリックしてタグを適用し、ダイアログボックスに留まります。**OK** をクリックしてタグを適用し、ダイアログボックスを閉じます。

- タグを選択すると、タグのプロパティが表示されます。タグが付けられたエレメントのプロパティを表示するには、*Modify | <contextual>* tab > Host panel において、 (Select Host) をクリックします。

- **Tag all Not Tagged** を使って、部屋にタグを付けることが可能です。

操作手順：タグを読み込む

1. *Annotate* タブにおいて Tag パネルを展開し、 (Loaded Tags And Symbols) をクリック、または Tag コマンドが開かれている状態で Options Bar において **Tags...** をクリックします。
2. Loaded Tags And Symbols ダイアログボックス（図 15–9 参照）で **Load Family...** をクリックします。

図 15–9

3. Load Family ダイアログボックスで、適切な *Annotations* フォルダに移動して必要なタグを選択し、**Open** をクリックします。
4. ダイアログボックスにタグが追加され、**OK** をクリックします。

タグと集計表の追加

インスタンスタグ vs タイプタグ

扉には、扉のそれぞれのインスタンスに対し、固有の連続した番号のタグが付けられます。他のエレメント（窓や壁など）には、図 15–10 に示すように、タイプ毎にタグが付けられ、1 つのタグの情報を変更すると、そのタグが付いたエレメントの全てのインスタンスが変更されます。

追加の窓タグ（Window Tag- Number.rfa）は、Library 内の Annotations > Architectural フォルダに保存されています。このタグは、連続した番号で窓にタグを付けるのに使われます。

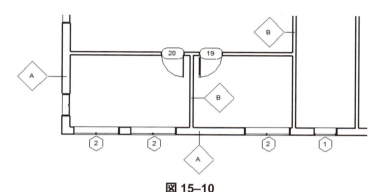

図 15–10

- インスタンスタグ（扉や部屋など）の番号を変更するには、タグの中の番号を直接ダブルクリックして変更することができます。または、図 15–11 に示すように、Mark プロパティを変更することも可能です。その 1 つのインスタンスのみ更新されます。

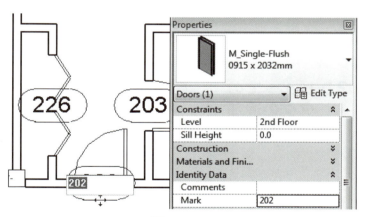

図 15–11

- タイプタグの番号を変更する場合は、タグの中の番号を直接ダブルクリックして変更することが可能です。または、エレメントを選択し、Properties で (Edit Type) をクリックします。図 15–12 に示すように、Type Properties ダイアログボックスの Identity Data エリアにおいて Type Mark を変更します。このエレメントの全てのインスタンスが更新されます。

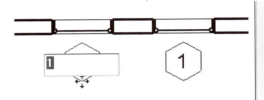

図 15–12

- タイプタグを変更すると警告ボックスが開き、タイプパラメータを変更すると他のエレメントにも影響が及ぶことを警告します。1 つのタグの変更によって他の全てのエレメントを変更したい場合は、**Yes** をクリックします。

- タイプタグにクエスチョンマークが表示される場合は、Type Mark がまだ割り当てられていないことを意味します。

3D ビューでのタグの追加

図 15–13 に示すように、ビューがロックされていれば、3D アイソメトリックビューにタグを追加することが可能です。

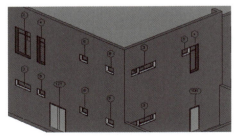

図 15–13

- ロックされているか否かを問わず、3D アイソメトリックビューに寸法を追加することは可能です。寸法を配置するエレメントを選択するとき、寸法補助線とテキストが意図した方向に向くよう注意が必要です。

タグと集計表の追加

- パースペクティブビューもロックすることが可能です。これによって、希望通りのビューを作成した後、それが変更されないよう保存することができます。

操作手順：3D ビューをロックする

1. 3D ビューを開き、希望通りに設定してこれを表示します。

2. View Control Bar において ⬚ (Unlocked 3D View) を展開し、⬚ (Save Orientation and Lock View) をクリックします。

- デフォルトの 3D ビューを使っている場合で、ビューがまだ保存されていないときは、まずビューに名前を付けて保存するように促されます。

- ビューの向きを変更することが可能です。⬚ (Locked 3D View) を展開し、⬚ (Unlock View) をクリックします。これによっても今まで適用されていたタグが削除されます。

- 1 つ前のロックされたビューに戻るには、⬚ (Unlocked 3D View) を展開し、⬚ (Restore Orientation and Lock View) をクリックします。

© 2018, ASCENT - Center for Technical Knowledge®　　　　15–9　　483

ヒント：階段タグと手すりタグ

図 15–14 に示すように、**Tag by Category** を使って、階段全体、階段経路、踊り場、手すりにタグを付けることが可能です。もう1つのタグタイプである **Stair Tread/Riser Number** は、それぞれの踏み板と蹴上げに連続した番号を振るのに使われます。

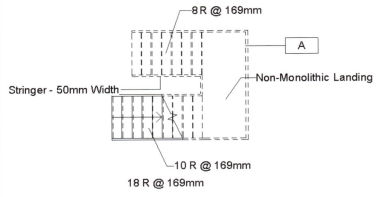

図 15–14

操作手順：階段に踏み板タグと蹴上げタグを追加する

1. 平面ビュー、展開ビュー、または断面ビューを開いてください。
2. *Annotate* tab > Tag panel において、（Stair Tread/Riser Number）をクリックします。
3. Properties において、*Tag Type*、*Display Rule*、その他のパラメータを設定します。これらのパラメータはプロジェクト全体に対して有効になります。
4. 図 15–15 に示すように、番号を配置するための階段の参照線を選択します。

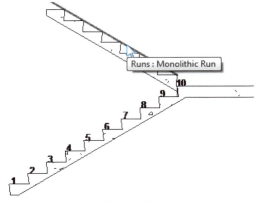

図 15–15

5. 必要に応じて、階段経路を引き続き選択します。

実習 15a

タグを追加する

この実習の目標

- モデルにタグを追加します。
- Tag All Not Tagged ダイアログボックスを使います。
- Type Mark パラメータをタグ用に設定します。
- 部屋タグを追加します。

この実習では、平面図で壁タグを追加し、壁の Type Mark 番号を変更します。図 15–16 に示すように、Tag All Not Tagged ダイアログボックスを使って全ての壁にタグを付け、別のビューで部屋のエレメントにタグを付けます。

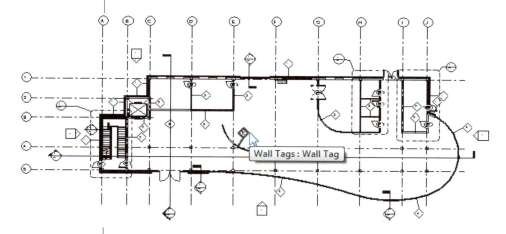

図 15–16

タスク 1 – 平面図にタグを配置する

1. **Modern-Hotel-Tags-M.rvt** を開いてください。

2. **Floor Plans: Floor 1** のビューを開いて、建物の左側のエレベータと階段のエリアを拡大表示します。

3. *Annotate* tab > Tag panel において、 (Tag by Category) をクリックします。Options Bar で **Leader** を選択し、**Attached End** が選択されていることを確認します。

4. 図 15–17 に示すように、外壁を選択します。

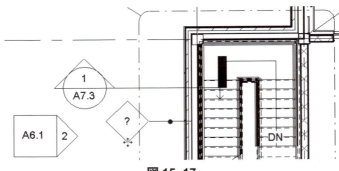

図 15–17

5. 壁の *Type Mark* が設定されていないため、タグにクエスチョンマークが表記されます。タグの中の **?** をクリックし、タグ番号を 1 に変更して <Enter> を押します。

6. タイプパラメータを変更していることを警告された場合は、**Yes** をクリックして作業を続けます。

7. **Tag** コマンドにいる状態で、別の外壁にタグを追加します。今度は、最初の壁と同じタイプの壁であるため、タグ番号 1 が自動的に表記されます。

8. ▸（Modify）をクリックします。

9. ロビーと階段を隔てる組積造の壁を選択します。

10. Properties において、 （Edit Type）をクリックします。

11. 図 15–18 に示すように、Type Properties ダイアログボックスの *Identity Data* エリアにおいて *Type Mark* を **2** に設定します。

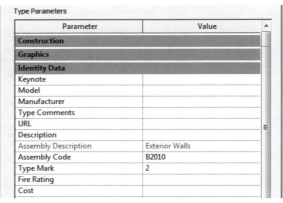

図 15–18

12. 内壁の 1 つを選択し、*Type Mark* を **3** に設定します。

13. (Tag By Category) を使って、各壁タイプにタグを付けます。Type Properties で設定した通りに Type Mark が表記されます。

14. 平面図全体が見えるように縮小表示します。

15. プロジェクトを保存します。

タスク 2 – 残り全ての壁にタグを追加し、タグの位置を変更する

1. *Annotate* tab > Tag panel において、 (Tag All) をクリックします。

2. 図 15–19 に示すように、Tag All Not Tagged ダイアログボックスにおいて **Wall Tags** を選択し、**Leader** にチェックを入れます。

図 15–19

3. **OK** をクリックし、タグがまだ付けられていなかった箇所に壁タグを追加します。

4. タグの多くが他の注釈と重なっています。図 15–20 に示すように、コンロトールを使って、より見やすい位置にタグと引出線またはそのどちらかを移動します。

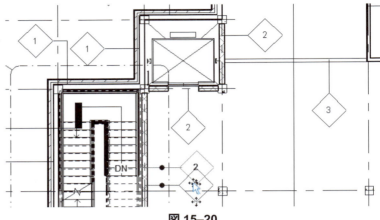

図 15–20

- メインのカーテンウォールのタグの Type Mark を 4 に更新します。
- 1 つのタグで 2 つの壁を指し示す場合は、図 15–21 に示すように、1 つのタグがもう 1 つのタグにピッタリ重なるまでタグを移動し、必要に応じて引出線を調整します。

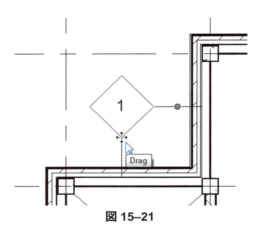

図 15–21

- 建物の裏側とエントランスの（内側に入り込んだ）ストアフロント壁を識別する壁タグを削除します。
- 平面図上でその他の不要な壁タグを削除します。

5. プロジェクトを保存します。

タスク 3 – 部屋タグを追加する

1. **Floor Plans: Floor 1 - Furniture Plan** のビューを開いてください。
2. 図 15–22 に示すように、正面扉の内側のオープンスペース上で部屋（room）が現れるまでカーソルをかざします。このビューでは、部屋は表示されませんが、存在しています。

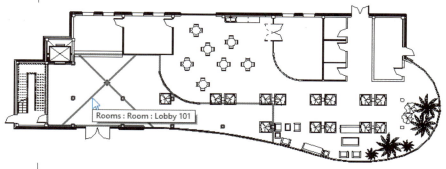

図 15–22

3. *Annotate* tab > Tab panel において、(Tag by Category) をクリックします。部屋が選択されないことが分かります。
4. *Annotate* tab > Tag panel において、(Tag Room) をクリックします。部屋が表示されます。図 15–23 に示すように、部屋タグを 1 つまたは 2 つ配置します。

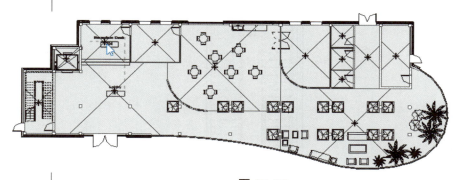

図 15–23

5. **Modify** をクリックします。
6. *Annotate* tab > Tag panel において、(Tag All) をクリックします。
7. Tag All Not Tagged ダイアログボックスにおいて、**Room Tags: Room Tag** を選択し **OK** をクリックします。部屋タグがビューの中の全ての部屋に追加されます。

8. 左側の階段を拡大表示し、タグを壁の外側に移動します。図15-24 に示すように、タグは部屋につながっていません。

9. 警告情報を読んで **OK** を押し、ダイアログボックスを閉じます。

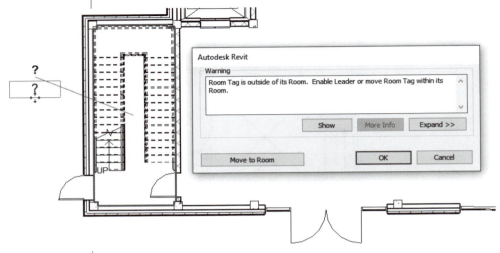

図 15-24

10. タグが選択された状態で、Options Bar で **Leader** を選択します。これによってタグは部屋につながり、図 15-25 に示すように部屋情報を表示します。

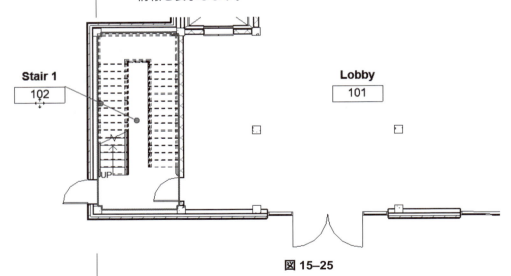

図 15-25

11. プロジェクトを保存します。

15.2 集計表を操作する

集計表は、プロジェクトから情報を抽出し、表形式で表示します。図 15–26 に示すように、集計表は独立したビューとして保存され、個別にシートに配置することが可能です。集計表に結びついたプロジェクト内のエレメントに変更を加えると、ビューとシートの両方でその変更が自動的に反映されます。

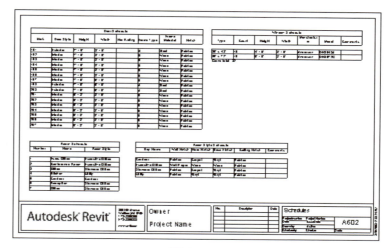

図 15–26

- 建築テンプレートファイル（**DefaultMetric.rte**）には、集計表が含まれていません。**Construction-DefaultMetric.rte** のテンプレートファイルには、数量と面積の集計表がいくつか含まれています。

操作手順：集計表を操作する

1. Project Browser において、図 15–27 に示すように Schedules/Quantities エリアを展開し、開きたい集計表をダブルクリックします。

図 15–27

2. 集計表は、モデル内において集計表に結びつけられたエレメントのインスタンスパラメータとタイプパラメータに保存された情報を、自動的に反映します。
3. 追加情報を集計表または Properties で記入します。
4. 集計表をシートにドラッグ＆ドロップします。

集計表の変更

集計表上の情報は、双方向の情報です。

- エレメントを変更すると、集計表は自動的に更新されます。
- 集計表のセルの情報を変更すると、エレメントが自動的に更新されます。

操作手順：集計表のセルを変更する

1. 集計表のビューを開いてください。
2. 変更するセルを選択します。図 15–28 に示すように、いくつかのセルにはドロップダウンリストがあります。他のセルは、編集フィールドになっています。

集計表上で Type Property を変更すると、その変更が同じタイプの全てのエレメントに適用されます。Instance Property を変更すると、その変更はその 1 つのエレメントだけに適用されます。

A	B	C	D
Mark	Type	Width	Dimensions Height
101	0915 x 2032mm	915	2032
102	0915 x 2032mm	915	2032
103	0762 x 2134mm	915	2032
104	0813 x 2134mm	915	2134
105	0864 x 2032mm	915	2134
106	0864 x 2134mm	915	2134
107	0915 x 2032mm	915	2134
108	0915 x 2134mm	915	2134
109	0915 x 2032mm	915	2032
110	1830 x 2134mm	1830	2134
111	1830 x 1981mm	1830	1981

図 15–28

3. 新たな情報を追加します。変更は、集計表、シート、プロジェクト内のエレメントに反映されます。

- Type Property を変更すると、図 15–29 に示すような警告ボックスが表示されます。

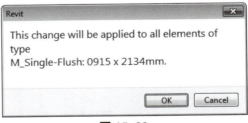

図 15–29

タグと集計表の追加

- 集計表上でエレメントを選択するには、*Modify Schedule/Quantities* tab > Element panel において、 (Highlight in Model) をクリックします。図 15–30 に示すように、これによって Show Element(s) in View ダイアログボックスと共に、エレメントの拡大ビューが開きます。**Show** をクリックして、同じエレメントの他のビューを開きます。**Close** をクリックしてコマンドを終了します。

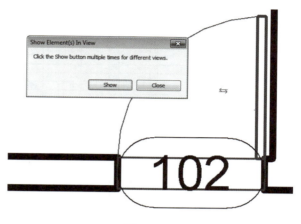

図 15–30

> **ヒント：集計表のカスタマイズ**
>
> 集計表は、通常、BIM 管理者や上級ユーザが設定したプロジェクトテンプレートに含まれています。集計表にはいくつものオプションがあるため、作成手順は複雑になる場合があります。
>
> - 基本的な集計表の作成に関しては、*付録 B.11 建物コンポーネントを集計する（P.572（B–34））* を参照してください。
>
> - Autodesk Revit の外部で集計表のデータを使用することに関しては、*付録 B.10 集計表のインポートとエクスポート（P.570（B–32））* を参照してください。
>
> - 集計表の作成についての追加情報に関しては、ASCENT ガイドの *Autodesk Revit: BIM Management: Template and Family Creation（BIM 管理：テンプレートとファミリの作成）* を参照してください（本書とは別の書籍となります。この本の邦訳はございません）。

シート上で集計表を編集する

シートに集計表を配置すると、シート上のスペースに合わせて集計表の情報を操作することができます。集計表を選択して、図 15–31 に示すように、集計表を調整するためのコントロールを表示します。

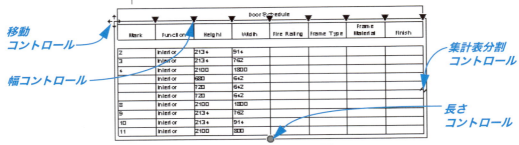

図 15–31

- 青色の三角形は、各列の幅を調節します。
- 分割マークは、集計表を 2 つに分割します。
- 表を分割した場合は、左上の十字の矢印を使って、その分割された部分を移動します。一番目の表の下のコントロールは、表の長さの変更に使われ、図 15–32 に示すように、分離した表の長さが連動して変わります。

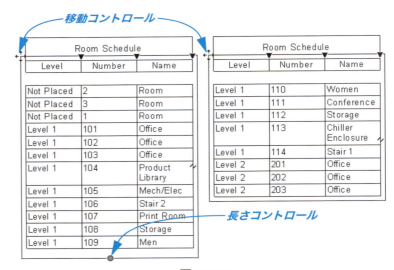

図 15–32

- 分割した集計表を再び結合するには、結合する表の移動コントロールを元の列にドラッグします。

実習 15b 集計表を操作する

この実習の目標

- 集計表の情報を更新します。
- シートに集計表を配置します。

この実習では、建具表と連動しているエレメントに情報を追加します。そして、図 15–33 に示すようにシートに建具表を配置します。

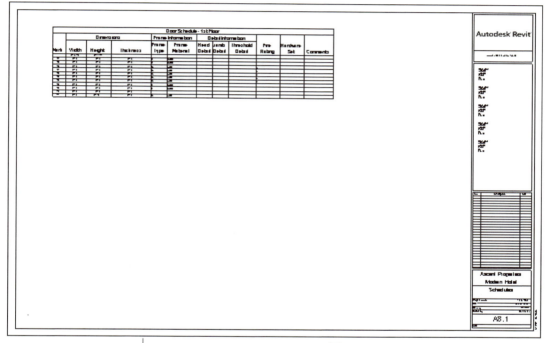

図 15–33

タスク 1 – 集計表に記入する

1. Modern-Hotel-Schedules-M.rvt を開いてください。

2. Floor Plans: Floor 1 のビューを開きます。

3. Project Browser において、Schedules/Quantities を展開します。4 つの集計表がこのプロジェクトに含まれています。

Autodesk Revit 2019：建築の基本

4. **Door Schedule - 1st Floor** をダブルクリックして開きます。図 15–34 に示すように、プロジェクト内の扉の基本情報の一部がすでに表記されています。

A	B	C	D	E	F	G
	Dimensions			Frame Information		
Mark	Width	Height	Thickness	Frame Type	Frame Material	Head Detail
101	915	2032	51			
102	915	2032	51			
103	915	2032	51			
104	915	2134	51			
105	915	2134	51			
106	915	2134	51			
107	915	2134	51			
108	915	2134	51			
109	915	2032	51			
110	1830	2134	51			
111	1830	1981	51			

図 15–34

5. Mark **101** を選択します。

6. *Modify Schedules/Quantities* tab > Element panel において、 （Highlight in Model）をクリックします。

7. Show Element(s) In View ダイアログボックスで、図 15–35 に示すように平面図ビューが表示されるまで **Show** をクリックします。そして、**Close** をクリックします。

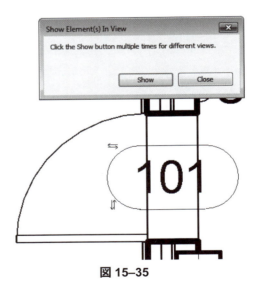

図 15–35

タグと集計表の追加

8. 扉が選択された状態で、Properties において以下を設定します。

- *Frame Type*（扉枠のタイプ）：**A**
- *Frame Materia*（枠材）：**Steel**
- *Finish*（仕上げ）：**Coated**

9. （Edit Type）をクリックします。

10. Type Properties ダイアログボックスの *Identity Data* エリアにおいて、*Fire Rating*（耐火等級）を **A** に設定します。

11. **OK** をクリックして終了します。

12. *Door Schedule - 1st Floor* タブをクリックしてビューを開きます。

13. *Frame Type* と *Frame Material* が 1 つの扉を表示し、同じ仕様の外部扉にも耐火等級が割り振られていることが分かります。

14. 図 15–36 に示すように、ドロップダウンリストを使って、同じ仕様の扉のプロパティを変更します。

\<Door Schedule - 1st Floor\>

E	F	G	H	I	J
Frame Information		Detail Information			
Frame Type	Frame Material	Head Detail	Jamb Detail	Threshold Detail	Fire Rating
A	Steel				A
A	Steel				A
A	Steel				A
A					A
	Steel				

図 15–36

15. Door Schedule のビューで、集計表の他のいくつかの扉に *Fire Rating* を指定します。耐火等級を変更すると、そのタイプの全てのエレメントを変更するように促されます。**OK** をクリックします。

16. **Floor Plans: Floor 1** のビューを開き、必要に応じてビューを縮小表示します。

17. オフィスの扉を選択して右クリックし、**Select All Instances > In Entire Project** を選択します。

18. （Filter）のとなりの Status Bar を見ると、現在のビューに表示されている扉より多い数の扉が選択されていることが分かります。

© 2018, ASCENT - Center for Technical Knowledge®

Autodesk Revit 2019：建築の基本

これらは、プロパティの文字の変更であるため、画面上の扉の見た目に変化はありません。

19. Properties において、*Construction and Material*（施工と材）と *Finishes*（仕上げ）のパラメータを以下のように設定します。
    - *Frame Type:* **B**
    - *Frame Material:* **Wood**
    - *Finish:* **Clear-coat**

20. 終了したら、<Esc> を押して選択を解除します。

21. 集計表のビューに戻り、追加した情報を確認します。集計表は 1 階の扉に限定されているため、全ての扉は表記されていません。

22. プロジェクトを保存します。

タスク 2 – 集計表をシートへ配置する

1. Project Browser において、シート **A8.1 – Schedules** を開いてください。

2. 図 15–37 に示すように、**Door Schedule - 1st Floor** のビューをシートにドラッグ＆ドロップします。

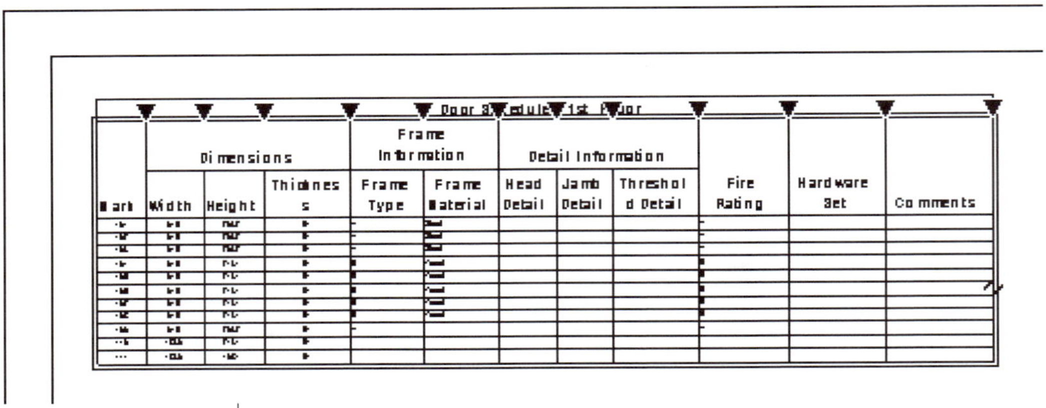

図 15–37

- シートに配置した集計表は、図 15–37 に示す表と全く同じではない可能性があります。

3. 表を拡大表示し、項目名が正しく表示されるように、表の上部の矢印を使って列の幅を変更します。

4. シートの空白をクリックし、集計表の配置を終了します。

498   15–24   © 2018, ASCENT - Center for Technical Knowledge®

タグと集計表の追加

5. **Floor Plans: Floor 1** に戻り、厨房の両開扉を選択します。

6. Type Selector で サ イ ズ を **1830 x 2083mm** に 変 更 し ま す。Properties に お い て、Frame Type、Frame Material、Finish を追加します。

7. シート **A8.1 – Schedules** に戻ります。図 15–38 に示すように情報が自動的に更新されています。

	Door Schedule - 1st Floor							
	Dimensions			**Frame Information**		**Detail Informat**		
Mark	**Width**	**Height**	**Thickness**	**Frame Type**	**Frame Material**	**Head Detail**	**Jamb Detail**	**Thr D**
	2350	2865						
101	915	2032	51	A	Steel			
102	915	2032	51	A	Steel			
103	915	2032	51	A	Steel			
104	915	2134	51					
105	915	2134	51					
106	915	2134	51					
107	915	2134	51					
108	915	2134	51					
109	915	2032	51	A	Steel			
110	1830	2134	51					
111	1830	2083	51	B	Wood			

図 15–38

8. 3D ビューに戻り、プロジェクトを保存します。

Chapter の復習

1. **Tag by Category** によってタグを付けることができないのは、以下のどのエレメントですか？
    a. 部屋
    b. 床
    c. 壁
    d. 扉

2. 図 15–39 に示すように、Autodesk Revit のモデル内で扉を削除するとどうなりますか？

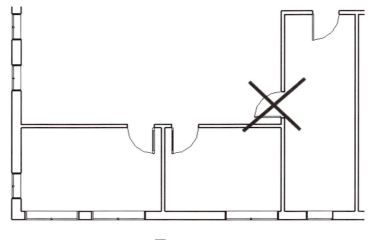

図 15–39

   a. シート上でも扉を削除しなくてはならない。
   b. 集計表から扉を削除しなくてはならない。
   c. 扉はモデルからは削除されるが、集計表からは削除されない。
   d. モデルと集計表から扉が削除される。

3. 集計表において、タイプ情報（Type Mark など）を変更すると、そのタイプの全てのインスタンスが新情報をもとに更新されます。
   a. 正しい
   b. 間違っている

タグと集計表の追加

コマンド概要

アイコン	コマンド	場所
	Material Tag	• **Ribbon**: *Annotate* tab > Tag panel
	Multi-Category	• **Ribbon**: *Annotate* tab > Tag panel
	Stair Tread/ Riser Number	• **Ribbon**: *Annotate* tab > Tag panel
	Tag All Not Tagged	• **Ribbon**: *Annotate* tab > Tag panel
	Tag by Category	• **Ribbon**: *Annotate* tab > Tag panel • **ショートカットキー**: TG
	Tag Room (Room Tag)	• **Ribbon**: *Architecture* tab > Room & Area panel • Ribbon: *Annotate* tab > Tag panel • **ショートカットキー**: RT

© 2018, ASCENT - Center for Technical Knowledge®

Chapter 16

詳細の作成

詳細の作成は、設計のプロセスにおいて、工事に欠かせない正確な情報を指定するための非常に重要なステップです。モデルに追加できるエレメントには、詳細コンポーネント、詳細線分、テキスト、タグ、記号、パターン表記に必要な塗り潰し領域などがあります。詳細は、モデルのビューから作成することも可能ですが、独立したビューで 2D 詳細を作成することも可能です。

この Chapter の学習目標

- 2D 詳細を追加することのできる製図ビューを作成します。
- 詳細において、標準的エレメントを表記する詳細コンポーネントを追加します。
- 詳細線分、テキスト、タグ、記号、素材パターンを使って、詳細に注釈を表記します。

16.1 詳細ビューを設定する

Autodesk® Revit® ソフト内で行うほとんどの作業は、モデル内で相互に連結し連動しているスマートエレメントの操作に限定されています。しかし、Autodesk® Revit® ソフトは、部材がどのように組み合わされ、組み立てられるかを自動的に表示してくれません。そのため、図 16–1 に示すような詳細図を作成する必要があります。

> 詳細は、2Dの製図ビュー、または平面図、立面図、断面図ビューからの吹き出しのビューで作成されます。

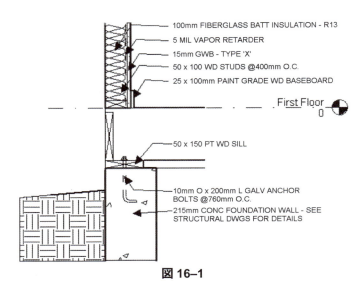

図 16–1

操作手順：製図ビューを作成する

1. *View* tab > Create panel において、🖶（Drafting View）をクリックします。
2. 図 16–2 に示すように、New Drafting View ダイアログボックスで *Name* を入力し、*Scale* を設定します。

> 製図ビューは、Project Browser の製図ビューのエリアに保存されています。

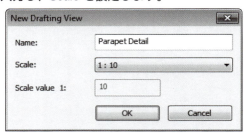

図 16–2

3. **OK** をクリックします。詳細をスケッチするための空白のビューが作成されます。

操作手順：モデルエレメントから詳細を作成する

1. **Section**（断面）または **Callout**（吹き出し）コマンドを開いてください。
2. Type Selector で **Detail View: Detail** タイプを選択します。

   - 図 16–3 のマーカーが示すように、この断面図は詳細図であることが分かります。

吹き出しにも詳細ビューがあり、同じように使うことが可能です。

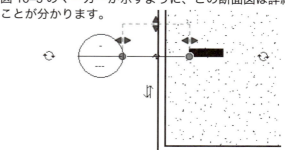

図 16–3

3. 詳細に使う部分の断面図または吹き出しを配置します。
4. 新しい詳細を開きます。ツールを使って建物のエレメントに追加するもの、または上から描き足すものをスケッチします。

   - 図 16–4 に示すように、このタイプの詳細ビューでは、建物のエレメントが変更されると詳細も変更されます。

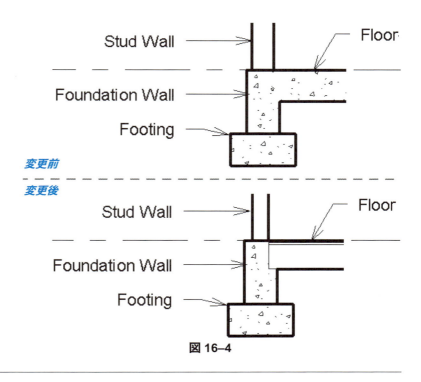

図 16–4

- モデルの上に詳細エレメントを作図し、作図後に詳細ビューでモデルが表示されないように、モデルを非表示に切り替えることができます。Properties の Graphics エリアにおいて、Display Model を **Do not display** に変更します。図 16–5 に示すように、モデルをハーフトーン表示にすることも可能です。

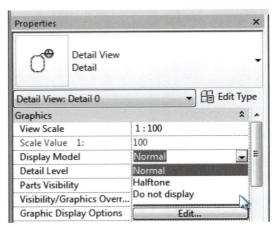

図 16–5

製図ビューの参照

製図ビューを作成したら、図 16–6 に示すように、別のビュー（吹き出し、立面図ビューまたは断面図ビューなど）から参照することが可能です。例えば、断面図ビューにおいて、既存の屋根詳細を参照する必要があるかもしれません。製図ビュー、断面図、立面図、吹き出しを参照することが可能です。

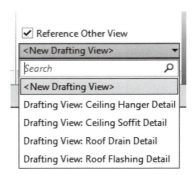

図 16–6

- Search（検索）機能を使って、表示される情報を限定することができます。

詳細の作成

操作手順：製図ビューを参照する

1. 参照を配置するビューを開いてください。
2. **Section**、**Callout** または **Elevation** コマンドを開きます。
3. *Modify | <contextual>* tab > Reference panel において、**Reference Other View** を選択します。
4. ドロップダウンリストで **<New Drafting View>** または既存の製図ビューを選択します。
5. ビューマーカーを配置します。
6. シートに関連する製図ビューを配置すると、このビューのマーカーに対応する情報に更新されます。

- ドロップダウンリストから **<New Drafting View>** を選択すると、Project Browser の *Drafting Views (Detail)* に新しいビューが作成されます。必要に応じてビュー名を変更します。新しいビューはモデルエレメントを一切含みません。

- 断面図、立面図、吹き出しをもとに詳細を作成する場合は、製図ビューにリンクする必要はありません。

- 参照ビューを別の参照ビューに変更することが可能です。ビューマーカーを選択し、Ribbon のリストから新たなビューを選択します。

製図ビューの保存

標準詳細集を作成するには、モデルにリンクしていない製図ビューをサーバに保存します。詳細をサーバからプロジェクトに読み込み、プロジェクトに合わせて編集することが可能です。詳細は、RVT ファイルとして保存されます。

製図ビューを保存する方法には、以下の 2 種類があります。

- 個々の製図ビューを 1 つの新しいファイルに保存する。
- 全ての製図ビューを 1 つの新しいファイルにグループとして保存する。

操作手順：1 つの製図ビューを 1 つのファイルに保存する

1. 図 16–7 に示すように、Project Browser において、保存する製図ビューで右クリックし、**Save to New File...** を選択します。

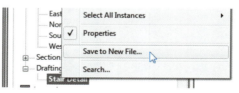

図 16–7

2. Save As ダイアログボックスでファイル名と保存場所を指定し、**Save** をクリックします。

シート、製図ビュー、モデルビュー（平面図）、集計表、情報レポートを保存することができます。

操作手順：製図ビューを1つのファイルにグループとして保存する

1. *File* tab において 🔳（Save As）を展開し、🗄（Library）を展開して 🗖（View）をクリックします。
2. Save Views ダイアログボックスの *Views:* ウィンドウにおいて、リストを展開し、**Show drafting views only** を選択します。
3. 図 16–8 に示すように、保存する製図ビューを選択します。

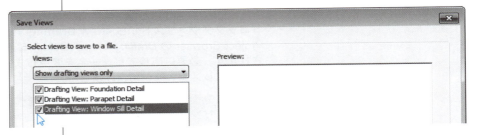

図 16–8

4. **OK** をクリックします。
5. Save As ダイアログボックスでファイル名と保存場所を指定し、**Save** をクリックします。

操作手順：保存した製図ビューを別のプロジェクトで使用する

1. 製図ビューを追加するプロジェクトを開いてください。
2. *Insert* tab > Import panel において、🗎（Insert from File）を展開し、🗎（Insert Views from File）をクリックします。
3. Open ダイアログボックスにおいて、詳細を保存したプロジェクトを選択し、**Open** をクリックします。
4. 図 16–9 に示すように、Insert Views ダイアログボックスで、ビューのタイプを **Show drafting views only** に限定します。

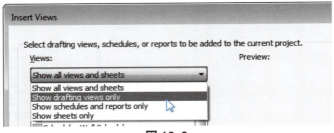

図 16–9

5. 挿入するビューを選択し、**OK** をクリックします。

詳細の作成

ヒント：他の CAD ソフトから詳細をインポートする

AutoCAD® ソフトなどの他の CAD ソフトで作成された標準詳細一式がすでに存在する場合があります。Autodesk Revit ソフトの仮のプロジェクトに読み込むことで、その詳細を再利用することができます。読み込んだ詳細は、現行のプロジェクトに取り込む前に、クリーンアップしてからビューとして保存すると便利です。

1. 新しいプロジェクトで製図ビューを作成し、これをアクティブ表示します。
2. *Insert* tab > Import panel において、 (Import CAD) をクリックします。
3. Import CAD ダイアログボックスで、読み込むファイルを選択します。ほとんどのデフォルト値は必要な設定です。*Layer/Level colors* を **Black and White** に変更する必要があるかもしれません。
4. **Open** をクリックします。

- 詳細を編集する場合は、読み込んだデータを選択します。*Modify | [filename]* tab > Import Instance panel において、 (Explode) を展開し、 (Partial Explode) または (Full Explode) をクリックします。詳細を分解する前に、 (Delete Layers) をクリックします。Full Explode はファイルサイズを大幅に増加させます。
- Modify パネルのツールを使って詳細を編集します。Autodesk Revit のエレメントに合わせて、全てのテキストや線スタイルを変更します。

© 2018, ASCENT - Center for Technical Knowledge®

16.2 詳細コンポーネントを追加する

図 16–10 に示す造作家具の断面などの Autodesk Revit のエレメントが正しく製作されるためには、通常、追加の情報が必要になります。図 16–11 に示すような詳細を作図するには、詳細コンポーネント、詳細線分、および各種注釈を追加します。

断面
図 16–10

断面に描き足した詳細
図 16–11

- ビューにモデルエレメントが表示されていても、詳細エレメントはモデルに直接連動していません。

詳細コンポーネント

詳細コンポーネントは、2D エレメントと注釈エレメントから成るファミリです。図 16–12 に示すように、CSI 形式に従って整理された 500 を超える詳細コンポーネントが、ライブラリの *Detail Items* フォルダに保存されています。

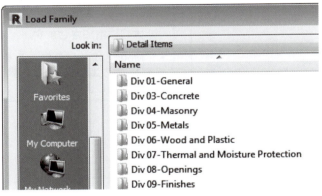

図 16–12

操作手順：詳細コンポーネントを追加する

1. *Annotate* tab > Detail panel において、(Component) を展開し、(Detail Component) をクリックします。
2. Type Selector で詳細コンポーネントのタイプを選択します。Library から追加のコンポーネントを読み込むことが可能です。
3. 多くの詳細コンポーネントは、挿入時に <Spacebar> を押して回転させることができます。別の方法として、図 16–13 に示すように、Options Bar において **Rotate after placement**（配置後に回転する）を選択します。

図 16–13

4. コンポーネントをビューに配置します。

破断線を追加する

Break Line（破断線）は、*Detail Items\ Div 01-General* フォルダに保存されている詳細コンポーネントです。破断線は、背面のエレメントを隠すのに使われる四角形の領域（図 16–14 にてハイライト表示）です。コントロールを使って、領域がカバーする範囲や破断線のサイズを変更することができます。

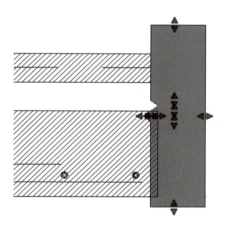

図 16–14

> **ヒント：詳細の表示順序を操作する**
>
> 詳細コンポーネントをビューで選択した際に、*Modify | Detail Items* tab > Arrange panel において、詳細コンポーネントの表示順序を変更することができます。図 16–15 に示すように、エレメントを他のエレメントの前面に移動することや、背面に移動することが可能です。
>
>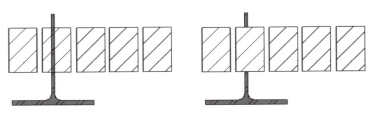
>
> *表示順序：前面*　　　　　*表示順序：背面*
>
> 図 16–15
>
> - (Bring to Front)：エレメントを他の全てのエレメントの前面に移動します。
> - (Send to Back)：エレメントを他の全てのエレメントの背面に移動します。
> - (Bring Forward)：エレメントを 1 段階前面に移動します。
> - (Send Backward)：エレメントを 1 段階背面に移動します。
> - 複数の詳細エレメントを選択し、選択したエレメント全ての表示順序を一度の操作で変更することができます。選択したエレメントの相対的な表示順序は維持されます。

繰り返し詳細

コンポーネント（レンガやブロックなど）を何度も挿入する代わりに、図 16–16 に示すように、 (Repeating Detail Component) を使って一続きのコンポーネントを作成することが可能です。

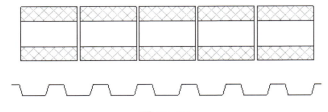

図 16–16

詳細の作成

操作手順：繰り返し詳細コンポーネントを挿入する

1. *Annotate* tab > Detail panel において (Component)を展開し、(Repeating Detail Component) をクリックします。
2. Type Selector で、使用する詳細を選択します。
3. Draw panel で、(Line) または (Pick Lines) をクリックします。
4. 必要に応じて、Options Bar で *Offset* の値を入力します。
5. 図 16-17 に示すように、スケッチした線または選択した線の長さに合わせて必要なだけコンポーネントが繰り返し作成されます。コンポーネントを線にロックすることが可能です。

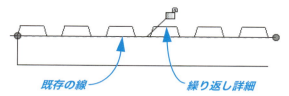

図 16-17

- 繰り返し詳細のカスタマイズに関しては、*付録 B.12 繰り返し詳細を作成する（P.580（B-42））* を参照してください。

ヒント： (Insulation ／断熱材)

充填材入りの断熱材の作成は繰り返し詳細の作成に似ていますが、レンガやその他のエレメントを並べる代わりに、図 16-18 に示すような充填材のパターンが作成されます。

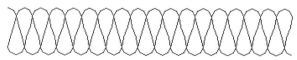

図 16-18

充填材をビューに配置する前に、図 16-19 に示すように *Width*（充填材の厚み）やその他のオプションを Options Bar で設定します。

図 16-19

16.3 詳細への注釈の記入

詳細ビューにコンポーネントを追加し、詳細線分をスケッチした後、注釈を記入する必要があります。図 16–20 に示すように、テキスト注記や寸法だけでなく、記号やタグも配置することが可能です。塗り潰し領域は、塗り潰しパターンを追加するのに使われます。

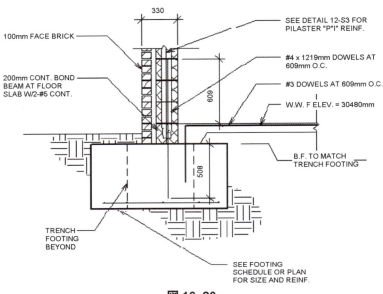

図 16–20

塗り潰し領域の作成

多くのエレメントは、材料に関する情報を平面図ビューや断面図ビューで表示するように設定されていますが、詳細図においてそのような情報を追加しなければいけないエレメントもあります。例えば、図 16–21 に示すようなコンクリートの壁には材料情報が含まれていますが、壁の左側の土の場合、**Filled Region**（塗り潰し領域）コマンドを使って材料の情報を追加する必要があります。

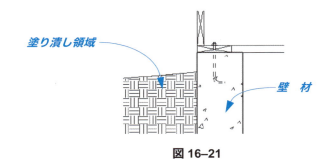

図 16–21

詳細で使われるパターンは、*drafting patterns*（製図パターン）です。製図パターンは、ビューのスケールに連動し、スケールを変更するとパターンも更新されます。フランドル積みのレンガのパターンのように、（モデル空間で）実物大の *model patterns*（モデルパターン）をエレメントに追加することも可能です。

操作手順：塗り潰し領域を追加する

1. *Annotate* tab > Detail panel において、 (Region) を展開し、 (Filled Region) をクリックします。
2. Drawツールを使って、閉じた境界線を作図します。
3. Line Style パネルで、境界線のスタイルを選択します。境界線を非表示にする場合は、<Invisible lines> を選択します。
4. 図 16–22 に示すように、Type Selector において塗り潰しタイプを選択します。

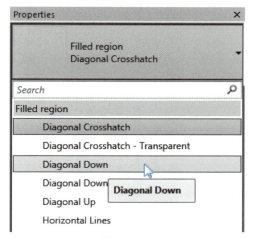

図 16–22

5. (Finish Edit Mode) をクリックします。

- Type Selector で塗り潰しタイプを変更するか、またはスケッチを編集して、領域を変更することができます。
- スケッチを編集するには、塗り潰し領域のエッジをダブルクリックします。

  Selection 方法を (Select elements by face) に設定している場合は、パターンを選択することが可能です。

ヒント：塗り潰し領域のパターンを作成する

既存の塗り潰し領域パターンを複製し、編集することで、カスタムパターンを作成することができます。

1. 既存の塗り潰し領域を選択するか、または新たに境界を作成します。
2. Properties で、 (Edit Type) をクリックします。
3. Type Properties ダイアログボックスで **Duplicate** をクリックし、新しいパターンに名前をつけます。
4. 図 16–23 に示すように、*Foreground/ Background Fill Pattern* と *Color* を選択し、*Line Weight* と *Masking* を指定します。

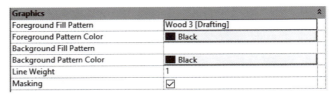

図 16–23

5. **OK** をクリックします。

- 図 16–24 に示すように、**Drafting**（製図）と **Model**（モデル）の 2 種類の塗り潰しパターンから選択することができます。製図塗り潰しパターンは、ビューのスケールに連動しています。モデル塗り潰しパターンは、モデル空間内での実物大で表示されます。

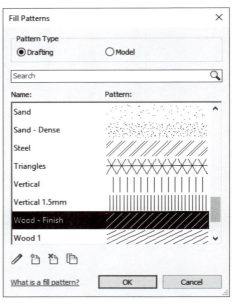

図 16–24

詳細の作成

詳細タグの追加

詳細にテキストを追加することに加えて、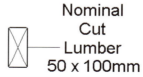（Tag By Category）を使って詳細コンポーネントにタグを付けることが可能です。図 16–25 に示すように、タグ名は Type Parameters においてそのコンポーネント用に設定されています。つまり、同じコンポーネントの複製がプロジェクト内にある場合、タグを付けるたびに新たに名前を付ける必要がないということです。

Detail Item Tag.rfa タグは、Library の Annotations フォルダに保存されています。

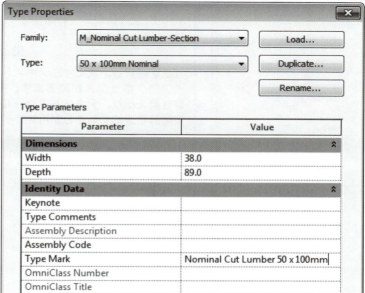

図 16–25

- キーノートを使った注釈に関しては、*付録 B.13 キーノートによる注釈とキーノート凡例（P.582（B–44））* を参照してください。

ヒント：複数の寸法を示す場合

図16–26に示すように、1つのエレメントに対し複数の寸法値を表記する詳細を作成する場合は、寸法テキストを簡単に変更することができます。

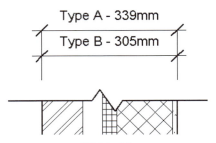

図 16–26

寸法を選択し、次に寸法テキストを選択します。Dimension Text ダイアログボックスが開きます。図 16–27に示すようにテキストを書き換えたり、テキストフィールドを上下に追加したり、接頭辞や接尾辞を追加することが可能です。

図 16–27

- これは均等テキストのラベルにも使えます。

実習 16a 断面吹き出しをもとに詳細を作成する

この実習の目標

- 断面図をもとに詳細を作成します。
- 塗り潰し領域、詳細コンポーネント、注釈を追加します。

この実習では、壁断面図の吹き出しをもとに詳細図を作成します。図 16–28 に示すように、繰り返し詳細コンポーネント、破断線、詳細線分を追加し、最後に注釈を追加して詳細図を完成させます。

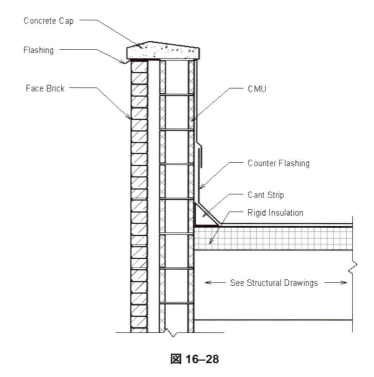

図 16–28

タスク 1 – 壁断面図の吹き出しを作成する

1. **Modern-Hotel-Detailing-M.rvt** を開いてください。
2. **Floor Plans: Floor 1** のビューを開きます。

Autodesk Revit 2019：建築の基本

3. 図 16–29 に示すように、壁断面マーカーをダブルクリックします。これにより、確実に正しい断面図が開かれます。

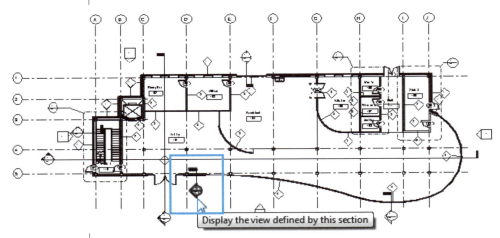

図 16–29

4. パラペットと屋根を含む壁の上部を拡大表示します。

5. *View* tab > Create panel において、(Callout) をクリックします。

6. Type Selector で **Detail View: Detail** を選択します。

7. 図 16–30 に示すような吹き出しを作成します。

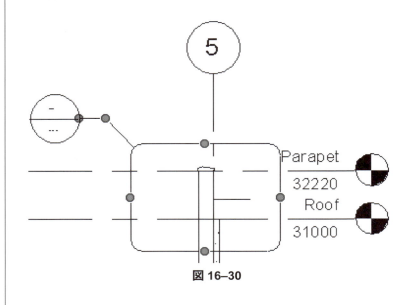

図 16–30

詳細の作成

8. 吹き出し記号をダブルクリックし、吹き出しビューを開きます。
9. View Control Bar において、以下のパラメータを設定します。
    - *Scale*（スケール）：**1:10**
    - *Detail Level*（詳細の表示レベル）：▨ (Fine)
10. レベル面、通芯、断面マーカー（表示されている場合）を非表示にします。
11. トリミング領域をオフに切り替えます。
12. Project Browser の *Detail Views (Detail)* ノードにおいて、ビュー名を **Parapet Detail** に変更します。
13. プロジェクトを保存します。

タスク 2 – 繰り返し詳細コンポーネントと破断線を追加する

1. *Annotate* tab > Detail panel において、▨ (Component) を展開し、▨ (Repeating Detail Component) をクリックします。
2. Type Selector において、タイプを **Repeating Detail: Brick** に設定します。
3. 図 16–31 に示すように、パラペットの笠木の上から下に向かってレンガの線を引きます。

上から下に線を引くことで、笠木とレンガの間にモルタルが入るようにします。このようにして詳細エレメントは作成されます。

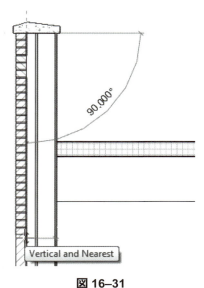

図 16–31

Autodesk Revit 2019：建築の基本

Autodesk Revit ソフトでは、最後に使ったツールがドロップダウンリストの最上段に表示されます。

4. Type Selector において、Repeating Detail: CMU を選択します。壁の右側を上からなぞって作図します。

5. Annotate tab > Detail panel において（Repeating Detail Component）を展開し、（Detail Component）をクリックします。

6. Modify | Place Detail Component tab > Mode panel で、（Load Family）をクリックします。

7. Load Family ダイアログボックスにおいて Detail Items> Div 01-General フォルダに移動し、M_Break Line.rfa を選択して Open をクリックします。

8. 詳細図の右下に破断線を追加します。図 16–32 に示すように、必要に応じて <Spacebar> を押して破断線を回転させ、コントロールを使って破断線のサイズと奥行きを変更します。

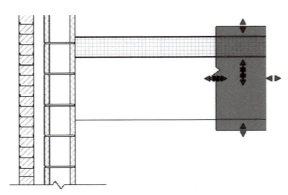

図 16–32

9. プロジェクトを保存します。

タスク 3 – 詳細線分を使って防水金物を作図する

1. *Annotate* tab > Detail panel において、(Detail Line) をクリックします。
2. *Modify | Place Detail Lines* tab > Line Style panel において、**Wide Lines** が選択されていることを確認します。
3. 図 16–33 に示すような防水金物を作図します。

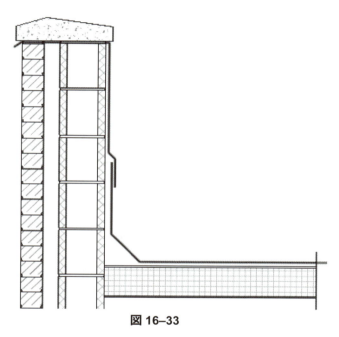

図 16–33

4. 詳細線分を使って、防水金物の下にキャント材を追加します。
5. プロジェクトを保存します。

タスク 4 – 詳細図に注釈を追加する

1. Quick Access Toolbar または *Annotate* tab > Text panel において、(Text) をクリックします。
2. *Modify | Place Text* tab > Format panel において、(Two-Segments) を選択します。

3. 図 16–34 に示すように、テキストと引出線を追加します。位置合わせ機能を使って、引出線の先端とテキストを配置します。

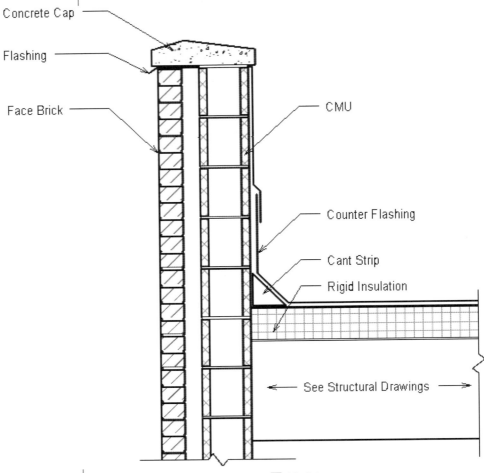

図 16–34

4. プロジェクトを保存します。

この時点で、詳細エレメントとモデルエレメントが混在する詳細になっています。引き続き、詳細エレメントを追加して屋根材を詳細エレメントで置き換えることも可能です。時間が許せば、構造エレメントを追加することも可能です。

実習 16b 詳細ビューで詳細を作成する

この実習の目標

- 詳細図を作成し、注釈を追加します。

この実習では、製図ビューにおいてフーチングの詳細を作成します。詳細コンポーネント、詳細線分、注釈に加えてトリミング領域を追加します。図 16–35 に示すように、シートにビューを配置して別のビューに吹き出しを配置し、作図したビューを参照します。

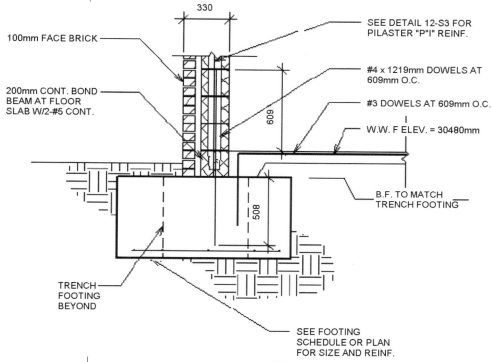

図 16–35

- この実習では、これまで学んだことを応用できるように指示は最小限に留めてあります。

タスク 1 – 詳細を作成する

1. Modern-Hotel-Detailing-M.rvt を開いてください。

2. Footing Detail という名前の製図ビューを、1:50 のスケールで作成します。

3. 図 16–35 に示すように、詳細線分と詳細コンポーネントを使ってフーチング、壁、床、鉄筋を作図します。

    - Line Styles を使って、異なる線の太さとタイプ（Wide Line や Hidden Line など）を選択します。

4. 図 16–35 に示すように、寸法とテキスト注記を追加します。

タスク 2 – 塗り潰し領域を追加する

1. *Annotate* tab > Detail panel において、 (Region) を展開し、 (Filled Region) をクリックします。

2. *Modify | Create Filled Region Boundary* tab > Line Style Panel で、Medium Lines を選択します。

3. 図 16–36 に示すように、Draw ツールを使って床スラブの輪郭をスケッチします。

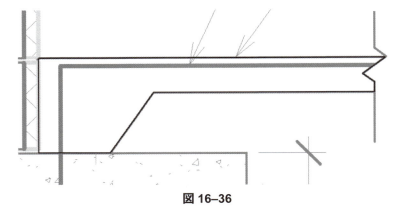

図 16–36

4. Type Selector で Filled region: Concrete を選択します。

5. (Finish) をクリックします。

詳細の作成

6. 同じ **Concrete** のパターンを使って、塗り潰し領域をフーチングに追加します。

7. ラインスタイル **<Invisible lines>** を使って、図 16–37 に示すような曲線の塗り潰し領域を作成し、境界線をスケッチします。塗り潰し領域タイプを **Earth** に設定します。

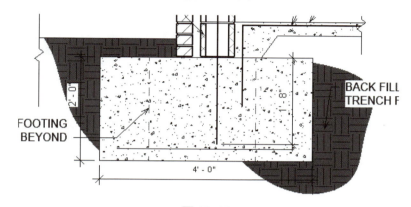

図 **16–37**

- 曲線はスプラインを使って作成します。

8. 塗り潰し領域が他のエレメントの上に重なっている場合は、塗り潰し領域を選択し、*Modify | Detail Items* tab > Arrange Panel において (Send to Back) をクリックします。

9. 必要に応じて、注釈の位置を調整します。

10. プロジェクトを保存します。

タスク 3 – シートに詳細図を追加し、詳細吹き出しに連動させる

1. **A9.1 – Detail** という名前のシートを作成し、フーチングの詳細をそのシートにドラッグ＆ドロップします。

2. **Sections (Wall Section): Section 1** のビューを開きます。

3. **Callout** コマンドを開いて、**Detail View: Detail** を選択します。

4. *Modify | Callout* tab > Reference panel において **Reference Other View** を選択し、図 16–38 に示すように、ドロップダウンリストで **Drafting View: Footing Detail** を選択します。

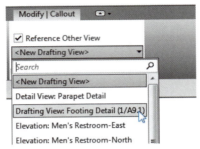

図 16–38

5. フーチングの周りに吹き出しを描きます。図 16–39 に示すように正しい詳細図が参照されます。

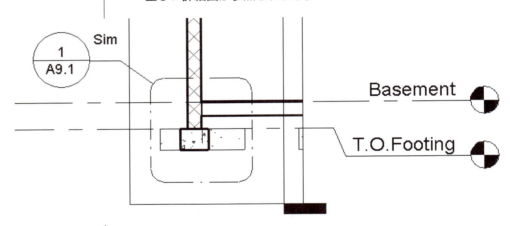

図 16–39

6. プロジェクトを保存します。

Chapter の復習

1. 詳細は、以下のどの方法で作成しますか？（該当するものを全て選択して下さい）
    a. 断面図の吹き出しを作成し、上からなぞって作図する。
    b. 全てのエレメントを一から作図する。
    c. CAD 詳細を読み込み、編集または上からなぞって作図する。
    d. 別のファイルから既存の製図ビューを挿入する。

2. 詳細線を追加できないのは、どのタイプのビュー（図 16–40 参照）ですか？

    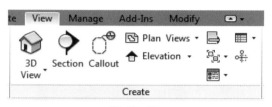

    図 16–40

    a. 平面図
    b. 立面図
    c. 3D ビュー
    d. 凡例

3. 詳細コンポーネントとモデルコンポーネントの違いは何ですか？
    a. 違いはない。
    b. 詳細コンポーネントは 2D 線分と注釈だけで構成されている。
    c. 詳細コンポーネントはモデルコンポーネントで構成されているが、詳細ビューでのみで表示される。
    d. 詳細コンポーネントは、2D エレメントと 3D エレメントで構成されている。

4. 詳細線分をスケッチするとき……
    a. 詳細線分の太さは常に同じである。
    b. ビューによって詳細線分の太さが変わる。
    c. 詳細線分は、詳細図に関連する全てのビューに表示される。
    d. 詳細線分は、スケッチされたビューにだけ表示される。

5. 詳細図の一部に（図 16–41 に示すコンクリートや土のような）パターンを追加するには、どのコマンドを使いますか？

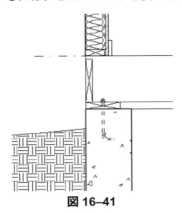

図 16–41

a. 領域
b. 塗り潰し領域
c. マスキング領域
d. パターン領域

詳細の作成

コマンド概要

アイコン	コマンド	場所
CAD インポートツール		
	Delete Layers	• **Ribbon**: *Modify | <読み込まれたファイル名 >* tab > Import Instance panel
	Full Explode	• **Ribbon**: *Modify | <読み込まれたファイル名 >* tab > Import Instance panel > Explode を展開
	Import CAD	• **Ribbon**: *Insert* tab > Import panel
	Partial Explode	• **Ribbon**: *Modify | <読み込まれたファイル名 >* tab > Import Instance panel > Explode を展開
詳細ツール		
	Detail Component	• **Ribbon**: *Annotate* tab > Detail panel > Component を展開
	Detail Line	• **Ribbon**: *Annotate* tab > Detail panel
	Insulation	• **Ribbon**: *Annotate* tab > Detail panel
	Filled Region	• **Ribbon**: *Annotate* tab > Detail panel
	Repeating Detail Component	• **Ribbon**: *Annotate* tab > Detail panel > Component を展開
ビューツール		
	Bring Forward	• **Ribbon**: *Modify | Detail Items* tab > Arrange panel
	Bring to Front	• **Ribbon**: *Modify | Detail Items* tab > Arrange panel
	Drafting View	• **Ribbon**: *View* tab > Create panel
	Insert from File: Insert Views from File	• **Ribbon**: *Insert* tab > Import panel > Insert from File を展開
	Send Backward	• **Ribbon**: *Modify | Detail Items* tab > Arrange panel
	Send to Back	• **Ribbon**: *Modify | Detail Items* tab > Arrange panel

© 2018, ASCENT - Center for Technical Knowledge®

16–29   531

ワークセットの紹介

ワークシェアリングは、複数の人が 1 つのプロジェクトモデルで作業するときに Autodesk® Revit® ソフトで使われるワークフローです。モデルはワークセットに分割されます。各個人はローカルファイルを開いて作業を行い、保存をするとそれが中央ファイルに同期されます。

ワークセットの確立と使用に関する詳細については、*Autodesk Revit Collaboration Tools* ガイドを参照してください。

この付録の学習目標

- ワークシェアリングの原理を確認します。
- ローカルファイルを開いて、プロジェクトの担当部分に変更を加えます。
- 自分のローカルファイルを中央ファイルに同期します。中央ファイルには、全てのローカルファイルからの変更が含まれます。

A.1 ワークセットの紹介

プロジェクトが1人で作業するには大きくなりすぎた場合は、チームで作業ができるように細分される必要があります。Autodesk Revit プロジェクトには1つのファイルにビルディングモデル全体が含まれるため、ファイルは全体との接続を維持したまま、図 A–1 で示すように合理的なコンポーネントに分割される必要があります。このプロセスはワークシェアリングと呼ばれ、そのメインのコンポーネントがワークセットです。

図 A–1

プロジェクトでワークセットが確立されると、図 A–2 で示すように、1つの **Central File**（中央ファイル）とチームの人数分の **Local File**（ローカルファイル）が置かれます。

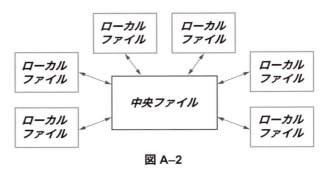

図 A–2

- **Central file** は BIM 責任者、プロジェクト責任者、プロジェクトリーダーによって作成され、複数のユーザがアクセスできるようにサーバに保存されます。

- **Local file** は自分のパソコンに保存された中央ファイルのコピーです。

- 全てのローカルファイルは中央ファイルに保存され、中央ファイルへの更新はローカルファイルに送信されます。これにより、全ての変更が1つのファイルに保存され、プロジェクト、モデル、ビュー、シートなどが自動的に更新されます。

ワークセットの紹介

操作手順：ローカルファイルを作成する

1. *File* tab または Quick Access Toolbar で 📂（Open）をクリックします。中央ファイルからローカルファイルを作成するには、この方法でなければなりません。
2. Open ダイアログボックスで、中央ファイルのサーバの場所に行き、中央ファイルを選択します。このファイルでは作業をしないでください。図 A–3 で示すように、**Create New Local**（新規ローカルファイルを作成する）を選択します。
3. このオプションが選択されていることを確認し、**Open** をクリックします。

図 A–3

オプションでユーザ名を指定することができます。

4. プロジェクトのコピーが作成されます。中央ファイルと同じ名前が付けられますが、最後に *User Name* が追加されています。

- デフォルト名を使ってファイルを保存できますし、💾（Save As）を使って、社内標準に即した名前を付けることもできます。自分のローカルなパソコンに保存されていること、または自分だけがファイルのそのバージョンで作業していることが分かるように、名前に *Local* を含めるようにします。
- 常に最新のバージョンで作業できるように、古いローカルファイルは消去します。

操作手順：ワークセット関連ファイルで作業する

1. ローカルファイルを開いてください。
2. 図 A–4 で示すように、Status Bar で Active Workset ドロップダウンリストを展開し、ワークセットを選択します。アクティブワークセットを設定すると、他の人はプロジェクトで作業することはできますが、自分がそのワークセットに追加するエレメントを編集することはできません。

図 A–4

3. 必要に応じて、プロジェクトで作業します。

Autodesk Revit 2019：建築の基本

ワークセット関連ファイルの保存

ワークセット関連ファイルを使用しているときは、ファイルをローカルと中央に保存する必要があります。

- ローカルファイルは頻繁に（15〜30 分毎に）保存します。Quick Access Toolbar で、他のプロジェクトを保存するのと同じように ▦（Save）をクリックし、ローカルファイルを保存します。

- ローカルファイルの中央ファイルとの同期は、定期的に（1〜2 時間毎に）またはプロジェクトに大きな変更を加えた時に行います。

ヒント：保存と同期の通知を設定する

図 A–5 で示すように、Options ダイアログボックスの *General* ウィンドウで、ファイルを保存して中央ファイルに同期するためのリマインダーを設定することができます。

Options			×
General	Notifications		
User Interface		Save reminder interval:	30 minutes ⌄
Graphics		Synchronize with Central reminder interval:	30 minutes ⌄
Hardware			

図 A–5

中央ファイルに同期する

中央ファイルに同期するには 2 つの方法があります。その方法は Quick Access Toolbar または *Collaborate* tab > Synchronize panel にあります。

最後の同期以降に中央ファイルに変更が生じた場合は、 🗃（Synchronize Now）をクリックすると中央ファイルが更新され、次にローカルファイルが更新されます。これによるプロンプト表示はありません。別の人が使用しているワークセットから借りたエレメントは自動的に放棄されますが、自分が使用しているワークセットは維持されます。

🗃（Synchronize and Modify Settings）をクリックして、図 A–6 で示すように Synchronize with Central ダイアログボックスを開きます。このダイアログボックスでは、中央ファイルの場所を設定したり、コメントを追加したり、同期の前後にファイルをローカルに保存したり、ワークセットとエレメントの放棄のオプションを設定することができます。

---

536   A–4

© *2018, ASCENT - Center for Technical Knowledge®*

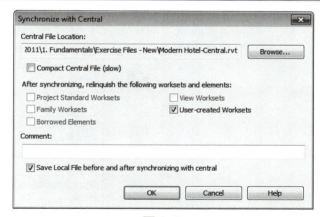

図 A–6

- OK をクリックする前に、Save Local file before and after synchronizing with central がチェックされていることを確認します。中央ファイルの変更が、すでに自分のファイルにコピーされているかもしれません。

- 中央ファイルに保存せずにローカルファイルを閉じようとすると、図 A–7 で示すようなオプションがプロンプト表示されます。

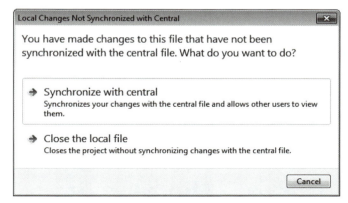

図 A–7

> **ヒント：Collaboration for Revit®**
>
> チームが複数のネットワーク上に分散している場合は、もう一つの選択肢として、Collaboration for Revit®（C4R）を利用してクラウド上で作業することができます。これによりデザイナー、エンジニア、BIM 責任者を含むデザインチーム全体が、場所に関係なく 1 つのプロジェクトファイルで作業することができます。

Autodesk Revit 2019：建築の基本

コマンド概要

アイコン	コマンド	場所
	Save	• **Quick Access Toolbar** • **File tab**: Save • **ショートカットキー**：<Ctrl>+<S>
	Synchronize and Modify Settings	• **Quick Access Toolbar** • **Ribbon**: *Collaborate* tab > Synchronize panel > Synchronize with Central を展開
	Synchronize Now	• **Quick Access Toolbar** • **Ribbon**：*Collaborate* tab > Synchronize panel > Synchronize with Central を展開

付 録

B

追加のツール

Autodesk® Revit® ソフトには、モデルの作成と利用時に使うことのできるツールが他にも数多くあります。この付録では、本学習ガイドで取り上げる内容に関連する複数のツールとコマンドについて詳細に説明します。

この付録の学習目標

- 複数の建物エレメントの選択セットを保存し、使用します。
- 壁の結合部を編集します。
- 壁のスイープやリビール（底目地）のほか、屋根の鼻隠し、樋、床スラブのエッジを追加します。
- グリッドパターンが均等なカーテンウォールタイプを作成します。
- Split Face（面を分割）、Paint（ペイント）、Linework（ラインワーク）、Cut Profiles（切断面プロファイル）を使ってビューを分かりやすくします。
- 屋根にドーマを追加します。
- ガイドグリッドを使ってシートにビューを配置します。
- 雲マーク、タグ、情報を追加します。
- Matchline（マッチライン）や View References（ビュー参照）を使って、従属ビューに注釈を付けます。
- 集計表のインポートとエクスポートをします。
- 基本的な建物コンポーネントの集計表を作成します。
- 繰り返し詳細のタイプを作成します。
- 詳細図にキーノートを配置し、その内容を詳述するキーノート凡例を追加します。

© 2018, ASCENT - Center for Technical Knowledge®

B–1   539

B.1 選択セットを再び利用する

複数のエレメントタイプが選択された際、後で再び利用できるように選択セットを保存することができます。例えば、構造柱と建築柱は一緒に移動する必要があります。

エレメントを 1 つずつ選択する代わりに、図 B–1 で示すように、素早くアクセスできる選択セットを作成します。また、選択セットを編集して、セットからエレメントを追加したり削除したりすることができます。

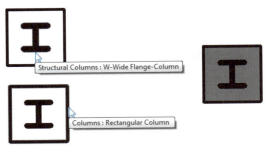

図 B–1

- 選択セットは、エレメントのタイプというより特定のエレメントのフィルターです。

操作手順：選択セットを保存する

1. 選択セットに含めるエレメントを選択します。
2. *Modify | Multi-Select* tab > Selection panel で、 (Save) をクリックします。
3. Save Selection ダイアログボックスで、図 B–2 で示すようにセットの名前を入力し、**OK** をクリックします。

図 B–2

操作手順：選択セットを読み出す

1. 使用する可能性のあるその他のエレメントを選択します。*Modify | Multi-Select* tab > Selection panel で、 (Load) をクリックします。別の方法として、他に何も選択せずに、*Manage* tab > Selection panel において (Load) をクリックします。

追加のツール

2. Retrieve Filters ダイアログボックスで（図 B–3 参照）、使用するセットを選択し、**OK** をクリックします。

図 B–3

3. エレメントが選択され、引き続きその他のエレメントを選択できますが、選択されたものを使うこともできます。

操作手順：選択セットを編集する

1. エレメントが選択されている場合は、*Modify | Multi-Select* tab > Selection panel で（Edit）をクリックします。あるいは選択がない場合は、Manage tab > Selection panel で（Edit）をクリックします。

2. Edit Filters ダイアログボックス（図 B–4 参照）の **Selection Filters** ノードで、使用するセットを選択して **Edit...** をクリックします。

Rule-based Filters は選択セットではありませんが、図 B–4 で示す Interior フィルターのように、エレメントのカテゴリに適用します。

図 B–4

- フィルターの名前を編集する場合は、**Rename...** をクリックします。

3. 選択セットのエレメントは黒色のままですが、その他のエレメントはグレー表示されます。また、図 B–5 で示すように、*Edit Selection Set* の contextual tab も表示されます。

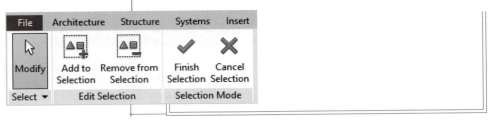

図 B–5

4. セット用に追加のエレメントを選択するには、(Add to Selection) を使用し、セットからエレメントを消去するには、(Remove from Selection) を使います。

5. 編集が終了したら、(Finish Selection) をクリックします。

- Filters ダイアログボックスで、**OK** をクリックして終了します。

B.2 壁結合部を編集する

図 B–6 で示すように、Edit Wall Joins を使って交差部の形状を編集します。複雑な壁結合部がある場合は、このコマンドは使用しないでください。代わりに、接している壁同士の関係を、壁の長さを調整して変更します。

図 B–6

操作手順：壁結合部の形状を変更する

1. *Modify* tab > Geometry panel で、（Wall Joins）をクリックします。
2. 編集する壁結合部をクリックします。結合部の周りに四角いボックスがあります。<Ctrl> を押しながら、複数の結合部を選択します。
3. 図 B–7 で示すように、Options Bar に Configuration（形状）のオプションが表示されます。必要なオプションを選択します。

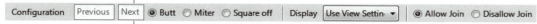

図 B–7

- 図 B–8 で示すように、Butt（突合せ）、Miter（留め継ぎ）、Square off（直角の小口を残す）の３つの形状から選択します。

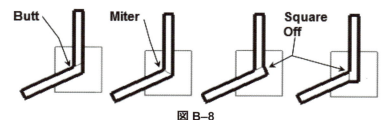

図 B–8

- Previous と Next をクリックして、様々な交差部オプションの中から butt または squared-off のコーナー形状に切り替えます。
- Allow Join は自動的に結合部をクリーンアップし、Disallow Join は接続を分解します。

4. Wall Joins コマンドは、他のコマンドを選択するまでアクティブ状態のままです。

操作手順：壁結合部の表示オプションを変更する

1. *Modify* tab > Geometry panel で、 (Wall Join) をクリックします。
2. 編集する壁結合部をクリックします。
   - 複数の結合部を同時に変更するには、複数の壁の交差部をウィンドウで囲む（図 B–9 参照）か、または <Ctrl> を押しながら追加の交差部を選択します。各結合部の周りに四角いボックスが表示されます。

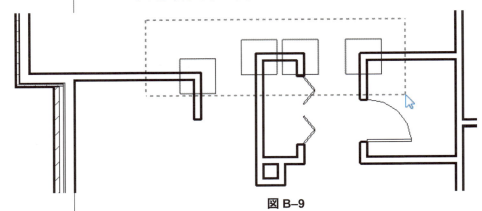

図 B–9

- *Display* は、壁結合部が表示されるかどうかを管理します。図 B–10 で示すように、オプションには **Use View Settings**（View Properties の中に配置）、**Clean Join**、**Don't Clean Join** があります。

図 B–10

3. 別の壁に結合されていない壁の端を選択した場合は、図 B–11 で示すように、Options Bar でオプションを **Allow Join** に変更することができます。壁結合部を再び選択し、設定を可能します。

図 B–11

B.3 壁のスイープとリビール

Autodesk Revit ソフトには、エレメントに沿って外形をスイープすることで壁、屋根、床を編集するコマンドが複数含まれています。例えば、図 B–12 で示すように、屋根の全長に沿って素早く樋を追加することや、バルコニーとして使えるように床のエッジに縁を追加することができます。スイープによって編集されたエレメントはホストと呼ばれます。そのため、これらの作業は全てホストスイープと呼ばれます。

底目地、樋、床スラブエッジなどを作成するプロセスも同様です。

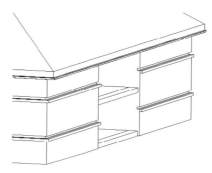

図 B–12

- このソフトには、スイープ用の標準外形が 2～3 種類付いてきます。自らカスタムした外形を作成することもできます。

- 壁の作業をする場合は 3D ビューを開きます。屋根や床のスイープの作業をするは、平面図または立面図ビューでも構いません。

- 壁のスイープとリビール（底目地）、屋根の鼻隠し、樋、床スラブエッジを作成するための特定のコマンドがあります。図 B–13 で示すように、*Architecture* tab > Build panel の関連コマンドを展開すると見つけることができます。壁と床に関しては、*Structure* tab > Structure の中にもあります。

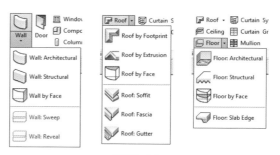

図 B–13

- Wall Sweeps（壁スイープ）と Wall Reveals（壁の底目地）は、立面図、断面図、3D のビューでのみ適用できます。

Autodesk Revit 2019：建築の基本

スイープエレメントの正確
な位置を特定するには、ス
イープエレメントを作成し
た後にそれを選択し、必要
に応じて寸法を変更します。

操作手順：壁スイープのコマンドを使う

1. 立面図または 3D のビューを開きます。
2. *Architecture* tab > Build panel で ▭（Wall）を展開し、▤（Wall Sweep）をクリックします。
3. Properties で Wall Sweep タイプを選択します（コマンドを実行する前に、Wall Sweep タイプを設定する必要があります）。
4. *Modify | Place Wall Sweep* tab > Placement panel で、▭（Horizontal）または ▥（Vertical）をクリックします（これは壁の場合のみです）。
5. スイープを追加するエレメントの上にカーソルを動かし、クリックしてスイープを配置します。
6. 水平スイープを実行している場合は、引き続きエレメントを選択します。最初のエレメントと同じ高さにスイープが配置されます。
7. スイープのスタイルまたは高さを変更するには、Placement パネルで ▤（Restart Wall Sweep）をクリックするか、または **Modify** コマンドに戻って完了します。

操作手順：スイープ形状を設定する

1. *Insert* tab > Load from Library panel で、▤（Load Family）をクリックします。
2. Load Family ダイアログボックスで、使用する外形を選択するか、または（*Profiles* フォルダの中から）カスタム外形を選択します。
3. 関連するホストスイープコマンドを実行します。例えば、樋を作成する場合は、◥（Roof: Gutter）をクリックし、壁の底目地を作成する場合は、▤（Wall: Reveal）をクリックします。
4. Properties で Sweep タイプを選択し、▤（Edit Type）をクリックします。
5. Type Properties ダイアログボックスで、**Duplicate...** をクリックします。
6. タイプの新しい名前を入力します。

546   B–8   © 2018, ASCENT - Center for Technical Knowledge®

追加のツール

7. Type Properties ダイアログボックスの Construction で、Profile を選択します。図 B–14 で示すように、Constraints（Wall Reveal と Wall Sweep 用）、Materials and Finishes、Identity Data も適用することができます。

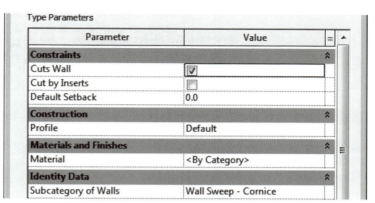

図 B–14

8. **OK** をクリックして、ダイアログボックスを閉じます。新たに作成したタイプが現在のタイプになります。

拘 束

拘束によって、スイープの機能を管理しやすくなります。

Cuts Wall	これが選択されると、スイープがホスト壁と重なる部分で壁が切り欠かれます。プロジェクトに多くのスイープが含まれる場合は、この機能をオフに切り替えることでパソコンの動きが軽くなります。
Cut by Inserts	これが選択されると、壁スイープのある壁に挿入された扉や窓が壁スイープとの交差部でスイープを切断します。
Default Setback	壁に挿入されたエレメントから、それに連動しているスイープの後退距離を指定します。

B.4 自動グリッド付きのカーテンウォールタイプを作成する

垂直または水平方向に距離または本数が固定されたグリッド付きのカーテンウォールがある場合は、図 B–15 で示すように、この情報を含むカーテンウォールタイプを作成することができます。自動のグリッド線には角度を設定することもできます。

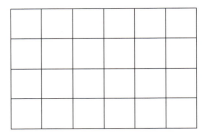

図 B–15

操作手順：自動グリッド付きのカーテンウォールを作成する

1. *Architecture* tab > Build panel で、 (Wall) をクリックします。
2. Type Selector で、作成するカーテンウォールに類似するものを選択します。
3. Properties で、 (Edit Type) をクリックします。
4. Type Properties ダイアログボックスで、**Duplicate...** をクリックて既存のファミリタイプのコピーを作成します。
5. Name ダイアログボックスで、図 B–16 で示すように、その目的を表す名前をカーテンウォールに付けます。
6. 新しい名前には、例えば **Curtain Wall** などのファミリ名が自動的に含まれます。したがって、ユーザがファミリ名を含める必要はありません。

図 B–16

追加のツール

Type Parameter は、
Autodesk Revit ソフトに挿
入されたそのタイプの全て
のインスタンスに適用され
ます。これは全てのファミ
リ（例えば壁、扉、窓な
ど）で同じです。
Type Parameter を変更す
るとプロジェクト内のその
タイプの全てのインスタン
スが変更されます。

7. 図 B–17 で示すように、Type Properties ダイアログボックスで、
   Construction、*Vertical*、*Horizontal Grid Pattern*、*Vertical* そ し て
   Horizontal Mullions のパラメータに情報を入力します。

Parameter	Value
Construction	
Function	Exterior
Automatically Embed	☑
Curtain Panel	None
Join Condition	Not Defined
Graphics	
Display in Hidden Views	Edges Hidden by Other Members
Vertical Grid Pattern	
Layout	Fixed Distance
Spacing	1500.0
Adjust for Mullion Size	☑
Horizontal Grid Pattern	
Layout	Fixed Distance
Spacing	1500.0
Adjust for Mullion Size	☑
Vertical Mullions	
Interior Type	None
Border 1 Type	None
Border 2 Type	None

図 B–17

- カーテンウォールをストアフロントとして使用する場合は、
  Automatically Embed パラメータを有効にします。
- *Curtain Panel* を、使用予定の基本のタイプに設定します。一
  度プロジェクトに配置されたら、パネルを編集することがで
  きます。
- Grid Patterns には、以下の設定ができます。

Fixed Distance	一定の間隔でグリッドが配置されます。Spacing オプショ ンでサイズを指定します。
Fixed Number	指定した本数に基づいて、壁全体にグリッドが分割されま す。グリッド線の *Number* は Instance Parameters で指定 できます。
Maximum Spacing	Spacing オプションで指定した幅の最大値に基づいて、グ リッドが均等に配置されます。
None	グリッドは指定されません。

- **Adjust for Mullion Size** パラメータは、グリッド線の間に挿
  入されたパネルが同じ大きさになるように調整します。これ
  は、グリッドの内側のマリオンとは異なる大きさのマリオン
  を外周に使用する場合にとても重要です。

© 2018, ASCENT - Center for Technical Knowledge®

Autodesk Revit 2019：建築の基本

- Interior（グリッドの内側）と Border（グリッドの外周）のマリオンの場合は、Type Parameters で指定することができます。垂直の **Border 1** タイプはカーテンウォールの左側に適用され、**Border 2** は右側に適用されます。水平の **Border 1** タイプは下端、**Border 2** は上端に適用されます。
- マリオンは、グリッドに事前に適用することも、後で追加することもできます。さらに複雑なカーテンウォールを作成するためのベースとしてカーテンウォールタイプを使用する場合は、タイプにマリオンを追加しないでください。グリッド線を選択して編集することが困難になるからです。

8. **OK** をクリックして、Type Properties ダイアログボックスを閉じます。
9. 図 B–18 で示すように、Properties で *Vertical/Horizontal Grid Pattern*（Fixed Number の *Number*、*Justification*、*Angle*、*Offset*）を設定します。

Properties のオプションは、Autodesk Revit ソフトに挿入されたタイプの選択インスタンスに適用される Instance Parameters です。

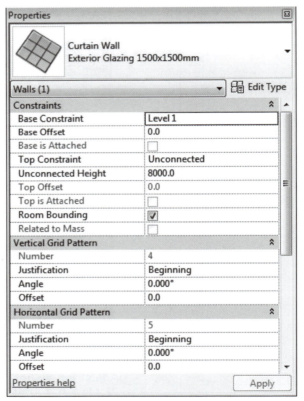

図 B–18

B.5 ビューの精度を上げる

詳細ビュー（立面図や断面図など）を実行する際、表示するものを明確に示す手助けをしてくれる複数のツールがあります。**Split Face** は、立面を小さな分割面に分けます。次に、図 B–19 で示すように、**Paint** を使ってその面に異なる材料を適用します。**Linework** は、ビューの中の線の太さや線のスタイルを変更することで、様々なコンポーネントを強調します。平面図と断面図のビューでは、**Cut Profile** を使ってビューの精度を上げることができます。

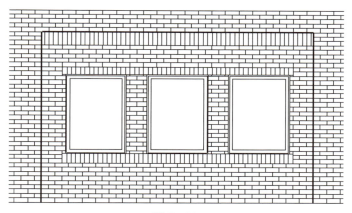

図 B–19

- **Split Face** と **Paint** で行った変更は、立面図と 3D のビューで表示されます。

- **Linework** を使って加えた変更はビューに固有のものであり、変更されたビューのみに適用されます。

- ビューの見え方を編集する追加のオプションは、Graphic Display Options ダイアログボックス（View Control Bar で **Visual Styles** を展開し、**Graphic Display Options...** を選択）にあります。*Sketchy Lines* や *Depth Cueing* など、ビューをレンダリング用に設定する様々なオプションが含まれています。

面の分割

各部分に異なる材料を適用できるように、面を独立したサーフェスに分割することができます。分割範囲はスケッチで定義され、完全に面の中にある閉じた形か、または、図 B–20 で示すように面のエッジに接するオープンな形でなくてはなりません。窓は自動的に面から切り取られます。

図 B–20

- 分割面で作業を始める前に、壁が留め継ぎされていることを確認します。デフォルトでは壁どうしが突き合わされています。面を選択する際にこれが問題を引き起こします。

操作手順：分割面を作成する

1. 立面図ビューに切り替えます（3D ビューでもよい）。
2. *Modify* tab > Geometry panel で、 （Split Face）をクリックします。
3. 編集する面のエッジを選択します。必要に応じて <Tab> を使い、使用可能な面を切り替えます。
4. *Modify | Split Face > Create Boundary* tab > Draw panel でスケッチツールを使い、分割範囲の指定に必要なスケッチを作成します。
5. （Finish Edit Mode）をクリックします。

- 時間を短縮するため、分割面で使用する主要材料を含んだ壁スタイルを使います。例えば、レンガで作業している場合は、壁をレンガ面のあるタイプに設定します。これにより、分割面を作成している際に、レンガ積みのパターンで作業することができます。

Select elements by face がオンの場合は、面を直接クリックすることができます。

- レンガなどの材料を使用している際は、パターンにスナップしたり、図 B–21 で示すように分割線をパターンにロックすることもできます。

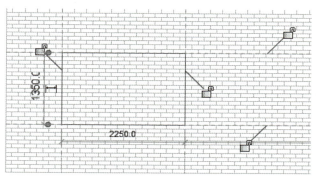

図 B–21

分割面の線のエッジをダブルクリックすると、Edit Boundary モードに切り替えることができます。面をダブルクリックすると（**Select elements by face** がオンの状態で）、分割面の境界だけなく、壁全体に影響する Edit Profile モードに切り替わります。

材料の適用

断面に分割面が作成されたら、各部分に異なる材料を適用することができます。例えば、レンガ壁の各窓の下に柾積みのレンガを設けるとします。最初に分割面を作成し、図 B–22 で示すように、**Paint** を使って新たな材料を適用します。

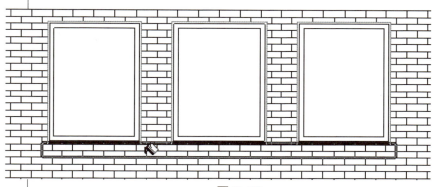

図 B–22

操作手順：ペイントで材料を適用する

1. *Modify* tab > Geometry panel で (Paint) をクリックするか、または **PT** と入力します。
2. Material Browser で材料を選択します。検索を実行するか、または図 B–23 で示すように、特定の材料のタイプを使ってリストをフィルターにかけることができます。

ペイントを適用する際、ブラウザーは開いたままです。

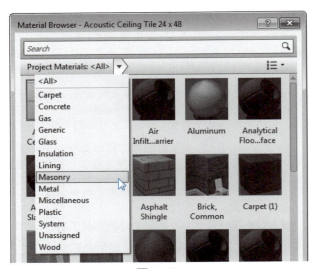

図 **B–23**

3. ペイントする面の上にカーソルを移動します。面がハイライト表示されます。面をクリックして、材料を適用します。
4. 必要に応じて引き続き材料を選択し、他の面をペイントします。
5. Material Browser で **Done** をクリックし、コマンドを終了します。

- ズームで縮小表示すると、一部の材料パターンが陰影表示されます。パターンを表示するには拡大表示します。他の材料パターンは、 (Realistic) Visual Style を使用しているときのみ表示されます。

- 面に適用された材料を変更するには、*Modify* tab > Geometry panel で、 (Paint) を展開し、 (Remove Paint) をクリックします。材料を取り除く面（複数可）を選択します。

ラインワークの調整

特定の線を強調したり、または立面図やその他のビューでの線の見え方を変更するには、Linework コマンドを使って線を編集します。図 B–24 で示すように、Linework コマンドによる線の変更はビューに固有のものであり、変更したビューにのみ適用されます。

- Linework コマンドは、モデルエレメントのプロジェクトエッジ、モデルエレメントの切断エッジ、インポートした CAD ファイルのエッジ、リンクされた Autodesk Revit モデルのエッジに使うことができます。

図 B–24

操作手順：ラインワークを調整する

1. *Modify* tab > View panel で (Linework) をクリックするか、またはショートカットキーの **LW** を入力します。
2. *Modify | Linework* tab > Line Style panel で、使用する線のスタイルをリストから選択します。
3. カーソルを移動して、変更する線をハイライト表示します。必要に応じて、<Tab> を使って線を切り替えることができます。
4. 線をクリックして、新しい線のスタイルに変更します。
5. 必要に応じて他の線をクリックするか、または **Modify** コマンドに戻って終了します。

- 線が長すぎたり短すぎたりする場合は、線の端にあるコントロールを使って長さを変更することができます。

Autodesk Revit 2019：建築の基本

平面と断面の外形を編集

平面と断面の詳細で、図 B–25 で示すように、2 つの面の特定の交差部を見せるために切断の一部を編集する必要があるかもしれません。この作業には **Cut Profile**（切断面プロファイル）を使います。切断面プロファイルは切断面でのエレメントの形状を変更しますが、3D 情報は変更されません。切断面は、スケッチされたビューでのみ表示されます。

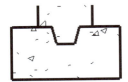

図 B–25

複合面（複数レイヤの情報を持つ壁など）で作業している場合は、Detail Level を Medium（中程度）または Fine（細かい）に変更して塗り潰しパターンを表示します。

- 壁、床、屋根の切断を編集することができます。

操作手順：切断面プロファイルを利用する

1. *View* tab > Graphics panel で、 (Cut Profile) をクリックします。
2. 図 B–26 で示すように、Options Bar で **Face** または **Boundary between faces** を選択して編集します。

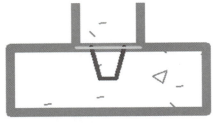

図 B–26

3. 編集する面または境界を選択します。
4. 図 B–27 で示すように、*Modify | Create Cut Profile Sketch* tab > Draw panel で、スケッチツールを使って新たな外形を描きます。

図 B–27

5. (Finish Edit Mode) をクリックします。

- 警告ボックスが開いた場合は、線の開始と終了が同じ境界線上にあること、そして線が閉じたり互いに交差したりしないことを確認します。

B.6 ドーマを作成する

プロジェクトには、2つのタイプのドーマを追加することができます。1つめのタイプは、図 B–28 で示すように屋根を切り抜きます。このタイプのドーマには、独立した屋根を支える壁があります。支持壁とドーマ屋根を作成してから、屋根に穴を開けます。

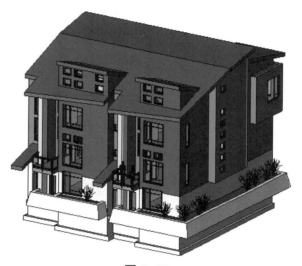

図 B–28

もう1つのタイプのドーマは、図 B–29 で示すように屋根の一部になっています。屋根をスケッチし、編集し、これに勾配矢印を追加して、付加的な棟を定義するという方法で作成されます。

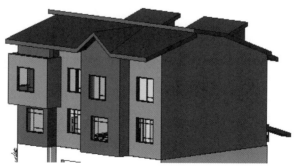

図 B–29

- ドーマは、勾配が定義された面に追加しなければなりません。

操作手順：屋根に支持壁付きのドーマを追加する

1. メインの屋根を作図します。これを正確に配置した後、図 B–30 で示すように、ドーマ屋根と支持壁を作成します。

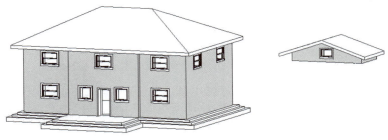

図 B–30

2. 必要な位置に新しいドーマ（壁と屋根）を移動します。

3. *Modify* tab > Geometry panel で (Join Geometry) と (Join/Unjoin Roof) を使って、ドーマ壁／屋根と既存の屋根を接続します。

4. *Architecture* tab > Opening panel で、 (Dormer Opening) をクリックします。

5. 屋根の平面図ビューで、メインの屋根（切り取られる方）を選択します。

6. *Modify | Edit Sketch* tab > Pick panel で、 (Pick Roof/Wall Edges) をクリックし、切断する開口部を選択します。

- ドーマ開口部のスケッチは、閉じた形である必要はありません。

- **Join、Attach Top/Base** などのツールを使って、必要に応じて屋根と屋根エッジをクリーンアップします。

操作手順：勾配矢印を使って屋根にドーマを追加する

1. 屋根を作図します。配置されたら、その屋根を選択します。*Modify | Roofs* tab > Mode panel で、 (Edit Footprint) をクリックして屋根スケッチを編集します。

2. *Modify | Roofs > Edit Footprint* tab > Modify panel で (Split Element) をクリックし、ドーマを配置する 2 点の間で屋根のエッジを分割します。内部のセグメントは消去しないでください。仮寸法を使って、分割点を定めることができます。
3. Selection パネルで、(Modify) をクリックし、分割点の間の新しいセグメントを選択します。Options Bar でこのセグメントのための **Defines Slope** オプションを外します。
4. Draw パネルで、(Slope Arrow) をクリックします。
5. セグメントの一端から中点に向かって、勾配矢印を描きます。次に、図 B–31 で示すように、もう 1 つの端点から中点に向かって 2 つ目の勾配矢印をスケッチします。

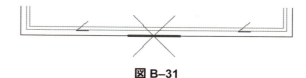

図 B–31

6. 勾配矢印を選択します。Properties で、**Height at the Tail** または **Slope** を指定し、必要なプロパティを入力します。
7. Mode パネルで、(Finish Edit Mode) をクリックします。
8. 図 B–32 で示すように、3D ビューで屋根を表示して結果を確認します。

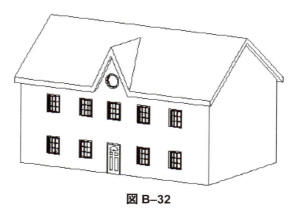

図 B–32

B.7 シートのガイドグリッドを操作する

図 B–33 で示すようなガイドグリッドを使うと、シート上にビューを楽に配置することができます。ガイドグリッドはシート毎に設定することができます。グリッド間隔の異なる様々なタイプを作成することができます。

> ガイドグリッドにビューを移動する際、垂直と水平の基準エレメント（レベル面とグリッド）と参照面だけがガイドグリッドにスナップします。

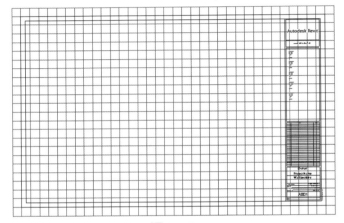

図 B–33

- コントロールを使ってガイドグリッドを移動し、サイズを変更することができます。

操作手順：ガイドグリッドを追加する

1. シートが開かれている状態で、View tab > Sheet Composition panel で （Guide Grid）をクリックします。
2. Assign Guide Grid ダイアログボックスで既存のガイドグリッド（図 B–34 参照）から選択するか、または新たなガイドグリッドを作成して名前を付けます。

図 B–34

3. ガイドグリッドは、指定したサイズで表示されます。

操作手順：ガイドグリッドのサイズを変更する

1. 新たにガイドグリッドを作成した場合は、Properties で正確なサイズに更新する必要があります。ガイドグリッドのエッジを選択します。
2. Properties で、図 B–35 で示すように *Guide Spacing* を設定します。

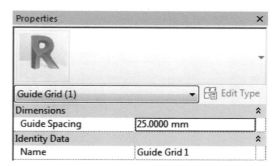

図 B–35

Autodesk Revit 2019：建築の基本

B.8 改訂の追跡

施工図一式の作成に着手したら、変更箇所が分かるようにする必要があります。図 B–36 で示すように、これらは一般的に、タイトルブロックの改訂表とともに雲マークやタグを使ってシート上で表示されます。改訂情報は Sheet Issues/Revisions ダイアログボックスに配置されます。

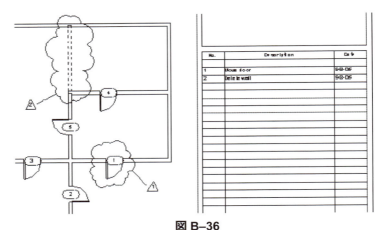

図 B–36

- 1つの改訂番号に2つ以上の雲マークを関連付けることができます。
- Autodesk Revit ソフト付属のタイトルブロックには、すでに改訂表が表題欄に挿入されています。自社標準のタイトルブロックにも改訂表を追加することを推奨します。

操作手順：改訂情報をプロジェクトに追加する

1. *View* tab > Sheet Composition panel で、 (Sheet Issues/Revisions) をクリックします。
2. Sheet Issues/Revisions ダイアログボックスで、使用する *Numbering* のタイプを設定します。
3. Add をクリックして、新たな改訂を追加します。

追加のツール

4. 図 B–37 で示すように、改訂の *Date*（日付）と *Description*（内容）を明示します。

図 B–37

- *Issued*、*Issued by*、*Issued to* の列は編集しません。シートを印刷する準備が整うまで改訂は発行しません。

5. 改訂を追加し終えたら、**OK** をクリックします。

- 改訂を削除するには、その *Sequence* 番号を選択し、**Delete** をクリックします。

改訂オプション

- *Numbering*：**Per Project**（プロジェクト全体で通し番号が使われます）または **Per Sheet**（連番がシート毎に割り当てられます）を指定します。

- *Row*：改訂を編成し直すには、列を選択して **Move Up** と **Move Down** をクリックするか、または **Merge Up** と **Merge Down** を使って改訂を**1つ**にまとめます。

© 2018, ASCENT - Center for Technical Knowledge®

- *Numbering Options*：**Numeric...** または **Alphanumeric...** をクリックすると、Customize Numbering Options ダイアログボックスが開きます。ここでは、図 B–38 の *Alphanumeric* タブの例で示すように、連番で使用する数字と文字だけでなく接頭辞と接尾辞も指定することができます。

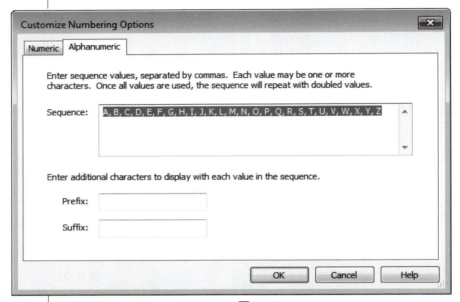

図 B–38

- *Arc length*：雲マークを形作る円弧の長さを指定します。これは注釈エレメントであり、ビューのスケールに応じてサイズが決まります。

操作手順：雲マークとタグを追加する

1. *Annotate* tab > Detail panel で、 (Revision Cloud) をクリックします。
2. *Modify | Create Revision Cloud Sketch* tab > Draw panel で、描画ツールを使って雲の形を作成します。
3. (Finish Edit Mode) をクリックします。

4. Options Bar または Properties で、図 B–39 で示すように Revision drop-down リストを展開し、Revision リストから選択します。

改訂表が設定されていない場合は、後で設定することができます。

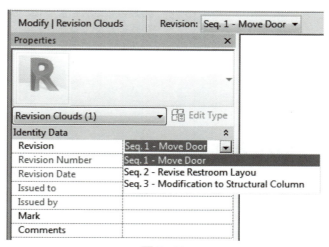

図 B–39

5. *Annotate* tab > Tag panel で、(Tag By Category) をクリックします。
6. 配置する雲マークを選択します。カーソルを雲マークの上に動かすと、図 B–40 に示すように、改訂番号とクラウドプロパティからの改訂が記載されたツールヒントが表示されます。

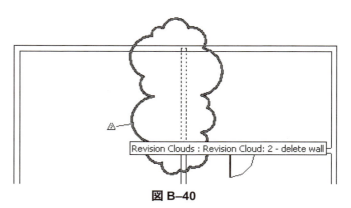

図 B–40

- 雲マークタグが読み込まれない場合は、Library の *Annotations* フォルダから Revision Tag.rfa を読み込みます。

- *Revision Number* と *Date* は、改訂表の仕様に基づいて自動的に割り振られます。

- 雲マークのエッジをダブルクリックして Edit Sketch モードに切り替え、雲マークの弧のサイズや位置を編集します。

- 図 B–41 で示すように、開いた雲（植栽の線のような形）を作成することができます。

図 B–41

改訂の発行

改訂を完了し、現場に新たな図面を提出する準備ができたら、記録としてまずは改訂をロックします。これを改訂の発行と言います。図 B–42 で示すように、Revision cloud（雲マーク）の Tooltip に発行された改訂は注記されます。

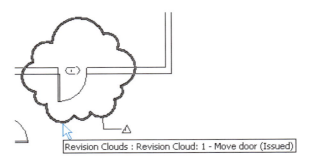

図 B–42

操作手順：改訂を発行する

1. Sheet Issues/Revisions ダイアログボックスにおいて、これから発行する改訂の列で、必要に応じて *Issued to* と *Issued by* の欄に名前を入力します。
2. 同じ列で、**Issued** を選択します。
3. 必要に応じて、引き続きその他の改訂を発行します。
4. **OK** をクリックして、終了します。

- 一度 **Issued** が選択されると、Revisions ダイアログボックスで、または雲マーク（複数可）を移動する方法では、改訂を変更することができなくなります。雲（複数可）のツールヒントに、それが **Issued** であることが注記されます。

- **Issued** オプションを外すことで、改訂のロックを解除することができます。ロックを解除すると、それがロックされた後であっても編集することが可能になります。

B.9 従属ビューに注釈を付ける

Duplicate as a Dependent（従属として複製する）コマンドはビューのコピーを作成し、選択したビューにそれをリンクします。もとのビューに加えた変更は従属ビューでも変更され、その逆も同じです。建物が大きすぎて複数のシートに建物を分割する必要があるときに、図 B–43 で示すように従属ビューを使います。

図 B–43

- *to the scale* や *detail level* など、複数の従属ビューを持つ 1 つの全体ビューを使うと、変更が見やすくなります。

- 従属ビューは、図 B–44 で示すように Project Browser のトップレベルのビューの下に表示されます。

図 B–44

Autodesk Revit 2019：建築の基本

ビューに注釈を付ける

操作手順：従属ビューを複製する

1. トップレベルのビューとして使用するビューを選択します。
2. 右クリックして、Duplicate View>Duplicate as a Dependent を選択します。
3. 必要に応じて、従属ビューの名前を変更します。
4. ビュー従属のトリミング領域を変更し、モデルの特定の部分を表示します。

- 従属ビューをもとのビューから分離したい場合は、従属ビュー上で右クリックし、Convert to independent view を選択します。

従属ビューを明確にして注釈を付けるため、図 B–45 で示すように、Matchline（マッチライン）と View Reference（ビュー参照）を使います。

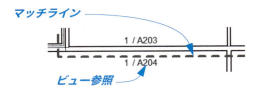

図 B–45

- 主たるビューで Matchline を描き、従属ビューが分離する場所を特定します。デフォルトでは、Matchline は全ての関連するビューで、プロジェクトの全てのレベルに渡って表示されます。

- View Reference は、従属ビューのシートの位置を表示する特別なタグです。

操作手順：マッチラインを追加する

1. *View* tab > Sheet Composition panel で、(Matchline) をクリックします。

2. Draw パネルで (Line) をクリックし、マッチラインの位置を描きます。

3. 終了したら、Matchline パネルで (Finish Edit Mode) をクリックします。

- 既存のマッチラインを編集するには、選択して *Modify | Matchline* tab > Mode panel の (Edit Sketch) をクリックします。

- Matchline の色と線種を変更するには、*Manage* tab > Settings panel で、(Object Styles) をクリックします。Object Styles ダイアログボックスが開いたら、*Annotation Objects* タブで Matchline プロパティを変更することができます。

操作手順：ビュー参照を追加する

1. *View* tab > Sheet Composition panel または *Annotate* tab > Tag panel で、 (View Reference) をクリックします。
2. *Modify | View Reference* tab > View Reference panel で、図 B–46 に示すように *View Type* と *Target View* を指定します。

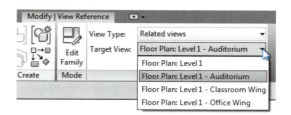

図 B–46

3. ターゲットのビューと対応するマッチラインの側にタグを配置します。
4. リストからもう 1 つのターゲットビューを選択し、マッチラインの反対側にタグを配置します。
5. ビューがシートに配置されるまで、タグは空の点線として表示されます。その後タグは更新され、図 B–47 で示すように詳細とシート番号が含められます。

図 B–47

- ビュー参照をダブルクリックし、連動するビューを開きます。

- ビュー参照を配置した時に **REF** という名前のラベルだけが表示される場合は、タグを読み込んで更新する必要があることを意味します。**View Reference.rfa** タグは *Annotations* フォルダにあります。タグを読み込んだら、Type Selector でビュー参照の 1 つを選択し、Properties で (Edit Type) をクリックします。図 B–48 で示すように、ドロップダウンリストから **View Reference** タグを選択し、**OK** をクリックしてダイアログボックスを閉じます。新しいタグが表示されます。

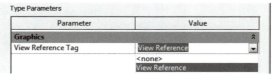

図 B–48

B.10 集計表のインポートと エクスポート

集計表はビューであり、他のプロジェクトから自分のプロジェクトにコピーすることができます。フォーマット（書式）情報のみがコピーされ、個別に集計されたアイテムに関する情報は含まれません。フォーマット情報は、集計表がコピーされたプロジェクトによって自動的に追加されます。集計表の情報をエクスポートして、スプレッドシートで使うこともできます。

操作手順：集計表をインポートする

1. *Insert* tab > Import panel で ▢（Insert from File）を展開し、▢（Insert Views from File）をクリックします。
2. Open ダイアログボックスで、使用する集計表を含んだプロジェクトファイルを探します。
3. 図 B–49 で示すように、インポートする集計表を選択します。

> 参照したプロジェクトに多くのタイプのビューが含まれる場合は、ビューを *Show schedules and reports only* に変更します。

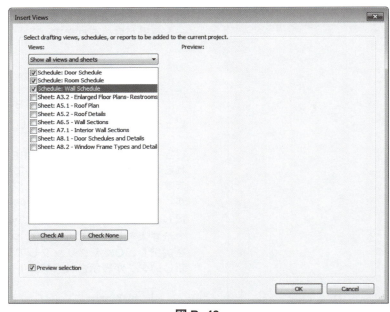

図 B–49

4. **OK** をクリックします。

操作手順：集計表の情報をエクスポートする

1. エクスポートする集計表のビューに切り替えます。
2. File タブで ➡ (Export) > 📄 (Reports) > 🧾 (Schedule) の順にクリックします。
3. Export Schedule ダイアログボックスでテキストファイルの場所と名前を選択し、**Save** をクリックします。
4. 図 B–50 で示すように、Export Schedule ダイアログボックスで、使用する表計算ソフトに一番合う *Schedule appearance* と *Output options* エリアのオプションを設定します。

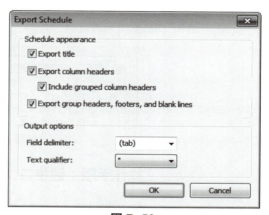

図 B–50

5. **OK** をクリックします。図 B–51 で示すように、表計算ソフトで開ける新しいテキストファイルが作成されました。

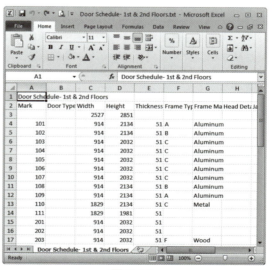

図 B–51

B.11 建物コンポーネントを集計する

建物コンポーネントの集計表は、特定のエレメントのタイプとインスタンスのパラメータの表ビューです。集計表に含めるパラメータ（フィールド）は、指定することができます。集計しているエレメントのタイプにあるパラメータは、全て使用することができます。例えば建具表（図 B–52 参照）には、自動的に埋められるインスタンスパラメータ（Height や Width など）と、集計表やエレメントタイプでの情報の割当てを必要とするタイププラメータ（Fire Rating や Frame など）が含まれると考えられます。

	A	B	C	D	E	F	G
	Mark	Height	Width	Fire Rating	Frame Type	Frame Material	Finish
	101	2032	915	A	A	Steel	Coated
	102	2032	915	A	A	Steel	
	103	2032	915	A	A	Steel	
	104	2134	915	B			
	105	2134	915	B			
	106	2134	915	B			

図 B–52

操作手順：建物コンポーネントを集計する

1. *View* tab > Create panel で (Schedules) を展開して (Schedule/Quantities) をクリックするか、または Project Browser で Schedule/Quantities ノードを右クリックして **New Schedule/Quantities** を選択します。
2. 図 B–53 で示すように、New Schedule ダイアログボックスで、*Category* リストから作成する集計表（扉など）のタイプを選択します。

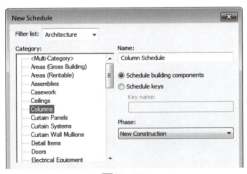

図 B–53

Filter リストのドロップダウンリストで、表示したいカテゴリのみを表示するよう設計分野（複数可）を指定することができます。

追加のツール

3. デフォルトが適さない場合は、新しい *Name* を入力します。
4. **Schedule building components** を選択します。
5. 必要に応じて *Phase* を指定します。
6. **OK** をクリックします。
7. Schedule Properties ダイアログボックスで情報を入力します。これには、*Fields*、*Filter*、*Sorting/Grouping*、*Formatting*、*Appearance* タブの情報が含まれます。
8. 集計表プロパティの入力が終わったら、**OK** をクリックします。ビュー自体の中に集計表レポートが作成されます。

集計表プロパティ – Fields タブ

図 B–54 で示すように、*Fields*（フィールド）タブで、使用可能なフィールドをリストから選択し、集計表で表示する順に整理することができます。

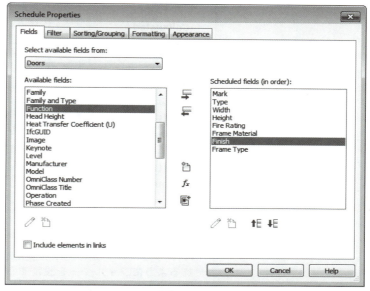

図 B–54

操作手順：フィールドタブに入力する

1. *Available fields* エリアで、集計表に追加するフィールドを 1 つ以上選択し、(Add parameter (s)) をクリックします。フィールド（複数可）が *Scheduled fields (in order)* エリアに配置されます。
2. 必要に応じて、引き続きフィールドを追加します。

- (Remove parameter (s)) をクリックし、フィールドを *Scheduled fields* エリアから *Available fields* エリアに移動します。

> フィールドをダブルクリックすると、それを *Available fields* から *Scheduled fields* のエリアに移動することができます。

- 集計されたフィールドの順番を変更するには、(Move parameter up) と (Move parameter down) を使います。

その他のフィールドタブのオプション

Select available fields from	指定された集計表用に、追加のカテゴリフィールドを選択することができます。使用可能なフィールドのリストは、集計表のもとのカテゴリによって異なります。通常は、部屋の情報が含まれています。
Include elements in links	現在のプロジェクトにリンクされたファイルのエレメントを含めることで、そのエレメントを集計表に含めることができるようにします。
(New parameter)	仕様に基づいて新しいフィールドが追加されます。インスタンスまたはタイプ別に新しいフィールドが配置されます。
f_x **(Add Calculated parameter)**	その他のフィールドに基づく計算式を使ったフィールドを作成することができます。
(Combine parameters)	1つの欄に2つ以上のパラメータを組み合わせることが可能になります。他の欄で使われているフィールドであっても関係なく置くことができます。
(Edit parameter)	カスタムフィールドを編集することが可能になります。標準フィールドを選択した場合は、このフィールドはグレー表示されます。
(Delete parameter)	選択されたカスタムフィールドを消去します。標準フィールドを選択した場合は、このフィールドはグレー表示されます。

集計表プロパティ – Filter タブ

Filter タブで、特定の基準を満たしたエレメントのみが集計表に含まれるようにフィルターを設定することができます。例えば、図 B-55 で示すように、1つのレベル面の情報のみを表示したいとします。最高で8つの値のフィルターを作成することができます。表示するエレメントは全ての値を満たさなくてはいけません。

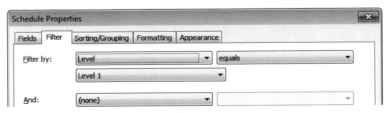

図 B-55

- フィルターとして使用するパラメータは、集計表に含まれなければなりません。集計表が完成したら、必要に応じてパラメータを非表示にすることができます。

Filter by	フィルター処理するフィールドを指定します。全てのフィールドがフィルター処理できるわけではありません。
Condition	満たさなければならない条件を指定します。これには equal、not equal、greater than、less than などのオプションが含まれます。
Value	フィルター処理するエレメントの値を指定します。適切な値のドロップダウンリストから選択することができます。例えば、Filter By を Level に設定した場合、プロジェクト内のレベル面のリストを表示します。

集計表プロパティ – Sorting/Grouping タブ

Sorting/Grouping（並べ替え / グループ化）タブで、図 B–56 で示すように、情報の並べ替え方を設定することができます。例えば、Mark（番号）、Type の順番で並べ替えることができます。

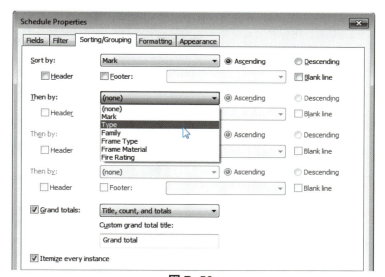

図 B–56

Autodesk Revit 2019：建築の基本

Sort by	並べ替えるフィールド（複数可）を選択することができます。4つの分類レベルまで選択することができます。
Ascending / Descending	Ascending の順（昇順）または Descending の順（降順）にフィールドを並べ替えます。
Header / Footer	類似する情報をグループ化し、題名のある Header と（または）数量情報のある Footer による分類を可能にします。
Blank line	グループ間に空白の線を追加します。
Grand totals	集計表全体のどの合計を表示するかを選択します。集計表で表示する Grand total（総計）の名前を指定することができます。
Itemize every instance	これが選択されている場合は、集計表でエレメントの各インスタンスを表示します。選択されていない場合は、以下に示すように、タイプ毎に 1 つのインスタンスしか表示しません。

集計表プロパティ – Formatting タブ

Formatting（書式設定）タブでは、図 B–57 で示すように、各フィールドのヘッダーの表示方法を管理することができます。

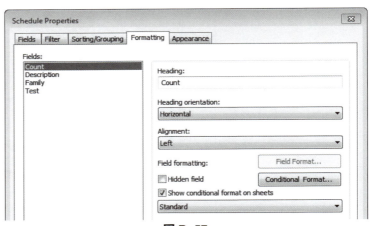

図 B–57

追加のツール

Fields	書式設定を変更するフィールドを選択することができます。
Heading	フィールド名を違うものにしたい場合に、フィールドの表題を変更することができます。例えば、Mark（一般的な名前）を扉集計表のより具体的な Door Number に置き換えることもできます。
Heading orientation	シートの表題を Horizontal または Vertical に設定することができます。これは集計表ビューには影響しません。
Alignment	表題下の列にあるテキストを Left、Right、Center に位置合わせします。
Field Format...	length、area、volume、angle、number のフィールドの単位フォーマットを設定します。デフォルトでは、プロジェクトの設定を用います。
Conditional Format...	集計表がリストに記載された条件に基づいて視覚的にフィードバックを表示するように設定します。
Hidden field	フィールドを非表示にすることができます。例えば、並べ替える目的でフィールドを使いたいのに、集計表で表示したくない場合があります。このオプションは、後で集計表ビューで変更することもできます。
Show conditional format on sheets	Conditional Format ダイアログボックスのカラーコード（色）設定をシートで表示する場合に選択します。
Calculation options	使用する計算のタイプを選択します。フィールドにある全ての値は以下の通りです。 • Standard – 個別に計算されます。 • Calculate totals – 合算されます。 • Calculate minimum – レビューされ、最小値のみが表示されます。 • Calculate maximum – レビューされ、最大値のみが表示されます。 • Calculate minimum and maximum – レビューされ、最小値と最大値の両方が表示されます • これは鉄筋の数量確認でよく使われます。

© 2018, ASCENT - Center for Technical Knowledge®

B–39

Autodesk Revit 2019：建築の基本

集計表プロパティ – Appearance タブ

Appearance タブでは、図 B–58 で示すように、集計表のテキストスタイルとグリッド（罫線）オプションを設定することができます。

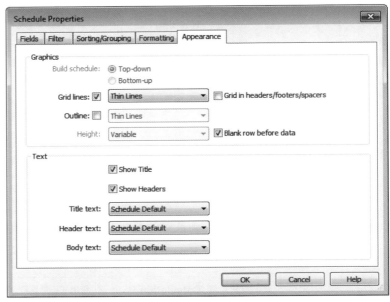

図 B–58

Grid lines	リストされた各インスタンス間の線と集計表の外枠の線を表示します。ドロップダウンリストから線のスタイルを選択します。変更されない限り、集計表の全ての線を管理します。
Grid in headers / footers / spacers	列の間の垂直の罫線を延長します。
Outline	集計表の外枠に異なるタイプの線を指定します。
Blank row before data	集計表でデータ列の前に空白の列を表示する場合にこのオプションを選択します。
Show Title / Show Headers	集計表にテキストを含める場合は、このオプションを選択します。
Title text / Header text / Body Text	タイトル（表題）、ヘッダー、表のテキストのテキストスタイルを選択します。

集計表プロパティ

集計表ビューには、図 B–59 で示すように、*View Name*、*Phases*、そして Schedule Properties ダイアログボックスに戻る方法などのプロパティがあります。*Other* エリアでは、Schedule Properties ダイアログボックスで開きたいタブの横のボタンを選択します。ダイアログボックスでは、タブ間で切り替えたり、集計表全体に必要な変更を加えることができます。

図 B–59

B.12 繰り返し詳細を作成する

レンガ壁に含まれるような複雑な詳細を作成する際は、繰り返し詳細のコンポーネントが非常に便利です。また、図 B–60 に示すガラスブロックのように、どのような詳細コンポーネントを使っても、繰り返し詳細を作成することができます。

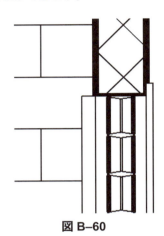

図 B–60

操作手順：繰り返し詳細を作成する

1. 使用する詳細コンポーネントを読み込みます。
2. *Annotate* tab > Detail panel で、(Component) を展開し、(Repeating Detail Component) をクリックします。
3. Properties で、(Edit Type) をクリックします。
4. Type Properties ダイアログボックスで、**Duplicate...** をクリックします。名前を入力します。
5. *Detail* パラメータを設定します。これがコンポーネント名です。
6. 図 B–61 で示すように、残りのパラメータを入力します。

Parameter	Value
Pattern	
Detail	Brick - UK Standard : Running Sec
Layout	Fixed Distance
Inside	☐
Spacing	75.0
Detail Rotation	None

図 B–61

追加のツール

7. *Layout* を **Fill Available Space**（間隙を埋める）、**Fixed Distance**（一定の間隔）、**Fixed Number**（一定の数量）、**Maximum Spacing**（最大の間隔）に設定します。全てのコンポーネントを指定の距離または線内に配置する場合は、**Inside** を選択します。このオプションを選択していないと、最初のコンポーネントが最初の点より手前で開始してしまいます。

8. **Fixed Distance** または **Maximum Spacing** を使用している場合は、コンポーネント間の *Spacing*（間隔）を設定します。

9. 必要に応じて *Detail Rotation*（詳細の回転）を設定し、ダイアログボックスを閉じます。

© 2018, ASCENT - Center for Technical Knowledge®

B–43   581

B.13 キーノートによる注記とキーノート凡例

キーノートとは、詳細図の様々なエレメントに固有のナンバリングを行う特別なタグです。キーノートは、材料だけでなく全てのモデルと詳細エレメントに使うことができます。図 B–62 で示すように、通常のテキストメモと比べて Keynote はビューで場所をとりません。注記の完全な説明は、シートまたはシートセットの他の場所に配置された該当の *keynote legend*（キーノート凡例）で表示されます。

デフォルトでは、Autodesk Revit ソフトは、キーノートの記号表示として CSI マスターフォーマットシステムを使用しています。

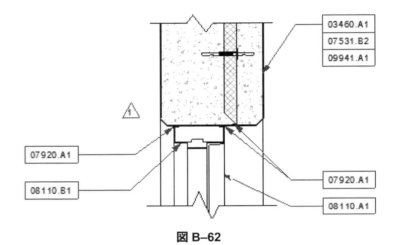

図 B–62

- キーノートタグは *Annotations* フォルダのライブラリにあり、適用する前にプロジェクトに読み込む必要があります。

キーノートタグには 3 つのタイプがあります。

- **Element**：扉、壁、詳細コンポーネントなどのエレメントをタグするのに使います。
- **Material**：コンポーネントに与えられた、または仕上面に適用された材料に使います。
- **User**：キーノート表で最初に作成されなければならないキーノートです。

追加のツール

- キーノートは、図 B–63 で示すようにキーノート表（テキストファイル）に保存されています。キーノート表での変更は、プロジェクトを閉じて再び開いた際に反映されます。

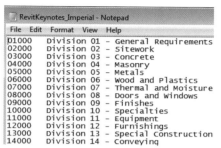

図 B–63

操作手順：キーノートを配置する

1. *Annotate* tab > Tag panel で (Keynote) を展開し、 (Element Keynote)、 (Material Keynote)、または (User Keynote) をクリックします。
2. キーノートを付けるエレメントの上にカーソルを移動し、選択します。
3. エレメントにキーノート情報が割り当てられている場合は、キーノートは自動的に適用されます。割り当てられていない場合は、図 B–64 で示すように Keynotes ダイアログボックスが開きます。

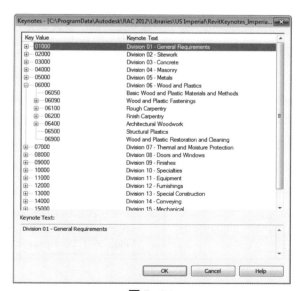

図 B–64

4. 区分リストから必要なキーノートを選択し、**OK** をクリックします。

- 図 B–65 で示すように、向きや引出線を含めてキーノートのオプションはその他のタグと同じです。

Keynote は最後に使用した引出線の設定を記憶しています。

図 B–65

ヒント：キーノートのナンバリング方法を設定する

キーノートは図 B–66 で示すように、キーノート番号別、またはシート別にリストアップすることができます。プロジェクトでは一度に 1 つの方法しか使えませんが、プロジェクトのどの段階でも 2 つの方法の間で切り替えることができます。

1. *Annotate* tab > Tag panel で (Keynote) を展開し、(Keynoting Settings) をクリックします。

図 B–66

2. Keynoting Settings ダイアログボックスで、図 B–67 で示すように *Keynote Table* 情報と *Numbering Method* を指定します。

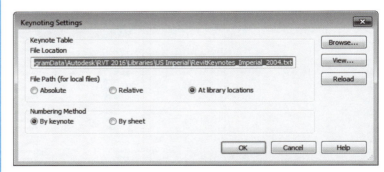

図 B–67

3. シートごとに Keynote を使用している場合は、Keynote Legend（キーノート凡例）を作成し、Keynote Legend Properties の *Filter* タブで、**Filter by Sheet** を選択します。

キーノート凡例

キーノート凡例は、通常の凡例とは異なります。

キーノート凡例は、図 B–68 で示すように、シートに配置されたキーノートの情報を含む表です。Autodesk Revit ソフトでは、集計表と同様の方法で作成されます。

| Keynote Legend ||
Key Value	Keynote Text
04050	Basic Masonry Materials and Methods
05050	Basic Metal Materials and Methods
05100	Structural Metal Framing
08110.G1	2 3/4" Single Rabbet HM Door Frame
08210	Wood Doors
10150	Compartments and Cubicals
12400	Furnishings and Accessories

図 B–68

操作手順：キーノート凡例を作成する

1. View tab > Create panel で、▦ (Legends) を展開し、▦ (Keynote Legend) をクリックします。
2. New Keynote Legend ダイアログボックスで名前を入力し、**OK** をクリックします。
3. 図 B–69 で示すように、Keynote Legend Properties ダイアログボックスでは通常、すでに設定されている 2 つの集計フィールドしか表示されません。

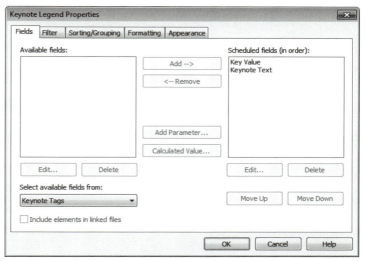

図 B–69

Autodesk Revit 2019：建築の基本

4. 他のタブでは、必要に応じて表のフォーマットを設定します。
5. **OK** をクリックして、キーノート凡例を作成します。
6. キーノート凡例を配置する準備ができたら、Project Browser から
   シートにドラッグします。キーノート凡例は他の集計表を編集す
   るときと同じ方法で操作することができます。

- キーノートをプロジェクトに追加すると、図 B–70 で示すように
  キーノート凡例にも追加されます。

Keynote Legend	
Key Value	Keynote Text
04 21 00.A	Modular Brick - 10mm Joint
04 21 00.A	Roman Brick - 10mm Joint
04 21 00.A	Titan Brick - 12mm Joint
05 12 00.A	L200x100x10

Keynote Legend	
Key Value	Keynote Text
04 21 00.A	Modular Brick - 10mm Joint
04 21 00.A	Roman Brick - 10mm Joint
04 21 00.A	Titan Brick - 12mm Joint
05 12 00.A	L200x100x10
06 01 10.A	25x200R
09 39 13.A	Ceramic Tile

図 B–70

586 　　　 B–48 　　　　　　　　　　　　　　　 *© 2018, ASCENT - Center for Technical Knowledge®*

追加のツール

コマンド概要

アイコン	コマンド	場所
注　釈		
	Matchline	• **Ribbon**: *View* tab > Sheet Composition panel
	View Reference	• **Ribbon**: *View* tab > Sheet Composition panel または *Annotate* tab > Tag panel
カーテンウォール		
	Edit Type	• **Properties**（カーテンウォールタイプが選択された状態で）
詳　細		
	Edit Type	• **Properties**（繰り返し詳細エレメントが選択された状態で）
ドーマ		
	Dormer	• **Ribbon**: *Architecture* tab > Opening panel
改　訂		
	Revision Cloud	• **Ribbon**: *Annotate* tab > Detail panel
	Sheet Issues/ Revisions	• **Ribbon**: *Manage* tab > Settings panel > Additional Settings を展開
集計表		
	Insert Views from File	• **Ribbon**: *Insert* tab > **Insert from File** を展開
n/a	**Schedule (Export)**	• **File tab**: Export を展開 > Reports > Schedule
	Schedule / Quantities	• **Ribbon**: *View* tab > Create panel > Schedules を展開 • **Project Browser**: Schedule/Quantities node > New Schedule/Quantities... を右クリック
選択セット		
	Edit Selection	• **Ribbon**: *Modify	Multi-Select* tab > Selection panel
	Load Selection	• **Ribbon**: *Modify	Multi-Select* tab > Selection panel
	Save Selection	• **Ribbon**: *Modify	Multi-Select* tab > Selection panel

© 2018, ASCENT - Center for Technical Knowledge®　　　　　B–49

Autodesk Revit 2019：建築の基本

▲▣	**Add to Selection**	• **Ribbon**: *Edit Selection Set tab* > Edit Selection panel
▲▣	**Remove from Selection**	• **Ribbon**: *Edit Selection Set tab* > Edit Selection panel

スイープとリビール

	Floor：Slab Edge	• **Ribbon**: *Architecture* tab > Build panel または *Structure* tab > Structure panel > Floor を展開
	Roof：Fascia	• **Ribbon**: *Architecture* tab>Build panel> Roof を展開
	Roof：Gutter	• **Ribbon**: *Architecture* tab > Build panel > Roof を展開
	Wall：Reveal	• **Ribbon**: *Architecture* tab > Build panel または *Structure* tab > Structure panel > Wall を展開
	Wall：Sweep	• **Ribbon**: *Architecture* tab > Build panel または *Structure* tab > Structure panel > Wall を展開

ビュー

	Cut Profile	• **Ribbon**: *View* tab > Graphics panel
	Insert Views from File	• **Ribbon**: *Insert* tab > Import panel > Insert from File を展開
	Join Geometry	• **Ribbon**: *Modify* tab > Geometry panel > Join を展開
	Line Styles	• **Ribbon**: *Manage* tab > Settings panel > Additional Settings を展開
	Linework	• **Ribbon**: *Modify* tab > View panel • ショートカットキー：LW
	Paint	• **Ribbon**: *Modify* tab > Geometry panel
	Pick New Host	• **Ribbon**: *Modify | varies* tab > Host panel
	Split Face	• **Ribbon**: *Modify* tab > Geometry panel
	Unjoin Geometry	• **Ribbon**: *Modify* tab > Geometry panel > Join を展開
	Wall Joins	• **Ribbon**: *Modify* tab > Geometry panel

© 2018, ASCENT - Center for Technical Knowledge®

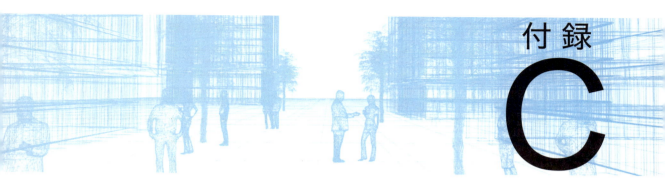

付録 C

Autodesk Revit Architecture Certification Exam Objectives

以下の表は、Autodesk® Revit® 学習ガイドの Chapter の中から試験項目を探す際に役に立ちます。Autodesk Revit 建築に関する認定資格試験の準備にご利用ください。

試験のテーマ	試験項目	学習ガイド	セクション
コラボレーション			
	コピーしたエレメントをリンク先ファイルでモニタする	• Revit Collaboration Tools *	• 2.3
	ワークシェアリングの操作	• Revit Collaboration Tools *	• 4.1, 4.2, 4.3
	DWG ファイルや画像ファイルの取り込み	• Revit Fundamentals for Architecture	• 3.4（P.120）
		• Revit Collaboration Tools *	• 3.1, 3.2, 3.3
	ワークシェアリングの可視化の操作	• Revit Collaboration Tools *	• 4.4
	Revit における警告の一覧表示の評価	• Revit Fundamentals for Architecture	• 12.1（P.364）

> この章の認定資格試験は、アメリカの認定資格試験となります。一部本書以外のセクション（＊）が入っていますが、学習ガイドの Revit Fundamentals for Architecture（本書）以外の書籍は別の本となります。本書以外のそれらの本は邦訳がございません。

Autodesk Revit 2019：建築の基本

試験のテーマ	試験項目	学習ガイド	セクション
資料作成			
	塗り潰し領域の作成と編集	• Revit Fundamentals for Architecture	• 16.3（P.514）
	詳細コンポーネントと繰り返し詳細の配置	• Revit Fundamentals for Architecture	• 16.2（P.510）
	カテゴリ別にエレメント（扉、窓など）にタグ付け	• Revit Fundamentals for Architecture	• 15.1（P.476）
	寸法文字列の操作	• Revit Fundamentals for Architecture	• 14.1（P.432）
	カラースキーム凡例で使用する色の設定	• Revit Architecture: Conceptual Design and Visualization *	• 2.3
	フェーズの操作	• Revit Collaboration Tools *	• 1.1
エレメントとファミリ			
	カーテンウォール内のエレメント（柱芯、パネル、マリオン）の変更	• Revit Fundamentals for Architecture	• 6.2, 6.3, 6.4（P.200, P.207, P.212）
	複合壁の作成	• Revit BIM Management *	• 3.1
	重ね壁の作成	• Revit BIM Management *	• 3.3
	システムファミリとコンポーネントファミリの区別	• Revit BIM Management *	• 3.1 • 4.1
	ファミリパラメータの操作	• Revit BIM Management *	• 4.2
	新しいファミリタイプの作成	• Revit Fundamentals for Architecture	• 5.3（P.187）
		• Revit BIM Management *	• 4.4
	ファミリ作成手順の活用	• Revit BIM Management *	• 4.1〜4.4

Autodesk Revit Architecture Certification Exam Objectives

試験のテーマ	試験項目	学習ガイド	セクション
モデリング			
	建築舗装の作成	• Revit Architecture: Site and Site Designer *	• 1.2
	マス用の床の設定	• Revit Architecture: Conceptual Design and Visualization *	• 1.7
	踊り場付きの階段の作成	• Revit Fundamentals for Architecture	• 12.1
	床、天井、屋根などのエレメントの作成	• Revit Fundamentals for Architecture	• 9.1 (P.290) • 10.1 (P.316) • 11.2、11.4 (P.339、P.352)
	地形面の作成	• Revit Architecture: Site and Site Designer *	• 1.1
	手すりのモデリング	• Revit Fundamentals for Architecture	• 12.3 (P.387)
	モデルエレメントの材料（扉、窓、家具）の編集	• Revit Fundamentals for Architecture	• 5.3 (P.187) • B.4 (P.548)
	標準床、標準天井、標準屋根を特定のタイプに変更	• Revit Fundamentals for Architecture	• 9.1 (P.290) • 10.1 (P.316) • 11.2 (P.339)
	壁の屋根または天井への接着	• Revit Fundamentals for Architecture	• 11.2 (P.339)
	部屋に連動したファミリの編集	• Revit BIM Management *	• 5.1
ビュー			
	集計表内でエレメントのプロパティを設定	• Revit Fundamentals for Architecture	• 15.2
	可視性の制御	• Revit Fundamentals for Architecture	• 7.1 (P.224)
	レベル面の操作	• Revit Fundamentals for Architecture	• 3.1 (P.100)
	平面図、断面図、立面図、製図などのビューの複製を作成	• Revit Fundamentals for Architecture	• 7.2 (P.236)
	凡例の作成と管理	• Revit Fundamentals for Architecture	• 14.4 (P.466)
	シート上でのビュー位置の管理	• Revit Fundamentals for Architecture	• 13.2 (P.411)
	集計表の項目の整理と並べ替え	• Revit Fundamentals for Architecture	• B.10 (P.570)
		• Revit BIM Management *	• 2.2

© 2018, ASCENT - Center for Technical Knowledge®

Autodesk® Revit® 2019 Fundamentals for Architecture
建築の基本

2019.11.30　初版発行

著　者　ASCENT CENTER FOR
　　　　TECHNICAL KNOWLEDGE

翻　訳　株式会社　フレーズクレーズ

発行者　小池　康仁

発　行　株式会社　イズミシステム設計
　　　　〒162-0824 東京都新宿区揚場町 1 の 21
　　　　電話 03（6427）7511 FAX03（5615）8795

発　売　株式会社　駿河台出版社
　　　　〒101-0062 東京都千代田区神田駿河台 3 の 7
　　　　電話 03（3291）1676 FAX03（3291）1675
　　　　振替 0 0 1 9 0 - 3 - 5 6 6 6 9

DTP・印刷・製本　㈱フォレスト

© 2018, ASCENT - Center for Technical Knowledge®

ISBN978-4-411-04035-0　C3004

Printed in Japan